后浪出版

九界 编著

中国佛教文化简明辞典

世界图书出版公司
北京·广州·上海·西安

总　目

前言 ································· 3
凡例 ································· 5
条目分类目录 ····················· 6

一　起源背景、世界观 ··················· 001
二　佛、菩萨、非人 ····················· 013
三　教派、组织 ························· 033
四　人物 ······························· 067
五　历史事件 ··························· 159
六　教义 ······························· 167
七　经籍、书文 ························· 265
八　礼仪、节日 ························· 307
九　教制、教职、器物、称谓 ············· 321
十　成语、典故、杂语 ··················· 353
十一　道场、寺院、古迹、塔 ············· 377

索引 ································· 417
出版后记 ····························· 448

前 言

我们决定做一个全新的尝试，即给一本简明的佛教辞书增加阅读的功能，作为涵盖佛教整体知识的阅读书。因此，从内容、体例到版面安排，都做了与传统辞书不一样的改变。

一、内容定位

本书以中国佛教文化为主要内容，包括汉传及藏传两大系统。其中又以汉传为主，并涉及到直接传播的相关地区，如越南、日本、韩国等。而传入这些国家之后的再度发展，则不予介绍。

二、读者定位

以使用汉文者为基本读者，包括中国大陆、中国台湾、中国香港及其他国家的华人社会。对象为文化在中等以上程度的读者，而不是非常专业的佛教者。

三、编辑模式

1.舍弃太过专业的做法，以简明为取舍标准：不列出梵语及藏语拼音的转译；对特殊的观念才说明出处，属于通识认知的，因简明原则而不予说明；平铺直叙，尽量以白话为主。

2.内容采取分类编写，但对于有相关性却类别不同的内容，在条目不复杂的情况下，则用合编的方式。如"望月信亨"、"望月佛教大辞典"两个条目，是考虑到其人对汉传佛教的影响、价值几乎只在于辞典成就，故合并编为同一内容，以避免重复，又可完整呈现。

3.指涉同一内容而有多个名称时，条目分列，内容则合并，并在目录中分列，便于查询。如"智顗"亦称"天台大师"、"智者大师"，条目虽分列，页码则统一，以免除重复查阅的不便。若是依照过去的辞典，由于僵化地以笔画顺序编辑，必然形成三条见于三个不同目录、页码的情况，再于"天台大师"处说明"即智顗，见智顗条"。使用者必须重查"智顗"条，徒增负担。

4.条目内容以同类群聚为主，年代为顺序，增加阅读性及概念的完整性。如"业"的概念，将"黑白业"、"三业"、"四业"等群聚编在同一个词条里，以提供给读者较完整的认识。

四、规模

因要求符合简明的原则，本书仅50万字，2777条。

五、功能

1.本书突破传统辞书单一查找的功能，增加阅读了功能，按类别编辑内容，并于各分类篇首作该类的简介，以建立完整的概念。

2.名相采群聚、对比的方式处理，如"地论学派"亦称"地论宗"、"相州北派"、"相州南派"，北派与南派本来就必须对比了解才有意义。如此编排，便可减轻佛教名相复杂的负担，另一方面也带给读者清晰而完整的认识。

3.各条目相关的内容均采"参见XX页XX条"，让读者可以直接翻阅参考，减轻查找时繁琐而重复的动作。

凡 例

一、共收条目2777条，分11类：1.起源背景、世界观；2.佛、菩萨、非人；3.教派、组织；4.人物；5.历史事件；6.教义；7.经籍、书文；8.礼仪、节日；9.教制、教职、器物、称谓；10.成语、典故、杂语；11.道场、寺院、古迹、塔。

二、条目按分类次序编列，书后附笔画检索。

三、不作有争议性的判断，立场力求客观。

四、内容力求"简明"，尽量不作引经据典的说明。

五、清代（含）以前，年代以中国纪年为主，公元为辅。

六、地名以当时的称呼为主，现代为辅。

七、指涉同一内容而有多重名相者，条目分列，内容合并。

八、具对比性的内容力求合并，相关条目则以群聚方式分别编列。

条目分类目录

一 起源背景、世界观

吠陀文化……003
种姓制度……003
奥义书……003
四行期……003
沙门思潮……004
六师外道……004
阿夷多赤舍钦婆罗……004
尼干子·若提子……004
婆浮陀·伽旃延……004
富兰那·迦叶……005
无因无缘论……005
末伽梨·拘舍罗子……005
邪命外道……005
散惹耶·毗罗梨子……005
四大……005
五大……005
六大……005
七大……005
三界……005
欲界……005
色界……005
无色界……005
轮回……006
生死轮回……006
轮转……006
趣……006
六道……006
六趣……006
五道……006
五趣……006
三善道……006
三善趣……006
三恶道……006
三恶趣……006
四生……007
卵生……007
胎生……007
湿生……007
化生……007
六凡四圣……007
十界……007
天……007
六欲天……007
欲界诸天……007

四天王天	007	器世间	010
忉利天	007	出世间	010
三十三天	007	阿僧祇	010
夜摩天	007	劫	011
兜率天	007	四劫	011
乐变化天	007	刹那	011
他化自在天	007	由旬	011
四禅天	008	方分	011
四静虑天	008	极微	011
色界诸天	008	有情	012
四无色天	008	非情	012
四空天	008	净土	012
四空处	008	佛国	012
无色界诸天	008	净刹	012
三千大千世界	008		
大千世界	008		

二 佛、菩萨、非人

四大部洲	009
四洲	009
东胜神州	009
南瞻部洲	009
西牛货洲	009
北俱卢洲	009
八中洲	009
娑婆世界	009
地狱	009
阿鼻地狱	009
无间地狱	009
十六小地狱	009
八寒地狱	010
世间	010
有情世间	010

佛陀	015
佛	015
觉	015
十号	015
如来	015
应供	015
正遍知	015
明行足	015
善逝	015
世间解	015
无上士	015
调御丈夫	015
天人师	015
世尊	015

7

佛身	016	毗卢遮那佛	019
三身	016	卢舍那佛	019
法身	016	大日如来	019
法身佛	016	十斋日佛	019
报身	016	菩提萨埵	019
报身佛	016	菩萨	019
应身	017	觉有情	019
应身佛	017	法王子	019
化身	017	四大菩萨	019
变化身	017	观世音	020
七佛	017	观音	020
过去七佛	017	观自在	020
毗婆尸佛	017	白衣观音	020
尸弃佛	017	白衣大士	020
毗舍婆佛	017	三十三身	020
拘楼孙佛	017	三十三观音	020
拘那含佛	017	六观音	020
迦叶佛	017	千手千眼观音	021
燃灯佛	017	千手观音	021
锭光佛	017	马头观音	021
四佛	017	马头大士	021
阿閦佛	018	马头明王	021
阿弥陀佛	018	圣观音	021
威音王佛	018	正观音	021
阿弥陀三尊	018	圣观自在	021
西方三圣	018	准胝观音	021
药师佛	018	准提观音	021
药师琉璃光如来	018	尊提观音	021
三世佛	018	十一面观音	021
药师三尊	018	如意轮观音	021
东方三圣	018	不空羂索观音	022

不空羂索观世音菩萨	022	阿罗汉	025
水月观音	022	阿罗诃	025
马郎妇观音	022	罗汉	025
红观音	022	十六罗汉	025
白观音	022	十八罗汉	025
四臂观音	022	五百罗汉	025
文殊师利	022	缘觉	025
文殊	022	独觉	025
曼殊师利	022	辟支迦佛陀	025
普贤	023	辟支佛	025
地藏	023	金刚	026
药王	023	四天王	026
药上	023	护世四天王	026
大势至	023	四大金刚	026
势至	023	帝释	026
大势	023	天帝释	026
弥勒	023	帝释天	026
慈氏	023	释提桓因	026
维摩诘	023	伽蓝神	026
净名	023	关羽	026
善财	024	二十天	026
善财童子	024	韦驮	027
声闻	024	那吒	027
四双八辈	024	那罗鸠婆	027
四向四果	024	转轮王	027
预流	024	转轮圣王	027
须陀洹	024	魔	027
一来	024	魔波旬	027
斯陀含	024	阎魔王	027
不还	024	焰魔罗王	027
阿那含	024	阎罗王	027

十殿阎王	028
十王	028
八部众	028
龙神八部	028
天龙八部	028
阿修罗	028
修罗	028
饿鬼	028
八部鬼众	028
明王	028
空行母	029
佛母	029
明妃	029
金刚持	029
五大金刚	029
怖畏金刚	029
大威德	029
上乐金刚	029
胜乐金刚	029
密集金刚	029
集密金刚	029
欢喜金刚	030
喜金刚	030
时轮金刚	030
马头金刚	030
大黑天	030
欢喜佛	030
吉祥天女	030
金刚亥母	031
度母	031
救度母	031

三 教派、组织

佛教	035
浮屠教	035
释教	035
原始佛教	036
初期佛教	036
早期佛教	036
部派佛教	036
根本分裂	036
枝末分裂	036
大众部	037
摩诃僧祇部	037
僧祇部	037
上座部	037
悉他毗罗婆多部	037
大乘	037
小乘	037
中观学派	038
大乘空宗	038
空宗	038
瑜伽行派	039
唯识学派	039
大乘有宗	039
有宗	039
北传佛教	040
中国佛教	040
汉传佛教	040
西藏佛教	041
藏传佛教	041
喇嘛教	041

条目	页码	条目	页码
般若学	042	东塔宗	048
六家七宗	042	净土宗	049
即色宗	043	莲宗	049
心无宗	043	法相宗	049
本无宗	043	唯识宗	049
毗昙学派	043	慈恩宗	049
毗昙宗	043	华严宗	050
涅盘学派	044	贤首宗	050
涅盘宗	044	禅宗	050
地论学派	044	佛心宗	050
地论宗	044	北宗	050
相州北派	044	南宗	050
相州南派	044	牛头禅	051
摄论学派	045	五家七宗	051
摄论宗	045	沩仰宗	051
成实学派	045	临济宗	052
成实宗	045	黄龙派	052
俱舍宗	045	杨岐派	052
三论宗	046	曹洞宗	053
二藏三法轮	046	云门宗	053
天台宗	046	法眼宗	053
法华宗	046	灭喜禅派	053
三阶教	047	无言通禅派	054
普法宗	047	无言通	054
三阶宗	047	草堂禅派	054
无尽藏	047	雪窦明觉派	054
律宗	047	草堂	054
南山律宗	047	竹林禅派	054
南山宗	047	陈仁宗	054
相部宗	048	元绍禅派	055
相部律宗	048	元绍	055

了观禅派	055	主巴噶举	061
了观	055	林热·白玛多吉	061
密宗	055	叶巴噶举	061
密教	055	耶歇孜巴	061
显教	056	玛仓噶举	062
藏密	056	玛仓喜饶僧格	062
宁玛派	056	达垄噶举	062
红教	056	达垄塘巴·札西贝	062
噶当派	057	止贡噶举	062
萨迦派	058	止贡巴·仁钦贝	062
花教	058	修色噶举	062
噶举派	058	结贡粗埠僧格	062
白教	058	雅桑噶举	062
格鲁派	058	格丹益希僧格	062
黄教	058	觉囊派	063
甘丹派	058	域摩弥觉多吉	063
达波噶举	059	突结尊追	063
达波拉结	059	觉域派	063
香巴噶举	059	希解派	063
琼波南交	059	夏鲁派	063
帕竹噶举	060	布顿派	063
帕木竹巴	060	郭扎派	063
噶玛噶举	060	法性宗	063
噶玛巴·都松钦巴	060	性宗	063
绰浦噶举	060	白云宗	063
杰擦	060	斋教	064
衮丹	060	白衣佛教	064
蔡巴噶举	061	斋门	064
向蔡巴	061	南传佛教	064
拔戎噶举	061	南传上座部	064
达玛旺秋	061	支那内学院	065

四　人　物

佛陀 069
佛 069
浮屠 069
浮图 069
释迦牟尼 069
释迦 069
释迦文 069
释尊 069
瞿昙 069
乔答摩 069
悉达多 069
净饭王 069
摩耶夫人 069
耶输陀罗 069
十大弟子 069
迦叶 069
摩诃迦叶 069
大迦叶 069
舍利弗 070
目犍连 070
须菩提 070
富楼那 070
迦旃延 070
阿尼律陀 070
阿那律 070
优婆离 070
优波离 070
阿难 071
罗睺罗 071

提婆达多 071
调达 071
频婆娑罗王 071
阿阇世王 071
波斯匿王 071
给孤独长者 072
迦兰陀 072
须跋多罗 072
须跋 072
香姓 072
大天 072
摩诃提婆 072
耶舍 072
耶舍陀 072
耶舍那 072
阿育王 072
那先 073
四日 073
鸠摩罗多 073
马鸣 073
迦腻色迦 073
世友 073
胁尊者 073
竺法兰 074
迦叶摩腾 074
竺摩腾 074
摄摩腾 074
摩腾 074
安世高 074
安侯 074
安清 074

三支	074
支娄迦谶	074
支谶	074
支亮	074
支谦	074
竺佛朔	075
竺朔佛	075
安玄	075
严佛调	075
牟子	075
昙摩迦罗	075
龙树	075
龙猛	075
龙胜	075
提婆	075
圣天	075
朱士行	076
竺叔兰	076
维祇难	076
竺将炎	076
竺法护	076
敦煌菩萨	076
诃梨跋摩	076
师子铠	076
师子胄	076
佛图澄	076
帛尸梨蜜多罗	076
尸梨蜜	076
支愍度	077
支敏度	077
支遁	077
支道林	077
道安[1]	077
法和	077
竺法汰	077
竺佛念	077
僧伽提婆	078
无著	078
世亲	078
天亲	078
婆薮盘豆	078
慧远[1]	078
沙门不敬王者论	078
慧持	079
法显	079
西行求法	079
僧契	079
道祖	080
道流	080
四大译经家	080
鸠摩罗什	080
罗什	080
什门四圣	080
什门十哲	080
什门八俊	080
竺道生	080
道生	080
道融	081
僧叡	081
智严	081
佛陀跋陀罗	081
求那跋摩	082

铁萨罗 …… 082	难陀 …… 087
僧伽跋摩 …… 082	净月 …… 087
宝云 …… 082	护法 …… 087
僧肇 …… 082	菩提达摩 …… 087
昙无谶 …… 082	菩提达磨 …… 087
昙摩谶 …… 082	达摩 …… 087
畺良耶舍 …… 083	达磨 …… 087
智猛 …… 083	菩提流支 …… 087
求那跋陀罗 …… 083	菩提留支 …… 087
陈那 …… 083	勒那摩提 …… 088
道渊 …… 084	佛陀扇多 …… 088
慧琳 …… 084	慧生 …… 088
昙曜 …… 084	惠生 …… 088
保志 …… 084	昙鸾 …… 088
宝志 …… 084	昙峦 …… 088
僧柔 …… 084	司马达 …… 088
僧祐 …… 084	司马达等 …… 088
宝唱 …… 085	道宠 …… 089
僧朗 …… 085	慧光 …… 089
大朗 …… 085	僧稠 …… 089
僧诠 …… 085	慧可 …… 089
梁代三大家 …… 085	神光 …… 089
梁代三大法师 …… 085	僧可 …… 089
智藏 …… 085	清辨 …… 090
僧旻 …… 085	胜友 …… 090
法云 …… 086	最胜子 …… 090
僧伽婆罗 …… 086	智月 …… 090
曼陀罗 …… 086	法上 …… 090
佛护 …… 086	慧皎 …… 091
唯识十大论师 …… 086	真谛 …… 091
安慧 …… 086	法泰 …… 091

法朗	091	道绰	097
道朗	091	西河禅师	097
慧朗	091	念珠起源	097
慧文	092	智首	097
慧思	092	法砺	097
毗尼多流支	092	法琳	098
灭喜[1]	092	圣德太子	098
阇那崛多	092	道信	098
戒贤	093	法融	099
尸罗跋陀罗	093	道宣	099
亲光	093	南山律师	099
月称	093	道世	099
智𫖮	093	玄奘	100
天台大师	093	唐僧	100
智者大师	093	三藏法师	100
信行	094	普光	101
慧远[2]	094	智俨	101
净影慧远	094	至相大师	101
昙迁	094	云华尊者	101
僧璨	095	戒日王	101
达摩笈多	095	弘忍	101
吉藏	095	神秀	102
嘉祥大师	095	菩提流志	102
彦琮	096	达摩流支	102
法顺	096	智威	102
杜顺	096	法华尊者	102
帝心尊者	096	善导	103
智正	096	圆测	103
灌顶	096	圆测文雅	103
章安大师	096	元晓	103
章安尊者	096	义湘	104

怀素	104	施乞叉难陀	110
道昭	104	道岸	111
玄昉	104	智周	111
法称	105	濮阳大师	111
月官	105	行思	111
窥基	105	青原行思	111
大乘基	105	神会	111
慈恩大师	105	荷泽大师	111
百部疏主	105	一行	112
慧威	106	玄朗	112
天宫尊者	106	左溪尊者	112
义净	106	无相	112
怀感	106	东海大师	112
文纲	106	鉴真	112
开元三大士	107	过海大师	112
善无畏	107	唐大和尚	112
净师子	107	寒山	113
金刚智	107	寒山子	113
不空	108	贫子	113
不空金刚	108	拾得	113
慧能	108	昙旷	113
惠能	108	桑希	113
法藏	109	巴·赛囊	114
贤首大师	109	巴·萨囊	114
康藏国师	109	益希旺波	114
慧沼	109	莲花生	114
寂天	110	乌金大师	114
二十八祖	110	寂护	114
西天二十八祖	110	静命大师	114
普寂	110	毗卢遮那（人名）	114
实叉难陀	110	仁钦乔	114

宝胜	114	空海	119
摩诃衍那	115	弘法大师	119
摩诃衍	115	宗密	119
大乘和尚	115	圭峰大师	119
希迁	115	圭峰宗密	119
石头和尚	115	希运	120
石头希迁	115	黄檗希运	120
马祖	115	圆仁	120
马祖道一	115	管·法成	120
湛然	115	义玄	121
荆溪大师	115	临济义玄	121
妙乐大师	115	良价	121
法钦	116	洞山良价	121
道钦	116	慧寂	121
少康	116	仰山慧寂	121
怀海	116	圆珍	121
百丈怀海	116	山王院	121
法照	117	义存	122
莲花戒	117	雪峰义存	122
澄观	117	朗达玛	122
良琇	118	本寂	122
文素	118	曹山本寂	122
惠果	118	布袋和尚	123
最澄	118	契此	123
传教大师	118	贯休	123
叡山大师	118	文偃	123
根本大师	118	云门文偃	123
山家大师	118	文益	123
澄上人	118	清凉文益	123
灵祐	118	延寿	123
沩山灵祐	118	永明延寿禅师	123

赞宁	124	贡却杰波	128
奝然	124	粗赤拔	129
公巴饶萨	124	教授派	129
喇钦	124	弥拉惹巴	129
鲁梅·楚臣喜饶	124	卓浦巴	129
卢梅慧戒	124	宗杲	129
仁钦桑波	125	径山宗杲	129
知礼	125	正觉	129
四明尊者	125	天童和尚	129
四明大法师	125	天童正觉	129
益希微	126	贡噶宁波	130
绛曲微	126	丹巴桑结	130
玛·雷必喜饶	126	源空	130
重显	126	法然	130
雪窦重显	126	日本净土宗	130
阿底峡	126	荣西	131
方会	126	日本临济宗	131
杨歧方会	126	道济	131
卓弥·释迦益希	127	济公	131
索尔波且	127	济颠僧	131
大索尔	127	智讷	131
索尔波且·释迦生	127	朝鲜曹溪宗	131
索尔迥·喜饶札巴	127	行秀	131
慧南	127	万松老人	131
黄龙慧南	127	亲鸾	132
仲敦巴	127	净土真宗	132
契嵩	127	萨班·贡噶坚赞	132
义天	128	道元	132
玛尔巴	128	噶玛拔希	132
博德哇	128	轨范法师	132
教典派	128	八思巴	133

发思巴 …… 133	憨山 …… 137
帕克思巴 …… 133	德清 …… 137
原妙 …… 133	传灯 …… 138
高峰禅师 …… 133	慧经 …… 138
一宁 …… 133	圆悟 …… 138
札巴僧格 …… 134	密云 …… 138
布顿·仁钦朱 …… 134	罗桑却吉坚赞 …… 139
布顿·宝成 …… 134	班禅四世 …… 139
卜思端 …… 134	汉月 …… 139
道衍 …… 134	多罗那它 …… 139
姚广孝 …… 134	道忞 …… 139
明封三大法王 …… 134	木陈 …… 139
绛青曲结 …… 135	蕅益 …… 140
释迦益西 …… 135	智旭 …… 140
释迦也失 …… 135	通琇 …… 140
宗喀巴 …… 135	玉林 …… 140
贾曹杰·达玛仁钦 …… 135	道霈 …… 141
克主杰·格雷贝桑 …… 135	阿旺罗桑嘉措 …… 141
班禅一世 …… 135	达赖五世 …… 141
根敦朱巴 …… 136	罗桑益西 …… 141
达赖一世 …… 136	班禅五世 …… 141
熏努贝 …… 136	松巴·益西班觉 …… 141
根敦嘉措 …… 136	贡塘·丹白准美 …… 142
达赖二世 …… 136	彭绍升 …… 142
莲池 …… 136	彭际清 …… 142
云栖 …… 136	缪勒 …… 142
云栖袾宏 …… 136	杨仁山 …… 143
锁南嘉措 …… 137	杨文会 …… 143
达赖三世 …… 137	金陵刻经处 …… 143
紫柏 …… 137	敬安 …… 143
真可 …… 137	寄禅 …… 143

八指头陀	143	李炳南	152
月霞	143	广钦	152
谛闲	144	慈航	153
织田得能	144	吕澂	153
织田佛教大辞典	144	法尊	153
高楠顺次郎	145	白圣	153
印光	145	道安［2］	154
望月信亨	145	宣化	154
望月佛教大辞典	145	任继愈	154
常盘大定	146	星云	155
铃木大拙	146	圣严	155
境野黄洋	146	证严	156
欧阳竟无	147	海涛	156
梁启超	147	净土十三祖	157
丁福保	147	华严五祖	157
圆瑛	148	禅宗六祖	157
宏悟	148	天台九祖	157
弘一	148		
李叔同	148		
陈桓	148		

五　历史事件

集经时代	161
第一次结集	161
铁围山大乘结集	161
第二次结集	161
第三次结集	161
第四次结集	161
十事	162
十净	162
十事非法	162
五事	162
灭佛	163

小野玄妙	149
虚云	149
蒋维乔	149
苏曼殊	150
喜饶嘉措	150
道帏格西·喜饶嘉措	150
熊十力	150
太虚	150
陈寅恪	151
汤用彤	151
塚本善隆	152

法难	163	业报	169
三武一宗	163	二业	170
魏太武帝灭佛	163	引业	170
周武帝灭佛	163	满业	170
唐武宗灭佛	163	圆满业	170
会昌法难	163	别报业	170
周世宗灭佛	164	四业	170
前弘期	164	黑黑业	170
佛苯斗争	164	白白业	170
后弘期	164	黑白业	170
上路弘法	164	不黑不白业	170
下路弘法	164	惑	170
近代僧制改革	164	烦恼	170
文革毁佛	165	根本烦恼	170
人间佛教	165	随烦恼	170
		三毒	171
		三垢	171

六　教　义

		三火	171
四谛	169	三不善根	171
四真谛	169	三十七道品	171
四圣谛	169	三十七菩提分	171
苦	169	三十七觉支	171
二苦	169	四念处	171
四苦	169	四念住	171
五苦	169	四正勤	171
八苦	169	四正断	171
十苦	169	四正胜	171
业	169	四意断	171
三业	169	四神足	171
表业	169	四如意足	171
无表业	169	五根	172

五力	172
七觉支	172
七菩提分	172
八正道	173
八圣道	173
正见	173
正志	173
正语	173
正业	173
正命	173
正精进	173
正念	173
正定	173
止观	173
止	173
奢摩他	173
观	173
毗婆舍那	173
禅	174
禅那	174
禅定	174
四禅	174
四无色定	175
四空定	175
定	175
三昧	175
三摩地	175
等持	175
四无量	175
四无量心	175
三解脱	176

三解脱门	176
三三昧	176
三空	176
般舟三昧	176
佛立三昧	176
常行三昧	176
首楞严三昧	176
八背舍	176
八解脱	176
八胜处	177
神通	177
五通	177
六通	177
三明	178
三达	178
念佛	178
念佛三昧	178
五智	178
五智三身	179
五智五身	179
加持	179
三密加持	179
真言两部	180
金胎两部	180
胎藏界	180
金刚界	180
即身成佛	180
显得成佛	180
龙女成佛	180
乘	181
一乘	181

二乘	181	四摄	185
三乘	181	四摄法	185
五乘	181	四恩	185
四无所畏	181	八大人觉	186
四无畏	181	现观	186
十力	182	三贤位	186
三十二相	182	四善根位	187
八十种好	182	四善根	187
法轮	182	随信行	187
转法轮	183	随法行	187
初转法轮	183	四道	187
三转法轮	183	三道	188
三转十二行相	183	见惑	188
有相	183	理惑	188
无相	183	修惑	189
无记	183	思惑	189
有覆无记	183	十六心	189
无覆无记	183	七方便	190
异熟无记	183	七方便位	190
工巧无记	183	七贤位	190
通果无记	183	七加行位	190
十四无记	183	五停心观	190
三障	184	不净观	190
五障	184	慈悲观	190
漏	184	因缘观	190
有漏	185	界分别观	190
无漏	185	界方便观	190
五浊恶世	185	数息观	190
浊世	185	持息念	190
五浊	185	安般守意	190
火宅	185	三科	191

五蕴	191	受	196
五阴	191	爱	196
色	191	取	196
无表色	192	有	196
无作色	192	生	196
无表	192	名	197
无作	192	四有	197
色法	192	三世	197
受	192	三际	197
痛	192	三生	197
觉	192	三世实有	197
想	193	补特伽罗	198
行	193	缘起	198
识[1]	193	缘生	198
十二处	193	四缘	198
十二入	193	因缘	198
十八界	193	等无间缘	198
六根	194	所缘缘	198
扶尘根	194	增上缘	198
胜义根	194	因	199
六识	194	六因	199
六境	194	能作因	199
六尘	194	俱有因	199
六妄	194	同类因	199
十二因缘	194	相应因	199
无明	195	遍行因	199
行	195	异熟因	199
识[2]	195	十因	200
名色	195	随说因	200
六处	195	观待因	200
触	195	牵引因	200

生起因	200
摄受因	200
引发因	200
定异因	200
同事因	200
相违因	200
不相违因	200
因果	200
因果报应	200
五果	200
异熟果	200
等流果	200
离系果	200
士用果	200
增上果	200
异熟	201
果报	201
异熟识	201
我	201
我所	201
我执	202
我见	202
身见	202
人我执	202
法执	202
法我执	202
无我	202
非我	202
非身	202
人无我	202
法无我	202

波罗蜜	202
波罗蜜多	202
六波罗蜜	202
六波罗蜜多	202
六度	202
十波罗蜜	202
菩提	203
阿耨多罗三藐三菩提	203
无上正等正觉	203
真如	204
本无	204
法界	204
实相	204
法性	205
佛性	205
平等	205
如来藏	206
解脱	206
本觉	206
始觉	206
究竟觉	206
涅槃	207
泥洹	207
有余涅槃	207
无余涅槃	207
无住涅槃	208
常乐我净	208
四颠倒	208
涅槃四德	208
圆寂	208
根	208

利根	208	二谛	214
钝根	208	俗谛	214
一阐提	208	真谛	214
阐提	208	世俗谛	214
判教	209	圣义谛	214
教相判释	209	第一义谛	214
教判	209	性空	215
南三北七	209	自性空	215
三教	210	假有	215
三时教	210	假名	215
五时八教	210	方便	215
五时	210	沤和	215
八教	210	破邪显正	215
化法四教	210	般若	215
化仪四教	210	智慧	216
五味	211	佛智	216
五教	211	无漏智	216
十宗	211	有漏智	216
二道	212	无分别智	216
二门	212	根本无分别智	216
圣道门	212	后得无分别智	216
净土门	212	根本智	216
八不中道	212	后得智	216
八不缘起	212	萨婆若	217
八不正观	212	三智	217
八迷	213	道种智	217
三是偈	213	一切种智	217
三谛偈	213	一切智	217
空	213	无住	218
不二	213	无生	218
中道	214	无生忍	218

无生法忍	218
实相涅槃	218
戒	218
性戒	219
遮戒	219
戒法	219
戒体	219
戒行	219
戒相	219
律	219
戒律	220
通戒	220
七佛通戒偈	220
五篇七聚	220
波罗夷	221
僧残	221
波逸提	221
提舍尼	221
突吉罗	221
偷兰遮	222
二十犍度	222
犍度	222
广律	223
波罗提木叉	223
五戒	223
八戒	223
八关斋戒	223
十戒	223
具足戒	223
大戒	223
十重戒	224
四十八轻戒	224
三聚净戒	224
摄律仪戒	224
摄善法戒	224
摄众生戒	224
五恶	224
五逆罪	224
五无间业	224
十恶	225
十不善道	225
十善	225
羯磨	225
一念三千	225
十如是	225
十如	225
性具	226
三谛圆融	226
圆融三谛	226
一心三智	226
三智一心	226
一心三观	226
真空妙有	227
无情有性	227
六即	227
六即佛	227
性起	227
四法界	228
法界观	228
法界缘起	228
六相圆融	228
十玄缘起	229

十玄门	229	三分	235
因门六义	230	三自性	236
相即	230	遍计所执自性	236
相入	231	依他起自性	236
三性一际	231	圆成实自性	236
疾得成佛	231	三无性	236
法相	232	五重唯识观	237
唯识无境	232	二障	237
万法唯识	232	所知障	237
三界唯心	232	烦恼障	237
八识	232	转依	238
三能变	232	转识成智	238
阿赖耶识	233	转识得智	238
第八识	233	四智	238
阿陀那识	233	唯识五位	238
阿末罗识	233	四寻思观	239
庵摩罗识	233	四如实智观	239
种子	233	十地	239
习气	233	十住	239
熏习	234	三乘十地	239
现行	234	菩萨十地	239
意识	235	五种姓	240
末那识	235	五位法	241
第七识	235	五位七十五法	241
七转识	235	五位百法	241
四分	235	法	241
见分	235	有为	241
相分	235	有为法	241
自证分	235	四有为相	241
证自证分	235	心	242
二分	235	心王	242

意	242	懈怠	246
心法	243	不信	246
心所	243	惛沉	246
心所法	243	掉举	246
心所有法	243	大不善地法	246
遍行	243	无惭	246
别境	243	无愧	246
大地法	243	小烦恼地法	246
遍大地法	243	忿	246
思	243	覆	246
欲	243	悭	247
五欲	243	嫉	247
慧	244	恼	247
念	244	害	247
作意	244	恨	247
胜解	244	谄	247
善	244	诳	247
善法	244	憍	247
大善地法	244	不定地法	247
信	244	不定法	247
不放逸	244	四不定	247
轻安	244	寻	247
惭	245	伺	248
愧	245	睡眠	248
无贪	245	恶作	248
无嗔	245	悔	248
无痴	245	贪	248
舍	245	嗔	248
不害	245	痴	248
大烦恼地法	245	慢	248
放逸	245	疑	249

失念	249	文身	252
散乱	249	生	252
不正知	249	住	252
见	249	异	252
恶见	249	灭	252
五见	250	流转	252
萨迦耶见	250	定异	252
身见	250	相应	253
我见	250	势速	253
边执见	250	方	253
边见	250	时	253
邪见	250	和合性	253
见取见	250	不和合性	253
戒禁取见	250	无为	253
四见	250	无为法	253
六十二见	250	三无为	253
心不相应法	250	六无为	253
不相应行法	250	虚空无为	253
不相应法	250	择灭无为	254
得	251	非择灭无为	254
非得	251	不动无为	254
异生性	251	灭尽定无为	254
众同分	251	真如无为	254
同分	251	公案	254
命根	251	指月	254
无想果	251	法眼	255
无想定	251	宗眼	255
灭尽定	251	顿悟	255
灭尽受想定	251	渐悟	255
名身	252	棒喝	255
句身	252	当头棒喝	255

拈花微笑	255	法门	261
正法眼藏	255	旧译	261
壁观	256	新译	261
东山法门	256	三时	261
拂尘看净	256	正法时	261
以心传心	256	像法时	261
无念	256	末法时	261
一行三昧	256	佛法	261
见性成佛	257	法印	261
寂知指体	257	三法印	261
本来无事	257	四法印	261
触类是道	257	五法印	261
五位君臣	257	一实相印	261
曹洞五位	257	一法印	261
四料简	258	慈悲	262
四宾主	258	回向	262
四照用	258	大圆满法	262
黄龙三关	258	宁玛九乘	262
云门三句	259	大手印	263
卍	259	道果论	263
五明	259	他空见	263
三学	259	中阴救度法	263
阿毗达磨	259		
阿毗昙	259	**七　经籍、书文**	
毗昙	259		
十二部经	260	佛经	267
十二分教	260	经卷	267
六成就	260	阿含经	267
法数	260	四阿含	267
事数	260	五阿含	267
名数	260	长阿含经	267

中阿含经	267	金刚经	270
杂阿含经	267	金刚般若波罗蜜多经	270
增一阿含经	267	般若波罗蜜多心经	271
长部	267	心经	271
中部	267	大宝积经	271
相应部	267	宝积经	271
增支部	267	净土三经	271
小部	267	净土五经	271
三转法轮经	268	无量寿经	271
那先比丘经	268	佛说大乘无量寿清净平等觉经	271
弥兰陀王问经	268	大无量寿经	271
四十二章经	269	大经	271
本生经	269	阿弥陀经	271
六度集经	269	小无量寿经	271
法句经	269	小经	271
出曜经	269	观无量寿经	272
百喻经	269	观无量寿佛经	272
百句譬喻经	269	观经	272
佛本行集经	270	弥勒下生经	272
佛所行赞	270	观弥勒菩萨下生经	272
佛本行经	270	下生经	272
佛所行赞经	270	弥勒成佛经	272
大般若经	270	弥勒上生经	272
大般若波罗蜜多经	270	观弥勒菩萨上生兜率天经	272
般若经	270	上生经	272
大品般若	270	大方等大集经	272
大品经	270	大集经	272
大品	270	华严经	272
小品般若	270	大方广佛华严经	272
小品经	270	解深密经	273
小品	270	楞伽经	273

楞伽阿跋多罗宝经…………… 273	佛临般涅槃经……………… 275
胜鬘经………………………… 273	大日经……………………… 275
胜鬘狮子吼一乘大方便方广经… 273	大毗卢遮那成佛神变加持经… 275
狮子吼经……………………… 273	毗卢遮那成佛经…………… 275
大般涅槃经…………………… 273	金刚顶经…………………… 276
涅槃经………………………… 273	摄大乘现证经……………… 276
北本涅槃经…………………… 273	大教王经…………………… 276
南本涅槃经…………………… 273	金刚顶瑜伽真实大乘教王经… 276
法华三部……………………… 274	疑伪经……………………… 276
法华三部经…………………… 274	疑经………………………… 276
妙法莲华经…………………… 274	伪经………………………… 276
法华经………………………… 274	父母恩重经………………… 276
无量义经……………………… 274	五部律……………………… 276
观普贤经……………………… 274	四分律……………………… 277
佛说观普贤菩萨行法经……… 274	十诵律……………………… 277
普曜经………………………… 274	五分律……………………… 277
维摩诘经……………………… 274	弥沙塞五分律……………… 277
维摩诘所说经………………… 274	弥沙塞律…………………… 277
维摩经………………………… 274	僧祇律……………………… 277
净名经………………………… 274	摩诃僧祇律………………… 277
金光明经……………………… 275	大众律……………………… 277
圆觉经………………………… 275	律部五论…………………… 277
大方广圆觉修多罗了义经…… 275	梵网经……………………… 278
圆觉修多罗了义经…………… 275	菩萨戒本…………………… 278
楞严经………………………… 275	百丈清规…………………… 278
首楞严经……………………… 275	南海寄归内法传…………… 278
大佛顶首楞严经……………… 275	毗尼日用…………………… 278
大佛顶经……………………… 275	毗尼日用录………………… 278
首楞严三昧经………………… 275	毗尼日用切要……………… 278
遗教经………………………… 275	禅门日诵…………………… 278
佛垂般涅槃略说教诫经……… 275	大悲忏法…………………… 278

千手千眼大悲心咒行法……278	摄大乘论……282
大悲心咒忏法……278	显扬圣教论……282
梁皇忏法……279	大乘庄严经论……282
慈悲道场忏法……279	十地经论……282
大毗婆沙论……279	百法明门论……282
阿毗达磨大毗婆沙论……279	大乘百法明门论略录……282
毗婆沙论……279	百法论……282
阿毗昙心论……279	唯识二十论……282
阿毗达磨俱舍论……279	二十唯识论……282
俱舍论……279	摧破邪山论……282
顺正理论……280	唯识三十颂……283
阿毗达磨顺正理论……280	唯识三十论颂……283
正理论……280	唯识三十论……283
显宗论……280	高建法幢论……283
阿毗达磨显宗论……280	成唯识论……283
异部宗轮论……280	唯识论……283
十八部论……280	成唯识论述记……283
部执异论……280	成唯识论疏……283
成实论……280	唯识述记……283
大乘起信论……280	唯识三疏……283
三论……281	成唯识论掌中枢要……283
四论……281	唯识枢要……283
中论……281	成唯识论了义灯……283
中观论……281	唯识论义灯……283
大智度论……281	成唯识论演秘……283
智度论……281	佛性论……284
往生论……281	大乘五蕴论……284
无量寿经优波提舍愿生偈……281	佛地经论……284
净土论……281	佛地论……284
瑜伽师地论……281	肇论……284
十七地论……281	物不迁论……284

不真空论……284
般若无知论……284
涅槃无名论……284
三论玄义……284
天台三大部……285
法华玄义……285
妙法莲华经玄义……285
法华文句……285
妙法莲华经文句……285
摩诃止观……285
止观辅行传弘决……285
辅行记……285
华严孔目章……286
孔目章……286
华严经探玄记……286
华严探玄记……286
探玄记……286
华严五教章……286
华严一乘教义分齐章……286
华严一乘教分记……286
华严经疏……286
大方广佛华严经疏……286
新华严经疏……286
清凉疏……286
华严大疏……286
原人论……286
华严原人论……286
大乘法苑义林章……287
法苑义林章……287
八识规矩颂……287
噶当七论……287

菩提道灯论……287
菩提道次第广论……287
菩提道次第略论……287
现观庄严论……288
般若经论现观庄严颂……288
观无量寿经疏……288
观经四帖……288
四分律行事钞……288
四分律删繁补阙行事钞……288
行事钞……288
六祖坛经……288
曹溪原本……288
六祖大师法宝坛经……288
禅源诸诠集都序……289
禅教合一……289
古尊宿语录……289
宗镜录……289
碧岩录……289
佛果圜悟禅师碧岩录……289
碧岩集……289
指月录……290
水月斋指月录……290
续指月录……290
牟子理惑论……290
理惑论……290
弘明集……290
广弘明集……290
辨正论……290
释迦谱……290
释迦氏谱……291
阿育王传……291

阿育王经	291	释老传	294
付法藏因缘传	291	元史·释老传	294
高僧传	291	佛祖统纪	294
梁高僧传	291	西藏王统世系明鉴	295
续高僧传	291	西藏王统记	295
唐高僧传	291	布顿佛教史	295
宋高僧传	291	善逝教法史	295
明高僧传	291	释迦方志	295
比丘尼传	292	洛阳伽蓝记	295
神僧传	292	古清凉传	295
高僧法显传	292	寺塔记	296
佛国记	292	庐山记	296
历游天竺记	292	大唐西域记	296
大唐西域求法高僧传	292	西域记	296
西域求法高僧传	292	西域行传	296
求法高僧传	292	出三藏记集	296
三藏法师传	292	祐录	296
大唐大慈恩寺三藏法师传	292	历代三宝记	297
华严经传记	293	开皇三宝录	297
华严传	293	长房录	297
禅林僧宝传	293	房录	297
僧宝传	293	开元释教录	297
景德传灯录	293	开元录	297
传灯录	293	智升录	297
续传灯录	293	开元释教录略出	297
五灯会元	293	阅藏知津	297
法喜志	293	大藏经	298
净土圣贤录	294	汉文大藏经	298
居士传	294	三藏	298
释老志	294	经藏	298
魏书·释老志	294	律藏	298

论藏	298	大日本校订缩刷大藏经	301
内典	298	缩藏	301
外典	298	弘教藏	301
大唐内典录	299	频伽藏	301
内典录	299	频伽精舍校刊大藏经	301
藏文大藏经	299	中华大藏经	301
甘珠尔	299	中华藏	301
丹珠尔	299	卍字藏	302
宋藏	299	日本藏经书院大藏经	302
开宝藏	299	大日本校订训点大藏经	302
北宋官版大藏经	299	卍字续藏	302
蜀版藏经	299	日本藏经书院续藏经	302
碛砂藏	300	续藏经	302
碛砂版大藏经	300	大日本续藏经	302
金藏	300	大正藏	302
金解州天宁寺大藏经	300	大正新修大藏经	302
金版大藏经	300	佛教大藏经	303
赵城藏	300	佛光大藏经	303
宋藏遗珍	300	大乘义章	303
高丽藏	300	法苑珠林	303
高丽大藏经	300	一切经音义	303
元藏	300	玄应音义	303
明藏	301	慧琳音义	303
初刻南藏	301	慧苑音义	303
南藏	301	希麟音义	303
北藏	301	翻译名义集	304
嘉兴藏	301	大宋僧史略	304
龙藏	301	僧史略	304
乾隆版大藏经	301	释氏要览	304
清藏	301	佛学大辞典	304
缩刷藏经	301	实用佛学辞典	305

贝叶经	305	托钵	310
梵夹	305	化缘	310
经筴	305	挂单	310
悉昙	305	挂锡	310
悉谈	305	荼毗	310
石经	305	茶毗	310
云居寺	305	阇毗	310
房山石经	305	阇维	310
		礼拜	311

八 礼仪、节日

		合十	311
归依	309	合掌	311
皈依	309	问讯	311
三皈依	309	互跪	311
出家	309	长跪	311
披剃	309	顶礼	311
落发染衣	309	五体投地	311
剃度	309	绕佛	311
度僧	309	遶佛	311
南无	309	功德	311
发心	309	供养	312
受戒	309	供施	312
传戒	309	供给	312
灌顶	309	布施	312
安居	310	檀	312
夏安居	310	檀那	312
雨安居	310	结缘	312
一瓣香	310	法会	312
一炷香	310	默朗钦波	312
普请	310	传大召	312
上堂	310	默朗道嘉	312
		充曲	313

39

传小召	313	禁语	315
无遮大会	313	闭关	316
四个法要	313	四威仪	316
法事	313	结跏趺坐	316
佛事	313	跏趺	316
打静	313	禅坐	316
忏法	313	打坐	316
忏悔	314	坐禅	316
拜忏	314	传法	316
礼忏	314	嗣法	316
自恣	314	传衣	317
斋	314	传灯	317
持斋	314	水忏	317
斋僧	314	慈悲水忏	317
斋会	314	慈悲水忏法	317
斋僧法会	314	超度	317
斋日	314	追福	317
四斋日	314	追荐	317
三长斋月	314	斋七	317
三斋月	314	累七	317
六斋日	315	水陆道场	317
十斋日	315	水陆法会	317
朝山	315	水陆斋仪	317
修行	315	焰口	318
参禅	315	面燃	318
参	315	放焰口	318
朝参	315	仁王会	318
晚参	315	仁王斋	318
打七	315	涅槃节	318
禅七	315	涅槃会	318
佛七	315	佛诞节	318

浴佛节	318	四众	323
盂兰盆会	318	五众	323
盂兰盆节	318	七众	323
中元节	318	沙门	323
鬼节	318	桑门	323
成道节	319	比丘	323
成道会	319	苾刍	323
腊八粥	319	和尚	323
吠舍佉节	319	和上	323
卫塞节	319	比丘尼	323
世界佛陀日	319	苾刍尼	323
赞林纪桑	319	尼姑	323
林卡节	319	式叉摩那	323
竹巴慈希	319	学戒女	323
六四转山会	319	沙弥	323
萨噶达瓦	319	息慈	323
驱鬼节	319	行慈	323
局阿曲巴	320	沙弥尼	323
灯节	320	勤策女	323
丝邦节	320	喇嘛	323
供宝会	320	上师	323
跳神节	320	札巴	323
息却	320	活佛	324
安却	320	优婆塞	324
拉巴堆钦	320	居士男	324
白拉日珠	320	优婆夷	324
		居士女	324
		僧伽	324

九 教制、教职、器物、称谓

出家众	323	僧法	324
在家众	323	僧	324
		檀越	324

41

施主…… 324	缁门…… 327
贫道…… 324	缁素…… 327
支郎…… 324	戒名…… 327
高僧…… 324	法名…… 327
尊者…… 325	释子…… 327
圣者…… 325	法腊…… 328
上人…… 325	戒腊…… 328
法师…… 325	夏腊…… 328
三藏法师…… 325	法岁…… 328
经师…… 325	腊…… 328
论师…… 325	三宝…… 328
律师…… 325	佛宝…… 328
都讲…… 325	法宝…… 328
讲下…… 325	僧宝…… 328
尊宿…… 325	三纲…… 328
大师…… 325	上座…… 328
大德…… 326	长老…… 328
宗师…… 326	首座…… 328
空门子…… 326	维那…… 328
禅和子…… 326	悦众…… 328
阿阇梨…… 326	都维那…… 328
传戒和尚…… 326	住持…… 329
传戒师…… 326	方丈…… 329
戒和尚…… 326	堂头和尚…… 329
三师七证…… 326	寺主…… 329
羯磨师…… 326	禅寺职位…… 329
教授师…… 326	两序…… 329
白四羯磨…… 326	东序…… 329
一白三羯磨…… 326	西序…… 329
头陀…… 327	知事…… 329
缁流…… 327	头首…… 329

都寺	329	坐元	330
都总	329	寮首座	330
都管	329	庄主	330
监寺	329	化主	331
监院	329	塔主	331
院主	329	园主	331
主首	329	净头	331
副寺	329	磨主	331
库头	329	门头	331
知库	329	水头	331
柜头	329	炭头	331
典座	329	行者	331
直岁	330	行童	331
书记	330	童行	331
知藏	330	道者	331
藏主	330	云水僧	331
藏司	330	游方僧	331
经藏堂主	330	行脚僧	331
知浴	330	云衲	331
浴主	330	钵阐布	332
知殿	330	钵掣通	332
殿主	330	达赖喇嘛	332
知客	330	班禅额尔德尼	332
典客	330	班禅	332
典宾	330	帕巴拉	333
侍者	330	热振	333
参头	330	嘉木祥	333
参头和尚	330	甘丹墀巴	333
副参	330	墀仁波且	333
望参	330	甘丹法王	333
寮元	330	墀巴	333

译仓	333	佛图户	337
磋钦	334	僧兵	337
喇吉	334	山法师	337
扎仓	334	奈良法师	337
都康	334	僧录	337
密院	334	左右街功德使	337
居堆	334	宣政院	337
居麦	334	僧官	338
乃穷	334	僧正	338
乃琼	334	僧主	338
堪布	334	僧统	338
格西	334	沙门统	338
翁则	335	道人统	338
格贵	335	都统	338
铁棒喇嘛	335	昭玄统	338
协敖	335	法主	338
大铁棒喇嘛	335	法王	338
强佐	335	大宝法王	338
雄赖巴	335	大慈法王	338
康村	335	大乘法王	338
吉根	335	帝师	339
密村	335	国师	339
欧涅	335	僧籍	339
卡太格根	336	试经度僧	339
群则	336	鬻度	339
贝恰瓦	336	香水钱	339
哲布尊丹巴	336	度牒	340
章嘉呼图克图	336	祠部牒	340
呼图克图	336	戒牒	340
净人	337	赐紫	340
僧祇户	337	赐紫衣	340

僧制 …………………… 340	七宝 …………………… 344
僧禁 …………………… 340	戒尺 …………………… 344
丛林清规 ……………… 340	鼓 ……………………… 344
丛规 …………………… 340	法鼓 …………………… 344
转世 …………………… 340	钟 ……………………… 344
金瓶掣签 ……………… 340	梵钟 …………………… 344
法衣 …………………… 341	木鱼 …………………… 345
如法衣 ………………… 341	引磬 …………………… 345
应法衣 ………………… 341	小手磬 ………………… 345
三衣 …………………… 341	铃 ……………………… 345
五衣 …………………… 341	藏铃 …………………… 345
二衣 …………………… 342	铙钹 …………………… 345
袈裟 …………………… 342	铜钹 …………………… 345
袈裟十二名 …………… 342	铜钹子 ………………… 345
袈裟五德 ……………… 342	钲 ……………………… 345
涅槃僧 ………………… 343	圆磬 …………………… 345
泥洹僧 ………………… 343	扁磬 …………………… 345
衲衣 …………………… 343	云鼓 …………………… 345
百衲衣 ………………… 343	云板 …………………… 345
粪扫衣 ………………… 343	大板 …………………… 345
三衣六物 ……………… 343	斋板 …………………… 345
十八物 ………………… 343	香炉 …………………… 346
百一物 ………………… 343	香亭 …………………… 346
百一众具 ……………… 343	供具 …………………… 346
长物 …………………… 343	供物 …………………… 346
坐具 …………………… 343	长明灯 ………………… 346
尼师坛 ………………… 343	续明灯 ………………… 346
师子座 ………………… 343	无尽灯 ………………… 346
狮子座 ………………… 343	蒲团 …………………… 346
法器 …………………… 344	禅板 …………………… 346
三宝物 ………………… 344	禅杖 …………………… 346

45

衣钵	346
衣钵相传	346
镔子	347
锡杖	347
声杖	347
鸣杖	347
戒刀	347
拂子	347
护身符	347
幢	347
经幢	347
石幢	347
金幢	347
幡	347
幢幡	347
荐亡幡	348
命过幡	348
盖	348
佛像	348
道场	348
内道场	348
曼荼罗	348
曼陀罗	348
祈祷壁	349
哈达	349
曲工	349
曲丁	349
嘛呢旗	349
嘛呢堆	350
转经筒	350
嘛呢轮	350
扎玛茹	350
格乌	350
舍利	350
佛牙	350
佛曲	350
梵呗	351
转读	351
变文	351
变相	351
变	351
经变	351
唐喀	351
唐卡	351
晒佛	351
灯节佛供	351
酥油灯	351
酥油花	351

十 成语、典故、杂语

半路出家	355
大彻大悟	355
混世魔王	355
邪魔外道	355
顶礼膜拜	355
五体投地	355
善男信女	356
沿门托钵	356
无事不登三宝殿	356
不看僧面看佛面	356
聚沙成塔	356

救人一命，胜造七级浮屠……… 357	拨云见日……… 363
生老病死……… 357	不拘小节……… 363
指点迷津……… 357	一手遮天……… 363
苦海无边，回头是岸……… 357	看破红尘……… 364
一尘不染……… 358	凡夫俗子……… 364
道高一尺，魔高一丈……… 358	镜花水月……… 364
百尺竿头，更进一步……… 358	顽石点头……… 364
痴心妄想……… 358	放下屠刀立地成佛……… 365
一生一世……… 358	超凡入圣……… 365
三生有幸……… 358	暮鼓晨钟……… 365
恍如隔世……… 359	金刚怒目、菩萨低眉……… 365
万劫不复……… 359	开山祖师……… 366
在劫难逃……… 359	大吹法螺……… 366
劫后余生……… 359	得其三昧……… 366
十八层地狱……… 359	心心相印……… 366
牛头马面……… 360	立雪求道、断臂求法……… 366
笑面夜叉……… 360	头上安头……… 367
刀山火海、上刀山下油锅……… 360	解铃还须系铃人……… 367
善有善报，恶有恶报……… 360	六根清净……… 367
如影随形……… 360	指雁为羹……… 368
种瓜得瓜，种豆得豆……… 360	野狐禅、血口喷人……… 368
自作自受……… 361	做一天和尚敲一天钟……… 368
步步莲花……… 361	僧多粥少、粥饭僧……… 369
唯我独尊……… 361	森罗万象……… 369
佛眼相看、佛眼相待……… 361	空中楼阁……… 369
神通广大……… 361	悬驼就石……… 369
现身说法……… 362	石沉大海……… 370
执迷不悟……… 362	天花乱坠……… 370
醍醐灌顶……… 362	不即不离、若即若离……… 370
与人方便，自己方便……… 362	如梦如幻、梦幻泡影……… 370
佛要金妆，人要衣妆……… 363	皆大欢喜……… 371

心无挂碍	371	菩提道场	379
苦中作乐	371	鹿野苑	379
盲人摸象、瞎子摸象	371	拘尸那迦	379
不可思议	371	俱尸那	379
不二法门	372	王舍城	379
大慈大悲、大发慈悲	372	罗阅祇	379
认贼为子	372	舍卫国	379
想入非非	372	室罗伐	379
味同嚼蜡	372	华氏城	380
一丝不挂	373	耆阇崛山	380
掌上明珠	373	灵鹫山	380
打草惊蛇	373	祇园	380
一动不如一静	373	祇树给孤独园	380
求人不如求己	373	竹林精舍	380
心花怒放	374	迦兰陀竹园	380
心猿意马	374	那烂陀寺	380
投身饲虎	374	僧伽蓝	381
目连救母	374	僧伽摩罗	381
一苇渡江	374	伽蓝	381
只履西归	374	梵刹	381
菩提树	375	兰若	381
坐化	375	阿兰若	381
外道	375	寺	381
梵志	375	庵	381
魔事	375	尼庵	381
		丛林	381

十一 道场、寺院、古迹、塔

		大雄宝殿	381
		金堂	381
迦毗罗卫	379	山门	381
蓝毗尼	379	三门	381
菩提伽耶	379	悲田院	381

养济院	381	金山寺	391
四大道场	382	大明寺	391
四大名山	382	寒山寺	391
五台山	382	龙华寺	391
普陀山	382	静安寺	392
峨眉山	383	玉佛寺	392
九华山	383	保国寺	392
天童山	383	灵隐寺	392
太白山	383	南普陀寺	393
天台山	383	闽南佛学院	393
栖霞山	384	光孝寺	393
虎丘山	385	开元寺 [1]	394
海涌山	385	桑耶寺	394
潭柘寺	385	大昭寺	395
卧佛寺	385	小昭寺	395
法源寺	386	三大寺	395
碧云寺	386	四大寺	395
隆兴寺	386	六大寺	395
正定大佛寺	386	甘丹寺	395
独乐寺	387	色拉寺	396
白马寺	387	哲蚌寺	396
少林寺	387	布达拉宫	396
玄中寺	388	扎什伦布寺	396
佛光寺	388	托林寺	397
善化寺	389	粗朴寺	397
广胜寺	389	雍布拉岗	397
南禅寺	389	萨迦寺	397
华严寺	389	热振寺	397
草堂寺	390	敏珠林	397
青龙寺	390	竹庆寺	397
建初寺	390	更庆寺	398

塔尔寺……398	小雁塔……404
拉卜楞寺……398	大雁塔……404
雍和宫……398	慈恩寺塔……404
黄寺……399	玄奘塔……404
西黄寺……399	玄墓塔……404
外八庙……399	五塔寺……404
罗布尔卡……399	四门塔……405
兴福寺……400	六和塔……405
法隆寺……400	应县木塔……405
东大寺……400	佛宫寺释迦塔……405
大华严寺……400	佛牙舍利塔……405
唐招提寺……400	古印度早期佛教艺术……406
招提寺……400	犍陀罗佛教艺术……406
延历寺……400	秣菟罗佛教艺术……407
比叡山寺……400	敦煌石窟……407
金刚峰寺……401	莫高窟……407
教王护国寺……401	千佛洞……407
东寺……401	榆林窟……408
知恩院……401	云冈石窟……408
吉水禅房……401	龙门石窟……408
总持寺……402	伊阙石窟……408
永平寺……402	麦积山石窟……409
妙心寺……402	响堂山石窟……409
久远寺……402	响堂寺……409
大石寺……403	克孜尔千佛洞……410
万福寺……403	赫色尔石窟……410
海印寺……403	库木土喇千佛洞……410
塔……403	库木土喇石窟……410
佛塔……403	皇泽寺摩崖造像……410
刹……403	广元千佛崖摩崖造像……410
嵩岳寺塔……403	大足石窟……411

北山摩崖造像……………………… 411	台湾佛教四大道场［1］……… 413
北山石刻………………………… 411	灵泉禅寺………………………… 413
宝顶山摩崖造像………………… 411	凌云禅寺………………………… 414
石钟山石窟……………………… 411	法云寺…………………………… 414
开元寺［2］……………………… 412	超峰寺…………………………… 415
龙山寺…………………………… 412	台湾佛教四大道场［2］……… 415
光德寺…………………………… 412	法鼓山…………………………… 415
圆光禅寺………………………… 412	佛光山…………………………… 415
圆光佛学院……………………… 412	慈济基金会……………………… 416
福严精舍………………………… 413	慈济功德会……………………… 416
福严佛学院……………………… 413	中台禅寺………………………… 416
元亨寺…………………………… 413	中台山…………………………… 416

一 起源背景、世界观

任何一种宗教的兴起，都有其背景条件。宗教产生之主角是人类，而人受到环境的制约，同时也挑战环境。所以人类创造宗教，如同创造经济、政治一样，都是为了解决人的需求。这个需求可能是出于对自然环境的恐惧，也可能是对现实环境的不满，当然还有其他种种因素。而所有这些因素的综合，就构成了宗教产生的背景条件。

佛教产生于古印度。2500年前，古印度就已经是一个文明相当成熟的城邦国家，基本上没有与艰困之自然环境对抗的困扰。他们的困扰来自于对社会与政治环境的不满，以及对人生价值的追求。佛教创始者释迦牟尼拥有王族身份，受到过印度文化的高度教养并撷取其文明因素，所以使佛教教义充满了思辨与逻辑，从而创造出内涵丰富的教义。

举佛教教义中的主要概念轮回为例，轮回即是古印度对人类生命的完整想象与陈述。人的生命因为轮回说而有了前世、今生及未来，充满了浪漫情怀及严谨的逻辑观。这种古印度的生命观在时间及空间上纵横整个佛教，也左右着善恶的道德标准。除轮回以外，印度文明中的世界观也提供给佛教一个完整的场域，包括了空间（器世间）、时间以及在其中生活的众生。

本章共收录89个条目。虽然条目不多，但基本上足以阐释与佛教相关的背景信息，包括文化背景（吠陀文化）、经济及社会背景（种姓制度）、社会思潮（沙门）。由于背景只限于佛教产生和发展的条件及内涵因素，并非印度整体，所以我们尽量简洁地陈述其相关部分。涉及到与佛教教义无直接关系的观念，过去的辞书多将其归在教义中，易造成混淆，让人误以为这些概念是佛教所独创，从而失去客观性，所以也将其归类于背景。

客观性是陈述背景的首要条件。不但在条目选择上要这样，内容也必须如此。例如沙门及沙门思潮，古印度沙门时代可以用中国的春秋战国时代来理解，那正是一个百花齐放、百家争鸣的时代。其中的不同，只在于春秋战国争的是富国强兵的思想，而沙门争的是宇宙人生的探讨。虽然教内讲"邪命外道"、"六师外道"，但客观来讲，其不过是当时沙门思想各自的价值判断不同。站在佛教思想的立场，当然认为其他不同思想的门派是外道。但条目的撰写，则必须客观而超然地陈述。

❋ 吠陀文化

古印度的主要文化。约公元前1200年以后，游牧民族雅利安人自伊朗高原进入印度，与当地的荼卢毗人逐渐融合的新文化。依其发展可分为三个时期：吠陀经的神话时代，梵书的神权时代，奥义书的哲学时代。

吠陀时期的宗教信仰属多神教。梵书时期为一神教，最高的神是"梵"。到了奥义书时代，宗教家、思想家开始探求人与梵之间的关系，追寻人生的意义与价值。其原因是梵书末期，婆罗门教的宗教教条独断且祭司贪腐成风，于是有志于改革的宗教家与思想家便带领追随者或遁入山林，或游行四方，过着出世的修行生活，著书立说。新兴的思想派别，著名的有耆那教、佛教及佛教所称的"六师外道"。这些过着遁世修行生活的领导人，统称为沙门（参见P4沙门条）。

❋ 种姓制度

古印度婆罗门教的社会制度。其基本上将人划分为四个种姓：

1. 婆罗门：执掌宗教事务，担任祭司，负责传达神的旨意。
2. 刹帝利：执掌军政大权，为社会及政治的实际领导人。
3. 吠舍：从事农工商等生产活动，但相对富有者也受到社会及政府的尊重。
4. 首陀罗：从事奴隶性的工作。

由于严格的社会制度，人们在今生不能改变身份；而轮回观念认为，人们生生世世都保持着同样的种姓身份。只有通过对婆罗门供养，才有可能改变来生。但首陀罗是一生族，永远不能改变。到了释迦牟尼时代，由于社会经济的改变及思想的蓬勃发展，种姓制度实质上已经松动。

❋ 奥义书

婆罗门教的古老哲学之一。梵文意译，原意为近坐，引申为师生对坐，传秘密教义。音译亦称为吠檀多，亦即"吠陀的终结"，为吠陀经典的最后一部分。吠檀多派哲学的来源和重要经典约在公元前7世纪至前5世纪成书，约200种，现存100多种，其中最古的部分有13种，分属四吠陀。其中心内容是"梵我同一"和"轮回解脱"，是婆罗门教和印度教的哲学基础。

❋ 四行期

古印度婆罗门教认为人生理想的四个生活阶段，此种方式为社会大众所追求。佛教的乞食、出家皆源于此。这四期分别为：

1.梵行期：居住在导师家中，接受教育及宗教训练。

2.家居期：在家过世俗生活，娶妻生子，从事合乎身分（种姓）的工作。

3.林栖期：子女独立后，交付家业，遁入密林修行禅定及苦行，追求梵我合一（类似中国所谓的天人合一）。

4.遁世期：晚年抛弃一切，独自游方，过着乞食生活，求完全解脱。

沙门思潮

释迦牟尼在世时，反传统的思潮统称为沙门思潮，这个时期属于奥义书哲学时代。当时婆罗门教借着拥有解释教义与担任祭司的特权，将社会划分为四种姓的不平等社会（参见P3种姓制度条）。一些反传统的思想家、修行人遂遁入山林修行，或游行四方，传播自身的主张。这些团体的领导人统称为沙门，后泛指团体的成员。又因为其生活的形态被称为游行者（传教）、苦行者（在旷野或森林修行）、比丘（比丘即乞食者的梵文音译）。佛教和六师外道是当时最著名的几个沙门。沙门后来成为佛教僧人的代名词。

六师外道

佛陀在世的时代，印度社会各种改革思潮勃兴，犹如中国的春秋战国时代。差别只在春秋战国时期的新思潮集中在强国救世，印度的思潮则集中在宇宙人生的探讨。当时佛教将这些佛教之外的重要派别称为六师外道，这六师分别参见以下各条。

阿夷多赤舍钦婆罗

古印度奥义书时代的沙门代表之一。其主张顺世论，认为人与宇宙都是物质（地、水、火、风）的组合，人死意识消失，没有过去世和未来世，否定轮回、祭祀、苦行等。

尼干子·若提子

古印度奥义书时代的沙门代表之一。其认为世界由命（灵魂）和非命（灵魂以外的物质、时间、空间、动静等）组成，人生由一定的痛苦和幸福两种成分组成。所以主张修苦行，认为受尽痛苦以后，剩下的都是幸福。此师创立了耆那教。

婆浮陀·伽旃延

古印度奥义书时代的沙门代表之一。其认为人是地、水、火、风、苦、乐、生命（灵魂）七种元素组成。这七种元素永存，聚合构成人，离散造成死亡。

没有轮回、善恶因果。

❈ 富兰那·迦叶、无因无缘论

古印度奥义书时代的沙门代表之一。其认为一切现象的产生和发展都是偶然，对宗教伦理持怀疑态度。否认善恶有报，主张纵欲。佛教称他的学说为"无因无缘论"。

❈ 末伽梨·拘舍罗子、邪命外道

古印度奥义书时代的沙门代表之一。其认为一切现象都是由地、水、火、风、虚空、得、失、苦、乐、生死等12种元素构成，各种元素自然地结合，不受任何因素影响。一切现象都受命运支配，人的意志无能为力，否定因果报应，一切都是空、无用。八百四十万大劫后，自然得到解脱。佛教称这种学说为"邪命外道"，是耆那教的一支。

❈ 散惹耶·毗罗梨子

古印度奥义书时代的沙门代表之一。主张不可知论，对一切问题不作定论，反对婆罗门主张世界是梵的转化的理论。舍利弗、目犍连都曾是他的弟子。

❈ 四大、五大、六大、七大

佛教的宇宙构成观源自古印度文化，认为地、水、火、风四者为构成色法（相当于物质现象）的基本元素，称为四大，又称四界。大，表示它遍及一切。后来加入了"空"，构成五大；再增加"识"，是为六大；《楞严经》则认为基本有七大，在六大之外再增"见"。其主要差别是对存在的定义不同，"空"强调容物的空间，"识"与"见"强调认知功能。

地、水、火、风事实上只是物质四种特性的代表，这些特性构成我们所知的一切物质。地，代表坚硬的本质，功用是能支撑、保持；水，代表湿润的本质，功用是摄集；火，代表温热的本质，功用是成熟；风，代表动的本质，特性是生长。

❈ 三界包含欲界、色界、无色界

佛教的空间观。佛教把世俗世界划分为欲界、色界、无色界，认为是有情众生存在的三种空间（境界）。分述如下：

1.欲界：是具有食欲、淫欲（段食，淫所引贪）的众生所居住的地方（器世间）。这些众生包括五道中的地狱、畜生、饿鬼、六欲天和人。

2.色界：位于欲界之上，是已经离开食、淫二欲的众生所居的地方。色可作物质解，包括四禅天（四静虑处）的17种天，称为色界十七天。

3.无色界：位于色界之上，是无形色众生所居之处。包括四无色天。

佛教认为众生该生于三界何界，由善恶果报及禅定修行决定。但可以肯定的是，善恶果报只在欲界轮回，修"四静虑"方可生色界，修"四无色定"方可生无色界。但无论生于何处，三界仍属"迷界"，达到涅槃解脱，才是佛教的最高理想。

❁ **轮回亦称生死轮回、轮转**

佛教的生命观，也是基本教义用语。梵文的意译，取众生在三界六道中的生命如车轮般轮转不停之意。生死轮回原为印度婆罗门教的基本教义及生命观，佛教承袭这个观念，但内涵则截然不同。婆罗门教为阶级性宗教，将社会分为四大种姓，在轮回中，生生世世永袭不变。只有透过祭祀可以改变，但奴隶没有祭祀权。

佛教的轮回观，则建立在众生平等的基础上，依业力决定生命的形态。《长阿含经》等主张下等种姓今生积善德，来生可转生为上等种姓，甚至天界；上等种姓今生行恶，来生也会转生下等种姓，甚至地狱。藉此说明人间不平等的现象，并鼓励人们行善业、修佛道，以求善报或超脱轮回（涅槃）。

❁ **趣**

佛教生命观，取其"趣向"之意。意谓众生由于自己的善恶业报，死后趋向不同的地方转生。小乘说一切有部主张有五趣（五道），犊子部及大乘主张有六趣（六道）。

❁ **六道亦称六趣，五道亦称五趣**

指众生依据自己的善恶行为所得的业报，在生死轮回于三界中所转生的场域。趣（趋），为趣向之意。六道包含地狱、饿鬼、畜生（傍生）、人、天（三界诸天）、阿修罗。除去阿修罗则是五道，《楞严经》则加上"仙趣"，成为七趣。

❁ **三善道亦称三善趣**

佛教的生命观，轮回场域的规则。指六道轮回中的天、人、阿修罗道，分别由上、中、下不同程度的善业所成就。就相应的转生意义而言，又称为三善趣。

❁ **三恶道亦称三恶趣**

佛教的生命观，轮回场域的规则。指六道轮回中的地狱、畜生、饿鬼道，分别由上、中、下不同程度的恶业所造成。就相应的转生意义而言，又称为三恶趣。

❋ **四生包含卵生、胎生、湿生、化生**
佛教将六道众生的生成划分为四种形态，称为四生：
1. 卵生：从卵壳出生，如鸡、鸭、鸟类等。
2. 胎生：从母胎而生，如人、畜生。
3. 湿生：从湿气而生，如腐肉中虫、厕中虫，亦称因缘生。
4. 化生：无所依托，藉业力出现者，如天神、饿鬼及地狱中的受苦者。

❋ **六凡四圣简称十界**
佛教把佛和众生等依其解脱与否，划分为十大类（即十界）：
六凡：未解脱者，包括地狱、饿鬼、畜生、阿修罗、人、天。
四圣：已解脱者，包括声闻、缘觉（独觉）、菩萨、佛。

❋ **天**
涵义有二：欲界六道中世间（迷界）之最高最优者，以及其中所居之有情，皆称为"天"。就有情（众生）方面，又可称为天人、天众、天部。就界（空间、地方）方面，又可称为天界、天道、天趣，包括：欲界的六欲天、色界的十七天、无色界的四天。

❋ **六欲天亦称欲界诸天，包含四天王天、忉利天亦称三十三天、夜摩天、兜率天、乐变化天、他化自在天**
六欲天指三界中欲界的六重天，为古印度传说，佛教借用。
1. 四天王天：须弥山山腰有一山，名叫犍陀罗山，四周各有一峰，空间及众生都称为四天王天。空间包含东方持国天、南方增长天、西方广目天、北方多闻天（梵音毗沙门天，其天王又称托塔天王，因保护古佛舍利而得名）。众生为四天王及其天众。
2. 忉利天：又名三十三天，忉利为梵音。以须弥山顶的帝释天为中心，四方各有八天，合共三十三天，由帝释天统率。中央为帝释天所居，宫殿名"善见"，极尽华美。
3. 夜摩天，位在三十三天之上十六万由旬处，此天随时受乐，永为白昼。
4. 兜率天，又译兜率陀，意为妙足、知足。位在夜摩天之上三亿二万由旬处，一昼夜相当人间四百年。此天居住者彻体光明，能照耀世间。分内、外两院，外院为欲界天的一部分，内院是欲界的净土，弥勒菩萨寄居于此，释迦牟尼的母亲摩耶夫人亦往生于此。据《弥勒上生经》，若皈依弥勒并称念其名号，死后可往生此天。

5. 乐变化天，又译化乐天、化自乐天、妙变化天，位在夜摩天上方十六亿四万由旬处。此天居住者，有种种享乐器具，娱乐自在，变化自在。

6. 他化自在天，简称他化天，位于乐变化天上方十二亿八万由旬处，此天夺他所化而自娱，故名他化自在天。天主是障碍佛道的魔波旬。

❋ **四禅天亦称四静虑天、色界诸天**

佛教所说，修四禅死后因果报所生的色界四天处。

1. 初禅天：此处已不食人间烟火，故无鼻、舌二识，但仍有眼、耳、身、意四识生起的喜、乐二受，和寻、伺的思维能力。

2. 二禅天：更无眼、耳、身三识，亦无寻、伺思维，唯有意识与喜受、舍受（喜为非苦非乐的感受）相应。

3. 三禅天：唯有意识活动，与乐受、舍受相应。

4. 四禅天：唯有与舍受相应的意识活动。

每一禅天又包括若干天，合计有十六、十七、十八禅天的各种说法，统称为色界诸天。依据《俱舍论》十七天的说法，初禅天三天，包含梵众天、梵辅天、大梵天；二禅天三天，包含少光天、无量光天、极光天；三禅天三天，包含少净天、无量净天、遍净天；四禅天八天，包含无云天、福生天、广果天、无烦天、无热天、善现天、善见天、色究竟天。

❋ **四无色天亦称四空天、四空处、无色界诸天**

佛教所说，修四无色定死后因果报所生的无色界四天处。据《俱舍论》载，其名称与四无色定相同：空无边处（天）、识无边处（天）、无所有处（天）、非想非非想处（天）。

此天既无自然国土和宫室，更无色碍肉身，也就是没有物质（色）存在，唯以"众同分"和"命根"等假和合为体存在。总称为无色界。

❋ **三千大千世界简称大千世界**

佛教认为世界（器世间）以须弥山为中心，以铁围山为外廓。同一日月所照的四天下，为一"小世界"；一千小世界，为一"小千世界"；一千小千世界，为一"中千世界"；一千中千世界，为一"大千世界"。

因大千世界中有小、中、大三个"千世界"，所以称世界为"三千大千世界"。

❀ **四大部洲简称四洲，包含东胜神州、南瞻部洲、西牛货洲、北俱卢洲**

佛教认为，世界的中心须弥山四方咸海之中有四洲，即：东胜神（身）州、南瞻部洲、西牛货洲、北俱卢洲，四洲旁各有二中洲。东、西、南、北为以须弥山为中心的方位称。分别介绍如下：

1. 东胜神州：其地因为人身殊胜，故又名东胜身洲。其形为半月状，三面各长二千由旬，一面长三百五十由旬。

2. 南瞻部洲：旧译南阎浮提，此洲盛产瞻部树，"提"即树意。其形为车状，南面三由旬半，其余三面各二千由旬，中有金刚座。据《俱舍论》载，"一切菩萨，将登正觉，皆坐此座"。

3. 西牛货洲：旧译瞿陀尼，因以牛为货币，故名。其形圆如满月，周长七千五百由旬。

4. 北俱卢洲：旧译郁单越，意为胜处、高上，因该洲人民寿足千年，平等安乐，于四洲中最胜。其形为正方形，每边长二千由旬。

❀ **八中洲**

佛教认为以须弥山为中心的四大部洲，每洲两侧各有一洲，合为八中洲。东胜神洲边有提诃洲（意为身）、毗提诃洲（意为胜身）；南瞻部洲边有遮末罗洲（意为猫牛）、筏罗遮末罗洲（意为胜猫牛）；西牛货洲边有舍谛洲（意为谄）、嗢怛罗漫怛里孥洲（意为上仪）；北俱卢洲边有矩拉婆洲（意为胜边）、憍拉婆洲（意为有胜边）。此八中洲皆有人住。

❀ **娑婆世界**

源于古印度的梵文音译，意为"堪忍"，故又称作堪忍世界。指释迦牟尼教化的世界，实为现实的世界。有两个含意：

1. 认为这个世界充满不堪忍受的苦难，众生罪孽深重。

2. 认为佛、菩萨在这个世界进行教化，"堪忍"劳累，表现出"无畏"的精神。

❀ **地狱、阿鼻地狱亦称无间地狱、十六小地狱**

地狱为佛教六道中的恶道之一，一般的说法有"八大地狱"，又称为"八热地狱"。这八个地狱分别是：

1. 等活地狱：此处众生彼此互相残杀，凉风吹来，死而复活，继续残杀，痛苦更甚。

2. 黑绳地狱：以黑铁绳绞勒罪人。

3. 众合地狱：以众兽、刑具配合，残害罪人。

4. 号叫地狱：罪人受苦折磨，发出悲号。

5. 大叫地狱：罪人比前者受苦更甚，大声号叫。

6. 炎热地狱：以铜、炭坑煮罪人。

7. 大热地狱：罪人受煮烧，比前者更甚。

8. 阿鼻地狱：意为无间地狱，因此处众生受苦不间断而得名。据《俱舍论》载，位在南瞻部洲之下二万由旬，深广亦二万由旬。造"十不善业"者堕之。

另据《大智度论》载，八大地狱还附有十六小地狱，由八寒冰、八炎火构成，其中罪毒更甚。

❋ **八寒地狱**

地狱的一种。佛教所说的八种酷寒地狱，与通称的八热地狱相对，应为进一步的发挥。

1. 阿部陀地狱：入者身寒生疱。

2. 尼剌部地狱：入者身寒疱破。

3. 阿吒吒地狱：入者唇齿冻僵，发出颤声。

4. 臛臛婆地狱：入者口发臛臛婆声。

5. 虎虎婆地狱：入者不能发声，但喉作虎虎婆响。

6. 嗢钵罗地狱：入者身体冻裂，像青莲花。

7. 钵特摩地狱：入者大折裂，像红莲花。

8. 摩诃钵特摩地狱：入者骨折像大莲花或白莲花。

❋ **世间包括有情世间、器世间**

世间与出世间相对。世，指迁流（时间）、破坏；间，为空间，含有中间的意涵。意为世俗世界。世间包括有生灭烦恼的有情众生，称为有情世间，也称众生世间；其存在的环境，称为器世间，也称为国土世间。世间又称五蕴世间。

❋ **出世间**

与世间相对，意指超脱三界、六道轮回的世俗世间，相当于涅槃世界。

❋ **阿僧祇**

古印度的时间名词，亦译阿僧企耶。意为无数，佛教藉用表示无数长远的时间。《俱舍论》载：阿僧企耶，名无数劫。

❋ 劫、四劫

古印度的时间名词，"劫波"的简译，意为极为久远的时间。印度婆罗门教认为一劫等于大梵天一个白天或千个时，相当于人间四十三亿二千万年。劫末有劫火，烧毁一切，然后一个新世界又出现。另一说为一劫分四时：圆满时、三分时、二分时、争斗时，四时合计四百三十二万年，现正处于争斗时。

佛教借用劫说，说法完全不同。"劫波"分为大、中、小劫，一大劫分成、住、坏、空四个时期，各有二十个中劫。一中劫含两个小劫，合一大劫为八十中劫，一百六十小劫。其时间究竟多长，并无定数。

这四劫是佛教对宇宙循环生息的主要概念：

1. 成劫：世界与有情产生的时期。
2. 住劫：又称续成劫，世界与有情存在的时期。
3. 坏劫：水、火、风等毁灭世界的时期。
4. 空劫：世界已不存在，空无一物。

因其内涵系世界历经形成、存在、破坏、再形成的过程，传入中国以后，汉文化再转用来形容天灾人祸，如劫数、浩劫。

❋ 刹那

古印度的时间名词，为梵音，意译一念、须臾。佛教用以表示最短的时间单位。一弹指有六十五刹那。

❋ 由旬

古印度的量度名词。用于计算距离、高度的单位。以帝王行军一日的距离为一由旬，《大唐西域记》记载约三十华里。

❋ 方分

古印度的体积名词，梵文意译。佛教认为极微小的物体亦有上、下、左、右的方位，在空间占有一定的体积，称为方分。但另一说极小的物体为圆形，无方位，故亦不称方分。

❋ 极微

古印度的体积名词，梵文意译，音译阿拏、阿耨。指色的最小单位，为色的不可再分割的元素。

❈ 有情、非情

有情为梵文意译，音译萨埵，一般又称为众生，为佛教用于对一般有情识生物的通称。反之，无情识之物称为无情或非情，如草木、山河、大地、土石等。

❈ 净土亦称佛国、净刹

大乘特有名词，指佛所创造、居住的世界。相对于众生所居的世界为"秽土"，故称为净土。依据大乘的观念，一佛有一世界，佛有无数，故有无数净土世界。如《法华经》所讲灵山净土、《华严经》所讲莲华藏世界《密严经》所讲密严净土。

影响中国佛教最大的是《无量寿经》等净土典籍所讲的阿弥陀佛西方净土（亦称安乐、妙乐、极乐）世界。据经中所述，只要信仰阿弥陀佛，并称念此佛名号，死后即可往生该处。

另有以众生所居的娑婆世界为中心的周围净土说，如东方有阿閦佛的妙喜世界、药师佛的净琉璃世界等。但也有反对往生净土的主张，如《维摩诘经》主张只要内心清净，所居之地即为净土。中国禅宗南宗提倡即心即佛，特别强调这个主张。

二 佛、菩萨、非人

这一章包括的范围涵盖佛教中的修行成就者，即佛、菩萨、阿罗汉，以及护法鬼神、坏法魔等一切非人。具体来讲，就是一切拟人化的形象。修行成就的佛、菩萨、阿罗汉，基本上是人的蜕变。传统汉文化的观念以人死为鬼，佛教的观念则是人死后重入轮回，并不为鬼。佛教文献当中没有交代鬼众的来源，严格来讲，佛教所称的鬼众应该是借用汉文化中鬼的概念，来具象形容非人中的一类。"神"的使用也是这样。因此，鬼神在中印文化的内涵中并不相同，只是借用而已。

在这一章的条目中，可以很明显看出从小乘到大乘的演化充分发挥了古印度人丰富的想象力。从只有一佛的小乘，发展到十方世界有万佛、无数佛。而万佛的不同，更代表成就佛道有八万四千法门。成就菩萨道也是如此。不妨用其内涵来理解其表象。

护法神在印度的部分，也反映了佛陀圆寂后佛教徒运用充分的想象力，与传统印度信仰相融合，借用其鬼神为其护法神。这个模式到了中国一样得到发挥，三国名将关羽在天台智顗一梦，也成了佛教的护法神。而西藏更是吸收了苯教鬼神，再创文化融合的新成就。

本章共收录条目169条。在护法神部分作了许多删减，因为护法并非佛教教义的中心议题，而是衍伸。从这些条目也可明确看到，观音信仰无论在教内还是民间，于汉地都特别兴盛，所以本书也不厌其烦地对观音作了详细的介绍。

❋ 佛陀简称佛、觉

佛陀为梵文音译，古译佛驮、浮陀、浮图、浮屠等。意为觉者、知者、觉。"觉"的意义有三个不同范围：自觉（自身的觉悟）、觉他（使众生觉悟）、觉行圆满（对宇宙真理具正确的认知，且能身体力行，是佛教最高的修行果位）。在大乘的观点里，声闻、缘觉只具自觉，菩萨兼具自觉、觉他，只有佛陀兼具三项。

小乘讲的佛陀专指释迦牟尼佛，因为小乘认为只有释迦牟尼是佛，含有尊称之意。大乘则泛指一切觉行圆满者，因为大乘认为十方三世有无限的觉行圆满者，而且众生皆可成佛。

如过去有七佛，未来有弥勒佛。东方有阿閦佛、药师佛，西方有阿弥陀佛。

❋ 十号包括如来、应供、正遍知、明行足、善逝、世间解、无上士、调御丈夫、天人师、世尊

十号为对佛的十个尊称。代表佛的十个真实成就：

1. 如来：意为乘"如"实之道，"来"成正觉。如实即真如，指佛所成就的是根据真理而来。

2. 应供：应受人、天的供养。应供的梵音是阿罗汉，其意为到达"自觉"的修行果位，即应受人、天供养。源于古印度尊敬沙门乞食的文化。

3. 正遍知：正确而遍知一切事物。

4. 明行足：明，为能知过去（宿命明）、未来（天眼明），断尽烦恼，得大解脱（漏尽明）。足，为全部之意。行，指自身的一切行为。

5. 善逝：即涅槃。

6. 世间解：能了解世间的一切，从世间获得解脱。

7. 无上士：世间至高无上者、最尊贵者。

8. 调御丈夫：善于说教并引导修行者。丈夫为修行者之意。

9. 天人师：可作为人、天的导师。

10. 佛世尊：佛即世尊。世尊原为婆罗门对长者的称呼，音译薄伽梵、婆伽婆，佛教借用来称呼释迦牟尼。

如世尊与佛各分别一号，则为十一号；又有另一分法，将无上士、世间解合为一号，则仍为十号。

佛身

原指释迦牟尼的生身，后被赋予宗教内涵，指由聚积功德和觉悟而成就的佛体。由此而发展出二身、三身、四身、五身、六身等说法。其中以三身说最常见（参见下条三身）。

小乘时代已用三十二相、八十种好来描绘佛身，将其视为具有十力、四无所畏等神通的超人。大乘进而主张佛有无数，身亦有无数，变幻神通无数。

三身

佛教赋予佛身的三种宗教意涵。有种种说法，归纳如下：

1. 法身、报身、应身。此为通说（见下条分述）。

2. 自性身、受用身、变化身。此为法相宗的特殊分类。自性身等同法身。受用身含两种：自受用身，指积累功德所成就的、永恒不灭、能受用广大法乐的色身；他受用身，指能使大乘菩萨受用大乘法乐的功德身。受用身等同报身，变化身相当于应身。

3. 法身、应身、化身。此系根据《最胜王经》的分类。法身等同上述的法身及自受用身，应身等同他受用身，化身等同变化身。

各种说法看似重复、烦琐，甚至矛盾。归纳之，可依据内涵分为四类：

1. 成佛的根据，即法性。
2. 修习所得的佛果，即佛本身。
3. 特别为大乘菩萨成佛需要而变现的身，即报身及他受用身。
4. 佛为度化众生而现的各种幻化身，即应身、化身。（参见以下各条）

法身亦名法身佛

指身具一切佛法的佛身，或以佛法成就的佛身。身具一切佛法强调佛身为法性之身，以佛法成就之身强调具佛的一切功德。佛法功德较为具象，如小乘以戒、定、慧说为法身。法性较为抽象，如大乘空宗以"第一义空"为法性；有宗则以"自性身"唯识为法性；如来藏系则以"自性清净身"如来藏为法性。归纳之，法性是将佛法的本质人格化的产物。

报身又名报身佛

指以法身为因（基础），经过修习而成就的佛身。可分为证知与享受佛果的报身，以及应十地菩萨（成佛之前最后一位阶）需要而呈现出来的报身。

❈ **应身亦名应身佛，化身亦称变化身**

应身及化身通指佛为度脱众生，随三界六道不同状况和需要而现的不同身。或为佛、菩萨，或为人、天，或为魔等众生。化身与应身其实是同一指涉。

❈ **七佛通称过去七佛，包括毗婆尸佛、尸弃佛、毗舍婆佛、拘楼孙佛、拘那含佛、迦叶佛**

部派佛教以后的佛教认为在释迦牟尼以前有六佛，加上释迦牟尼佛，通称过去七佛。这六佛分别是：

1.毗婆尸佛：于过去九十一劫时出世，曾经三次集会说法。为过去首位出世的佛。

2.尸弃佛：于过去三十一劫时出世，曾经三次集会说法。为过去第二位出世的佛。

3.毗舍婆佛：于过去三十一劫时出世，曾经二次集会说法。为过去第三位出世的佛。

4.拘楼孙佛：于贤劫时出世，举行过一次集会说法。为过去第四位出世的佛。

5.拘那含佛：于贤劫时出世，举行过一次集会说法。为过去第五位出世的佛。

6.迦叶佛：于贤劫时出世，举行过一次集会说法，是释迦牟尼的前世之师，曾预言释迦牟尼将来必定成佛。为过去第六位出世的佛。

❈ **燃灯佛亦译锭光佛**

此佛因出生时身边光明如灯而得名。传说释迦牟尼前世曾以五枝莲花供养此佛，此佛授记释迦牟尼于九十一劫之后的贤劫（现劫）成佛。

❈ **四佛**

佛的合称。有三种不同的涵义：

1.四方的四佛：东方世界的阿閦佛、南方欢喜世界的宝相佛、西方极乐世界的阿弥陀佛、北方莲华世界的微妙声佛。

2.过去四佛：拘楼孙佛、拘那含佛、迦叶佛、释迦牟尼佛。

3.天台宗判教，论修证位次，有藏、通、别、圆四佛：三藏佛、通佛、别佛、圆佛。

阿閦佛

意为不动、无嗔恚，住在东方妙喜世界。如有人发愿勤修六度、愿生其国者，死后可以转生东方妙喜世界。密教认为，阿閦佛为金刚界五智如来中住于东方者。其塑像常为坐姿，左手握拳，右手持梵函。

阿弥陀佛

住在西方极乐世界，是净土宗的主要信仰，被尊为西方极乐世界的教主。净土宗认为只要专念"阿弥陀佛"名号，死后就能由阿弥陀佛接引到西方极乐世界，因而又称为接引佛，密教称之为甘露王。此佛另有无量寿佛、无量光佛等十三个名号。

威音王佛

出自《法华经》，形容无量劫以前威音佛的世界，人们在其中能够了解真理，是一个纯正的精神世界。后来禅宗经常藉此作比喻，表示在非常遥远的时代，即已有一个理想世界存在。

阿弥陀三尊通称西方三圣

佛、菩萨的合称，净土宗常见的阿弥陀佛造像形态。中为阿弥陀佛，左胁侍为观世音菩萨，右胁侍为大势至菩萨。

药师佛全称药师琉璃光如来

是东方净琉璃世界的教主，主要表现在医药功德上，又有大医王佛、医王善逝等称呼。曾发下十二大愿，要满足众生一切需求，要拔除众生一切痛苦。

三世佛

世有时间、空间两种不同涵义：

1.竖三世（时间）：过去佛为迦叶佛等六佛，但一般特指燃灯佛；现在佛为释迦牟尼佛；未来佛为弥勒佛。

2.横三世（空间）：东方净琉璃世界药师佛，娑婆世界释迦牟尼佛，西方极乐世界阿弥陀佛。

药师三尊通称东方三圣

佛、菩萨的合称，药师佛的造像形态。居中为药师佛，左胁侍为日光普照菩萨，右胁侍为月光普照菩萨。

❈ 毗卢遮那佛简译卢舍那佛，意译大日如来

各宗派有各种不同的说法：

1. 华严宗认为是报身佛，莲华藏世界的教主。

2. 天台宗认为毗卢遮那佛与卢舍那佛分别为二佛，且认为毗卢遮那佛、卢舍那佛、释迦牟尼佛分别为法身佛、报身佛、应身佛。法相宗则分别称为自性身、受用身、变化身。

3. 密宗视毗卢遮那佛即大日如来，为理、智不二的法身佛。是密宗供奉的主要对象。

8世纪时，西藏赞普赤松德赞第一次敕命七僧出家，其中一人亦名为毗卢遮那，事迹见P114毗卢遮那条（人物）。

❈ 十斋日佛

中国佛教在每月的十斋日中，每日分别礼敬一佛或菩萨：初一锭光佛、初八药师佛、十四日普贤菩萨、十五日阿弥陀佛、十八日观音菩萨、二十三日大势至菩萨、二十四日地藏菩萨、二十八日毗卢遮那佛、二十九日药王菩萨、三十日释迦牟尼佛。

❈ 菩提萨埵通称菩萨，意译觉有情

梵文音译。"菩提"为觉，"萨埵"为众生（有情），合为觉有情。意谓以智慧上求菩提、用悲下救众生、于未来成就佛果的修行人。旧译有开士、大士、力士、法臣（以佛为法王作譬喻，菩萨所尊唯佛，故称法臣）等。主要是大乘要与小乘在修行上作区别，而提出"菩萨"的观念，以与声闻、缘觉不同。修行以佛果为目标，教法以六度为内容，通过普渡众生达到佛果，称为菩萨乘。

大乘的僧侣或居士，有时也被美称为菩萨。更有用菩萨来称呼大乘的信徒，是一种礼貌性的称呼。

❈ 法王子

菩萨的别称。《大智度论》中，以佛为王作譬喻，菩萨是将来继承王位者，故称为法王子。

❈ 四大菩萨

中国佛教特殊的称呼。指文殊、观世音、普贤、地藏四位菩萨，这四位菩萨分别以大智、大悲、大行、大愿为特质（参见P22、20、23各条）。

❈ 观世音略称观音，又称观自在

菩萨名，阿弥陀佛的左胁侍，西方三圣之一，中国佛教的四大菩萨之一。浙江普陀山为其道场，即观音道场，是中国佛教的四大道场之一。观音以大慈大悲为特质，遇难众生只要诵念其名号，即可闻声获救。唐太宗时因避李世民讳，简称观音，或观自在。

观音信仰在中国十分普遍，且深入民间而形成独立的民间信仰。相传其生日是农历二月一日，成道日是六月十九日，涅槃日是九月十九日。民间有各式各样的庆祝活动，观音更有各种不同的形象，有"六观音"、"七观音"，乃至"三十三观音"等。一般所指，是其总体的圣观音。寺院中的观音塑像常作女相，起源于南北朝，唐朝以后盛行。

❈ 白衣观音亦称白衣大士

观世音菩萨的别称，因其经常身穿白衣而得名。又因其经常坐在白莲花上，亦称白处观音。白，代表其心洁净，即菩提之心。

❈ 三十三身

形容观世音可以示现各种身说法，如佛身、梵天身、自在天身、比丘身、居士身、龙身、天身、乾闼婆身等。

❈ 三十三观音

指观世音菩萨的三十三种形象。是中国和日本佛教根据《法华经》中观世音菩萨普门品所载三十三身发挥绘制的。包括：杨柳观音、龙头观音、持经观音、圆光观音、游戏观音、白衣观音、莲卧观音、泷见观音、施药观音、鱼篮观音、德王观音、水月观音、一叶观音、青颈观音、威德观音、延命观音、众宝观音、岩户观音、能静观音、阿耨观音、阿么提观音、叶衣观音、琉璃观音、多罗尊观音、蛤蜊观音、六时观音、普慈观音、马郎妇观音、合掌观音、一如观音、不二观音、持莲观音、洒水观音。除白衣、青颈、多罗尊、叶衣、阿么提五观音外，皆为中国唐代以后，民间衍生而流传信奉的观音形象。

❈ 六观音

观音菩萨的六种形象。有两说：

1.天台宗所传：大悲观音、大慈观音、狮子无畏观音、大光普照观音、天人丈夫观音、大梵深远观音。

2.密宗所传：千手千眼观音、圣观音、马头观音、十一面观音、准胝观音、如意轮观音。

千手千眼观音即大悲观音，能破地狱道三障（烦恼障、业障、报障）；圣观音即大慈观音，能破饿鬼道三障；马头观音即狮子无畏观音，能破畜生道三障；十一面观音即大光观音，能破修罗道三障；准胝观音即天人丈夫观音，能破人道三障；如意轮观音即大梵深远观音，能破天道三障。佛教一般把圣观音作为诸观音的总体代表。

❈ **千手千眼观音简称千手观音**

观音菩萨的形象之一。据《千手千眼观世音菩萨广大圆满无碍大悲心陀罗尼经》等载，观世音在过去无量劫时，听千光王静住如来说"广大圆满无碍大悲心陀罗尼"，发誓要利益一切众生，于是长出千手千眼。

寺庙一般的造型是，左右各具二十手，手中各有一眼，共四十手、四十眼。各配上二十五有（三界中二十五种有情存在的环境，包括四洲、四恶趣、六欲天等），而成千手千眼观音。

❈ **马头观音亦称马头大士、马头明王**

观音菩萨的形象之一，为观音的自性身。以马头置于头上，故名。形貌愤怒威猛，能摧伏妖魔，故为明王。

❈ **圣观音亦称正观音、圣观自在**

观音菩萨的形象之一，为诸观音的总体代表。没有如千手千眼观音般的异相，即佛教通常所说的观音。

❈ **准胝观音亦译准提观音、尊提观音**

观音菩萨的形象之一。梵汉并译，"准胝"为梵音，意为心性洁净，其形象为三目十八臂。

❈ **十一面观音**

观音菩萨的形象之一。具十一个颜面，描述其造型的有三种经：北周耶舍崛多译《十一面观世音神咒经》、唐玄奘译《十一面神咒心经》、唐不空译《十一面观自在菩萨心密言念诵仪轨经》。

❈ **如意轮观音**

观音菩萨的形象之一。手持如意宝珠和宝轮，分别表示满足众生祈愿和转法轮，密号持宝金刚（密号为密教对佛菩萨所称的金刚名，亦称灌顶名），造型有六臂。

❋ **不空羂索观音全名不空羂索观世音菩萨**

观音菩萨的形象之一。羂索为绳制的猎具，形容此菩萨的慈悲不落空，能度脱一切众生，一个不遗漏。根据《不空羂索神变真言经》，观世音菩萨曾从自在王如来受"不空羂索心王母陀罗尼真言"，若有人在不空羂索菩萨前烧香供养，念诵此真言，将得到种种功德和利益。寺院塑像不一，有作三目八臂或三面十臂等。

❋ **水月观音**

观音菩萨的形象之一，造型作观水中月影状。是中国寺院和信徒常用的观音塑画像。

❋ **马郎妇观音**

观音菩萨的形象之一。根据《观世音菩萨感应传》，唐元和十二年，观世音化身为陕右一美女，求婚者甚多，相约以能诵《金刚经》、《法华经》等经则归之。有马氏子如期诵经，迎归时，宾客未散而亡。几天后，一位老僧至葬所，以锡杖拨尸，尸体已化去，只遗黄金锁子骨。僧曰："此圣者悯汝等障重，故垂方便化汝身。"语毕腾空飞去。

❋ **红观音**

观音菩萨的形象之一。西藏佛教密宗的本尊之一。

❋ **白观音**

观音菩萨的形象之一。西藏佛教密宗的本尊之一。

❋ **四臂观音**

观音菩萨的形象之一。西藏密宗的本尊之一，为时轮院和欢喜金刚院所供养。其造型有四头，分别为蓝、白、红、灰四色；四臂，身体为蓝色，两腿脚踏仰卧男体像。

❋ **文殊师利简称文殊，亦译曼殊师利**

意为妙德、妙吉祥。释迦牟尼佛的左胁侍，中国佛教的四大菩萨之一，以智慧闻名。山西五台山为其道场，即文殊道场，为中国佛教的四大道场之一。常与专司"理"德的右胁侍普贤菩萨并称。顶结五髻，手持宝剑，表示智慧锐利。塑像多骑狮子，表示智慧威猛。

✿ 普贤

释迦牟尼佛的右胁侍，中国佛教的四大菩萨之一，以理德闻名。四川峨眉山为其道场，为中国佛教的四大道场之一，即普贤道场。常与专司"智"德的左胁侍文殊菩萨并称。塑像多骑白象。

✿ 地藏

取"安忍不动犹如大地，静虑深密犹如地藏"之意。中国佛教的四大菩萨之一。安徽九华山为其道场，即地藏道场，为中国佛教的四大道场之一。《地藏十轮经》谓其受释迦牟尼之嘱，在释迦既灭、弥勒未生之前，自誓必度尽众生，始愿成佛。

《宋高僧传》载，地藏菩萨降诞为新罗王族，姓金名乔觉。出家后，于唐玄宗时来华，入九华山，居数十年圆寂，肉身不坏，以全身入塔。九华山之月（肉）身殿，相传即为地藏成道处。

✿ 药王、药上

传为治疗众生身心两种病苦的菩萨。据《观药王药上二菩萨经》载，星宿光、电光明两兄弟，曾持良药供养日藏比丘及其他僧众，受到大众赞叹，并为兄取名为药王、弟药上。佛陀并授记两位将成佛，药王号净眼如来，药上号净藏如来。

✿ 大势至简称势至、大势

西方三圣之一，阿弥陀佛的右胁侍。《观无量寿经》描绘："以智慧光普照一切，令三途得无上力，是故号此菩萨名大势至。"

✿ 弥勒意译慈氏

传说弥勒曾从释迦牟尼佛受记，将继承佛位，为未来佛。据《弥勒下生经》载，弥勒原出生于婆罗门家庭，为佛弟子，先佛入灭，上生于兜率天内院。经四千岁后（人间五十六亿七千万年），将下生于人间，于华林园龙华树下成佛，广传佛法。

中国一般寺庙里供奉笑口常开的弥勒像，形象则根据五代时的契此和尚而来。因传说契此是弥勒的化身，故后人塑其像作为弥勒供奉。

✿ 维摩诘意译净名

据《维摩诘经》载，他化身为毗耶离（吠舍离）城的富商，为神通广大的大乘居士。全经即以维摩诘称病而与奉释迦牟尼之命前来探病的文殊师利等为主要内容，展开一段义理深奥的佛理探讨。文殊等人对他倍加崇敬。

❈ 善财亦称善财童子

据《华严经》载，善财童子化身为福城长者子，因出生时"种种珍宝自然涌出"而得名。后受文殊菩萨指点，展开南行参访名师行程，即著名的"善财童子五十三参"。最后遇到普贤菩萨，实现成佛行愿。是大乘用来宣传"即身成佛"的例证。

禅宗寺院山门阁上，观世音菩萨左边置善财童子像，是取其参访五十三位名师过程中，拜谒观世音并从其受教的故事。

❈ 声闻

小乘佛教修行者的名称，意为听闻佛陀说法而觉悟者。原来专指佛陀在世时的弟子，后与缘觉、菩萨合称三乘。指只能遵照佛的说教修行，并只以达到自身解脱为目的的出家者。修学内容以观察四谛为主，果位为阿罗汉，最终达到灰身灭智的无余涅槃。

❈ 四双八辈亦称四向四果

小乘佛教修行果位的合称。又称八补特伽罗、八贤圣等。即：预流向、预流果；一来向、一来果；不还向、不还果；阿罗汉向、阿罗汉果。每一双都有向、有果，因此称四向四果，合称四双八辈。分述如下。

❈ 预流音译须陀洹

小乘佛教的修行果位之一。又分为：

1.预流向：指通过思悟四谛之理，正在断除见惑，并趋向预流果的修行者。

2.预流果：断灭三界见惑，达到最初的修行果位，从此进入无漏的圣道之流。

❈ 一来音译斯陀含

小乘佛教的修行果位之一。又分为：

1.一来向：指通过思悟四谛之理，正在断除修惑，并趋向一来果的修行者。

2.一来果：断除修惑的一部分（与生俱来的烦恼），所达到的果位。到此果位，仍需一次生天上，一次生人间，才可达最后解脱。

❈ 不还音译阿那含

小乘佛教的修行果位之一。又分为：

1. 不还向：正在断除最后欲界修惑，并趋向不还果的修行者。

2. 不还果：指通过修行完全断除欲界的修惑，而达到不再生还欲界的果位。

❀ **阿罗汉 亦译阿罗诃，略称罗汉**

小乘佛教的最高修行果位。又分为：

1. 阿罗汉向：指已达到不还果，继续向阿罗汉果位的修行者。

2. 阿罗汉果：是断尽三界见惑、修惑所达到的最高果位，已至修学的顶端，故又称为无学果、无极果。有三种内涵：杀贼，意谓杀尽烦恼贼；应供，意谓应受人天的供养；不生（无生），意谓永远进入涅槃，不再轮回于生死。

❀ **十六罗汉**

罗汉的合称。据玄奘译《法住记》，释迦牟尼曾令十六位大阿罗汉常住人间，济度众生。即：宾度罗跋啰惰阇、迦诺迦伐蹉、迦诺迦跋厘惰阇、苏频陀、诺讵罗、迦哩迦、伐阇罗弗多罗、戍博迦、半托迦、罗睺罗、那迦犀那、因揭陀、伐那婆斯、阿氏多、注荼半托迦。

❀ **十八罗汉**

罗汉的合称，由十六罗汉发展而来，最早可能由绘画开始。唐末，张玄和贯休两和尚始画十八罗汉，在十六罗汉的基础上，加《法住记》的作者庆友为第十七，重复第一罗汉宾头罗尊者（宾度罗跋啰惰阇的异称）为第十八。也有增加迦叶和军徒钵叹，或达摩多罗和布袋和尚，或降龙和伏虎。藏传地区则加摩耶夫人和弥勒。

❀ **五百罗汉**

罗汉的合称。有两种说法：参加第一次或第四次结集的五百比丘；常随释迦听法传道的五百位弟子。都没有具体的名字。

《大明续藏经》收有南宋高道素所录《江阴军乾明院五百罗汉名号碑》1卷，列举第一罗汉憍陈如到第五百罗汉愿事众。今佛寺所塑五百罗汉像，多依此。

❀ **缘觉 亦作独觉，音译辟支迦佛陀，略译辟支佛**

小乘佛教修行者名称。与声闻合称二乘，加上菩萨为三乘。其义有二说：出生于无佛之世，因其前世修行的因缘，自以智慧得道；自觉不从他闻，而是从观悟十二因缘之理得道。佛典一般侧重于后一义。

❀ 金刚

金中最刚之意。用来当作牢固、锐利、可摧破一切的形容词，如说"般若"为金刚。名词则一般为金刚力士的略称，即手执金刚杵（印度的古兵器）守护佛法的天神。汉传佛教寺院有安置山门左右的二金刚，左称密执金刚，右称那罗延金刚，俗称亨哈二将。寺院四天王一般也称为"四大金刚"。

❀ 四天王 亦称护世四天王，俗称四大金刚

佛教的护法神。印度佛教传说在须弥山腰有一山，名叫犍陀罗山。山有四峰，各有一天王居住，护持一天下，故名。

中国寺院一般在主殿之前建有天王殿，取其护寺之意。殿中供奉四天王，塑像分别为：东方持国天王，身白色，持琵琶；南方增长天王，身青色，执宝剑；西方广目天王，身红色，手绕一龙；北方多闻天王，身绿色，右手持伞，左手持银鼠。四天王各有一侍从，又有九十一子，辅佐四天王守护四方。

❀ 帝释 亦称天帝释、帝释天，音略译释提桓因

佛教护法神。居须弥山顶的善见城，为忉利天（三十三天）之主。据《大智度论》，这位帝释在人间与好友共修福德，共三十三人，有大智慧，死后生于须弥山第二天。帝释为天主，其友三十二人为辅臣，故名三十三天。

❀ 伽蓝神

佛教寺院的守护神。据《释氏要览》载，有十八个：美音、梵音、天鼓、叹妙、叹美、摩妙、雷音、师子、妙叹、梵响、人音、佛奴、颂德、广目、妙眼、彻听、彻视、遍视。

❀ 关羽

三国时蜀汉大将，字云长，河东（今山西）人。据《佛祖统纪·智者传》载，天台宗智𫖮（智者大师）在今湖北当阳玉泉山建精舍时，曾"见二人威仪如王，长者美髯而丰厚，少者冠帽而秀发"，自通姓名后，才知是关羽、关平父子，请求于近山建寺。建成后，智𫖮并为父子二人授戒。后世根据传说，将关羽列为伽蓝神之一。有的寺庙（如杭州灵隐寺）在十八伽蓝旁塑关羽像供奉。

❀ 二十天

佛教护法天神的合称。一般供奉在寺庙大殿两侧，称为二十诸天。依序分别是：大梵王天、帝释天、多闻天王、持国天王、增长天王、广目天王、

金刚密迹、摩醯首罗、散脂大将、大辩才天、大功德天、韦驮天神、坚牢地神、菩提树神、鬼子母神、魔利支天、日宫天子、月宫天子、裟竭龙王、阎摩罗王。

✽ 韦驮

佛教护法神。梵音原为室健陀，讹译为韦陀。原为南方增长天王的八大神将之一，居四天王三十二神将之首。传说自从唐初道宣梦此神后，中国佛教即将之列为护法神。塑像一般穿古武将服，手持金刚杵，安列在天王殿弥勒佛后，面对释迦牟尼像。

据《大慈恩寺三藏法师传》载，道宣梦中，此神自称："弟子是韦将军，诸天之子，主领鬼神，如来欲入涅槃，敕弟子护持瞻部遗法。"瞻部即吾人所居之地，遗法即释迦遗法。

✽ 那吒亦译那罗鸠婆

佛教护法神，全称那吒俱伐罗。毗沙门天王（多闻天王）之子。据《宋高僧传》中道宣传载，道宣夜行跌倒，有一少年将之扶起，并自称："某非常人，即毗沙门天王之子那吒也。护法之故，拥护和尚，时之久矣。"

《西游记》及《封神演义》中，另有一人物名哪吒，出生等传说说法不一，应是由佛教传说演化而来。

✽ 转轮王全称转轮圣王

古印度神话中的圣王，简称轮王，因手持无坚不摧的宝轮而得名。传说此王即位时，自天感得轮宝，藉此降服四方。佛教往往藉传说为喻，说明佛法的威力无远弗届。

✽ 魔、魔波旬

魔为梵文音译"魔罗"的略称，意为扰乱、破坏、障碍等。汉文中并无相应的字，旧译为"磨"，梁武帝创"魔"代之。

古印度神话中，传说欲界第六天，他化自在天之王魔波旬为魔王，其眷属为魔众。佛教采此传说，指魔波旬常率其眷属到人间破坏佛道，阻止人们脱离欲界。并将一切烦恼、疑惑、迷恋等妨碍修行的心理活动，都称为魔。

✽ 阎魔王亦译焰魔罗王，通称阎罗王

古印度神话里的阴间之王。在古印度的《黎俱吠陀》中已经出现，佛教沿用其说，以其为管理地狱之王。传说他属下有十八位判官，分别管理十八个地狱。

又据《翻译名义集》载，阎魔兄妹均为地狱之王，兄治男犯，妹治女犯，故称双王。另依《一切经音译》，梵音阎魔，意为平等王，专司生死罪福之业，役使鬼卒于五趣之中，追摄罪人，决断善恶。中国民间传说的阎罗王、地狱说，即源于此。

十殿阎王简称十王

中国佛教所传，十个主管地狱的阎王。始于唐末，分别是：秦广王、初江王、宋帝王、五官王、阎罗王、燮成王、泰山王、平等王、都市王、五道转轮王。分居地狱十殿，又称十殿阎罗。后道教也沿用。

八部众亦称龙神八部、天龙八部

佛教护法神。共有八类，分别是：天众、龙众、夜叉、乾闼婆（香神或乐神）、阿修罗、迦楼罗（金翅鸟）、紧那罗（人非人、歌神）、摩睺罗迦（大蟒神）。相传其中以天众及龙众最显神灵。

阿修罗简称修罗

佛教护法神。意为不端正、非天，天龙八部之一，六道之一。原为古印度神话中的恶神，佛教引为护法神。因其经常与天战斗，后世也称战场为修罗场。

饿鬼

佛教六道之一。其间众生特征为腹大如鼓、咽喉似针。居住在阎魔王地下宫殿，也居住在人间、黑山洞等处。食物到口即化为黑炭，常受饥饿与苦。

八部鬼众

佛教四天王所率领的八种鬼神。分别为：乾闼婆、毗舍遮（食血肉鬼）、鸠盘荼（瓮形鬼或厌魅鬼，食人精气）、饿鬼、诸龙、富单那（臭饿鬼或热病鬼）、夜叉（勇健鬼）、罗刹（捷疾鬼，吃人）。

明王

西藏佛教对示现愤怒、威猛相的诸尊及菩萨的通称，又称金刚。明，取其以智慧光明破除愚痴、黑暗之意。密宗认为佛、菩萨能示现三身，即自性轮身、正法轮身、教令轮身。自性轮身平静祥和，肢体正常。教令轮身是为教化受魔障的众生而变化的，故呈现愤怒相，以喝退魔障。密教中有所谓五大明王（五大金刚）、十大明王，各派说法不一。

❋ 空行母亦称佛母、明妃

西藏佛教所奉明王的伴侣。主要有五位，称五部空行母。即佛陀空行母（居中央）、金刚空行母（居东方）、莲花空行母（居西方）、珍宝空行母（居南方）、业空行母（居北方）。肤色各有不同，均为一面三目二臂，呈怒相，手执不同法器，均以舞姿立于莲台上。也泛指单体的佛母、天女以及有成就的瑜伽女。

❋ 金刚持

西藏佛教密宗菩萨名。梵文音译伐折罗陀罗。"伐折罗"即金刚杵、金刚智印；"陀罗"意为持、执。造型右手持金刚杵，左手持金刚铃，表示金刚部菩萨摧毁魔敌的坚毅智力。密宗认为此是释迦牟尼说密法时所现身相，是密宗的秘密主。

❋ 五大金刚

西藏佛教密续部最主要的五位金刚本尊的合称，即怖畏金刚、上乐金刚、密集金刚、欢喜金刚、时轮金刚。格鲁派以前三尊为主，萨迦派以欢喜金刚为主，许多寺院则都有专修时轮金刚的札仓。

❋ 怖畏金刚、大威德

为西藏佛教密续部最主要的五位金刚本尊之一。密续教法谓："有伏恶之势，谓之大威；有护善之功，谓之大德。"如明王中的大威德、菩萨中的大威德、迦楼罗中的大威德，各以其性德而名。怖畏金刚即大威德明王，简称威德尊。其为文殊菩萨的化身，形象很多，藏传通常作九面、二角、十六臂、三十四足，其正面为文静的文殊像，其他均为不同颜色的威猛像。另一种单身像为三面、六臂、六足，骑大白牛。

❋ 上乐金刚亦称胜乐金刚

西藏佛教密续部最主要的五位金刚本尊之一。拉萨下密院修无上瑜伽密的本尊。其形象为双尊，置双层莲花座上。三面，每面三目；十二臂，上臂拥抱明妃金刚亥母，余臂持物；裸体，下身挂骷髅璎珞；双足踏人。也有塑像为四面脸，六臂。噶举派多修此本尊。

❋ 密集金刚亦称集密金刚

西藏佛教密续部最主要的五位金刚本尊之一，格鲁派修持的本尊之一，是阿閦佛的化身。形象为三头六臂，头戴五叶冠，正面及全身呈深蓝色。左边一头为红色，右边一头为白色。面相慈祥，结跏趺坐于莲台上。主臂拥抱明妃可触金刚亥母，六手各持法器。

❈ 欢喜金刚简称喜金刚

西藏佛教密续部最主要的五位金刚本尊之一，汉传密宗也有。其形象为八面十六臂，每面三目，颜色各异，头戴骷髅冠，全身深蓝色，右腿立地，呈舞姿。十六臂手中各持白色碗，碗中盛不同的神或动物。身挂两串五十个人头骨链圈，象征梵文五十个字母（一切经皆由五十个字母构成）。其明妃为金刚无我佛母。

萨迦派即以欢喜金刚为主向元朝传法，格鲁派也有专为欢喜金刚设立的札仓。

❈ 时轮金刚

西藏佛教密续部最主要的五位金刚本尊之一。其形象为四面二十四臂，双足。每面及臂颜色不同。主尊面色靛蓝，呈愤怒相，主臂拥抱明妃并交持金刚杵铃。另有单面双臂像，又有三面、五面二十二臂像。还有寂静相，面目慈善庄严。

❈ 马头金刚

西藏佛教上、下密院护法之一。慈悲观音的化身，也可以是佛或其他菩萨的化身。其造型为马头人身，形象多种，有八头、六头，或身有翅膀的。格鲁派只崇拜前两种，后者为宁玛派所崇拜。

❈ 大黑天

西藏佛教密宗密续部护法神之一，为大自在天的化身。其形象青色、三面、六臂；前左右手横执剑；中间左手执人头，右手执牝羊；后左右手执象皮，张于背后；以骷髅为璎珞。相传此神为战神，曾由八思巴送入元朝宫廷，元朝历代均崇奉此神。明代又辗转入满洲，多尔衮亦崇奉此神，在北京修有多处玛哈噶拉（藏语大黑天）庙。

❈ 欢喜佛

西藏佛教密宗本尊。即佛教中的欲天、爱神，形象作男女二人裸身相抱之形。

❈ 吉祥天女

婆罗门、印度教的财富、命运、美丽之神。据印度教神话，她是天神和阿修罗搅乳海时产生的，故有"乳海之女"的名称。佛教吸收此神作为护法神，为毗沙门天王之妹，有大功德于众，故旧称功德天。

其形象为两只手分别持莲花和洒钱，坐或站在莲花座上，两只白象伴护，作为吉祥的象征。坐骑是莲花、迦楼罗（金翅鸟）、优楼迦（猫头鹰）。

❈ 金刚亥母

西藏佛教密宗本尊之一。头呈猪形，女身，为上乐金刚的明妃。其塑像为与上乐金刚相抱之形。噶举派修密时的主要本尊。

❈ 度母亦称救度母

西藏佛教女神。相传为观音化身，救苦救难的本尊。以颜色区分，现二十一相，其中最常见的是白度母、绿度母。

三 教派、组织

本章包括印度佛教从创教时的原始佛教历经部派分裂，到大小乘分道扬镳这一过程中涉及到的概念。这些历史深深影响着中国佛教的发展，而即使在东传期间，印度佛教依旧在发展中不断分裂。事实上，这些分化支撑着佛教的发展，若没有分裂，就不会有发展，佛教历史可以肯定这点。8世纪以后，印度佛教的发展进入老年期，不再分裂，也走入了衰亡。反而在汉地，其与汉文化不断冲击、融合，开出种种璀璨的果实。其中的教派分裂，则正好显示了佛教各发展阶段的成就。

中国佛教教派在形成的过程中，早期受到翻译经典的绝对影响，往往译出一部重要经典，就形成一派。例如成实宗是在《成实论》译出后形成，摄论宗是在《摄大乘论》译出后形成。到南北朝及隋代，才逐渐形成中国独有的学派，以及以印度学派理论为中心的中国学派。前者如天台宗，后者如三论宗。到唐代，法相宗可谓依据义学、学派成立中国宗派的高峰，此后即走向中国宗派相互融合的阶段。义学对宗派的形成，也不再具备绝对的影响力。

取而代之的，是禅宗和净土宗。两派的共同特质是简化义学而强化修学。在某种程度上，可以说是更加宗教化了。净土宗不断简化修行，强化信仰。禅宗则走向修学以求转变心性的道路，其实这是法相宗"转依"理论的实践。禅宗在认识论的范畴，则采撷"空"的理论，确立对外境的认识基础。

虽然宋明以后，高僧大德在教内多主张禅、净合一，在文化融合上主张儒、释、道合一，但此种理论在宋、明、清三代并没有形成具体宗派。至清末民初，杨仁山、欧阳竟无等人的金陵刻经处，隐隐带动中国佛教复兴的契机。然而这些学者的努力，实际仅着力在唯识学的研究上。等到太虚提倡"人生佛教"，才有了全民的佛教复兴。"人生佛教"后来演变为"人间佛教"，可谓重现大乘佛教的精神。

1949年以后，由于台湾和大陆两岸分治，佛教也在不同环境下有了不同的发展。台湾在大陆僧人带来的"人间佛教"的种子下，有了重大转变，一方面摒弃了日治时期日本佛教的影响，一方面随着社会的转型、环境快速的变动，发展出具体的"人间佛教"。其不仅提供心灵净化、社会关怀，更为了净化环境而提出新的观念。佛教在台湾，隐然是道德的新标准，社会的新力量。"人间佛教"条目在本书虽列在历史事件中，但可谓是台湾佛教的新潮流，也是汉传佛教的新宗派。

中国佛教的另一个个别发展系统，是藏传佛教。其教派特色并不像汉文地区初期的发展，以义学为中心。而是随着寺庙的创建而发展新的派别，这个现象在噶举派尤其明显。这或许是受到地理环境的主导。

本章另一个主题是组织。由于篇幅所限，这方面舍弃了与宗教义学、修学没有直接关系的组织，即那些多与联谊、社会关系较深的条目。

全章总共收录条目137条。

❖ 佛教亦称浮屠教、释教

世界三大宗教之一（指基督教、伊斯兰教、佛教）。相传公元前6世纪至前7世纪之间，由古印度迦毗罗卫国（在今尼泊尔）王子悉达多·乔达摩出家为沙门，历经6年所创。世人尊乔达摩为释迦牟尼或佛陀，前者意为释迦族的圣者，后者意为觉悟者。

当时社会为一神教，婆罗门担任祭司，掌握神权；刹帝利为王族，掌握军政大权，为社会的实际领导者。但由于种姓制度，加上婆罗门的腐败，社会充斥着反婆罗门教腐败神权的潮流。这些反对者，以出家修行、游行的方式传播思潮。其中以过着乞食生活的"沙门"为主流，佛教即为其中的一派。

其基本教义来自古印度的世界观及人生观。它认为人生是苦、无常；对生命的认识，则撷取古印度的轮回观。由这样的观念，发展出以解脱为目的的修行观。在轮回观的基础上，发展出善恶有报的业报轮回观。它劝人要行善，因为善恶报应主导下一期的生命形态。当然，人要超越轮回，才能真正离苦，这便是涅槃——完全寂静。涅槃只有靠修行才能获得，是信仰的最终目的。这两大信仰目标，成为佛教日后发展的基本价值观，从来没有变过。

佛教是绝对的无神论，因为报应不是由鬼神决定，也不是依靠鬼神来令人解脱。这种依靠自我以求解脱的观念，肯定了人的价值。而发展到大乘时期，其已转化为追求佛陀传教的本怀，希望众生都能离苦得乐，亦即佛教的根本精神。

佛教的特色之一是典籍众多。其教义在释迦牟尼圆寂后约五百年间，得到了充分的发扬，并被记录下来，成为佛教珍贵的典籍。这些典籍分为经、律、论三大部分。经是佛说；律是一切的生活、礼仪、修行规范；论是后人发挥佛说的理论。传统上，教内并不质疑经的真确性，尤其在汉传经典，只要是来自印度的"经"，都肯定为佛说，即使是后世所传，也不认为是伪经。

约创教二百年后，佛教在国家的支持下，迅速向印度以外的地区传播，最著名的护持者，为极负盛名之孔雀王朝的阿育王。后世发展为两大外传系统，一是南传，以小乘教义为主，包括今斯里兰卡、东南亚佛教地区；二是北传，初期为小乘，大乘兴起后以大乘为主，包括中亚、蒙古、东亚佛教国家。日本、韩国、越南的佛教，主要以中国为中介传入。中国西藏、蒙古的北传系统，因为传入较晚，当时印度本土已是以密教为主流的佛教，加上又融合了西藏本土的苯教，从而发展出独特的西藏佛教，又称为藏传佛教。印度本土佛教则在6、7世纪时达到鼎盛，13世纪时趋于消失。近代，随着东西文化交流日渐频繁，以及西方对东方神秘主义的好奇与追求，佛教也传入西方国家。

❋　**原始佛教亦称初期佛教、早期佛教**

指释迦牟尼在世及逝世后约一百年间，在印度流传的佛教。这个时期的佛教，经典以《阿含经》为主，注重义理与实践，修行目的为涅槃。呈现几个特色：

1.内部尚未分裂，没有重大争论。

2.教义简单，主要有四谛、八正道、十二因缘、三法印等基本教义，这些原始的教义，后人将之集为《阿含经》，成为佛教的基本经典。

3.以乞食为生，注重实践自身的修行。修行者和合一味，平等生活，成为早期僧团的特色。

❋　**部派佛教、根本分裂、枝末分裂**

原始佛教于佛灭后约百年第二次结集时，由于信徒对戒律的见解出现差别而产生分裂，形成不同的教团，各自信奉不同的戒律。其中信奉新戒律"十事"或"五事"的教团被称为大众部，维持原戒律的教团称为上座部。此次结集开启了佛教的分裂，史称"根本分裂"。此后两派因为佛教流传的区域不断扩大而更进一步分裂，争论的内容也不仅限于戒律，甚至涉及教义，史称"枝末分裂"。三百年间，北传认为分裂为二十部，此即小乘二十部；南传则说十八部，此即小乘十八部。

部派佛教可作为当时各教团的总称，也是这一时期佛教的历史定位。

❋ 大众部亦称摩诃僧祇部，简称僧祇部

古印度部派佛教时期的主要派别之一，原始佛教产生根本分裂的两大派之一。大众部继承了佛陀的基本精神，在观念上，趋于理想化（人人皆可成佛）；在实际生活上，则回归于现实化（入世）。其教义认知特征，表现在下述方面：

1. 主张现在为实有，过去已过去，未来是现在的推论。
2. 主张无为法有九种：择灭、非择灭、虚空、空无边处、识无边处、无所有处、非想非非想处、缘起支性、圣道支性。
3. 认为释迦牟尼是佛陀化身，佛陀是无边无际、无所不能、离情离欲、等同于万能的神，等同于宇宙。
4. 认为心性本净，人人皆可解脱。
5. 修行的果位有三种：罗汉、菩萨、佛。

一般皆认为大众部为大乘的前身，重要影响则是佛教人间化，以及人人皆可成佛的观念。它们实践了佛教的平等观。

❋ 上座部亦称悉他毗罗婆多部

古印度部派佛教时期的主要派别之一，原始佛教产生根本分裂的两大派之一。二百年后的枝末分裂，产生了十二个派别，其中以说一切有部最能代表上座部的思想，表现在对原始经义的保守观点上。上座部有下述特征：

1. 在有为法上主张三世实有，法体恒存，否认恒常的我，即"我空法有"。
2. 主张无为法有三种：择灭、非择灭、虚空。
3. 认为释迦牟尼佛陀是教主，是唯一，不是化身佛。
4. 认为心性不是本来清静，不是人人皆可能解脱。
5. 以罗汉为修行的目的，学佛必须出家。

❋ 大乘、小乘

大乘音译摩诃衍那，摩诃是"大"，衍那是"承载"。大约在1世纪时，于印度成形且成熟的佛教教派，亦名大乘佛教。

大乘在理念上强调能承载无量众生从生死大河的此岸，到菩提涅槃的彼岸，成就佛果，而贬称部派佛教和原始佛教为"小乘"。但小乘并不接受这样的称呼，认为自己是上座部佛教。

大乘在理想上认为三世十方有无数佛，人也可以成佛。将通过大慈大悲普渡众生、建立佛国净土作为最高的目标。小乘则以释迦牟尼为教主，以灰身灭智、证得阿罗汉（涅槃）为最高目标。

在基本教义的义理上（宇宙观，或称认识论），大乘全盘否认人我、法（现象）的真实存在；小乘仅反对人我的真实存在，不否定现象界的实在性。

在修行上，大乘强调以六度为内容的菩萨行，小乘则着重于三十七道品的己身道德修养。

大乘的主要经典有《般若经》、《维摩经》、《大般涅槃经》、《法华经》、《华严经》、《无量寿经》等，小乘的主要经典是《阿含经》。大乘在印度有三个发展时期：

初期：约1世纪至5世纪，阐发"假有性空"（现象存在，本质是空）的理论，逐步形成龙树、提婆创始的中观学派。

中期：约5世纪至6世纪，讲如来藏和阿赖耶识为中心的教理，最后形成以无著、世亲为始祖的瑜伽行派。

后期：7世纪以后，佛教义学逐步衰微，以密法为特色的密教取而代之，至13世纪初，佛教遂在印度绝迹。

期间，向外传播的有两大系统。大乘以北传为主，今天的汉传佛教就是以大乘为主流，而由中国向外传播的地区，如日本、韩国、越南等国都是以大乘为主流。藏传佛教则是后期密教夹杂大乘的产物。

小乘以南传为主，曾经北传（以说一切有部为主），但为大乘取代。主要流传到今天的斯里兰卡、泰国、缅甸等南亚、东南亚地区。

❋ 中观学派亦称大乘空宗，略称空宗

中观学派为印度大乘佛教的两大派别之一，另一为瑜伽行派。约3世纪时由龙树、提婆所创，主要发挥般若经类思想，后为佛护、清辨所发扬。主要论典有《中论》、《十二门论》、《大智度论》、《百论》、《般若灯论释》、《大乘掌珍论》。

在认识论上，基本上是"假有性空"（现象存在，本质是空），即将真理分为"俗谛"和"真谛"。由世俗的名言概念所获得的认识，都属于"戏论"范围，属于俗谛（世俗的真理）。宇宙的一切现象，因为没有自性（性空），所以都是"毕竟空"，只有按照佛理直接去"现观"，才能证得诸法实相（体悟一切现象的实际情状——毕竟空），这才是"真谛"。

世俗的存在就是毕竟空，毕竟空即存在于世俗的存在中，"若不依俗谛，不得第一义；不得第一义，则不得涅槃"。在宗教实践上，将世间和出世间、烦恼和涅槃统一起来，不着有、无二边，即名"中观"。

此派学说由鸠摩罗什开始系统地介绍到中国，发生广泛的影响。隋唐时的三论宗、天台宗、华严宗、禅宗，均以此派论典及经为立宗的根据。

❈ **瑜伽行派亦称唯识学派、大乘有宗，略称有宗**

瑜伽行派为印度大乘佛教的两大派别之一，另一为中观学派。瑜伽意为"相应"，指通过对环境（包含内在与外在环境）的现观，思悟佛教真理的修行方法。因主张"万法唯识"，又称为唯识学派。约4至5世纪时，由无著、世亲兄弟所创，尊弥勒为始祖。以《解深密经》、《瑜伽师地论》等为主要经典。

学说要点有：

1.识生起时，似外境现前。离开识，没有任何独立的客体存在。

2.能够变现一切现象的识有八识。分为三类：阿赖耶识、末那识、前六识（眼、耳、鼻、舌、身、意等识），合称三能变。

3.识又分为能见的"见分"，所见的"相分"。认识的发生，就是见分取相分为对象的活动。

4.依识的"三自性"（遍计所执性、依他起性、圆成实性）说，解释认识对象的有无、真假。

5.佛教的修行目标，即在阿赖耶识种子的转依。也就是用佛教的世界观，取代原有世俗的世界观。

5、6世纪后，该派以那烂陀寺为中心，先后出现过许多学者。可分为两派：

1.唯识古学：以难陀、安慧为代表。难陀首先提出见分、相分说；安慧继承其说，又提出第三分"自证分"，且为实有。由于二人皆否定相分的真实性，见分也无行相，故又称为"无相唯识说"。

2.唯识今学：以陈那、护法为代表。陈那提出三分说，护法又立"证自证分"四分说。由于二者主张相分真实有体，见分取相分为境时，见分会生起相分之行相，故亦称为"有相唯识说"。

南北朝时，菩提流支和真谛所传属唯识古学；唐朝玄奘主要传译唯识今学。

❖ 北传佛教

由印度向北方传播的佛教，统称为北传佛教。传播的区域包含中亚、中国、朝鲜、日本、越南、蒙古等地区。由于在向北传播的时代，大乘佛教在印度北方已成为主流，故传入亦以大乘为主流。

传入中国的佛教，早期以中亚、西域为中介。约1世纪前后（汉末）到达中国，初期为小乘佛教（说一切有部），继而为大乘所取代。当时中国文化已臻成熟，翻译了大量经典，这些经典的译出时间，也接近在印度出现的时代。佛教在隋唐时代逐步发展到鼎盛时期，并向日本、朝鲜、越南等地传播。

约在7世纪时，佛教的另一支开始传入西藏。由于后传入的教义以密教为主流，从而形成显密并重的西藏佛教，又称为藏传佛教，俗称喇嘛教。其并且向蒙古传播。因同样是由印度向北传播，故归类为北传，但实质上有很大的不同。

朝鲜则是在4世纪后期，由中国传入佛教。7世纪时，不断有朝鲜僧人到中国求法，把中国的主要宗派传入朝鲜。到9世纪时，禅宗的曹溪宗则比较流行。

日本在6世纪初，由中国和朝鲜传入佛教，很快发展为日本的宗教主流，并成为中日文化交流的主体内容。奈良时期（710—794）的佛教六宗为三论、法相、成实、俱舍、律、华严，都是从中国传入。9世纪时，又从中国传入天台、真言宗（日本密宗）。13世纪后，日本兴起净土宗、净土真宗、日莲宗，并从中国传入禅宗，实际上都与中国宗派有所不同。

越南佛教在2世纪时开始传入，后又传入了中国宗派，以禅宗、净土宗较为流行。禅宗派别又有灭喜禅派、无言通禅派、草堂禅派、竹林禅派、了观禅派，净土宗则称为莲宗派。

❖ 中国佛教、汉传佛教

北传佛教的主流。就狭义而言，指北传佛教中的经典以汉语为载体的地区，又通称为"汉传佛教"。就广义而言，应包括西藏佛教，即藏传佛教（参见下条）。

佛教传入中国的时间，文献正式记载为西汉哀帝元寿元年（公元前2年），当时被视为神仙方术的一种。东汉末年始有汉译佛教经典，佛教教义开始与中国传统伦理与宗教观念结合，在社会传播。当时的主要代表为安世高传译的小乘佛典，与支娄迦谶传译的大乘佛典。

魏晋时期，佛教般若学在门阀士族间普遍流行，与玄学相互竞争、融合。至南北朝时期，佛教已广泛传布全国。南朝各代普遍将佛教当成教化工具，扶持寺院和义学的发展。北朝虽发生北魏太武帝、北周武帝灭佛事件，但整体而言，在资助译经、修建寺院、开凿石窟上，仍十分突出。北朝后赵佛图澄、南朝宋慧琳，成为僧侣直接参与政治的先声。

翻译佛经从西晋竺法护以来蓬勃发展，到后秦鸠摩罗什，立下新的里程碑；南朝陈真谛时，基本上大、小乘经典已经完备。此期间名僧辈出，道安、慧远贡献卓著；僧肇的般若论、道生的佛性论，影响深远；重要经典的各种师说纷然而兴。儒、释、道之间长期争论、融合。

隋唐时代的统治者，对佛教采取包容、支持的基本政策，使佛教达到鼎盛时代。译经的规模与水平，均超越前代，代表人物为玄奘、义净。寺院经济也同时高度发展。佛教在此时期，中国化、独立化已经成熟，发展出天台宗、律宗、净土宗、法相宗、华严宗、禅宗、密宗、三阶教等具中国特色的宗派。并向外传播到汉文化圈，如朝鲜、日本、越南等地区。佛教信仰深入民间，佛教思想融入哲学、艺术、文学、伦理等各个领域。

宋代以后，一些佛教宗派的基本观点，渐为儒、道教吸收。之后，佛教宗派从极盛逐渐走向衰微、融合。由于佛教民间化，教义简约的净土宗、禅宗独盛，义学不再如前期那样兴盛。到明代，佛教进一步统一，主张禅、净合一的名僧辈出。而到清末又兴起儒、释合流的论点，文化融合的现象十分成熟。

在西藏地区，唐初曾从汉地传入佛教，后由印度直接传入。以密教为主流，形成显、密融合的西藏佛教，又称为藏传佛教，俗称喇嘛教。

清末时期，有居士杨文会创办金陵刻经处流通佛经，以及祇洹精舍从事佛学义理研究和教育。太虚从事办学及发行刊物。金陵刻经处除进行佛教全面性弘法外，更着力于唯识学的研究及传播。此种种活动，可谓近代佛教的复兴。

中国拥有世界最丰富的佛教遗产，包含史迹、史料、经典保存。从北宋开始，历代均有官方及民间刻印的《大藏经》。除汉文外，更包括藏、蒙、满文。

❀ 西藏佛教亦称藏传佛教，俗称喇嘛教

中国佛教的一支，此系就传播地区言。其主要在藏族地区形成，发展区域则包括蒙古统治的蒙古、西南少数民族地区、中亚部分地区，以及不丹、

锡金、尼泊尔等地。

7世纪吐蕃赞普松赞干布执政时信仰佛教，曾经从中国传入佛教，并建寺译经。这是"前弘期"的开端。在佛教与当地苯教的长期抗争中，赞普朗达玛兴苯灭佛，禁止佛教流传，结束"前弘期"。

10世纪末，随着朗达玛政权衰落，佛教开始复兴，是谓"后弘期"，为西藏佛教的主要内容。此时陆续出现许多教派，早期有宁玛派、噶当派、萨迦派、噶举派等。13世纪后期，在元朝政权的扶持下，上层喇嘛开始掌握西藏政权。15世纪初，宗喀巴进行宗教改革，创立格鲁派。该派势力逐渐发展壮大，后在清朝扶植下，掌握了西藏政教大权。

佛教在与苯教的抗争中，以佛教教义为基础，吸收了苯教一些神祇和仪式。教义上，大、小乘兼容，而以大乘为主；显密具备，尤重密宗。而以无上瑜伽为最高修行次第，形成藏密（参见P56藏密条）。

西藏佛教有其独具的许多教派，有严密的寺院组织和学经制度，以及完整的藏文三藏经典。主要传播于西藏、蒙古，以及裕固、纳西等族地区。

❄ 般若学

中国佛教学派之一。从东汉末年支娄迦谶译出《般若道行品经》开始，般若类经论源源译出。经魏晋南北朝时代，在当时流行的玄学影响下，形成一代学风。到前秦鸠摩罗什系统地译出龙树、提婆的中观学派学说之前，阐发般若思想方面，就已经形成六家七宗。罗什的介译，使般若学的发展达到最高潮。

一般把这种对般若义理的研究，称为"般若学"。其为魏晋南北朝佛教思想的主流，影响及于隋唐各宗派。其中三论宗就是直接承袭这个思想，也可谓集中国般若学的大成。

❄ 六家七宗

中国佛教般若学派别的总称。般若学传入中国时，正是玄学鼎盛的魏晋南北朝时代，由于学者多借用玄学观念及用语解释般若学"空"的义理，而各成一家之言。当时较为著名的，就是这"六家七宗"。

六家及其代表分别是：本无（道安）、即色（支道林）、识含（于法开）、幻化（道壹）、心无（支愍度）、缘会（于道邃），加上本无宗的分派本无异，构成七宗。

僧肇（罗什弟子）的《不真空论》曾经对其中的本无宗、即色宗、心无宗加以批判，一般也以这三宗最能概括当时的流行。以下分述。

❊ 即色宗

中国佛教般若学派六家七宗之一，以支道林为代表人物。主张色是人们赋予的名词概念，所以是空。而色的本质又异于空。僧肇则批评色是缘会而存在，本身就是空无自性，不必待人们赋予名词概念，才说这些名词概念是空。此派说法没有注意到色为因缘所成，是空的重点。

❊ 心无宗

中国佛教般若学派六家七宗之一，以支愍度为代表人物。主张重点在"心无"，不执著外物，虚静如虚空，则无所不知、无所不能，如佛的一切种智。僧肇批评此宗主张"无心于万物，万物未尝无"，只重视神静，而忽略了外境的虚妄。

❊ 本无宗

中国佛教般若学派六家七宗之一，以道安为代表人物。主张"非有非无"，即不存在有，也不存在无。混沌之前本是空无，通过"元气"的作用而呈现万象。僧肇批评这种"非有、非无"的观念否定了假象的存在，般若的有无观应该是，一切现象的存在都虚妄不实，所以不是真实存在，但对假象的存在则并不否定。

❊ 毗昙学派亦称毗昙宗

中国佛教学派，南北朝时期曾与般若学分庭抗礼。基本上以研习说一切有部论书《阿毗昙》而得名，但也研究其他部派的论书，其学者称为"毗昙师"。东晋以来译出多部的《阿毗昙》，主要有北朝前秦僧伽提婆的《阿毗昙八犍度论》、《阿毗昙心论》和南朝宋僧伽跋摩的《杂阿毗昙心论》等。此派通过分析佛教法相（五位法中的诸概念），表述对宇宙人生的基本观点（即四谛），由此指出离迷入悟的解脱之路。

在义理上，认为人我空，三世实有，法体恒有。事物之生成，均以因缘为条件，故又建立六因四缘说。

研究毗昙的学者很多，从东晋的道安、慧远开始，终于唐初。一般都兼传其他经典。著名的有南方的慧集、北方的慧嵩。梁时慧集在建康招提寺讲《毗昙》，听者常达千人。慧嵩在彭城讲学，世号"毗昙孔子"。至唐时，因《俱舍论》的译出，研究《毗昙》之风衰落。

❖ 涅盘学派 亦称涅盘宗

中国佛教学派。以研习大乘《涅盘经》而得名，其学者称为"涅盘师"。由于东晋以来传译《涅盘经》的译师及版本先后不同，内容又具争议，导致此派长期争论不休。

东晋义熙十三年（417），法显与佛陀跋陀罗在建康译出《大般泥洹经》六卷，即《大涅盘经》初分；北凉玄始三年（414），昙无谶译出《大涅盘经》初分十卷，后又分别译出中、后分，共四十卷，称《北本涅盘经》；宋元嘉年间（424—453）传入江南，由慧观、谢灵运等根据六卷本删定为三十六卷本，称为《南本涅盘经》。

造成争议的焦点，是道生主张"泥洹不灭，佛有真我；一切众生，皆有佛性"所引发的佛性说。从而引生出佛性是什么？一阐提能否成佛？以及顿悟、渐悟说。

❖ 地论学派 亦称地论宗，相州北派、相州南派

中国佛教学派。以研习世亲《十地经论》而得名，其学者称为"地论师"。此论原是对《华严经·十地品》中菩萨的十个修行位阶及涵义作解释，在瑜伽行派中占有重要地位。特别是对经中所提"三界唯心"、"八识"的观点作了新的发挥，为世界观和宗教修习提供新的说法。

汉译者菩提流支、勒那摩提对论中所提的阿赖耶识（阿梨耶）和佛性的解释不同，因而其门徒后来形成相州北派和相州南派。

相州北派又称"北道"，以菩提流支的弟子道宠为代表，传说因多在相州到洛阳的北道，故称为相州北派。

北派主张阿赖耶识是无明识，一切现象依此而生。佛性是后有的，成佛要累世修行。把全部佛教分为五宗：因缘宗（有部《毗昙》）、假名宗（《成实》）、不真宗（《般若》《法华》）、真宗（《涅槃》等）、法界宗（《华严》）。与南派相比，流传时间较短。

相州南派又称"南道"，代表性僧人较多，如净影慧远、法上、灵裕。

南派主张阿赖耶识即是如来藏，亦称"无垢"、"自性清净心"，即是"真如"，故佛性是本有。但由于此识"随妄流转"，故还要努力修习，离杂显净，方可成佛。把全部佛教分为四宗，前三宗与北派相同，北派第五宗法界宗则并入第四宗真宗。对华严宗的形成，有较大的影响。

❈ 摄论学派亦称摄论宗

中国佛教学派。以研习无著的《摄大乘论》而得名，其学者称为"摄论师"。无著的《摄大乘论》始译于北魏佛陀扇多，影响甚小。南朝陈真谛再译此论及世亲的《摄大乘论释》，介绍印度瑜伽行派的唯识学说。其门徒遂成为第一批的摄论师，其中智恺为译经笔受，译成后并代师讲经。陈亡以后，此派逐渐北上，以彭城为讲学传法的中心，并与南下的地论学派交流、融会。

此派的基本主张：

1. 九识。八识之外，另有阿摩罗识（或译阿末罗、庵摩罗），意译无垢识、清净识，即真如。真如随缘形成万物。

2. 三自性中，依他起性的染污方面，最后也会断灭。

3. 一切众生皆有佛性，都能成佛；定性二乘（独觉、声闻）也必由佛道获得解脱。

此派在唐玄奘法相宗兴起后消失。

❈ 成实学派亦称成实宗

中国佛教学派。以研习诃梨跋摩的《成实论》而得名，其学者称为"成实师"。诃梨跋摩原为印度说一切有部僧，后受大众部影响，著此论批判有部理论。

诃梨跋摩主张人我、法空。五蕴（我）如瓶中无水，只有假名，而无实体；法空如瓶，亦无实体。后秦鸠摩罗什译出此论，弟子南朝宋僧导、北魏僧嵩作注疏，此后讲习很盛。僧导在寿春、僧嵩在彭城讲学。南朝齐、梁时弘传此学的僧人很多，著名的有开善寺智藏、庄严寺僧旻、光宅寺法云，时称三大法师，此派达到高峰。到隋代吉藏创三论宗，判《成实论》为小乘，后即衰微。

❈ 俱舍宗

中国佛教学派。以研习世亲《俱舍论》而得名，世亲为新有部的代表人物。其学者称为"俱舍师"。世亲根据说一切有部综合性论书《大毗婆沙论》及经量部观点，著成此论。该论主张我空、法有。"法有"主要指两个方面：从时间上说，是三世实有，法体于过去、现在、未来均属实在；从本质上说，是法体永远存在。

南朝陈真谛首译，取名《阿毗达摩俱舍释论》，弟子慧恺（即智恺）、法泰、道岳等弘传。唐玄奘再译,取名《阿毗达摩俱舍论》,门徒普光撰《俱舍论记》(简称《光记》);法宝撰《俱舍论疏》,简称《宝疏》;神泰也著《泰疏》。合称俱舍三大部。唐代日本僧人道昭、智通、智达入唐,从玄奘学法,把法相、俱舍教义传入日本,以俱舍宗作为法相宗的附宗。

❀ 三论宗、二藏三法轮

三论宗为中国佛教学派,亦称法性宗。以研习龙树的《中论》《十二门论》及提婆的《百论》而得名。又因着重阐扬"诸法性空",而称法性宗。后秦鸠摩罗什译出此三论后,研究者群起,著名的有僧叡、僧肇、僧导、昙济。经南朝宋、梁的僧朗、僧诠,陈的法朗,至隋代吉藏集大成。

其基本观点:

1.判教方面,主张二藏三法轮。

二藏:声闻藏、菩萨藏。三论宗属大乘菩萨藏。

三法轮:根本法轮、枝末法轮、摄末归本法轮。根本法轮谓佛成道之初为菩提智,说"一因一果"的《华严经》,为根本之教。枝末法轮谓佛为钝根福薄的人开一乘为三乘,指《华严经》至《法华经》之间的所有大小乘经典。摄末归本法轮指《法华经》,因其会三乘归一佛乘。据此,则《般若经》当属枝末法轮。但吉藏本意,佛在三时皆讲大乘,《般若经》属大乘,最后又与其他二乘归一乘,故仍属根本法轮。

2.在教义上提出二谛说(真谛、俗谛),及用八不(不生不灭,不常不断,不一不异,不来不去)偈来说明中道。

唐高祖武德八年(625),朝鲜僧人慧灌把此派学说传到日本。此后其弟子日僧智威、道慈等人又入唐学三论学说,回国传布,形成元兴寺、大安寺两个流派。

❀ 天台宗亦称法华宗

中国佛教学派。因实际创始人陈、隋之际的智顗,常住浙江天台山而得名。又因此派以《法华经》为主要教义根据,故又称法华宗。该宗以印度龙树为初祖;二祖北齐禅僧慧文;三祖慧思从北齐到南方,除注重禅法(定)外,还注重佛教义理(慧)。

四祖智顗确立了定慧双修原则(止观),其所著《法华玄义》、《摩诃止观》、《法华文句》,被奉为"天台三大部"。在判教上,主张五时八教,把自己信奉的《法华经》列为佛最高、最后所说的法。在教义上，主张一切现象都是法性真如的显现，并用一念三千、三谛圆融加以说明发挥。在禅观修习上，相应地提倡一心三观。五祖灌顶多有经疏，九祖湛然号称中兴，进一步提出"无情有性"的主张，主张草木砖石也有佛性。

11世纪初，因争议智𫖮《金光明玄义》广本的真伪，分成山家、山外两派。山外派受他宗学说的影响，被山家斥为不纯，不久衰微。山家从知礼传智广，对后世影响较大。

9世纪初，日僧最澄入唐求法，从湛然的弟子道邃、行满学天台教义。回国后，以比叡山为弘法中心，弘传此宗，同时弘传密宗。13世纪，日僧日莲根据此宗所依《法华经》创立日莲宗，但教义已多有不同。11世纪末，朝鲜僧人义天入宋学天台教义，并把此宗传入朝鲜。

❀ 三阶教亦称普法宗、三阶宗、无尽藏

中国佛教的第一个民间宗派。隋代信行所创，自称一乘菩萨，以所著《三阶佛法》《对根起行杂录》等三十五部四十四卷为主要依据，把全部佛教按时、处、机（人）分为三阶：

1. 第一阶：时，正法时期；处，佛国（净土莲华藏世界）；机（佛、菩萨），修持大乘一乘佛法。

2. 第二阶：时，像法时期；处，五浊诸恶世界；机（人），凡圣混杂，流行大小乘（三乘）佛法。

3. 第三阶：时，末法时期；处，五浊诸恶世界；机（人），邪解邪行，当信奉三阶教，普信一切佛乘及三乘法。

三阶教强调苦行、忍辱、乞食、一日一餐。学《法华经》中常不轻菩萨，路见男女一概礼拜。死后尸体置森林，供鸟兽食。经济方面，经营"无尽藏"，劝信徒施舍的钱粮由寺院库藏，再布施或借贷给信徒，也供寺院修缮之用。

隋高祖开皇二十年（600），朝廷明令禁止该教，但直到唐时仍广泛流行。武则天圣历二年（699）、玄宗开元十三年（725），又先后再申禁令，至宋代始湮灭。

❀ 律宗全称南山律宗，又称南山宗

中国佛教宗派。因创立者道宣住终南山而得名。印度部派佛教形成后，各部派对戒律的理解不尽一致，所流传的戒律也有差异。东晋以后，各种戒

律也传译到中国，其中以《四分律》传布最广（属法藏部）。

道宣曾从北魏慧光三传弟子智首受《四分律》义，著《四分律删繁补阙行事钞》、《四分律拾毗尼义钞》、《羯磨疏》、《戒本疏》等。在终南山创设戒坛，制定佛教授戒仪式。

道宣把佛教划分为"化教"和"制教"（亦称行教），以戒、定、慧三学中的定、慧为化教，戒为制教。化教又分性空教（小乘）、相空教（《般若经》等大乘浅教，属小菩萨行）、唯识圆教（唯识教义的大乘深教，属大菩萨行）。

制教以戒体为划分标准，分为实法宗（有部的戒体为色法）、假名宗（《成实论》的戒体非色非心）、圆教宗（唯识的戒体为心法）。道宣把该宗归为圆教宗。

道宣把戒分为止持、作持二门。止持即"诸恶莫做"，比丘有二百五十戒，比丘尼三百八十四戒；作持即"众善奉行"，包括受戒、说戒、安居、行住坐卧的种种规定。

道宣认为《四分律》形式上是小乘，内容上当属大乘，并从律文上找出例证，教众生"自利利他"、共成佛道等。宋代允堪、元照是该宗继承者。唐玄宗天宝十三年（754），鉴真将律宗传入日本。

❈ 相部宗 全称相部律宗

中国佛教律宗的一派。隋唐时法砺所创，因传法中心在相州而得名。法砺曾从静洪、洪渊学《四分律》，并到江南学《十诵律》。后回相州讲《四分律》，传北齐慧光《四分律》旧义，撰《四分律疏》、《羯磨疏》等。

法砺认为《四分律》是小乘律，主张戒不兼定、慧二学，而以止持（止恶）、作持（为善）二业为宗旨。依据《成实论》，认为戒体（实指受持戒律的意志和信念）为非色非心。

❈ 东塔宗

中国佛教律宗的一派。唐代怀素所创，因住长安西太原寺东塔而得名。怀素曾从玄奘学经论，后专学戒律。从相州法砺学《四分律》，对师说不满，著《四分律开宗记》等，批评道宣、法砺的律学观点。

怀素主张戒学包含定、慧，律应以戒行为宗。并以一切有部理论为据，认为戒体（实指受持戒律的意志和信念）为色法。

❋ 净土宗亦称莲宗

中国佛教宗派，唐代善导创立。主要理论依据为《无量寿经》、《观无量寿经》、《阿弥陀经》（合称净土三经）和世亲的《往生论》（三经一论），因说死后往生西方极乐净土而得名。相传东晋慧远与僧俗十八人在庐山成立"白莲社"，发愿往生西方净土。因而此宗又名莲宗，慧远也被后世尊为初祖。

东魏汾州玄中寺昙鸾著《往生论注》，认为世风浑浊，靠自力解脱甚难，是"难行道"。主张"乘佛愿力"，也就是依靠他力解脱，这种解脱道是"易行道"。具体方法是一心专念阿弥陀佛名号，死后即可往生安乐国土。隋唐间道绰也在玄中寺传净土信仰，著有《安乐集》。

唐初善导从道绰学净土教义，后到长安光明寺传教，正式创立净土宗。所著《观无量寿经疏》、《往生礼赞》、《观念法门》、《法华赞》、《般舟赞》等，也是该宗重要依据。其后有承远、法照、少康等。由于修行简易，中唐以后广泛流行，后与禅宗融合，形成所谓的"禅净双修"、"禅净合一"。近代僧人印光专修净土，列有净土十二祖。圆寂后，其门人将之列为十三祖（参见P157净土十三祖条）。

9世纪初（唐武宗至宣宗），日本天台宗僧人圆仁入唐求法，将净土念佛法门与天台、密宗传入日本。12世纪源空（法然）据善导《观无量寿经疏》，著《选择本愿念佛集》，倡导专修念佛，开创日本净土宗，尊昙鸾、道绰、善导为最初三祖。现分派很多，主要有镇西、山西派两大系统。

❋ 法相宗亦称唯识宗、慈恩宗

中国佛教宗派，唐代玄奘及其弟子窥基创立。因窥基常住慈恩寺，世称"慈恩大师"，故又称为慈恩宗。此派主要继承古印度瑜伽行派学说，所依经典据传有六经十一论。

窥基根据玄奘意见，糅合印度著名十师对世亲《唯识三十论》的注释编纂《成唯识论》，为该宗代表作；又作《成唯识论述记》、《枢要》等加以发挥。其思想要点为：

1.唯识无境。外境非有，内境非无。

2.转依（思想认识的转变）是修习使由迷转悟、由染而净的目标。

3.用遍计所执性、依他起性、圆成实性的三自性说，涵盖全部理论。

4.对阿赖耶识种子主张本有，也主张新熏，所以不承认阿赖耶识唯是清净心性。

5.主张五种姓说,"无姓"之人不能说可以成佛,与一般流行的"一切众生皆有佛性"不同。窥基之后,有慧沼、智周,后逐渐衰微。清末民初,在金陵刻经处成员的提倡下,曾经兴起法相唯识之学。

653年日僧道昭入唐从玄奘学法相宗义。回国后,以元兴寺为传法中心,称南寺传。716或717年,日僧玄昉入唐从智周学法,回国以兴福寺为传法中心,称北寺传。日本法相宗是奈良(710—794)、平安(794—1192)时期最有势力的宗派之一。

❀ 华严宗亦称贤首宗

中国佛教宗派,因以《华严经》为立宗经典而得名;又因实际创始人法藏曾受武则天赐号"贤首",故亦称贤首宗。该宗自奉陈、隋间杜顺为初祖。二祖智俨,著有《华严孔目章》、《华严五十要问答》、《华严一乘十玄门》,对后世影响很大。至三祖法藏著有《华严探玄记》、《华严经旨归》、《华严一乘教义分齐章》、《华严经义海百门》、《华严金师子章》,至此华严宗的理论已趋完备。

在判教方面,将佛教分五教十宗,以《华严经》为最高教典,自称"一乘圆教"、"圆明具德宗"、"别教一乘"。

在思想上,把"一真法界"(或称一心法界,即真如佛性)视为一切现象的本源,用"法界缘起"说明现象间的关系。其中包括四法界说、六相圆融说、十玄缘起说等。始终贯彻理、事之关系为解说教义的原则,把圆融无碍作为认识的最高境界。

唐德宗时,四祖澄观受封为"清凉国师",宪宗时任全国僧统,发扬华严宗。其弟子宗密著《禅源诸诠集》、《原人论》等,进一步调和佛教内部各派和儒、道各家思想,使该宗形成庞杂的体系。唐武宗灭佛以后,该宗一蹶不振。

二祖智俨弟子新罗僧义湘,将该宗传入朝鲜,称海东华严宗初祖。日本天平十二年(740),新罗僧审祥到日本宣讲华严宗义,传法于日僧良辨,以奈良东大寺为根本道场,开创日本华严宗。

❀ 禅宗亦称佛心宗,北宗、南宗

中国佛教宗派,因主张用禅定概括佛教的修习而得名。又自称"传佛心印",以觉悟众生本有的佛性为目的,亦称"佛心宗"。该宗自尊梁时自印度东渡来华的僧人菩提达摩为初祖,下传慧可、僧璨、道信。至五祖弘忍后,分成北宗神秀、南宗慧能（亦作惠能），时称"南能北秀"。

北宗主张渐悟，因活动地区在北方，故称。力主拂尘看净，"慧念以息想，极力以摄心"。要求打坐息想，起坐拘束其心，故称渐门。

南宗主张顿悟，因活动地区在南方，故称。提倡心性本净，佛性本有，觉悟不假外求。不读经、不立文字、不礼佛。以无念为宗，即心即佛，见性成佛，故称顿门。中唐以后，经慧能弟子神会等人弘传，南宗成为正统。受到朝廷重视，对士大夫及一般民众，都有较大影响。所依经典，早期为《楞伽经》，五祖改传《金刚经》，此外尚有《大乘起信论》。慧能以后，《六祖坛经》成为南宗代表作。

慧能门下，后来形成以"五家七宗"为主流（见本页五家七宗条），其中以临济、曹洞流传时间较长，影响较大。

南宋孝宗淳熙十四年（1187），日僧荣西到天台山万年寺，从临济宗黄龙派虚庵怀敞受法，将此宗传入日本。南宋宁宗嘉定十六年（1223），日僧道元到中国从如净受禅法，后将曹洞宗传入日本。

8世纪初，新罗僧信行入唐从神秀受法，把北宗禅传入朝鲜。道义从马祖门下智藏受法，宪宗元和十五年（820）回国，传入南宗禅。此派后来成为朝鲜禅宗主流，称"禅寂宗"。至高丽王朝智讷时，主张禅教一致、定慧双修，改称"曹溪禅"，有很大发展。

❈ **牛头禅**

中国佛教禅宗的一派，以法融为始祖。因法融在金陵牛头山幽栖寺北岩石室修禅而得名。主张世间一切如梦，应当丧己忘情，用以超脱一切苦难。

法融之下有智岩、慧方、法持、智威、慧忠，合称"牛头六祖"。智威再传嗣法弟子道钦，在径山立寺传法，受唐代宗崇敬，赐号"国一"。此派至唐末渐衰。日僧最澄入唐求法时，曾从天台山禅林寺翛然受牛头禅法。

❈ **五家七宗**

中国佛教禅宗南宗慧能以下宗派的合称。慧能以后，首先分为南岳怀让、青原行思。南岳系又分为沩仰、临济两派；青原下分曹洞、云门、法眼三派，是为五家。至宋代临济又分为黄龙、杨岐二派，合称五家七宗。

❈ **沩仰宗**

佛教禅宗南宗五家七宗之一。开创人是唐代沩山灵祐及仰山慧寂，故名。

沩山灵祐嗣法于百丈怀海，仰山慧寂嗣法于沩山灵祐，属南岳法系。该宗思想特色在于把主、客观世界分为"三种生"：

1. 想生：主观思维想象都是尘垢，必须远离，方能解脱。
2. 相生：客观世界只是对境之心相应而成，也应否定。
3. 流注生：主、客观世界随时产生微细变化，也应否定。

在修行理论上，上承道一、怀海"理事如如"之旨，认为万物、有情皆具佛性，若能明心见性，即可成佛。此宗宋代以后衰微。

❀ 临济宗

佛教禅宗南宗五家七宗之一。因开创人唐代义玄住镇州临济院而得名。属南岳法系，中唐以后此宗最盛。至北宋石霜楚圆，又分为黄龙、杨岐二派。"四宾主"、"四料简"、"四照用"是此宗经常使用的传教方式：

四宾主：通过师生间问答的方法，了解双方悟境的深浅。

四料简、四照用：针对悟境（对我、法的态度）不同的参学者，进行说教的方式。接引学人的方法，单刀直入，机锋峻烈。义玄的棒喝、宗杲的看话（公案），都以迅速的手段或警句跳脱窠臼，使学人省悟。

南宋末年，中国禅僧渡日者很多，多传杨岐派禅法。镰仓时代（1192—1333）的禅宗二十四流派中，有二十个流派属于临济宗杨岐派。

❀ 黄龙派

佛教禅宗南宗五家七宗之一，临济宗支派。创立者北宋慧南受法于临济七世石霜楚圆。因住龙兴府（江西）黄龙寺，故名。"黄龙三关"（参见P258该条）为其常用的说法方式。

南宋孝宗淳熙十四年，日僧荣西入宋，在天台山万年寺从黄龙八世虚庵怀敞受法，将临济宗黄龙派禅法传入日本，创立圣福寺、建仁寺，兼修禅、密，后称"千光派"。

❀ 杨岐派

佛教禅宗南宗五家七宗之一，临济宗支派。创立者北宋方会受法于临济七世石霜楚圆。因住袁州（今江西宜春）杨岐山普明禅院，故名。是宋代以后最为流行的禅派。

南宋宁宗庆元五年（1199），日僧俊芿在杭州径山从杨岐六世元聪受法。回国后，在泉涌寺弘传戒律和禅宗。此派在日本禅宗中势力最大。

❋ 曹洞宗

佛教禅宗南宗五家七宗之一，创立者为唐代洞山良价和弟子曹山本寂。洞山为青原系云岩昙晟弟子。宗名立名有二说：曹为慧能之曹溪，洞为洞山；曹为曹山，洞为洞山。良价著有《宝镜三昧歌》等，弟子曹山本寂继承师说，禅法大扬。

教法承希迁"即事而真"，意谓个别事物都含现象之本体，理（本体）事（事物）互相涉入。进而扩充为五位君臣说，从理事、体用关系上说明理事不二、体用无碍的道理。

南宋宁宗嘉定十六年（1223），日僧道元在天童山从洞山十三世如净受法，后将曹洞宗传入日本，以永平寺为传法中心。至莹多绍瑾改革"只管打坐"的禅风，建总持寺为新的传法中心，后被尊为日本曹洞宗太祖。现日本曹洞宗即以永平、总持寺为本山。

❋ 云门宗

佛教禅宗南宗五家七宗之一，创立者为五代云门文偃，因住韶州（广东）云门山光泰禅院，故名。云门初参道踪，后嗣法于雪峰义存，属青原法系。

主张万事万物皆能体现真如，皆有佛性。其说教方式以"云门三句"（参见P259该条）著称，认为佛性普现万有，真理不可明说，应随机教化学人。北宋时，与临济宗并盛，至南宋衰微不传。

❋ 法眼宗

佛教禅宗南宗五家七宗之一，创立者为五代文益，因南唐李璟赐谥"大法眼禅师"，故名。属青原法系。

文益曾撰《宗门十规论》指出当时禅门十弊，应加以戒饰。并提出明事贵在圆融，不假外求，一切都是心造。"三界唯心，万法唯识"，一切现象同异相济，理事不差，否认外界有真实差别和矛盾。禅风着重对症施药。

文益弟子德韶受到吴越王崇敬，尊为国师。再传弟子延寿撰《宗镜录》，对当时禅门只重直观、不读书的流弊有所批评。并广引经论，指出佛、菩萨与众生皆具佛性，本性清净。此宗宋初极盛，中叶以后衰微。吴越末年，高丽王遣僧三十六人从延寿学法，此宗传入朝鲜。

❋ 灭喜禅派

越南早期佛教禅宗派别。南朝陈宣帝太建十二年（580）由旅居中国的印度僧人灭喜创建于今越南河东省法云寺，传禅宗三祖僧璨的心印，主张真如佛性不生不灭、众生同一真如等思想。历经十九代，于13世纪初法系中断。初期以《楞伽经》为心要，后期则重视《金刚经》，教义主张更接近南宗所传顿悟法门。（参见P92灭喜条）

❀ 无言通禅派、无言通

无言通禅派为越南早期佛教禅宗派别。无言通为唐代禅宗僧人（？—826），广州人，俗姓郑，生于富有家庭，在婺州（今浙江金华）双林寺出家，曾依百丈怀海为弟子。后到广州安和寺。

唐宪宗元和十五年（820），于越南北宁省建初寺创建无言通禅派。该派承慧能、怀让、道一、怀海的南岳法统，主张佛性无所不在，以及心、佛、众生三无差别等思想。实行面壁禅观，及参中国禅宗公案的体验方法。历经400余年，14世纪开始衰微。

❀ 草堂禅派又称雪窦明觉派、草堂

草堂禅派为越南早期佛教禅宗派别。雪窦重显的弟子草堂，为北宋禅宗僧人，11世纪中期到占婆国（今越南中部）弘传佛教，提倡禅净一致，即将禅宗的修禅和净土宗的念佛结合。被李朝国王李圣宗（1054—1072在位）封为国师，住升龙（今河内）开国寺，正式创建草堂派，李圣宗为第一代弟子。

主要传语录《雪窦百则》，倡导禅教一致。后分为李圣宗、般若、吴舍三个支系。李圣宗为越南李朝皇帝，该派只在宫廷内流传，三传以后法系中断。般若系为般若禅师所创，至13世纪初中断。吴舍系为吴舍禅师所创，历经五代，1225年李朝覆亡，也随着衰微。

❀ 竹林禅派、陈仁宗

竹林禅派为越南佛教禅宗派别。创始人为越南陈朝第三代皇帝（1258—1308），法号香云大头陀、竹林大士，此派因而得名。又因位于安子山，该派别称竹林安子。

13世纪中，越南陈太宗（1225—1258年在位）曾受教于中国天封及德诚禅师，三传至陈仁宗。陈仁宗幼时曾在安子山东究寺出家。登基后，白天处理政务，夜晚在资福寺习禅。

后将政务交给儿子陈英宗，自己周游各地弘扬禅法。后竹林禅派正式创建于安子山烟花寺。禅法以临济宗为主，主张儒释道结合。认为佛法即老子的"道"和孔子的"中庸",佛法不离世间觉。

1308年圆寂后,英宗建慧光金塔供奉其舍利,谥号"大圣陈朝竹林头陀静慧觉皇祖佛"。至15世纪初渐趋衰微。

❀ 元绍禅派、元绍

清代僧人(？—1721),越南佛教元绍禅派创始人。俗姓谢,潮州人(今属广东)。19岁在报恩寺出家。清圣祖康熙四年(1665),到越南平定省归宁区创办佛学院,建十塔弥陀寺。后又在承天省富禄区建河忠寺,在顺化建国恩寺和普同塔。

曾回广东搜集佛像、佛经和禅宗的禅师传等。并带领一批僧人到顺化,创元绍禅派,传中国临济宗,提倡禅、教一致。死后,其弟子在顺化附近为其建和门舍利塔,越南皇帝黎显宗赠谥"行端"。

❀ 了观禅派、了观

了观禅派为越南佛教禅宗派别。创始人了观(？—1743),亦名实妙了观。原名黎寔妙,越南中部扶安河同春区白马村人。幼年丧母,入会宾寺。17岁到灵姥寺师事中国和尚石廉,修习禅观。20岁在慈林寺受具足戒,23岁住龙山慈昙寺。

后于承天省天台山禅宗寺融合中国临济宗和元绍禅派教义,创建了观禅派。教义主张即心即佛,重在领悟真心,以般若为心印等。圆寂后,朝廷赠谥"正觉圆悟禅师"。弟子辈出,主要流行于南越和中越,至今仍占主流地位。重要寺院有顺化禅宗寺及富安省保静寺、古林寺。

❀ 密宗亦称密教

中国佛教宗派,又称"真言教"、"金刚乘"。此宗自称受法身大日如来深奥秘密教旨传授,为"真实"言教,故名。

传说大日如来授法金刚萨埵。释迦逝后800年,龙树开南天铁塔,亲从金刚萨埵受法,后传龙智,龙智传金刚智、善无畏。现一般认为是7世纪以后,印度一部分大乘佛教派别与婆罗门教结合的产物,盛行于印度德干高原等地。以具高度系统化的咒术、仪礼、民俗信仰为其特征。主要经典是《大日经》《金刚顶经》《苏悉地经》。

唐玄宗开元四年(716),善无畏带来《大日经》,与弟子一行译出。开元八年,金刚智与弟子不空传入《金刚顶经》,由不空译出。密教传入中国,并成为中国的宗派之一。

此派主张世界万有、佛、众生，皆由地、水、火、风、空、识这"六大"所造。前五大为色法，属胎藏界（理、因）；识为心法，属金刚界（智、果）。色、心不二，金、胎为一。二者摄宇宙万有，众生心中皆具，佛与众生体性相同。众生如果依法修"三密加持"（结手印、诵真言、观佛身），就能使身、口、意三业清净，与佛的身、口、意相应，即身成佛。此宗各种仪轨皆有严格规定，极为复杂，需经阿阇梨（教授师）秘密传授。

唐德宗贞元二十一年（805），日僧空海在青龙寺从惠果（不空弟子）受胎藏界、金刚界两部密法，并受"传法大阿阇梨"位。回国后，以平安东寺（今京都）为传法中心，称"真言宗"。并在高野山建金刚峰寺，为另一传法基地。

此宗在唐代昙花一现，两代即告衰微。西藏地区的密宗为西藏佛教，俗称喇嘛教，系由印度直接传入，属另一系统、另一时代的密宗。

✿ 显教

密教称其他佛教派别的教义为应身佛释迦牟尼公开"显说"，故为显教，后成通说。汉地大乘佛教即其所谓的显教。

✿ 藏密

西藏佛教密宗的简称。8世纪时，印度僧人莲花生、佛密等先后入藏传播密法。前弘期中，流传的密法多为行、事两部，史称"旧密法"。11世纪初，仁钦桑波等翻译多种瑜伽密教经典，史称"新密法"。

此后，瑜伽部和无上瑜伽部（尤其是其中的集密、大威德、胜乐、时轮等金刚）密法盛行于各派中，各派各有侧重，传承不绝。旧密的行、事两部，仅遗留各种灌顶与修法，逐渐被新密法取代。藏密有时专指新密法时期。

✿ 宁玛派亦称红教

西藏佛教根本派别。11、12世纪时，合称三索尔的索尔波且·释迦生、索尔迥·喜饶札巴、索尔迥·卓浦巴（均出身索尔家族）及绒·却及桑波等，奉莲花生为祖师，依其所传密咒和所遗伏藏修习，遂成一派。当时并无派名，后弘期其他教派产生后，因其遵循前弘期旧密咒（宁玛意为古旧），故称为宁玛派。又因该派僧人戴红帽，别称红教。

其根本密典为十八部怛特罗，通常奉行的只有八部：文殊身、莲花语、真实意、甘露功德、橛事业（以上称为五部出世法）、差遣非人、猛咒咒诅、世间供赞（以上为世间法）。教法以大圆满法为正传。此外，无垢友弘传的幻变密藏和心部等密法，莲花生弘传的金刚橛法、马头明王法、诸神护法，净藏弘传的文殊法，吽迦罗弘传的真实类法，默那罗乞多弘传的集经等无上瑜伽密法，为该派特有密法。

经典传承分为三系：

1.索尔波且是第一个把宁玛派典籍组织成系统的人，并将所学全部传给索尔迥·喜饶札巴，继承者最著名的弟子为卓浦巴。14世纪后逐渐衰微。

2.绒·却及桑波所传，主张大圆满法。

3.娘·尼玛俄色等人所传，以部分伏藏为主，兼弘三索尔传承的经典。以父子承袭或转世形式相传。

宁玛派以分散发展为主，与地方势力关系不深，至16、17世纪才有较具规模的寺院。后在达赖五世的支持下，有了较大发展。著名的寺庙有多吉札寺、敏珠林寺、四川西部的竹菁寺和噶妥寺。

噶当派

西藏佛教根本派别。藏语"噶"意为佛语，"当"意为教授、教诫，"噶当"意为一切佛语（三藏），都是对僧人修行过程的指导。西藏佛教后弘期初期，教法修行次第混乱，显密分歧。于是阿里王益希微迎请印度僧人阿底峡入藏弘法，阿底峡作《菩提道灯论》，阐明修行次第及显密教义不相违背。仲敦巴拜其为师，并同卫藏地区首领迎其至卫藏地区传法。阿底峡去世后，仲敦巴于宋仁宗嘉祐元年（1056）建热振寺为根本道场，后形成噶当派。

仲敦巴死后，其三大弟子分别传法，又形成教典、教授、教诫三个支派：

1.教典派：博德哇所传。以阿底峡的一切经论都是成佛的方便，一切教典都是修行的思想依据。主讲经论为"噶当七论"（参见P287该条）。

2.教授派：粗赤拔所传。以阿底峡《菩提道灯论》中三士道次第见行双运为主旨；以四谛、缘起、二谛，明无我义正见。依一切大乘经典，别依《华严经》、龙树《宝鬘论》、静天《集学论》、《入学论》等修自他相换大菩提心教授。

3.教诫派：普穷哇所传。以"恒住五念"教授为止旨，以"十六明点"的修法为心要法门。自戒律至金刚乘，能于一座中一起修行。所崇本尊为释迦佛、观音、绿度母、不动明王，此四尊与三藏教法合称"噶当七宝"。

噶当派传播甚广，其他教派均受其影响。15世纪初，宗喀巴主要依据其教义创格鲁派，亦称"新噶当派"。此派后来并入格鲁派。

✲ 萨迦派俗称花教

西藏佛教派别。宋神宗熙宁六年（1073），贡却杰波在后藏萨迦建寺弘法，后以此寺为主，形成萨迦派。萨迦藏语为白土之意，该寺因建在白色土地上，故名。又因此派寺庙围墙涂有象征文殊、观音、金刚手菩萨的红、白、黑三色花条，俗称花教。

教主由贡却杰波家族世代相承。有血统、法统两支传承。主要弘传道果教授等显密教法，不禁娶妻生子，惟生子后不得接近女人。此派至元朝最盛，第五祖八思巴被元世祖忽必烈封为帝师，并领西藏13万户，掌西藏政教大权，为西藏僧侣贵族统治之始。元末，其地位被噶举派取代，萨迦派仅保有萨迦地方的政教权力。

✲ 噶举派俗称白教

西藏佛教派别。"噶举"藏语意为口授传承，谓其传承金刚持佛亲口所授密咒教义。又因该教僧人穿白色僧裙及上衣，俗称白教。

11世纪时，玛尔巴所创，一传弥拉惹巴，再传达波拉结。此派学说主要承月称中观见，其大印传承不重文字，重在证理，能通达大印的智慧。曾融合噶当派的教义，以苦修为其特色。

此派支系众多，以达波噶举和香巴噶举为两大传承。其支派帕竹噶举、噶玛噶举的领导人曾受元、明两朝册封，相继执掌西藏政权。格鲁派得势后，噶举派中仅有止贡、噶玛、达垄、主巴四支系保有势力。主要寺院有墨竹工卡的止贡寺、四川德格的八邦寺等。

✲ 格鲁派俗称黄教，又称甘丹派

西藏佛教根本派别。因此派僧人戴黄色僧帽，俗称黄教。"格鲁"藏语意为善规。15世纪初，宗喀巴针对当时西藏佛教各派戒律废弛、僧人追逐世俗财势、在民间声誉低落等状况，而倡导宗教改革。改革主要依据噶当派的教义，主张僧侣严守戒律、独身不娶、脱离农事，严格寺院的组织和管理制度，使世俗贵族不能操纵寺院事务。倡显宗与密宗并重之说，强调先显后密的修行次第。因此被称为格鲁派，又称新噶当派。又因其首建甘丹寺作为该派主寺，也称甘丹派。

宗喀巴死后，此派势力逐渐扩大，修建了哲蚌、色拉、札什伦布等寺院。明世宗嘉靖二十一年（1542），此派采用活佛转世制度，将锁南嘉措迎至哲蚌寺主职位。

为对抗其他教派的限制和排斥，锁南嘉措联络蒙古军力，于明神宗万历六年（1578），与蒙古土默特部俺答汗在青海会见，被尊为"圣职一切瓦齐尔达赖喇嘛"三世。万历十五年（1587），锁南嘉措又受明朝册封。

清初，达赖五世阿旺罗桑嘉措和班禅四世罗桑却吉坚赞又借蒙古和硕特部固始汗兵力，击败藏区敌对的力量。清世祖顺治九年（1652），达赖五世亲赴北京朝觐，次年受清廷册封，取得蒙藏佛教各派总首领的地位。清康熙五十二年（1713），又册封班禅五世罗桑益西。达赖与班禅遂成为西藏活佛转世的两大系统，也成为西藏政教合一的执政教派。

此派寺院众多，著名的有西藏的甘丹寺、哲蚌寺、色拉寺、札什伦布寺，青海的塔尔寺，甘肃的拉卜楞寺，还有蒙古的额尔德尼召等。达赖五世时，更扩建拉萨布达拉宫作为达赖驻地。达赖七世时，修建了罗布尔卡，作为达赖的夏宫。

此派拥有宏伟的寺院建筑，僧人众多，塑像精美，有一整套完整的学经修习制度。

❀ 达波噶举、达波拉结

达波噶举为西藏佛教噶举派支系。创始人全名达波拉结·索南仁钦（1079—1153），"达波"为地名，"拉结"意为医生。其幼年时曾学医，后学噶当派教法，并拜弥拉惹巴（属噶举派）为师。

宋徽宗宣和三年（1121），在前藏达波拉岗波创建岗波寺，作为主寺，传法授徒，形成达波噶举支派，为噶举派两大传承之一。其四大弟子在前后藏建寺收徒，又形成四大支系。其中帕竹一系又分出八个支系，总称为"四大八小"。

教派特色是融合了噶当派教义与弥拉惹巴密法，以"大印"为主，重实修。

❀ 香巴噶举、琼波南交

香巴噶举为西藏佛教噶举派支系，创始人琼波南交（1086—？）。"琼波"为其家族姓氏，"南交"意为瑜伽士。幼学苯教，后又学宁玛派大圆满法。往返印度、尼泊尔、西藏50年。回藏后，又从噶当派高僧朗日塘巴受比丘戒，住盆域觉波山建寺弘法。再去后藏香地（今西藏南木林县）建寺弘法，门徒众多。香巴噶举派与达波噶举派并称噶举派两大传承。

后琼波南交门徒又建葭寺和桑定寺，形成两个支系。格鲁派创始人宗喀巴及其弟子克主杰·格雷贝桑曾先后向香巴噶举僧人学法。14世纪以后逐渐衰微。

❀ 帕竹噶举、帕木竹巴

帕竹噶举为西藏佛教噶举派支派。创始人帕木竹巴全名帕木竹巴·多吉杰波（1110—1170），意为金刚王。出生于康区南部直隆乃雪地方。19岁入藏拜达波拉结为师，南宋高宗绍兴二十八年（1158）在帕木竹（西藏泽当雅鲁藏布江北岸）建丹萨替寺，创立该支派，传授"大印修法"，门徒众多。著有《噶吉酿格》。

其后帕竹噶举首领由朗氏家族承袭，被元朝封为万户长。元顺帝至正十一年（1351），首领强曲坚赞受封为"大司徒"，统一卫、藏，取代萨迦派，掌握西藏政权。其侄孙札巴坚赞于明成祖永乐四年（1406）受封为"灌顶国师阐化王"。

15世纪初，札巴坚赞扶持宗喀巴创立格鲁派。帕竹噶举派随着帕木竹政权衰亡而消失。该派8个支系中，有止贡、达垄、主巴3支系流传至今。

❀ 噶玛噶举、噶玛巴·都松钦巴

噶玛噶举为西藏佛教噶举派支系。创始人噶玛巴·都松钦巴（1110—1193），亦名康巴乌巴，意为知三世。哲雪（今四川甘孜新龙县）地方人，达波拉结弟子。南宋高宗绍兴十七年（1147），在今西藏昌都类乌齐附近建噶玛丹萨寺，收徒讲学，创立该支派。

噶玛噶举支派为西藏佛教最早采用活佛转世制度的派别，分为红帽系与黑帽系。红帽系始祖为札巴僧格。黑帽系五世贝桑波在明成祖永乐五年（1407），受封为"万行具足十方最胜圆觉妙智慧善普应佑国演教如来大宝法王西天大善自在佛领天下释教"，赐名"如来"，藏语"得银协巴"。元、明、清三朝，该派在康藏均有一定的实力。该派活佛司徒却吉尼玛著有《藏文文法大疏》，巴俄祖拉陈瓦著有《贤者喜宴》，均为名著。

❀ 绰浦噶举、杰擦、衮丹

绰浦噶举为西藏佛教噶举派帕竹噶举支系。创始人杰擦（1110—1193）、衮丹（1148？—1217）为兄弟，生于日喀则与萨迦之间的夏卜地方孥氏家族。杰擦因其母为一王子之女，故称"杰擦"，意为王甥，拜帕木竹巴为师。后遵师意回乡传法，与衮丹建绰浦寺，创立该派。存在不久即衰微。

❈ 蔡巴噶举、向蔡巴

蔡巴噶举为西藏佛教噶举派支系。创始人向蔡巴（1123—1194），原名达玛札，拉萨东郊蔡巴竹地方人。幼喜修定，习咒术。20岁去康区出家（在今四川），受比丘戒，改名尊追札。南宋孝宗淳熙二年（1175）在拉萨附近的蔡溪卡地方噶尔家族支持下，于蔡贡塘建蔡寺，创立该派。

元世祖至元五年（1268），封蔡巴噶举支派首领桑结额朱为蔡巴万户长，兼掌政教。其子仁钦坚赞入京朝贡，世祖赐诰命金印，成为前藏最具势力的三个万户长之一。14世纪后，随着领主的势力而衰微，后绝传。

❈ 拔戎噶举、达玛旺秋

拔戎噶举为西藏佛教噶举派支派。创始人达玛旺秋（约12世纪），为达波拉结弟子，生于西藏盆域（今彭波）地方达哇家族。在绛地（今后藏昂仁地方）兴建拔戎寺，创立拔戎噶举支派。死后，拔戎寺堪布职位由其家族世代相承。

❈ 主巴噶举、林热·白玛多吉

主巴噶举为西藏佛教噶举派帕竹噶举支派。创始人林热·白玛多吉（1128—1188），为后藏娘堆（今江孜）地方下林家族人。幼年丧父出家，后还俗结婚。35岁投帕木竹巴门下，获传密法口诀，得"证悟"。晚年居占那浦寺，收徒传法。其弟子藏巴嘉热·益希多吉在拉萨河畔朗多地方建立主寺，形成主巴噶举支派。

主巴噶举派后以热垄寺为主寺，重视苦修为该派特点。热垄寺一系传承称为中主巴，以后又由洛热巴旺秋遵追、郭仓巴衮波多吉分别创立上、下主巴两系。后期传入不丹，又形成南主巴一系。

❈ 叶巴噶举、耶歇孜巴

叶巴噶举为西藏佛教噶举派帕竹噶举支派。创始人耶歇孜巴（约12世纪），为帕木竹巴弟子，建叶浦寺创立该支派。相传格萨尔王曾信奉此派，其兵器存放在叶浦寺。后并入其他教派。

❈ 玛仓噶举、玛仓喜饶僧格

玛仓噶举为西藏佛教噶举派帕竹噶举支派。创始人玛仓喜饶僧格为帕木竹巴弟子。玛仓噶举支派后与康区白玉地方的宁玛派合流。

❈ 达垄噶举、达垄塘巴·札西贝

达垄噶举为西藏佛教噶举派帕竹噶举支派。创始人达垄塘巴·札西贝（1142—1210），为帕木竹巴弟子。南宋孝宗淳熙七年（1180），在拉萨附近达垄地方建达垄寺创立该支派。

端宗景炎元年（1276），该派僧人桑结温在昌都类乌齐地方建乌齐寺，为该派在康区的主寺，与达垄寺并称上塘、下塘。达垄寺第九任座主札希贝则，曾受明成祖封为国师，并赐银制诰印。

❈ 止贡噶举、止贡巴·仁钦贝

止贡噶举为西藏佛教噶举派帕竹噶举支派。创始人止贡巴·仁钦贝（1143—1217），为帕木竹巴弟子，康区丹玛（今四川甘孜）居热家族人。南宋孝宗淳熙六年（1179），到拉萨东北止贡地方扩建帕木竹巴弟子贡仁所建的小寺，称为止贡替寺，创立该支派。

止贡噶举派重视戒律，认为以因果与"真实"融合，可达到"真空"与"大悲"的境地。元朝封其寺主为万户长，世祖至元二十七年（1290），遭萨迦派袭击，止贡替寺被毁，藏史称此事件为"林洛"，意为寺庙之变。

14世纪中，该派大部分领地被帕竹地方政权兼并，后又与格鲁派角逐。明成祖永乐十一年（1413），该派僧人领真巴儿吉监藏受封为阐教王。17世纪中叶以后衰落。

❈ 修色噶举、结贡粗埵僧格

修色噶举为西藏佛教噶举派帕竹噶举支派。创始人结贡粗埵僧格（1144—1204），为帕木竹巴弟子，西藏雅隆（今乃东昌珠一带）地方人，昌珠巴王族后裔。南宋高宗绍兴二十二年（1152），从帕木竹巴学法。孝宗淳熙八年（1181），在涅浦地方建修色寺，创立修色噶举支派。该派重视希解派初传教法，故《青史》将该派归入希解派。

❈ 雅桑噶举、格丹益希僧格

雅桑噶举为西藏佛教噶举派帕竹噶举支派。南宋宁宗开禧二年（1206），格丹益希僧格及其弟子却闷郎在雅堆境内建雅桑寺，创立该派。元世祖曾封该派首领为西藏万户长。

❈ 觉囊派、域摩弥觉多吉、突结尊追

觉囊派为西藏佛教派别。北宋时藏僧域摩弥觉多吉创"他空见",其五传弟子突结尊追在日喀则西建觉囊寺,弘"他空见"教法,后称觉囊派。达赖五世将其法系改宗格鲁派,所属寺院改为格鲁派寺院,该派从此绝传。(参见P263他空见条)

❈ 觉域派

西藏佛教派别。"觉"藏语意为能断,"域"意为境。教法由印僧丹巴桑结于11世纪时传入。雅萨玛色保所传男系,名"颇觉";觉敦索南拉玛所传女系,名"摩觉"。宣说慈悲菩提心和性空见,认为能断除人生的苦恼和死的根源。其教法后融于其他教派中。

❈ 希解派

西藏佛教派别。教法由印僧丹巴桑结于11世纪时传入,分前、中、后三传。喇穷俄色的传承为前传;玛却吉喜饶等三人分别传承为中传;菩萨衮噶等三人分别传承为后传。以修行般若经义,断除一切生死苦恼为宗义。宗教生活简单,在社会上不占优势,15世纪初绝传。

❈ 夏鲁派亦称布顿派

西藏佛教派别。14世纪中布顿·仁钦朱创立,以日喀则附近的夏鲁寺为主寺,故名。曾以传授四本续灌顶及善讲密经著称一时。此派在教义上有一定的影响,但不涉及政治。

❈ 郭扎派

西藏佛教派别。13世纪初,索南坚参在西藏江孜建郭札寺,创立该派。以传授密宗大手印及除障法著称一时,索南坚参死后,该派即绝。

❈ 法性宗简称性宗

佛教流派,说法不一。一般把主张真如(法性、佛性)为世界之本源者,称为法性宗;把分析法相论证万法唯识者,称为法相宗。依此,大乘中观学派、中国三论宗、华严宗、天台宗都可称为法性宗。有时又特指三论宗。

❈ 白云宗

自称中国华严宗的民间宗教,信徒称为"白云菜"(吃菜的道民)。宋徽

宗大观年间（1107—1110），西京（洛阳）宝应寺僧孔清觉创立，因其居住在杭州白云庵，故名。

清觉著有《证宗论》、《三教编》、《十地歌》、《初学记》、《正行集》等。发挥华严宗教义，把华严的十地分为前四地声闻乘、五地缘觉乘、六至九地菩萨乘、十地佛乘。认为前九地是渐教，第十地是顿教。唯有《华严经》教义最高，是引导众生成佛的"佛乘"。

主张三教一致，讲忠孝慈善，禁荤、酒、娶妻，特别排斥禅宗。清觉曾被流放广东，后获释。宋宁宗嘉泰二年（1202），此宗因被怀疑事魔遭禁。元代此宗所辖大普宁寺住持道安，组织雕印《大藏经》，现称元本。元成宗（1294—1307）、元仁宗（1311—1320）、明太祖（1368—1398）时，都明令禁止流传。

❀ 斋教亦称白衣佛教、斋门

由明教吸收部分白莲教的成分，演变而成的民间秘密宗教。主张佛、儒、道三教同源。明、清两代流行于福建、浙江、江西、台湾等地。清代又称老官斋教，奉弥勒佛为无极圣祖，入教者以"普"为法名，会众统称"老官"。

台湾的斋教以释迦牟尼、观音菩萨为本尊，以禅宗六祖慧能为祖师，分为龙华、金幢、先天三派。教徒吃斋，每逢农历朔望，各携香烛赴斋堂诵经聚会。以"代天行事"、"天国普有"为宗旨。各地教规仪式各有不同，常为野心人士利用，组织作乱。1915年台湾斋教以斋堂为据点，组织抗日。

❀ 南传佛教亦称南传上座部

指现今斯里兰卡、缅甸、泰国、柬埔寨、老挝等地区的佛教。因其由印度向南传播，故称。释迦逝世后200年，印度阿育王组织第三次结集后，派传教僧向外传播上座部佛教。其王子摩哂陀等比丘被派往锡兰（今斯里兰卡），创立以大寺为中心的上座部佛教僧团。约公元前1世纪，举行第四次结集，首次用巴利文将上座部三藏记录成册。

410至432年间，印度巴利文佛教学者佛音到斯里兰卡，将上座部三藏僧伽罗文的注释改写成巴利文，并详加疏解，编成19部，并撰《清净道论》。11至14世纪，斯里兰卡、缅甸、泰国、柬埔寨、老挝等国，确立上座部佛教为国教。

19世纪，斯里兰卡上座部佛教分裂为暹罗派、阿摩罗普罗派、罗曼那派等派别；缅甸则分裂为善法、瑞琴、门等三派；在泰国、柬埔寨、老挝则分裂为法相应部和大部等派别。

南传教义较接近原始佛教，注重教义的字面解释，核心是无常、苦、无我三相。以十二因缘说明人生无常的过程，以五蕴说明无我，以四谛说明苦。注重原始佛教的精神及教义，崇拜佛牙、佛塔、菩提树。

在修持上，主张戒、定、慧三学和八正道，特别注重禅定。还保持早期某些戒律，如托钵化缘、过午不食、夏安居等。只使用巴利文佛经。将释迦牟尼的诞生、成道、涅槃，合并一起纪念，称作吠舍佉节，1954年世界佛教徒联谊会决定更名为世界佛陀日，每年5月月圆日举行。此外，各国各地又融入不同风俗的节庆活动，如泰国的浴佛节、云南的泼水节。

❖ 支那内学院

中国近代由欧阳竟无创建的佛学专业研究及教学机构。"支那"为印度对中国的称呼，"内学"为佛教的自称。1918年在金陵刻经处筹备，1922年成立，设学、事两科，学务、事务、编校流通三处。初期以延续金陵刻经处事业为主，着重研究及阐扬法相宗教义，尤对唐代法相宗着力较深。编印《藏要》三辑，收佛典70种，以法相宗为主。倡在家居士可住持佛法的观念。

1937年欧阳竟无率众随国民政府入川，次年于江津成立蜀院，建立院学五科：毗昙、戒律、瑜伽、般若、涅槃。1944年欧阳竟无病故，吕澂接任院长，对院学五科提出讲习要典50部，对佛学作系统性的研究。1952年停办，计刻经共140部，先后在院研究者200余人。

四 人物

在人物这一章中，收录了552个条目，属全书分量较重的一章。印度部分包括了原始佛教和当时与原始佛教相关的重要人物，以及对中国影响较深的、从部派到大乘时期的重要人物。取舍标准为重要论著有汉译本者、提出重要理论者或宗派的重要人物。条目顺序大致以出现年代为标准。

中国部分也大概采取同样的标准，只是在取舍上稍作宽松。从撷取的条目可以明显看出，早期人物多集中在译经家及儒、释、道论述与争辩的人物，接着是专研论书的理论家，再接着是创立宗派者。这个时代大约在唐朝中叶结束，取而代之的是禅宗人物的大量崛起，这些人物可谓佛教中国化的代表。南宗禅流行于上层社会，开创了新思潮、新文化，也留下了许多名僧的风采。

而相对的，另一个流行宗派净土宗，由于不强调义学理论的探究，则很少有知名的大德高僧。一些净土宗名家仅限于唐中叶以前的净土宗前期人物，唐中叶以后，净土宗的名僧大都是其他宗派兼弘净土者。

元朝由于信奉喇嘛教，汉传佛教趋于沉静。明清两代偶有高僧为长夜点亮明灯，但相较于唐宋的名僧辈出，可谓千里之差。清末民初，随着佛教复兴以及西方新思潮的引入，佛教又与社会改革接轨，不仅在学术界兴起研究佛教的风潮，同时也在社会改革中占有一席之地。这一期间，除了僧人，居士也扮演了重要角色。

1949年以后，中国佛教的发展进入另一个全新阶段。引入到台湾的佛教，带来人间佛教的种子，在经过大约30年的孕育，随着经济的崛起，开花结果，以全新、现代化的姿态绽放！

藏传佛教方面，重要人物几乎皆属后弘期。其最大特色是在创设寺院上，往往创建一座寺院就开一派别，当然也会有一位开山祖师。至于在义理探讨上，则并没有太大的差异或创新，多是沿袭印度的密教，所以关于创新义理的名僧或理论家并不多见。

四 人 物

❋ **佛陀简称佛，亦译浮屠、浮图，指释迦牟尼。亦称释迦、释迦文，尊称释尊。姓瞿昙，亦译乔答摩，名悉达多。净饭王、摩耶夫人、耶输陀罗**

释迦牟尼为佛教创教者，属古印度释迦族。古印度迦毗罗卫国（今尼泊尔境内）净饭王之子，母亲为摩耶夫人（为拘利国觉善王女，生佛陀后七日而亡），由姨母摩诃波阇波提（也是继母，后随佛陀出家，成为佛门第一个尼姑）抚养成人。有一弟，名阿难。

16岁与耶输陀罗（瞿波）结婚，生子罗睺罗。幼时生活优越，但是他目睹人生难逃生、老、病、死的痛苦，羡慕出家修行人精神上的快乐。便于29岁时，毅然抛弃即将继承的王位，离家至深山旷野，苦思解脱痛苦之道及人生的真谛。历经7年（或6年），终于在菩提伽耶的一棵菩提树下悟道。这个道理就是"四谛"（苦、集、灭、道）——人生的四个真理。

此后他在中印度四处云游说法，以四谛为中心思想，宣扬生死轮回、因果报应的观念，劝人为善，创立佛教。释迦牟尼传教45年，80岁时逝于拘尸那耶城附近。遗体火化后，舍利由八国国王迎回，建塔供养，成为迄今佛教最重要的文物之一。

从佛陀（佛、佛驮、浮陀、浮屠、浮图等，只是音译不同）的意义来谈，佛陀是觉悟者、知者。觉悟者可分三个层次：自觉（声闻、缘觉的修行境界）；觉他（菩萨的修行境界，含自觉）；觉行圆满（佛的修行境界，是佛教修行的最高境界）。在小乘的认知中，佛陀就只指一个人，便是释迦牟尼；大乘则泛指佛陀为达到觉行圆满果位的人，因为在大乘的认知中，这是一个多佛的世界，如过去七佛、未来的弥勒佛等。

释迦牟尼、释迦文则是取其族姓，意为释迦族的圣人，简称释迦。俗姓乔答摩，亦称瞿昙、俱昙；名悉达多，亦称萨婆悉达多、萨婆额他悉陀、悉多。释尊则是汉文尊称。

❋ **十大弟子**

相传佛陀有十大弟子，分别介绍如后。

❋ **迦叶，亦称摩诃迦叶、大迦叶**

佛陀的首席弟子，意为饮光，古印度摩揭陀国王舍城人，属婆罗门种姓。传说其人少欲知足，常修头陀行，号称"头陀第一"，为佛经第一次结集的召集人。

舍利弗

佛陀十大弟子之一。亦译舍利弗多罗、奢利弗、富多罗、奢利补担罗，意为鹙露子、秋露子。古印度摩揭陀国王舍城人，属婆罗门种姓。持戒多闻，敏捷智慧，善说佛法，故称"智慧第一"。

目犍连

佛陀十大弟子之一。亦译摩诃目犍连、摩诃目犍罗夜那、大目犍连、目连，意为采菽氏。古印度摩揭陀国王舍城郊人，属婆罗门种姓。皈依佛陀后，侍佛左侧。神通很大，能飞上兜率天，所以是"神通第一"。后来被反佛的婆罗门杖击而死。

须菩提

佛陀十大弟子之一。亦译苏底部，意为善见、善吉、空生。古印度拘萨罗国舍卫城人，属婆罗门种姓。以论证诸法性空著称，故称"解空第一"。

富楼那

佛陀十大弟子之一。亦译富楼那弥多罗尼子，意为满慈子。古印度迦毗罗卫国人，为国师婆罗门之子，与同道30人共同出家修苦行，佛陀成道后皈依佛陀。辩才无碍，善于分析、解说佛理，故称"说法第一"。

迦旃延

佛陀十大弟子之一。亦译迦旃子、迦旃延子、迦多延那、摩诃迦旃延、大迦旃延。古印度阿槃提国婆罗门之子，原出家为沙门，后皈依佛陀。能分别诸经，善说法相，故称为"议论第一"。

阿尼律陀亦称阿那律

佛陀十大弟子之一。意为如意、无贪。佛陀的叔父甘露王之子，佛陀成道归乡时，随行出家。因为在佛陀座前睡觉受责，后立誓不眠，得天眼，能见六道众生，故称"天眼第一"。

优婆离亦称优波离

佛陀十大弟子之一。亦译优婆利、优波利、邬波离，意为近取、近执。古印度迦毗罗卫国人，属首陀罗种姓，为释迦王宫里的理发师。佛陀成道归乡时，跟从其出家。持戒严谨，所以称为"持戒第一"，第一次结集时，即由他诵出律藏。

四　人　物

❋ **阿难**

佛陀十大弟子之一。亦译阿难陀、难陀，意为欢喜、庆喜。一说为佛陀同父异母弟，一说为其叔父斛饭王之子（堂弟）。佛陀成道后，随其出家，随侍二十余年，擅长记忆，被称为"多闻第一"。佛教第一次结集时，即由他诵出经藏。

另有一人名难陀，为唯识十大论师之一。

❋ **罗睺罗**

佛陀十大弟子之一。亦译罗护罗、罗怙罗、罗云，意译障月、执月。为佛陀之子，佛陀成道归乡时，跟随其出家为沙弥，为佛教沙弥之始。其人不毁禁戒，诵读不懈，故称"密行第一"。

❋ **提婆达多亦称调达**

亦译提婆达兜、禘婆达多、地婆达多，意为天授、天热。佛陀的叔父斛饭王的儿子，阿难之兄。随佛陀出家，后自称为大师，主张以五法取代八正道，认为修五法可速证涅槃。是佛教第一个分裂的僧团。这五法是：

1. 终生穿粪帚衣。
2. 终生以乞食为生。
3. 每天只在中午吃一顿饭。
4. 终生露宿坐地。
5. 终生不食鱼肉血味、盐、酥乳等。

❋ **频婆娑罗王、阿阇世王**

频婆娑罗王亦译瓶沙、洴沙，意为影坚、影胜、影牢。古印度摩揭陀国国王，将王舍城的竹林精舍捐出，作为僧团修行及说法、传教的场所。是最早皈依佛教的国王，后为其子阿阇世王与背叛佛陀的弟子提婆达多谋杀。

阿阇世王亦译阿阇贳（shì）、阿阇多设咄路，意为未生怨、善见。阿阇世王与母亲韦提希，后亦皈依佛陀。在迦叶主持第一次结集时，提供寝具、衣食等。

❋ **波斯匿王**

亦译钵罗犀那时多，意为胜军、胜光、梵授王。中印度拘萨罗国国王，佛教的信徒和支持者，时人称佛陀为日光，称王为月光。后为其子毗琉璃王篡位，饿死于逃亡途中。与佛陀同年生、同年死。

给孤独长者

音译须达多、须达、苏达多，意为善与、善给、善授。古印度拘萨罗国舍卫城的富商，波斯匿王的大臣，佛陀的大施主。因为常为贫贱孤独的人施食，所以世称"给孤独长者"。曾与祇陀太子合力建祇园精舍，又称给孤独园，捐做佛陀修行说法的道场。

迦兰陀

意为鸟或山鼠。古印度摩揭陀国王舍城的豪贵，曾把大竹园捐给耆那教的尼干子，皈依佛教后，将竹园收回增建精舍，作为佛陀说法的场所，称为迦兰陀竹园。

须跋多罗亦称须跋

佛陀入灭前最后一位弟子。原为婆罗门学者，在佛陀即将入灭前，听佛说法，悟道成就阿罗汉果位。

香姓

属婆罗门种姓。佛陀在拘尸那城入灭后，诸国王争夺舍利，由此人调停。将舍利分为八份，由各国分别携回，建塔供养。

大天音译摩诃提婆

北传佛教大众部创始人。相传为佛陀逝世后百年中印度人，淫母杀父，杀阿罗汉，后又杀母。自感罪业深重，投鸡园寺出家为僧，博通三藏，因提出对教义的五条新见解（五事，参见P162该条）引起教团分裂。赞成者形成后来的大众部；反对者以长老比丘为主，形成上座部。

耶舍亦译耶舍陀、耶舍那

南传佛教上座部创始人。南传佛教《岛史》等记载，佛陀逝世后百年，跋耆族比丘提出十条戒律（十事，参见P162该条）的新主张，耶舍邀集七百比丘于吠舍离举行第二次结集，判定十事为非法，组成上座部。

而《杂阿含经》载，耶舍是阿育王时代华氏城鸡园寺的上座，赞助阿育王造八万四千塔。

阿育王

意为无忧王、天爱喜见王。古印度摩揭陀国孔雀王朝的国王，于公元前273年即位。即位后几乎统一了印度半岛，并设置大法官处理国境内宗教事务，包含婆罗门教、耆那教、佛教。并立佛教为国教，特别加以扶植。

相传其在位期间造八万四千寺塔，并且在华氏城命目犍连之子帝须主持佛教第三次结集。结集后，分遣传教法师从印度向四方传教。其对佛教最大贡献即向四方传教，为佛教的发展奠定基础。其子摩哂陀、女僧伽蜜多，均为南传著名法师。

❈ **那先**

意译龙军。相传为婆罗门之子，7岁学吠陀，15岁投舅父为沙弥，勤学诸经律要旨，20岁受具足戒，后修证阿罗汉果位。

那先后来向印度西北传教，在希腊所建的舍竭国（约今巴基斯坦白沙瓦一带）见弥兰陀王（麦南德），与国王之间一问一答，谈论有关佛教的基本教义，如缘起、无我、业报轮回等。那先以譬喻的方式，为国王解说教义，留下了当时的对话。北传称为《那先比丘经》，南传称为《弥兰陀王问经》。

❈ **四日**

对印度佛教四大思想家的称呼：东有马鸣，南有提婆，西有龙猛（龙树），北有童受（鸠摩罗多）。号称四日照世。

❈ **鸠摩罗多**

古印度人，意译童受。说一切有部的重要学者，著有《喻鬘论》、《痴鬘论》、《显了论》。

❈ **马鸣**

音译阿湿缚窶（jù）沙。约1至2世纪中天竺人，佛教重要论师、哲学家、诗人。原为婆罗门，后改信佛教。博通群经，受国王敬重。时北天竺小月氏入侵中天竺，国王屈服，将马鸣送往小月氏。国王请马鸣说法，听者无不开悟，相传连马匹也垂泪听法，人们因此称他"马鸣"。主要著作有《佛所行赞》《大乘庄严经论》、《大乘起信论》（后者疑为汉文伪书）。

❈ **迦腻色迦、世友、胁尊者**

迦腻色迦为大月氏贵霜王朝国王，约1至2世纪从中亚入侵北印度，占领整个恒河流域。原不信佛法，后改信佛。日请一师入宫说法，见各部派争论激烈，遂听从胁尊者建议，举行第四次结集，以世友为上座，主持编辑《阿毗达磨大毗婆沙论》，总结说一切有部学说。

世友为说一切有部四大论师之一，著有《异部宗轮论》。其他三人为：法救、妙音、觉天。

胁尊者亦属说一切有部。传为佛陀第十世，出家勤修苦行，未曾以胁触地而卧，时人因而称其胁尊者。

❁ **竺法兰；迦叶摩腾亦称竺摩腾、摄摩腾，略称摩腾**

迦叶摩腾与竺法兰同为中印度人。汉明帝永平年间派遣蔡愔、秦景等到天竺寻求佛法，遇见二人。二人于永平十年（67）应邀以白马驮经及佛像，来到洛阳。翌年，明帝于洛阳建白马寺，请二僧共同译经，译出《四十二章经》，现存经本即是。此为中国译经之始。

❁ **安世高亦称安侯、安清**

东汉末安息国太子。父死，让位于叔父，出家为僧。其人博学多才，医、卜、星占皆有涉猎。出家后，更博览经藏，尤精阿毗昙及禅经。桓帝建和二年（148）经西域入汉，于洛阳从事译经。先后译出《安般守意经》、《地道经》等34部佛经，主要为说一切有部毗昙学及禅定理论。

❁ **三支**

东汉及三国期间的三位汉地名僧。包括支娄迦谶、支亮、支谦，有"天下博知，不出三支"的美誉。参见以下各该条。

❁ **支娄迦谶简称支谶**

月支人，东汉桓帝时来到洛阳。灵帝光和、中平年间（178—189），先后译出《般若道行品经》、《般舟三昧经》、《首楞严经》、《阿阇世王经》等，共14部27卷。是第一位翻译、传布大乘般若学理论的僧人。

❁ **支亮**

月支人，支娄迦谶的弟子，有弟子支谦。

❁ **支谦**

月支人，祖父于东汉灵帝时率族人来华。支谦后来迁居于吴国，吴王拜为博士。从孙权黄武二年（223）到孙亮建兴二年（253）之间，译出《大明度无极经》、《维摩诘经》、《大阿弥陀经》、《本业经》、《本起经》、《首楞严经》、《大般泥洹经》等大小乘经典36部48卷。主要弘扬大乘般若学。

四 人物

❀ **竺佛朔亦称竺朔佛**

天竺僧人。于东汉桓帝时，携梵本《道行经》来洛阳，并译为汉文。此为一卷本《道行经》。光和二年（179）更与支谶合译出《般舟三昧经》。

❀ **安玄、严佛调**

安玄为安息国人。汉灵帝末年，来到洛阳经商，渐谙汉语，常与沙门讲论佛法。因有功于朝廷，受封为骑郎尉，世称都尉玄。与沙门严佛调共译《法镜经》，由安玄口译，严佛调笔受。严佛调为中国历史上记载的，最早出家的汉人，著有《沙弥十慧章句》一卷，亦为中国最早的佛教著作。

❀ **牟子**

牟子为东汉末年苍梧人（今广西）。博读儒书，兼及神仙之学。因见世道纷扰，不愿出仕，致力于佛教及老子。著有《牟子理惑论》，简称《理惑论》，辨析儒、释、道三者观点的一致性，后世误传为牟融所著。

❀ **昙摩迦罗**

中印度僧人。三国魏嘉平二年（250）来到洛阳，译有《僧祇戒心》（大众部戒律节要），首创中国的授戒度僧制度。

❀ **龙树亦称龙猛、龙胜**

3世纪时南印度人，属婆罗门种姓。自幼学习四吠陀等婆罗门经典，青年时已是著名的婆罗门学者。所学极广，举凡天文地理、神仙道术，无不涉猎。后皈依佛教，精通三藏。相传入雪山，遇一老比丘授以大乘经典。后周游四方，与各外道学派论辩，皆获胜利。

更传说曾入海得大龙菩萨赠大乘深奥经典，创中观学派，弘扬般若性空学说，风靡全印度。著作十分丰富，素有"千部论主"之称，主要著作有《中论》、《十二门论》《大智度论》《十住毗婆沙论》《菩萨资粮论》。在中国则号称"八宗共主"。著名弟子有提婆等。

❀ **提婆意译圣天**

3世纪南印度人，属婆罗门种姓。博学多才，以智辩著称。随龙树出家为僧，继承龙树所学，为中观学派创始人之一，著有《百论》、《四百论》等。后为一婆罗门所杀。

朱士行、竺叔兰

朱士行为三国魏颍川（在今河南）人，甘露五年（260）出家为僧。因在洛阳讲《小品般若》，感到文义艰涩，难以理解，遂从雍州（在今陕西）出发西行求经。至于阗，得梵本《大品般若经》六十余万言。西晋武帝太康三年（282）遣弟子送至洛阳，并于惠帝元康元年（291）由竺叔兰、无罗叉等在陈留水南寺译为汉文《放光般若经》20卷。为汉地西行求法的第一人，80岁死于于阗。

竺叔兰为天竺人，父亲来华避居于河南。幼从沙门舅父学经，少年时嗜酒好游猎，死而复苏。自言见阴间业果，因而专心于佛法。竺叔兰还译出了《异毗摩罗经》3卷、《首楞严经》2卷。

维祇难、竺将炎

维祇难为天竺僧人，三国黄武三年携梵本《法句经》来到武昌，由支谦及其同行竺将炎（一称竺律炎）译成汉文2卷本。

竺法护亦称敦煌菩萨

西晋敦煌月支人。八岁出家，因师父姓竺，改姓竺。随师父游历西域各地，能通三十六国语言。武帝至愍帝时（266—313），从西域来到长安、洛阳等地，沿途译出《光赞般若经》、《贤劫经》、《正法华经》《大哀经》等154部309卷，大部分属大乘经典。时人称其为敦煌菩萨、敦煌开士。

诃梨跋摩意译师子铠、师子胄

4世纪时中印度人。出家后，从说一切有部鸠摩罗多学《发智论》。因不满此学说，数年间精读三藏经典，后作《成实论》发挥大乘空义。

佛图澄

本姓帛，西晋时西域龟兹僧人。于西晋怀帝永嘉四年（310）来到洛阳。10年后，后赵建立政权，以鬼神方术深得石勒、石虎信任，参与军政大事，时称大和上（和尚），多次劝石氏以佛教教义德化施政。同时大力向民间传播佛教，所历之处，建寺893所。弟子甚多，著名的有道安、法雅、法汰、法和等。

帛尸梨蜜多罗简称尸梨蜜

西域人，意译为吉友，号高座法师。西晋怀帝永嘉年间来华，东晋元帝永昌元年（322）入建初寺。译有《大灌顶经》12卷、《大孔雀王神咒》1卷、《孔雀王杂神咒》1卷，为密教传入中国之始。

❉ 支愍度亦称支敏度

东晋僧人。般若学派六家七宗之一"心无宗"的创始人。东晋成帝（325—342）时到江南宣扬"心无义"，编有《合首楞严经》、《合维摩诘经》共13卷，撰有《经论都录》等。

❉ 支遁亦称支道林

东晋陈留人，本姓关，字道林，世称支公、林公。般若学六家七宗之一"即色宗"的创始人。世代信佛，自幼读经，25岁出家，以好谈玄理闻名当世。作《即色游玄论》，主张"即色本空"。此外还著有《圣不辩知论》、《道行旨归》、《学道诫》等。

❉ 道安 [1]

东晋僧人。本姓卫，常山（今河北冀县）人，般若学六家七宗"本无宗"的主要人物。12岁出家，佛图澄的著名弟子。在襄阳传法，讲《放光般若经》15年。东晋太元四年（379），前秦苻坚攻克襄阳时，带道安回长安，咨以政事，并在五重寺传法，弟子数千人。同时主持译经工作，著有《光赞析中解》、《光赞抄解》、《放光般若析疑准》、《实相义》、《性空论》。注释经典甚多，主要有《道行品经》、《般若抄》、《安般守意经》、《阴持入经》、《人本欲生经》等。

主张僧侣废除俗世姓氏，一律改姓"释"，为后世中土僧侣遵循；制定"僧尼轨范"，作为僧团讲经说法、日常生活、宗教仪式规法。更两次分遣徒众，四出传法。对中国佛教的发展，影响至为巨大。

❉ 法和

前秦僧人，荥阳（河南）人，与道安同为佛图澄弟子。因避乱率徒入蜀，于东晋孝武帝太元四年（379）道安被送往长安时入关，住长安阳平寺，并参与道安译经工作。道安死后，与僧伽提婆在洛阳共同修校昔译《阿毗昙心》、《鞞婆沙阿毗昙》，卒年80岁。

❉ 竺法汰

东晋僧人。东莞人（山东沂水）。般若学"本无异宗"的代表人物之一，与道安同为佛图澄弟子。因避难到江南，住建康瓦官寺。为东晋简文帝讲《放光般若经》，学众数千。著有《本无论》、《中论疏记》等。

❉ 竺佛念

前秦凉州（甘肃武威）人，约20岁出家为僧。前秦建元年间（365—

384），僧伽跋澄、昙摩难提等入长安译经，竺佛念担任传译，先后译出《婆须蜜经》《王子法益坏目因缘经》。建元二十年（384）又助难提译《中阿含经》、《增一阿含经》，经2年完成。弘始十五年（413）与罽宾沙门佛陀耶舍共译《长阿含经》22卷。自译则有《菩萨璎珞经》、《十住断结经》、《菩萨处胎经》、《中阴经》。

❖ 僧伽提婆

本姓瞿昙，又称僧伽提和，意为众天。罽宾国（今克什米尔）人。前秦建元年间（365—385）来到长安，建元十九年（383）与竺佛念共译《阿毗昙八犍度论》。后应慧远之邀到庐山，于东晋太元十六年译出《阿毗昙心论》、《三法度论》等。后于建康讲毗昙学，更重译《中阿含经》等，后不知所终。

❖ 无著；世亲亦称天亲，音译婆薮盘豆

无著音译阿僧伽，为4至5世纪时北印度富娄沙富罗国人，大乘瑜伽行派创始人之一。原在说一切有部出家，传说从弥勒菩萨研习《瑜伽师地论》，受大乘空观。后劝其弟世亲也弃小乘，改学大乘。主要著作有《摄大乘论》《六门教授习定论》、《顺中论》、《金刚般若经论》、《显扬圣教论》、《大乘阿毗达磨集论》。

世亲亦为大乘瑜伽行派创始人之一，也同样在说一切有部出家。精于该部《阿毗达磨大毗婆沙论》，以六百余偈及释文做成《阿毗达磨俱舍论》。后随兄学习大乘，广著大乘论书，著名的有《大乘庄严经论》、《辨中边论》、《金刚经论释》、《十地经论》、《净土论》、《二十唯识论》、《唯识三十论颂》、《摄大乘论释》、《大乘成业论》、《大乘百法明门论》、《大乘五蕴论》、《佛性论》。

❖ 慧远[1]、沙门不敬王者论

东晋僧人（334—416）。俗姓贾，雁门（今山西宁武）人。初学儒，21岁皈依道安，后与其弟出家为道安弟子。精于般若性空学，24岁就开始讲经，喜藉《庄子》解说经义。

东晋太元六年（381），慧远移住庐山东林寺传法，迎请僧伽提婆及佛陀跋陀罗译经，宣扬般若学，同时提倡小乘禅学。

元兴元年（402）与刘遗民等僧俗共组莲社（白莲社），倡弥陀净土法门，宣称只要勤念"阿弥陀佛"佛号，死后便可以往生净土，后世因此尊慧远为

欢迎加入后浪读书俱乐部　www.hinabook.com　　后浪出版咨询(北京)有限责任公司　拍电影网
　　　　　　　　　　　　　　　　　　　　　www.hinabook.com　www.pmovie.com

- 加入我们，可以得到定期的新书信息、电子读书报、活动信息、后浪小礼物、购书优惠券、作者签名书籍和海报、毛边书等等。

- 俱乐部将从每月新增会员中抽取 3 名赠送当月最新出版的书籍一本。
- 会员书评投稿如获纸媒发表将有机会获得后浪新书 1 本。
- 欢迎登陆 http://www.hinabook.com 和 www.pmovie.com 了解更多活动信息。

*本活动最终解释权归后浪出版咨询(北京)有限责任公司所有

个人资料（请务必完整填写并回传）

姓名 _____ ☐先生/☐女士

Email _____ 生日_____年___月___日

固定电话 _____ - _____ 手机 _____

单位 _____ 职业 _____

地址 _____

_____

QQ/MSN _____ 邮编 _____

读者调查表

您从哪本书得到这张卡片的？ _____

您从哪里购得本书的？ _____

您的阅读方向？ _____

_____

您还希望我们出版或引进哪类书？ _____

_____

您的意见或建议？ _____

_____

_____

如何加入后浪读书俱乐部？

1. 拨打热线010-64072833-824，向客服人员登记您的信息。
2. 发短信至13911401220，我们将回电登记您的信息。
3. 将此信息登记表传真至：010-64018116
4. 登陆网站：www.hinabook.com，点击右上角"注册"，填写会员信息登记表。
5. 邮寄至：北京市东城区朝阳门内大街137号 世界图书出版公司北京公司 后浪出版咨询（北京）有限责任公司 邮编：100010

欢迎登陆后浪出版公司官方直营店 http://bjhlts.tmall.com
服务邮箱 buy@hinabook.com 服务电话 13366573072 010-57499090

净土初祖。北宋陈舜俞著《庐山记》,将当时参与莲社的著名僧俗18人称为"莲社十八贤"。

元兴年间（402—404）,太尉桓玄提出沙门应敬王者,慧远遂作《沙门不敬王者论》,认为沙门为方外之人,不受世礼拘束,在方外亦教化众生,必须高尚其行,所以不必对王者行礼如仪。后来桓玄允许沙门不必对王者行世俗的礼敬。该篇收录在《弘明集》。另著有《明报应论》、《三报论》、《法性论》等。

❈ **慧持**

东晋僧人（337—412）。俗姓贾,雁门楼烦（今山西宁武附近）人,慧远（莲社）之弟。少有文才,18岁出家,与兄慧远同师道安,遍学三藏众经。后随兄东下,初期住在荆州,继而到庐山。后到建康（今南京）,居于东安寺,东晋琅琊王司马珣深为器重。

当时西域沙门僧伽罗叉译《中阿含经》时,由慧持详予校阅。隆安三年（399）辞兄至蜀,住龙渊精舍,在蜀弘法。

❈ **法显、西行求法**

东晋僧人（约337—422）。本姓龚,平阳武阳人,3岁为沙弥,20岁受具足戒。感于律藏残缺,矢志寻求。东晋安帝隆安三年（399）与同学从长安（今西安）出发西行,度沙漠,越葱岭,到天竺求法。遍历天竺各地寻求梵本佛经,再搭商船至狮子国（今斯里兰卡）。两年后由海路返国,途中经耶婆提国（今印度尼西亚爪哇）,于义熙八年（412）到达青州牢山（今山东青岛崂山）。西行共历14年,经31国,携回许多梵本佛经。

归国的第二年,于建康（今南京）道场寺与佛陀跋陀罗共译六卷本《大般泥洹经》、《摩诃僧祇律》、《方等般泥洹经》、《杂藏经》、《杂阿毗昙心论》等。旅行纪闻撰成《佛国记》,即《高僧法显传》,为研究古代中亚、南亚诸国历史和中外交通的重要史料。后卒于荆州,为历史记载中国最早西行求法的僧人。朱士行仅到达西域,参见P76朱士行条。

❈ **僧契**

后秦僧人（343—415）,北地（今甘肃吴忠西南）人。俗姓傅,父曾任晋河间郎中令。少年出家,后为鸠摩罗什十大弟子之一。律行清谨,通三藏及六经,秦王姚兴为整顿僧尼,命为僧正,管理僧尼事务,是为僧正之始。后卒于长安。

❀ 道祖、道流

道祖为东晋僧人（347—419），吴人（今江苏苏州）。年少在台寺出家，为支法齐弟子。后与道流等人入庐山师慧远，在山中受戒。

道流曾撰写诸经目录，未竟而亡。道祖庚续完成，共有四部：《魏世经录目》、《吴世经录目》、《晋世杂录》、《河西经录目》各一卷。

后还建康瓦官寺，受桓玄礼敬。桓玄拟沙门须敬王者，即回台寺。桓玄篡位，召道祖进京，称疾不行。

❀ 四大译经家

在佛教传入中国的初期至成熟期，译经占有极大的影响力及地位。一般认为主要的译经家有四位，其中有两个说法：

1.鸠摩罗什、真谛、玄奘、不空。

2.鸠摩罗什、真谛、玄奘、义净。（参见各该条）

❀ 鸠摩罗什简称罗什，什门四圣、什门十哲、什门八俊

鸠摩罗什（344—413），父为天竺人，生于龟兹（今新疆库车一带）。7岁随母出家，先学小乘，后学大乘，博读大小乘经典，名闻西域诸国。

前秦建元十八年（382）吕光破龟兹，以龟兹公主妻罗什，并欲带返中原，未料国内易权，滞留凉州。至后秦弘始三年（401），姚兴才派人迎至长安（今陕西西安），入住逍遥园，待以国师之礼。从弘始三年至十一年，八年间与弟子共译出《大品般若经》、《法华经》、《维摩诘经》、《阿弥陀经》、《金刚经》等经，和《中论》、《百论》、《十二门论》、《大智度论》、《成实论》等论，系统地介绍龙树的中观学说。

罗什的译经总数，有不同的说法，大约在30至70余部之间。最重要的是，过去所译佛经经文多"滞文格义"，失去原文的涵意。罗什的译文义理圆通，受到世人的赞扬。许多经典尔后都成为各宗派所依的主要经典。

罗什的弟子据传有数千人，著名于当世的有数十人，其中僧肇、僧叡、道生、道融，合称"什门四圣"。又有所谓"什门十哲"，即前述四圣加上昙影、慧严、慧观、僧契、道常（恒）、道标，通称鸠摩罗什的十大弟子。又有所谓"什门八俊"，即十大弟子去掉僧契、道标。但说法不一。

❀ 竺道生亦称道生

东晋僧人（355—434），俗姓魏，巨鹿人（今河北平乡）。幼年从竺法汰出家，

后至庐山。幽居7年,闻鸠摩罗什在长安译经,遂前往受学,并辅佐译经工作,译出《大品般若经》、《小品般若经》等。

道生主张"顿悟成佛",主要理论是真理一体,不可分割。另一著名的主张是"一切众生,皆有佛性"。一阐提既是有情(众生),当然也可以成佛。此说受到当时严厉的攻击,认为是"背经邪说"。后来北凉昙无谶译出《大本涅盘经》,其说获得证实。道生就到庐山宣讲此经。主要著作有《二谛论》、《佛性当有论》、《法身无色论》、《佛无净土论》、《应有缘论》。

❀ 道融

后秦僧人,汲郡(今河南汲县)人。12岁出家,出家后到处游学。后至关中,拜在鸠摩罗什门下,入逍遥园,参与译经。罗什赞他"佛法之兴,融其人也"。

当时有一婆罗门学者,自狮子国(斯里兰卡)远来中原,面见秦王,要求与秦(中原)僧辩论。罗什派出道融,婆罗门败北而去。

道融后来住在彭城,弟子有300人,74岁逝于彭城。主要著作有《法华经义疏》、《大品般若经义疏》、《金光明经义疏》、《十地经义疏》、《维摩诘经义疏》等。

❀ 僧叡

东晋僧人。魏郡长乐(今河南安阳)人,18岁出家,博通经论。24岁游历各邦,到处说法。曾为道安弟子,后投鸠摩罗什门下,助其译经。《成实论》译出后,罗什令其讲说。还为《大智度论》、《十二门论》、《中论》、《大品般若经》、《小品般若经》、《法华经》、《维摩诘经》、《思益经》、《自在王经》、《禅经》等并作序。著有《二秦众经录》等,卒年67岁。

❀ 智严、佛陀跋陀罗

智严为东晋、宋之间的僧人,凉州(今甘肃武威)人,20岁左右出家。为寻名师及经典,西行至罽宾。后请天竺僧佛陀跋陀罗一同东归,义熙四年(408)到后秦长安(今陕西),住大寺。佛陀跋陀罗受鸠摩罗什弟子排挤而南下,智严亦离去,居于山东精舍。东晋义熙十三(417)年,刘裕伐长安,邀智严至建康(今南京),住始与寺,后住枳园寺。宋文帝元嘉四年(427),与沙门宝云共译出《普曜经》、《四天王经》、《广博严净经》。晚年再次由海路至天竺,归途中卒于罽宾,年78岁。

佛陀跋陀罗意为佛贤、觉贤,印度释迦族人。17岁出家,长于禅、律。

南下后，住在庐山慧远处，译出《达摩多罗禅经》。义熙十一年（415）至建康（今南京）。后与法显、法业等在道场寺译出《摩诃僧祇律》《大般泥洹经》、《大方广佛华严经》（后世通称晋译华严、六十华严）、《新无量寿经》、《大方等如来藏经》。

❈ 求那跋摩

梵文意为功德铠，原为罽宾国王子，属刹帝利种姓。20岁出家，游狮子国（今斯里兰卡）、耶婆提国（今印度尼西亚爪哇），于南朝宋文帝元嘉元年（424）到广州。元嘉八年入建康，住祇洹寺，讲《法华经》、《华严十地品》。译有《菩萨戒经》、《昙无德羯摩》、《优婆塞五戒略论》等经律。

❈ 铁萨罗、僧伽跋摩

铁萨罗原为狮子国（今斯里兰卡）人，南朝宋元嘉十年（433），率10个比丘尼到建康，于南林寺设戒坛，请天竺僧人僧伽跋摩为传戒师，为尼众300余人授具足戒，创中国比丘尼依法受戒之始。据传，当时为纪念此事，建康建有一尼寺，名"铁萨罗"。

僧伽跋摩于南朝宋文帝元嘉十年经西域至建康（今南京），住平陆寺。除传戒外，译有《杂阿毗昙心论》、《摩得勒伽经》等。元嘉十九年（442）随西域商人返国。

❈ 宝云

晋宋之际僧人。凉州（今甘肃武威）人，少年出家，精勤学习。青年时期远游西域，瞻仰佛迹，学习梵文，对天竺诸国文字语言十分精通。后至长安，从佛陀跋陀罗学禅。因佛陀跋陀罗被排挤，南下建康住道场寺，晚年住六合山寺。译有《新无量寿经》、《佛所行赞》。

❈ 僧肇

东晋僧人（384—414）。俗姓张，京兆人（今陕西西安）。因读《维摩诘经》而出家，以擅长般若学著称。先后在姑臧（今甘肃武威）、长安参与鸠摩罗什译经工作，为罗什的著名弟子，专精于"三论"，被称为汉地"解空第一"。

著有《般若无知论》、《不真空论》、《物不迁论》、《涅槃无知论》，四论合辑为《肇论》，另有译注《宝藏经》、《维摩诘经注》。

❈ 昙无谶亦称昙摩谶

中印度人（385—433），初学小乘，因见《涅槃经》，改学大乘。20岁时已能诵大小乘经典二百余万言。又善咒术，西域称之为"大咒师"。

曾携《大涅槃经》前分10卷及《菩萨戒经》《菩萨戒本》，往罽宾、龟兹（今新疆库车）。因两地流行小乘，不信大乘经典，遂至敦煌，学汉语3年，译出《涅槃经》前分10卷、《大集经》、《大云经》、《悲华经》、《菩萨地持经》、《优婆塞戒经》、《金光明经》、《海龙王经》、《菩萨戒本》等。后在于阗寻得《涅槃经》中分、后分，继续译出，共30卷，此即《大涅槃经》，或称《北本涅槃经》。

北魏太武帝闻其有方术，遣使迎请。北凉王蒙逊不与，且派人杀之。所译经典数有不同说法，在10部至20余部间。

❀ **畺良耶舍**

西域僧人。南朝宋文帝元嘉元年（424）至建康，文帝深加敬重，请住钟山道林精舍。译有《观无量寿经》、《观药王药上二菩萨经》各一卷。卒于元嘉十九年以后，时年60岁。

❀ **智猛**

南朝宋僧人。新丰（今陕西临潼附近）人，少年出家，日以继夜专心读经。后秦弘始六年（404），与友15人结伴西行求法，经罽宾、奇沙、迦毗罗卫，至华氏城，寻得梵本《大般泥洹经》、《摩诃僧祇律》等经。宋景平二年（424）从天竺返回。在凉州译出《大般泥洹经》20卷。宋元嘉十四年（437）入蜀，16年写传记记述游历之事。后卒于成都。

❀ **求那跋陀罗**

中天竺人（394—468），属婆罗门种姓。初学小乘，后学大乘。对大乘造诣很深，世称"摩诃衍"。南朝宋文帝元嘉十二年（435）至广州，文帝派人迎至建康，先后住在祇园寺、东安寺，又历游丹阳等地，集徒众700余人。其译经由宝云传译、慧观执笔，先后译出《杂阿含经》、《大法鼓经》、《胜鬘经》、《楞伽经》、《过去现在因果经》、《央掘罗经》等100多卷。讲授《华严经》数十遍。

❀ **陈那**

南印度人（约440—约520），属婆罗门种姓。大乘瑜伽行派论师，新因明学创始人，后人称"中世纪正理学之父"。出家后，初为犊子部信徒，后改学大乘，为世亲弟子。能言善辩，曾在那烂陀寺讲《俱舍论》、唯识学、因明学。在认识论方面，立见分、相分、自证分，称为"三分家"。主要著作有《佛母般若波罗蜜多圆集要义论》、《观所缘缘论》、《掌中论》、《取因假设论》、《因明正理门论》、《集量论》等。

❈ 道渊、慧琳

二人同为南朝宋僧人，道渊俗姓寇，于建康（今南京）东安寺出家。少年学律，年长学义学，经论无不通达。在东安寺讲经，名声大震，为宋文帝所重。后住彭城寺，78岁卒，慧琳即为其弟子。

慧琳俗姓刘，秦郡（今陕西）人。诸经及老庄皆精通，为文帝所赏识，并参与政治，号"黑衣宰相"。曾作《白黑论》，批评般若学之本无说，认为本无说就是：无树也有树荫，无建材也不失建筑之美。认为宗教是虚构，得不到实际的验证，佛教的天堂地狱之说只是用来引诱、威吓民众。批判寺院僧侣追求豪华、结党营私，主张废鬼神之说。这些主张受到佛教徒及僧侣的排斥，但由于文帝的庇护，使他得免被逐出僧团。

❈ 昙曜

北魏僧人。少年出家，原在凉州修禅，后到北魏都平城（今山西大同附近）。太子拓拔晃十分礼重，任为"昭玄都统"，管理僧众。和平（460—465）年间，在武周山山谷北面石崖开凿石窟，建立佛寺，称为"灵岩"，为云岗石窟之始。和平三年（462），在石窟寺召集天竺僧及诸僧，译出《付法藏因缘传》、《净度三昧经》。

❈ 保志亦称宝志

南朝齐、梁时僧人，俗姓朱，金城人（今甘肃兰州）。传说在南朝宋太初元年（453）以后，言行神异，能赋诗预言，王侯及士庶视其为"神僧"，认为他是菩萨化身。

❈ 僧柔

南朝宋、齐时僧人（431—494）。俗姓陶，丹阳人（今湖北秭归附近）。9岁随叔父游学，后出家为弥称弟子。通大小乘经典，尤精《成实论》。20岁后开始讲经，后东游会稽（今浙江嵊县附近）。至齐始奉召入京，住定林寺。卒后沙门僧祐为立墓碑，文学家刘勰为撰碑文。

❈ 僧祐

南朝齐、梁时僧人（445—518），佛教史学家。俗姓俞，原籍彭城下邳（今江苏睢宁附近），父迁建康。14岁出家，先后受业于法达、法颖。精于律学，每逢讲律，听众常达六七百人。开佛寺搜藏经藏、文献先河，晚年僧俗门徒多达一万一千余人。编著有《出三藏记集》《释迦谱》《世界记》《法苑杂缘原始集》《弘明集》等。

❊ 宝唱

南朝梁僧人，俗姓岑，吴郡人（今江苏苏州）。18岁投僧祐律师出家，常住庄严寺，学习经律。齐末避乱浙江、福建一带，梁天监四年（505）回到京师，敕为新安寺主。受梁武帝之命，抄集经律，以类相从，编成《经律异相》。又纂集历代叙述佛理的著作《续法轮论》，重撰有《华林佛典经目》等。天监九年（510）至十三年，撰《名僧传钞》31卷，又撰《比丘尼传》4卷。为当代最有成就的佛教文献学家、史家。

❊ 僧朗亦称大朗，僧诠

僧朗为南朝齐、梁时僧人，后世称摄山大师。辽东人，齐时入摄山（今南京近郊）栖霞寺，从法度受学，师死继任为住持。学遍经律，尤精华严及三论，后常居止观寺。梁天监十一年（512），武帝派僧怀、智寂、僧诠等10人至摄山从学"三论"，武帝由此弃《成实论》，改学"三论"。弟子僧诠承其学，弘扬"三论"。

僧诠等10人从僧朗学三论，以僧诠最有成就，便嗣法住止观寺，传三论学。其说开创新意，以《中论》的中观哲学为般若学的中心思想。弟子以法朗、慧布、智辨、慧勇最出色，号"诠门四哲"。

❊ 梁代三大家亦称梁代三大法师

南朝梁时以研习《成实论》为主的三位著名学僧，即智藏、僧旻、法云。参见以下各该条。

❊ 智藏

南朝梁时僧人（458—522）。俗姓顾，吴郡吴人（今江苏苏州），16岁出家，曾师事僧远、僧祐、弘宗，精于佛教经论及律学。毕生从事讲经、注经，尤精《成实论》，著有《成实论义疏》，为当代著名的成实学论师。于《大小品般若》《涅槃》《法华》等经，亦有注疏，今皆不传。与僧旻、法云并称梁代三大法师。

❊ 僧旻

南朝齐、梁时僧人，俗姓孙，吴郡富春（今浙江富春）人。7岁出家，住虎丘西山寺，师事僧回。16岁师亡，移住庄严寺，事昙景为师，并就学于僧柔、慧次、僧远、道亮，以擅长论辩著称。齐永明十年（492）讲《成实论》，听众千余，先辈法师亦在其中，名震当代。

梁时备受礼遇，奉敕注《般若经》，并讲《胜鬘经》、《十地经》。著有《论疏杂集》、《四声指归》、《诗谱决疑》等100余卷。尤以《成实论义疏》10卷最著名。与智藏、法云并称梁代三大法师。

法云

南朝齐、梁时僧人（476—529）。俗姓周，宜兴阳羡（今江苏宜兴南）人，7岁出家。初为僧成、玄趣、宝亮弟子，曾听僧柔、慧次讲《成实论》等经论。后于妙音寺讲《法华经》《净名经》。梁时备受礼遇，武帝下召令诸名僧各撰《成实论》义疏，云乃集经论合撰为《成实论义疏》共42卷。武帝敕任光宅寺主，创立僧制，普通六年（525）任为大僧正。为成实宗著名论师之一，与智藏、僧旻并称为梁代三大法师。

僧伽婆罗、曼陀罗

僧伽婆罗（459—524）意为僧铠。原为扶南（今柬埔寨）人。15岁出家，先学阿毗昙，受具足戒后，广学律藏。南朝齐时至建康，住止观寺，从天竺沙门求那跋陀罗学习大乘经，通数国语言。

梁天监二年（503），武帝命其与曼陀罗共译《文殊师利所说般若波罗蜜经》、《宝云经》、《法界体性无分别经》等。天监五年，又奉敕译经，至十七年（518），共译出《阿育王经》、《解脱道论》等11部48卷，武帝引为家僧。

曼陀罗亦为扶南沙门，天监二年扶南国王遣其携梵文经典及贡品赠与中国，遂留中国参与译经。

佛护

亦称觉护，梵音佛陀波利。南印度坦婆罗国人（约470—540），古印度中观学派论师。出家博学，为龙树、提婆等人所撰诸论作注释，阐扬龙树的空观教义，著有《根本中论注》等。

唯识十大论师

根据《成唯识论述记》中所说，古印度注释《唯识三十颂》的十位名家。分别是：亲胜、火辨、德慧、安慧、难陀、净月、护法、胜友、胜子、智月。

安慧

南印度罗啰国人（475—555），印度唯识十大论师之一。真谛的老师，德慧的学生。于因明学上有独特的造诣，擅长论议。在认识论方面，只承认自证分实有，而见分、相分则情有理无。因此被称为"一分家"。

主要著作有《大乘广五蕴论》、《大乘中观论释》、《唯识三十颂释论》、《俱舍实义疏》、《随相疏》、《大乘阿毗达磨杂集论》等。

❈ 难陀

印度唯识十大论师之一。与安慧、净月同时期。作《瑜伽释》等释《唯识三十颂》，今失传。在认识论方面，承认有见分、相分。称为"二分家"。

❈ 净月

印度唯识十大论师之一，与安慧、难陀同时期。释《唯识三十论颂》，并为无著的《大乘阿毗达磨集论》及世亲的《胜义七十论》作注。

❈ 护法

约6世纪中叶人，原为南印度达罗毗荼国建志补罗城大臣之子。出家学佛，曾从陈那受学，为大乘瑜伽行派论师。主持那烂陀寺，弟子很多，著名的有戒贤、最胜子、智月等。29岁离开那烂陀寺，前往菩提伽耶，住大菩提寺，32岁卒。

其在唯识论学说，继承陈那传统。但在认识论方面，立见分、相分、自证分、证自证分，称为"四分家"。著有《广百论释》、《观所缘缘论释》、《成唯识宝生论》。还有《杂宝声明论》，已佚。

❈ 菩提达摩亦称菩提达磨，简称达摩、达磨

南天竺僧人，属婆罗门或刹帝利种姓。关于达磨来华有不同的说法，较普遍的说法是，南朝梁普通元年（520）或大通元年（527）到广州，武帝迎至建康（今南京）。因与武帝言谈不契，同年北上北魏嵩山少林寺，面壁而坐，默然不语，长达九年，世称"壁观"。

修行上主张"理入行入"。舍伪、归真为理入，解决认识问题；行入则要去掉爱憎情欲，按佛教教义践行。

传说在嵩山传禅法时，遇慧可，授予《楞伽经》四卷。被中国禅宗称为西天（天竺）第二十八祖，在中国则为初祖，慧可为二祖。逝于528年。另又传说其并未死,而是"只履西归"（参见P374该条）。唐代宗赐谥"圆觉禅师"。

❈ 菩提流支亦称菩提留支

北天竺僧人。遍通三藏，后世尊为中国地论师相州北派始祖。北魏宣

武帝永平元年（508）来到洛阳，受到朝廷礼遇，敕住永宁寺。与勒那摩提、佛陀扇多共译世亲的《十地经论》，4年译成。至东魏孝静帝天平二年（535），在洛阳和邺（今河北临漳），先后译出《佛名经》《入楞伽经》《法集经》《深密解脱经》《宝性论》《金刚般若集论》《法华经论》等共39部127卷。

❋ 勒那摩提

中天竺僧人。后世尊为中国地论师相州南派始祖。北魏宣武帝永平元年（508）到洛阳。除了与佛陀扇多、菩提流支共译《十地经论》外，还译有《毗耶娑罗门问经》《宝积经论》《究竟一乘宝性论》《法华经论》等共5部23卷。

❋ 佛陀扇多

北天竺僧人。除了与勒那摩提、菩提流支共译《十地经论》外，于北魏孝明帝正光六年（525）至东魏孝静帝元象元年（538），先后译出《十法经》《如来狮子吼经》《摄大乘论》等10部11卷。为印度瑜伽行派论著的最早译介者。

❋ 慧生亦称惠生

北魏僧人。肃宗神龟元年（518），一说熙平元年（516），受胡太后派遣，与宋云等人从洛阳出发，赴西域求经，经今青海、新疆，越葱岭，巡游乌场、犍陀罗等地。约于正光三年（522），一说正光二年（521），携回170部大乘佛经。著《惠生行记》，原文已佚，《洛阳伽蓝记》卷5详引其文。

❋ 昙鸾亦称昙峦

南北朝僧人（467—542），雁门（今山西代县）人。少年出家后专研《中论》《百论》《十二门论》《大智度论》四论及佛性学说。

后因病访长生不老术，梁大通年间（527—528），于江南道士陶弘景处得《仙经》10卷。北归途经洛阳，遇天竺僧菩提流支，受赠《观无量寿经》一部。于是焚《仙经》，专修净土法门。

东魏孝静帝尊为"神鸾"，敕住并州大寺，晚年移住汾州玄中寺，专弘净土。南朝梁武帝对他也很崇信，称他为"肉身菩萨"。主要著作有《往生论注》《略论安乐净土义》《赞阿弥陀佛偈》，为净土理论中国化的重要人物。

❋ 司马达亦称司马达等

南朝梁人。日本继体天皇十六年（522）到达日本，在大和（今奈良县）高市郡坂田原建草庵，供奉佛像，为日本民间传入佛教之始。后被赐姓鞍部。

其女岛，11岁出家，号善信尼，往百济受戒。其子多须奈，在用明天皇（586—588）去世时，为天皇出家，号德齐。多须奈之子鸟法师，是制作佛像的良匠。

❈ 道宠

北魏僧人（约5、6世纪之际）。俗姓张，名宾，年少习儒，出家后广学三藏。后从菩提流支学《十地经论》，随闻出疏。据传魏帝日赐黄金三两，以示褒奖。弟子千余，著名的有僧休、法继、诞礼、牢直等。

❈ 慧光

北魏、东魏僧人。俗姓杨，定州长卢（今河北沧州）人。年13至洛阳从佛陀扇多出家习戒律，并受具足戒，四年后讲《僧祇律》。永平元年（508）勒那摩提、菩提流支共译《十地经论》时，为二人间通译，并自阅梵本对校。主要从勒那摩提学《十地经论》，属地论学派相州南派。

慧光撰有《四分律疏》，宣讲四分律，后世尊为四分律宗始祖。北魏末年在洛阳任僧督，东魏时在邺（今河北临漳）任国统，世称"光统律师"。

北齐时卒于邺大觉寺，年70。还著有《玄宗论》、《大乘义律》、《仁王七诫》、《僧制十八条》、《胜鬘经疏》、《华严经疏》、《涅槃经疏》、《维摩经疏》、《十地论疏》。

❈ 僧稠

北齐僧人（480—560）。俗姓孙，昌黎（今辽宁义县）人。学通经史，曾任太学博士。28岁投景明寺僧寔法师出家，从道房受习止观禅法，北游定州嘉鱼山，常依《大般涅槃经》行四念处禅法。5年后又到赵州障供山道明禅师，从受"十六特胜"禅法。后至嵩山少林寺，佛陀禅师赞其"自葱岭以东，禅学之最"。后在西王屋山、青罗山等地修禅。

北魏孝武帝永熙元年（532），为其在怀州（河南沁阳）马头山中建禅室。北齐文宣帝天保二年（551）诏入邺京（今河北临漳），从受禅法与菩萨戒。翌年并于邺西南龙山为其建云门寺，令兼石窟大寺主。撰有《止观法》2卷，述其禅要。唐道宣评其禅法为"稠怀念处（四念处），清范可崇"。

❈ 慧可 亦称神光、僧可

北魏、北齐时（487—593）僧人。俗姓姬，洛阳武牢人，出家后初名神光或僧可。在洛阳龙门的香山依宝静，于永穆寺受具足戒，遍学大小乘经义。北魏正光年间（520—525），在嵩山师事菩提达摩6年。

相传慧可去嵩山少林寺访师时，终夜立于积雪中，天明仍未许入室。慧可乃以刀自断一臂，示求道决心，终得面谒达摩并大悟。此即"断臂求法"典故。但另有一说，慧可断臂系遭遇盗贼。

慧可于邺（今河北临漳）传道34年，一再受到僧徒迫害。北齐天保三年（552），传法于弟子僧璨。禅宗尊慧可为二祖，僧璨为三祖。死后，随文帝赐谥"正宗普觉大师"，唐德宗赐谥"大祖禅师"。

❀ 清辨

梵音婆毗吠迦，5至6世纪印度大乘中观学派论师。原为南印度人，与护法同时代，后赴中印度从众护学大乘经典及龙树学说，学成返南方传教。

清辨为《中论》作释，批判护法之有宗，显空宗之说。著有《大乘掌珍论》、《般若灯论释》、《中观宝灯论》、《中观心论颂》。

❀ 胜友

亦称胜亲，梵音毗世沙蜜多罗，唯识十大论师之一。古印度那烂陀寺僧，护法的弟子，以"高谈"闻名。

❀ 最胜子

亦称胜子，梵音慎那弗呾罗或辰那弗多罗，唯识十大论师之一。古印度人，护法弟子。著有《瑜伽师地论释》、《菩萨戒品释》、《三十唯识论注》。另《集论释》藏译本被认为是他的著作，玄奘译本则被认为是师子觉的译本。

❀ 智月

梵音若那战达罗，唯识十大论师之一。古印度那烂陀寺僧，印度人，护法的弟子，以"风鉴明敏"著称。曾为《唯识三十颂》作释论。

❀ 法上

北魏、北齐僧人（495—580）。俗姓刘，朝歌（今河南淇县）人。幼从道药出家，后从慧光受具足戒。精通佛教义理，讲授《十地经论》、《地持经》、《楞伽经》、《涅槃经》等，并各撰疏文。

年40游化怀卫，魏大将军奏请入邺都。魏、齐二代历任召玄曹僧统，主管僧务长达40年。

北齐文宣帝诏为戒师，曾为其布发于地。高句丽丞相曾慕名遣僧来问有关佛教事。著有《增一法数》《大乘义章》《佛性论》《众经录》。弟子有慧远、法存、融智等。

❋ 慧皎

南朝梁时（497—554）僧人，佛教史学家。会稽（今属浙江）上虞人。出家后，内外兼学，致力于经律考训。住嘉祥寺，春夏传法，秋冬著述。撰有《涅槃经疏》、《梵网经疏》行世。梁天监十八年（519）撰《高僧传》，为中国第一部系统的僧传。序中强调以"高"取代"名"，是因其选录的僧传实有其德，不应称"名"；称"名"，则无实有名者根本不是其收录的对象。因此，"高僧"才符合立传的本质。《高僧传》的体例，为后世所遵循。

❋ 真谛

梵音波罗末陀。又名亲依，梵音拘罗那陀、拘那罗陀。中国四大译经家之一。原为西天竺优禅尼国人，至扶南（今柬埔寨）。后应梁武帝之邀，于中大同元年（546）到达南海（今广州），两年后至建康（今南京），游历今苏、浙、赣、闽等地，沿途从事译经。后至广州，在广州刺史欧阳颁的支持下，与弟子专心从事译经。

从梁武帝末，约548年，至陈太建元年（569），共译出64部278卷。主要有《十地论》、《金光明经》、《无上依经》、《仁王般若经》、《广义法门经》、《唯识论》、《摄大乘论》、《摄大乘论释》、《律二十二明了论》等，比较有系统的介绍大乘瑜伽行派思想。其中《摄大乘论》影响最大，是南朝摄论学派的主要理论依据。

❋ 法泰

南朝梁、陈僧人，住建康（今南京）定林寺，知名于梁代。至陈代，与慧恺等至广州制旨寺，协助真谛译经，笔受文义，并撰述义记，前后出50余部。陈太建三年还建康，讲新译的《摄大乘论》、《俱舍论》等经论，震惊当代。后北上传摄论学。

❋ 法朗亦称道朗、慧朗

南朝梁、陈僧人（507—581）。俗姓周，徐州沛郡（今江苏沛县东）人。梁大通二年（528）在青州出家，后到建业大明寺向宝志禅师习禅，听该寺㲉律师讲律。又从南涧寺仙师学《成实论》，从竹涧寺靖公学《毗昙》。后再从摄山止观寺僧诠学《大智度论》、《中论》、《百论》、《十二门论》、《华严经》、《大品般若经》等。此后专讲龙树中观学说。

陈武帝永定元年（558）奉敕入京住兴皇寺，宣讲《华严经》《大品般若经》

及"四论",听众常有千人。为三论宗的重要开拓者,主要弟子有罗云、智炬、吉藏等。

❁ 慧文

西魏、北齐僧人。俗姓高,聚徒数百,道风高尚,名显当世。据载,他阅读《中论·观四谛品》,领会到"一心三观"的禅法,并传给慧思,慧思传智𫖮,发展为天台宗的"三谛圆融"理论。后世尊为天台宗二祖(一祖为印度龙树)。

❁ 慧思

南北朝(515—577)僧人。俗姓李,武津(今河南上蔡附近)人。15岁出家,专诵《法华经》,后为慧文弟子。因东魏和北齐战乱,由北方转往江南,先到光州(今河南潢川)大苏山,又转湖南衡山,四次遭谋杀,未死。

其修行注重禅法实践,也注重义理推究,讲求定慧双修。著作多是口授讲义,由弟子整理编成,如《出四十二字门》、《无诤行门》、《释论玄》、《随自意》、《安乐行》、《次第禅要》、《三智观门》。自著的有《誓愿文》1卷。后世尊为天台宗三祖,弟子甚多,智𫖮最著名,承继其业,为四祖。

❁ 毗尼多流支,意译灭喜 [1]

原为印度乌耆延那人,曾周游印度各地,研习佛教。南朝陈太建六年(574)到达长安,师事禅宗三祖僧璨,后到广州制旨寺从事译经,译《象头精舍经》和《报业差别经》两部梵文佛经。太建十二年(580)前往越南河东省法云寺,翻译《总持经》等。创建灭喜禅派(参见P53该条)。隋开皇十四年(594),临终前将"心印"传授给法贤。

❁ 阇那崛多

原为北印度犍陀罗国富留沙富罗城人,刹帝利种姓,姓金步,父为大臣。少年出家,27岁随师游方弘法。经3年,于西魏大统元年(535)到达青海鄯州(今青海乐都)。于北周武成年间(559—560)到长安,住草堂寺,明帝延人后园,共论佛法。移住四天王寺,译出《十一面观音咒并功能经》、《金色仙人问经》等。后受谯王宇文俭之邀,入蜀3年,任益州(今四川成都)僧主,住龙渊寺,译出《妙法莲花经普门重诵偈》、《佛语经》等。后受北周武帝毁佛影响,被迫回国,途中被突厥留住。

隋开皇五年(585),文帝因昙延等30余人奏请,遣使邀崛多东来,并在洛阳接见。先在洛阳译经,后转长安大兴善寺继续译经,由达磨笈多、彦琮等人助译。至仁寿末年（604），共译37部176卷，主要有《佛本行集经》、《法炬陀罗尼经》、《威德陀罗尼经》、《大集贤护菩萨经》等。总其译经，偏重于神咒、陀罗尼，其本人亦以总持、通神咒之理著称。

❀ 戒贤音译尸罗跋陀罗

古印度瑜伽行派论师。约6至7世纪人，为东印度三摩呾吒国王族，属婆罗门种姓。到摩揭陀国那烂陀寺投护法出家，曾代其师与外道辩论获胜，名重当世，为国王所崇信。长期主持那烂陀寺，弘传唯识教义。

唐玄奘在贞观十年（636），来此寺从其学法，时年106岁。他依《解深密经》、《瑜伽师地论》等，把佛教判为有、空、中三时，主张五种姓说，玄奘把此理论传入中国。

❀ 亲光

古印度瑜伽行派论师。约6世纪中叶人，为中印度摩揭陀国那烂陀寺僧，传为护法的弟子。著有《佛经论》。

❀ 月称

古印度中观学派论师。约600—650年，南印度萨曼多人，属婆罗门种姓。出家后，随佛护弟子羯磨罗佛提学龙树中观的理论，曾任那烂陀寺座主。曾对龙树的《中论》、提婆的《四百论》作注释，著有《入根本中道论颂》、《六十如理论颂》等。

❀ 智顗亦称天台大师、智者大师

陈、隋时（538—597）僧人，天台宗四祖，天台实际的创始人。俗姓陈，字德安。祖籍颍川（今河南许昌），后迁荆州华容（今湖北潜江附近），父为梁代大官。

18岁出家，20岁受具足戒。初从慧旷学律，后到大贤山诵《法华经》、《无量义经》、《普贤观经》等。23岁到光州大苏山拜慧思为师，学习禅法，修行法华三昧。陈大光元年（567），至金陵讲《法华经》等并传授禅法，获得官僚及僧徒的敬服。

陈太建七年（575），入天台山建草庵，宣帝敕割当地始丰县（今浙江天台）"调"赋供寺用，又蠲两户农民的赋役，供寺薪水。后应陈后主（582—589）诏，回金陵讲《大智度论》、《仁王般若论》、《法华经》等。

隋开皇十一年（591），应晋王杨广之请，到扬州为其授菩萨戒，并受"智者"

之号，故又称智者大师。卒后，杨广按其遗图在天台山下建寺，并于即位后，赐"国清寺"额。

智𫖮生前造大寺35处，度僧4000余人，传业弟子32名，著名的有灌顶、智越、智璪等。著作很多，主要有《法华玄义》、《法华文句》、《摩诃止观》各20卷，合称法华三大部，为天台宗的代表性著作。此外还有《四教义》、《净名义疏》、《金光明文句》、《观音义疏》等。

❀ 信行

南北朝末年、隋初僧人（540—594），三阶教（佛教支派）的创始人。俗姓王，魏郡（今河南安阳）人。出家后博览经论，对塔、像皆周行礼拜。后于相州法藏寺舍具足戒，亲执劳役，行头陀苦行，乞食，日食一餐。行于路间，遇人率皆礼拜。四方僧俗登门者，莫不敬受其言，对来者执父师之礼。

隋初奉诏入京，仆射高颎（jiǒng）邀住真寂寺（化度寺），又住京师光明、慈门、慧日、弘善等寺。所订制度，为余寺遵循。撰有《对根起行杂录集》、《三阶位别录集》。三阶教曾风行一时。

❀ 慧远［2］，世称净影慧远

北周、隋初僧人（523—592）。俗姓李，敦煌人，后迁居上党（今山西晋城）。自幼丧父，随叔父同居，13岁出家，20岁受具足戒。后从大隐律师学《四分律》，再回上党高都清化寺。北周武帝灭佛，慧远上书抗辩，后隐于汲郡（今河南汲县）西山。

静帝恢复佛教，慧远住讲于少林寺。隋开皇七年（587）召命慧远为"大德"，住于兴善寺。随后另立净影寺，常居讲法，听法者来自四方，有七百余人。并主持译经，勘定辞义，卒于净影寺。著有《大乘义章》、《大涅槃经义记》、《十地经论疏》。

❀ 昙迁

隋代僧人（542—607）。俗姓王，博陵饶阳（今河北）人。13岁随舅父学六经，尤重《易经》。21岁在定州贾和寺从昙静律师出家，再至邺（今河南安阳）从慧光弟子昙遵受具足戒。后隐居于林虑山净国寺，精研《华严经》、《十地经》、《维摩经》、《楞伽经》、《大乘起信论》等。

北周武帝灭佛时，结伴至建康（今南京），于桂州刺使处得《摄大乘论》。隋初到彭城（今江苏徐州）讲《摄大乘论》、《楞伽经》、《大乘起信论》等，自此摄论学北传。

隋开皇七年（587），与弟子十人奉诏入京住大兴善寺，讲摄论学，受业者达千人。开皇十年，文帝听其建言，僧尼私度者听其出家，全国达十万之数。仁寿元年（601）诏敕全国建舍利塔30座，昙迁受命至岐州（今陕西凤翔）凤泉寺监造一塔。著有《摄大乘论疏》等。

❁ 僧璨

隋代僧人（？—606），从禅宗二祖慧可受法，为禅宗三祖。北周武帝灭佛时，往来于舒州（今安徽潜山）司空山十余年，无人知晓。

隋开皇十二年（592）沙弥道信前来求法受学，9年后传法于道信。言"华种虽因地，从地种华生；若无人下种，华地尽无生"，后隐居罗浮山。唐玄宗时追谥"鉴智禅师"。

❁ 达摩笈多

意译法密。原为南印度罗啰国人（？—619），属刹帝利种姓。23岁在中印度究牟地寺出家，25岁受具足戒。从师学习3年后，随师周游各国十余年。于隋开皇十年（590）到达中国瓜州（今甘肃敦煌西），同年冬受邀至长安，先住大兴善寺，后至洛阳上林园翻经馆，从事译经。

至大业末年（617）共译出《起世因本经》、《药师如来本愿经》、《摄大乘论释论》、《菩提资粮论》、《金刚般若论》等9部46卷。卒于洛阳，沙门彦琮为作传。

❁ 吉藏亦称嘉祥大师

隋、唐时僧人（549—623），三论宗创始人。俗姓安，先祖为安息人，故有"胡吉藏"之称。祖先因避仇移居南海（今广州），后移居金陵（今南京）。幼时父亲带他见真谛，真谛为他取名吉藏。父亲后来出家，因此常随父至兴皇寺听法朗讲三论，7岁从法朗出家。19岁学有所成，善讲经论。

隋得百越（今浙江、福建）后，吉藏到会稽嘉祥寺讲经，听众常千余，被称为"嘉祥大师"。后受隋炀帝之邀，往长安入住日严寺，完成"三论"注疏，创立三论学派。

唐初高祖在长安设十大德统领僧众，吉藏亦名列十大德，晚年住延兴寺。主要著作有《中论疏》、《百论疏》、《十二门论疏》、《三论玄义》、《大乘玄义》、《二谛义》等。

彦琮

隋代僧人（557—610），俗姓李，赵郡柏人（今河北隆尧附近）人，衣冠世族。幼投僧边法师，10岁正式出家，改名道江。14岁为北齐后主高纬讲《仁王经》；21岁入北周武帝内殿陪侍，讲《易经》、《老子》、《庄子》，任通道观学士。外着俗服，内着僧服，改名彦琮。大定元年再度落发。

隋初，与陆彦师等合著《内典文会集》，又撰《唱导法》。开皇三年（583）作《辨教论》批驳道教，并开始参加译经。后从文帝东巡，又在杨广内堂讲经。

文帝开皇十二年（592），奉召入京，住大兴善寺，重掌译经。仁寿二年（602）奉敕撰《众经目录》，寻又奉敕撰《西域传》，又将《舍利瑞图经》、《国家祥瑞录》译成梵文，撰《沙门名义论别集》5卷。

炀帝大业二年（606）住洛阳上林园翻经馆。披阅新由林邑（今越南中南部古国）获得的昆仑书（当时对中南半岛及南洋诸岛文字的泛称）佛经1300余部，并编撰目录5卷，以备选译。与裴炬修纂《天竺记》。总计先后译经23部100余卷。

此外还著有《达磨笈多传》、《通极论》、《辨正论》、《通学论》、《善财童子诸知识录》、《福田录》、《僧官论》等。其中《辨正论》论述了译经的格式与方法。

法顺亦称杜顺、帝心尊者

隋、唐时僧人（557—640），华严宗初祖。俗姓杜，雍州万年（今陕西西安）人。18岁出家，从因圣寺僧道珍习禅定。后游化四方，劝人读诵《华严经》，依经修习普贤行。唐太宗曾召入宫，赐号"帝心"，故又称"帝心尊者"。著有《华严五教止观》、《华严法界观门》。知名弟子有智俨等。后世传其为文殊菩萨化身，至圭峰宗密始被奉为华严宗初祖。

智正

隋、唐时僧人（559—639）。俗姓白，定州（今河北定县）人。11岁出家，隋文帝开皇十年（590），与昙迁入京，住胜光寺。后至终南山至相寺，从渊法师学安心止观。其著述都由弟子智现笔录，主要有《华严疏》10卷，对华严宗创立有直接影响。

灌顶亦称章安大师、章安尊者

隋、唐时僧人（561—632），天台宗五祖。俗姓吴，字法云。原籍常州义兴（今江苏宜兴），后迁临海章安，故又称"章安大师"、"章安尊者"。7岁依摄静寺慧拯出家，20岁受具足戒。

南朝陈后主至德元年（583），至天台山修禅寺拜智𫖮为师，直到智𫖮去世，未离左右。智𫖮所讲《法华玄义》、《法华文句》、《摩诃止观》等，都由他辑录成书。

隋炀帝被立为太子时，曾往长安祝贺，回寺时施物甚多。主要著作有《涅槃玄义》、《涅槃经疏》、《观心论疏》、《天台八教大意》、《国清百录》、《智者别传》等。

❀ **道绰亦称西河禅师，念珠起源**

隋、唐时僧人（562—645），净土宗创始人之一。俗姓卫，并州汶水人（今山西文水）。14岁出家，习《大般涅槃经》。曾师事瓒法师，学习空理。后往玄中寺，睹《昙鸾和尚碑》文，改依净土。

30多年间，讲《观无量寿经》二百余遍。劝人念弥陀佛名，或用麻豆等物为数，每称一名便度一粒，如此累积达数百万斛，称为小豆念佛。口诵佛名，一日七万以上。又教人穿木槵子（无患子）做数珠，念佛计数，发展为念佛数珠。因久住西河玄中寺，故又称为"西河禅师"。著有《安乐集》2卷，系统阐述净土思想。著名弟子善导创立净土宗，被尊为二祖。

❀ **智首**

隋、唐时僧人（567—635）。俗姓皇甫，祖籍安定（今甘肃泾川北），后迁漳滨。幼年投相州云门寺禅僧智旻出家，22岁受具足戒。后随道洪律师学律，未满30岁开始讲律。

隋文帝在长安建大禅定道场时，随智旻入关，住此讲律，并广征众经，为律作疏。唐贞观元年（627），天竺波罗颇迦罗蜜多三藏法师携梵本佛经来华，译为汉文，涉及律处时，皆咨询智首取正。贞观八年，太宗为太穆皇后在长安建弘福寺，召为上座，任僧纲。死后，太宗敕令国葬。

著有《五部区分钞》21卷、《四分律疏》20卷（又称《广疏》或《大疏》）。弘扬律学30余年，著名弟子有道宣、道世、慧满、道兴等。

❀ **法砺**

隋、唐时僧人（569—635），律宗三派之一的相部宗创始人。俗姓李，赵州（今赵县）人。初为灵裕法师弟子，再从静洪律师学《四分律》。继往恒州（今河北获鹿东南）师事慧光三传弟子洪渊，深研律学。又往江南学《十诵律》，最后还邺（今河北临漳），前后讲律40余遍。后卒于日光寺。

因邺为相州治所，故其律宗一派称为相部宗。著有《四分律疏》10卷、《羯磨疏》3卷、《舍忏仪轻重叙》等。弟子有明导、昙光、道成等。

❈ 法琳

唐代僧人（572—640），俗姓陈，颍川（今河南许昌）人。少年出家，广涉儒家经籍。隋末，蓄发俗服入关中，深究道教典籍。唐初再度落发入佛门，住长安济法寺。

武德四年（621），太史令傅奕奏请废佛逐胡僧，琳撰《破邪论》辩驳。后有道士李仲卿著《十异九迷论》、刘进喜著《显正论》，贬斥佛教，琳再撰《辨正论》驳斥。

贞观初年，住终南山龙田寺。十三年（639）道士秦世英向太子告琳所著《辨正论》嘲讽皇室。太宗大怒，敕令沙汰僧尼，并令琳辩对，后判死刑。太宗引《辨正论》中所言"有念观音者，临刃不伤"，许以七日验证。至期，琳回复"七日以来，不念观音，唯念陛下"，于是改判流徙益州（今四川成都），未至而卒。

另一南朝宋、齐之间僧人法琳，住蜀郡裴寺。精通律藏，望重蜀郡。

❈ 圣德太子

日本用明天皇第二子（574—622）。广学儒、佛、天文、历书、地理等，603年任摄政时，为巩固皇权，制定冠位十二阶。翌年订宪法十七条，其中第二条规定"笃敬三宝"。

隋炀帝大业三年（607），派遣隋使小野妹子来华，后派学生和僧人来中国留学，学习中国文化制度及佛学。曾亲自宣讲《法华经》、《维摩诘经》、《胜鬘经》。建悲田院、敬田院，从事佛教救济事业。又兴建四天王寺、法隆寺、广隆寺、法兴寺等。为佛教在日本的传播奠定基础。

❈ 道信

隋、唐时僧人（580—651），禅宗四祖。俗姓司马，河内（今河南沁阳）人，少年出家，拜三祖僧璨为师。

隋大业（605—618）年间，入吉州（今江西吉安）传法，后至蕲州黄梅（今湖北黄梅西北）破头山传法，改山名为双峰山。

唐太宗贞观十七年（643）遣使者亲迎道信入宫，道信以老辞。后又遣使相迎，并以斩首相胁迫，仍辞不往。传法30余年，付法于弘忍，是为五祖。另有弟子法融，别传牛头禅。

唐永徽二年（651）告门人"一切诸法，悉皆解脱。汝等各自护念，流化未来"，言讫而逝。唐代宗赐谥"大医禅师"。

❈ **法融**

唐代僧人（594—657），禅宗牛头宗创始人。俗姓韦，润州延陵人（今江苏丹阳附近）。19岁博通经史，读《般若经》后，入茅山依三论宗灵法师出家。

太宗贞观十七年（643），于金陵牛头山幽栖寺北立茅茨禅寺，终日坐于石室中。四祖道信闻之，亲往寻访，付以三祖僧璨所传顿教法门。高宗永徽年间，在金陵建初寺讲《大般若经》，听者云集。著有《心铭》，世称其禅法为牛头禅，于禅宗世系另传旁支。

❈ **道宣亦称南山律师**

唐代僧人（596—667），律宗三派之一南山宗创始人，佛教史学家。因长住终南山弘传戒律，世称南山律师。俗姓钱，润州丹徒（今属江苏）人，另说长城（今浙江长兴）人。15岁依智頵（jūn）律师受业，16岁落发，入日严道场。后从智首律师受具足戒，听其讲《四分律》40遍。

唐武德九年（626）撰《四分律删繁补阙行事钞》3卷。贞观元年（627）撰《四分律拾毗尼义钞》3卷。贞观六年到鄴向法砺咨问律学，又撰《四分律删补随机羯磨疏》2卷、《四分律含注戒本疏》3卷。

贞观十六年入住终南山丰德寺，翌年撰《比丘尼钞》3卷，后即长居此山，与居此山的孙思邈结林下之交。

道宣曾为长安西明寺上座，参加玄奘译场，负责润文。学识渊博，著述甚多，据其所著《大唐内典录》载，有100余卷，另有一说为200余卷。除律学外，著名的有《广弘明集》30卷、《续高僧传》30卷、《集古今佛道论衡》4卷《大唐内典录》10卷、《集神州三宝感通录》3卷、《道宣律师感通录》1卷、《释迦氏谱》1卷。弟子有千余，著名的有文纲、怀素等。

❈ **道世**

唐代僧人。俗姓韩，字玄恽，避太宗讳，以字行。原籍伊阙（今河南伊川西南），因祖上为官，长居长安。12岁于青龙寺出家，研习律学。唐高宗显庆年间（656—661），参与玄奘译场，后被召入西明寺，与道宣同传律宗。

总章元年（668）编纂《法苑珠林》100卷。又著《诸经要集》、《大小乘观门》、《四分律僧尼讨要略》等。

❀ 玄奘别称唐僧、三藏法师

唐代僧人（596—667），中国四大译经家之一，法相宗创始人，旅行家。本名陈祎，洛州缑氏（今河南偃师缑氏镇）人。13岁出家，21岁受具足戒。

曾游历各地，参访名师，学习《涅槃经》、《摄大乘论》、《杂阿毗昙心论》、《俱舍论》等经论。因感各师、各经论说法不同，决定西行求法，以释心中惑，并取《十七地论》（即《瑜伽师地论》）以释众疑。陈表朝廷，奏请去西方求法，未被应允。

太宗贞观三年（629），玄奘从长安（今陕西西安）西行，经姑臧（今甘肃武威）、敦煌、新疆、中亚等地，辗转到达中印度摩揭陀国王舍城。进入当时印度佛教中心那烂陀寺，从戒贤学《瑜伽师地论》、《显扬圣教论》、《对法论》、《集量论》、《中论》、《百论》、《俱舍论》《大毗婆沙论》、《顺正理论》、《因明论》、《声明论》等。着重钻研《瑜伽师地论》，兼学梵书《声明记论》，名声仅次于戒贤。

5年后，游历印度全境数十国，再回到那烂陀寺，戒贤让他主讲瑜伽行派诸论，引发一系列的论争。该寺师子光根据《三论》批驳《瑜伽师地论》，玄奘撰《会宗论》三千颂，融会空、有二宗，批驳师子光的见解，受到戒贤的赏识。曾和顺世论者辩论，亦获胜。更奉戒贤之命，独自和小乘论师辩论，亦获胜。戒日王于曲女城设无遮大会，由玄奘宣讲大乘教义，获得更大声誉。

贞观十九年（645），奉命回到长安，受到隆重的欢迎，先被安置在长安弘福寺，即到洛阳受召见，住长安弘福寺，后移住大慈恩寺，组织译场，专事译经。

此行往返共17年，旅程5万里，所经国度138国，带回佛教经律论520夹。从贞观十九年开始，20年间译出的大小乘经论，共75部，1335卷。主要有《大般若经》、《大菩萨藏经》、《解深密经》、《称赞净土经》、《瑜伽师地论》、《大毗婆沙论》、《成唯识论》、《俱舍论》等。还把《老子》和《大乘起信论》译为梵文，传入印度。撰《大唐西域记》，记载17年的旅行见闻，成为研究古代中亚、印度和佛教的重要史料。民间则演绎出不少文艺作品，重要的有元代吴昌龄的杂剧《唐三藏西天取经》，明代吴承恩的小说《西游记》。

弟子有几千人，著名的有窥基、圆测、普光、法宝、神泰、靖迈、慧立、玄悰、神昉。

❋ 普光

唐代僧人，玄奘弟子，以勤恪智解著名。参加玄奘的译场，所译经论，十之八九是普光笔受。重点弘扬俱舍学，著有《俱舍论记》30卷，又称《俱舍论光记》，及《俱舍论法宝宗原》1卷。

❋ 智俨亦称至相大师、云华尊者

唐代僧人（602—668），华严宗二祖，初祖法顺（杜顺）的弟子。俗姓赵，天水（今甘肃）人。12岁随法顺在终南山至相寺出家，14岁受沙弥戒，学《摄大乘论》。20岁受具足戒，学《十地》、《涅槃》、《毗昙》、《成实》、《地持》等经论，后听智正讲《华严经》。

因曾住至相寺，世称"至相大师"；晚年住云华寺，亦称"云华尊者"。

著作有《大方广佛华严经搜玄分齐通智方轨》（华严搜玄记）10卷、《华严孔目章》4卷、《华严五十要问答》2卷、《华严一乘十玄门》1卷、《金刚般若经疏》1卷、《无性摄论疏》等。主要弟子有法藏等。

❋ 戒日王

古印度曷利沙·伐弹那帝国（即羯若鞠阇国）国王（590—647），也是一位剧作家、诗人，属吠舍种姓。606—647年在位期间，统一北印度，迁都曲女城。建立严格的行政管理及刑法制度。

戒日王虔信印度教，对佛教亦大力支持。建立了很多窣堵坡和寺院，每年供养很多僧侣，择优亲自受法，每5年并举办一次无遮大会。玄奘留印时，曾受邀在曲女城无遮大会讲大乘教义，听众包含外道修行者，达七千余人。

著有剧本《龙喜记》、《钟情记》及诗篇《八大灵塔梵赞》，对古印度的戏剧发展有一定程度的影响。

❋ 弘忍

唐代僧人（602—675），禅宗五祖。俗姓周，蕲州黄梅（今属湖北）人，一说浔阳（今江西九江）。7岁随四祖道信出家，受具足戒。后定居于黄梅双峰山东山寺，聚徒传法，门人甚众，号东山法门。

从弘忍开始，禅宗传教改用《金刚经》，而不用《楞伽经》。死后，唐代宗敕谥"大满禅师",弟子著名的有神秀、慧能、慧安、智诜、玄赜等。自弘忍以后,神秀传禅宗北宗,慧能传南宗。

❀ 神秀

唐代僧人（606—706）,禅宗北宗创始人。俗姓李,汴州尉氏（今属河南）人。少读经史,博学多闻,立志出家,到蕲州双峰山东山寺见弘忍。服打柴、提水等杂役达6年,得到弘忍的器重,认为"东山之法,尽在秀矣"。命为上座,并任教授师。

弘忍死后,在荆州当阳山玉泉寺传法,学人甚众。90多岁时,武则天召至洛阳,后又到长安内道场,武则天亲加礼拜。死后,中宗赐谥"大通禅师"。因其在北方传渐悟禅学,其法系被称为"北宗"。弟子有普寂、义福等。

传说弘忍选法嗣时,要求门人各作一偈,神秀作偈:"身是菩提树,心如明镜台,时时勤拂拭,勿使惹尘埃。"弘忍不满意,未传嗣。（参见P108慧能条）

❀ 菩提流志亦称达摩流支

达摩流支为原名,意为法希。南天竺人（？—727）,姓迦叶,属婆罗门种姓。12岁从外道出家,学声明、数论等,精通历法、咒术、阴阳、谶纬。60岁皈依佛教,从耶舍瞿沙学佛教经论,其后游历天竺各地,到处讲法。

唐高宗闻其名,遣使迎请,武则天长寿二年（693）到达洛阳,武则天为其改名"菩提流志",意为觉爱,于佛授记寺译出《宝雨经》10卷等。中宗神龙二年（706）,于长安宗福寺编译《大宝积经》等,共53部111卷。死后玄宗谥"开元一遍知三藏",相传其寿156岁。

❀ 智威亦称法华尊者

唐代僧人（？—680）,天台宗六祖。俗姓蒋,处州缙云（今属浙江）人。家世习儒,18岁出家,投天台山国清寺章安（灌顶）为师。受具足戒后,咨受心要,定慧俱发,即证法华三昧。

高宗上元元年（674）,住轩辕炼丹山法华寺,故号"法华尊者"。昼讲经夜习禅,手书藏典。从学者甚众,习禅者三百,听讲者七百余。富有辞藻,著有《桃岩寺碑》《头陀寺碑》。嗣法弟子为慧威。

另一名智威之唐僧（646—722）,为禅宗牛头宗五祖。

善导

唐代僧人（613—681），净土宗实际创始人。临淄（今山东淄博）人，幼年出家，习《法华经》《维摩经》。唐太宗贞观十五年（641），赴西河玄中寺，拜道绰为师，听讲《观无量寿经》。后入长安光明寺，传净土法门，倡导专心念佛。

相传一生用所得写《弥陀经》10万卷，画净土变相300壁。"从其化者，至有诵《弥陀经》10万至50万卷者，念佛日课万声至十万声者"，被当世称为弥陀化身。著有《观无量寿经疏》（即《观经四帖疏》）、《法事赞》、《观念法门》、《往生赞》、《般舟赞》等。弟子有怀感等。

圆测 全名圆测文雅

唐代僧人（613—696），玄奘著名弟子。原籍新罗，15岁游学长安，从法常、僧辨学佛教经论。住元法寺学《毗昙》《成实》诸论。玄奘回国后，前去就学，得授《瑜伽师地论》、《成唯识论》等。后被召为西明寺大德，为《成唯识论》、《解深密经》、《仁王经》等撰疏。

相传圆测与同门窥基互争高下，玄奘为窥基讲新译《唯识论》时，圆测买通门人入内偷听，玄奘刚一讲完，圆测立即开讲。玄奘为窥基讲《瑜伽师地论》，又去偷听。然历史定位两人同为玄奘弟子中最有成就者。

唐高宗后期及武则天初期，被选入译经馆，佐中天竺地婆诃罗（日照）译《大乘密严经》、《大乘显识经》。

元晓

朝鲜华严宗僧人（617—686）。俗姓薛，新罗湘州人。29岁于皇龙寺出家，随师禀业游处无常。慕名拟入玄奘、窥基之门。于唐高宗永徽元年（650），与义湘结伴入唐，半路遇雨，想到"三界唯心，万法唯识，心外无法，胡用别求"，于是携囊返国。

返国后，言行狂悖，曾破戒生子。或入酒肆娼家，或持金刀铁锡，或制疏讲《华严经》，或抚琴以乐祠宇。国王请为《金刚三昧经》作疏，疏成开讲，当时"王臣道俗，云拥法堂，称扬弹指，声沸于空"，自此闻名。

注疏很多，已明确的有80余种，近800卷。主要有《华严经疏》、《大乘起信论疏》、《无量寿经宗要》、《阿弥陀经疏》、《十门和诤论》。

义湘

朝鲜僧人（625—702），海东华严宗初祖。俗姓金，新罗鸡林府人。29岁投京师皇福寺出家。唐高宗永徽元年(650)与元晓结伴来唐，元晓半途返国，湘独自入唐，投终南山智俨学《华严经》，与法藏（华严宗三祖，实际创始人）同学。

回国后，奉旨于太伯山(今庆尚北道)建浮石寺，传华严宗教义。法藏撰《华严经探玄记》，送副本与义湘。义湘令原州毗摩罗寺、伽耶海印寺、毗瑟玉泉寺、南岳华严寺等传教。著有《华严一乘法界图》、《华严经略疏》、《白花道场发愿文》等。死后高丽王肃宗赐谥"圆教国师"。

怀素

唐代僧人（624—697），律宗三派之一东塔派创始人。俗姓范，祖籍南阳，后迁长安。10岁忽发出家之意，唐太宗贞观十九年（645），玄奘从印度返国，怀素誓求为师。从学经论，受具足戒之后，专攻律学。曾从道宣学《四分律删繁补阙行事钞》，又去邺从法砺学《四分律疏》。对师说不满，决心自己写疏。

从唐高宗咸亨元年（670）开始，到永淳元年（682）为止，写成《四分律开宗记》20卷，称为新疏。期间，上元三年（676）回到长安，奉诏住西太原寺，曾旁听道成律师讲律。

怀素还著有《俱舍论疏》15卷《遗教经疏》《遗教经疏钞》《新疏拾遗钞》、《四分僧尼羯磨文》等。弟子有法慎等。

另有一名叫怀素的唐僧（725—785），书法家。俗姓钱，字藏真，长沙（今属湖南）人。精勤学书，以善狂草闻名，存世书迹有《自叙》、《苦笋》等。

道昭

日本僧人(628—700)，河内(今大阪)人。出家入元兴寺，以持戒严格著名。孝德天皇白雉四年（653）入唐，从玄奘学法相教义，从慧满学禅学。

8年后携经论回国，以元兴寺为中心弘传法相宗，为日本传播法相宗之始。其法系称为元兴寺传、飞鸟传、南寺传。曾任大僧都，死后据其遗嘱火葬，为日本火葬之始。

玄昉

日本僧人（？—746）。大和（今奈良县）人。出家后从义渊学法相宗。

灵龟二年（716）奉敕入唐，从智周学法相宗义。留学20年，得玄宗赏识，位准三品，受赠紫袈裟。

天平七年（735）回国，带回佛教经论五千余卷，以兴福寺为弘法中心。其法相宗传承为第四传，道昭一传，智通、智达二传，智凤、智鸾、智雄为三传。但与道昭的南寺传相对，又称北寺传。初受朝廷宠信，后被贬，不久卒。

❋ 法称

古印度（约7世纪）大乘佛教瑜伽行派论师，因明学者。生于南印度睹黎摩罗耶国，早年学习婆罗门诸外道教理，后学佛法，自为优婆塞。后赴中印度投那烂陀寺护法出家，习唯识学。不久，又投陈那弟子自在军习因明学。

主要著作有《大乘集菩萨学论》《金刚针论》，以及《释量论》《量决择论》、《正理一滴论》、《观相属论》、《诤正理论》、《因一滴论》、《成他相续论》，后7部合称"因明七论"。

❋ 月官

古印度（约7世纪）大乘佛教瑜伽行派僧人。出身东印度孟加拉国王族。曾从安慧学唯识学，又从阿输迦阿阇梨学密教教义，精于五明之学。后因婚变，被国王逐出，因而先至斯里兰卡讲大乘法，后至那烂陀寺从事大乘典籍的编著。

著有《月灯注》《入三身》，并依波腻尼的文典，著《旃陀罗声明纪论经》、《薄伽梵圣文殊师利有加持赞》、《忏悔赞》、《圣文殊师利真实名经大注》等，现有藏文译本。

❋ 窥基亦称大乘基、慈恩大师、百部疏主

唐代僧人（632—682），法相宗创始人之一。长安（今陕西西安）人。为唐开国将军鄂国公尉迟敬德之侄，父为左金吾卫将军尉迟敬宗，字洪道。17岁出家，奉敕为玄奘弟子，原住广福寺，后移住大慈恩寺，从玄奘学习梵文和佛教经论。

25岁参加玄奘译场，28岁参译《成唯识论》，并作述记，详加解释。又从玄奘学习因明学。高宗龙朔元年（661）玄奘主译《辨中边论》《辨中边论颂》、《二十唯识论》，后译《异部宗轮论》、《阿毗达磨界身足论》等，皆由窥基笔受，除《阿毗达磨界身足论》外，都作述记。还著有《瑜伽师地论略纂》、《杂集论述记》、《因明入正理论疏》、《金刚般若经会释》、《法华经玄赞》、《弥勒

上生经疏》、《佛说无垢称经赞疏》、《大乘法苑义林章》等约14部，号称"百部疏主"。因长住大慈恩寺，世称"慈恩大师"，弟子有慧沼等。

窥基所传玄奘之学，与圆测颇有不同，一般视为法相宗正宗。特殊之处在主张印度戒贤五种姓说，其中一种为无姓，永远难以接受佛法。（参见P240五种姓条）

窥基因每次出行惯以三车随行，前车载经论，中车自御，后车载家妓、女仆、食馔等，当世又称其为"三车和尚"。其亦是弥勒上生的信仰者。

❀ **慧威号天宫尊者**

唐代僧人（634—713），天台宗七祖。俗姓刘，婺州东阳（今属浙江）人。幼年出家，受具足戒。听说智威大弘天台教义，前往受业。精研禅法，昼夜勤修三观法门，为智威入室弟子，有"小威师"之称。

后归东阳，深居山谷，登门求道者不计其数。与智威同为唐高宗的朝散大夫四大师。传法弟子为玄朗。

❀ **义净**

唐代僧人（635—713），旅行家，中国四大译经家之一。俗姓张，齐州（今山东历城）人，一说范阳（今北京城西南）人。唐高宗咸亨二年（671），由海道往印度求法，巡礼鹫峰、鸡足山、鹿野苑、祇园精舍等佛教圣迹后，到那烂陀寺学习大小乘佛教经典。

历时20多年，游历30余国，于武则天圣证元年（695）带梵本经律论约400部，回到洛阳。武则天亲自迎接，随即从事译经。一度参加实叉难陀译场译八十卷本《华严经》，后在洛阳、长安主持译场。

先后译出《金光明最胜王经》、《大孔雀王咒经》、《佛为胜光天子说王法经》、《药师琉璃光七佛本愿经》、《浴象功德经》、《称赞如来功德神咒经》、《根本说一切有部毗奈耶》、《法华经》等经律论，共61部，239卷。从印度归途中，在今苏门答腊写成《南海寄归内法传》4卷和《大唐西域求法高僧传》2卷。

❀ **怀感**

唐代净土宗僧人。居长安千福寺，博通佛教经论，初不信净土法门。后来谒善导问疑，始信净土，念佛3年，撰成《决疑论》7卷。

❀ **文纲**

唐代律宗僧人（636—727）。俗姓孔，会稽（今浙江绍兴）人。祖上在陈代为大官，自幼受儒释熏陶。12岁出家，20岁受具足戒，25岁讲律，30岁登坛。传说曾刺血书经600卷，为数千人授戒。

武则天长安四年（704），奉敕往岐州（今陕西凤翔）无忧王寺迎舍利。中宗景龙二年（708），将其迎入内道场讲经，继而又送舍利回无忧王寺。同年于乾陵宫为内尼授戒，讲四分律一遍。帝赐什物、彩帛三千匹，为寺题"灵感寺"额。后睿宗请为菩萨戒师，赐绢三千余匹。弟子有道岸等50余人。

✽ 开元三大士

唐玄宗开元年间（713—734），创立汉传密宗的三名印度僧人。即善无畏、金刚智、不空。参见以下各该条。

✽ 善无畏亦称净师子

唐代僧人（637—735），开元三大士之一，汉传密宗创始人之一。原为中天竺人，属刹帝利种姓。释迦牟尼叔父甘露饭王的后裔，13岁嗣乌荼国王位。后出家让位于兄，到那烂陀寺，向达摩掬多学习密教，受灌顶，并遵师命到中国弘扬佛法。取道吐蕃，于玄宗开元四年（716）到长安，受到礼遇。先住兴福寺，后住西明寺。

开元五年，奉诏于菩提院开始译经。开元十二年随驾入洛阳，继续译经。先后译出《大毗卢遮那神变加持经》（即《大日经》）、《苏婆呼童子请问经》、《苏悉地羯罗经》等密宗重要经典。并讲述《大日经》要义，由弟子一行撰成《大日经疏》20卷。死后赐赠"鸿胪卿"。

✽ 金刚智

唐代僧人（669—741），开元三大士之一，汉传密宗创始人之一。原为南天竺摩赖耶国人，属婆罗门种姓。一说为中天竺人，因受南天竺国王派遣入唐传法，遂称南天竺人。10岁在那烂陀寺出家，向寂静智学《声明论》。15岁往西天竺，学法称的因明学，再回那烂陀寺。20岁受具足戒，后学大小乘律，又学《般若灯论》、《百论》、《十二门论》。28岁于迦毗罗卫向胜贤学《瑜伽师地论》、《唯识论》、《辨中边论》。31岁往南天竺，从龙智学《金刚顶瑜伽经》等密教经典，自此，专心于密教。

后游学狮子国（今斯里兰卡），入无畏山寺礼佛牙，登楞伽山，参拜佛迹。回到南天竺，应国王之请，到中国传法。经狮子国，乘波斯商船，至室利佛逝国（今印度尼西亚苏门答腊）。

唐玄宗开元七年（719），与弟子不空到达广州。次年，到达洛阳，后入长安。所到之刹，必建曼荼罗道场。

开元十一年（723）至十九年（731），先后译出《七俱胝佛母准提大明陀罗尼经》、《金刚顶瑜伽中略出念诵经》等密宗经典。卒后玄宗敕赐"国师"称号，代宗追赠"开府仪同三司"，并赐号"大弘教三藏"。

❀ 不空亦称不空金刚

唐代僧人（705—774），开元三大士之一，汉传密宗创始人之一，中国四大译经家之一。原为北天竺人，一说狮子国人（今斯里兰卡）。15岁出家，师事金刚智，并随师来华。20岁在洛阳广福寺受具足戒，参与译场，传五部密法。常随金刚智往返东西两京。

金刚智死后，奉其遗命，率弟子含光等57人，于唐玄宗天宝二年（743），一说开元二十九年（741），至狮子国和天竺广求密藏。并从普贤阿阇黎受"十八会金刚顶瑜伽"法门和"大毗卢遮那大悲胎藏"建立法坛。

天宝五年（746）返唐。先住鸿胪寺，旋奉诏入宫，建立曼荼罗，为皇帝灌顶，帝赐号"智藏"。代宗永泰元年（765），译《仁王护国般若波罗蜜多经》、《大乘密严经》。代宗为作序，并赐号"大广智三藏"。

生前曾加封"开府仪同三司"、"肃国公"，死后谥"大辨正广智不空三藏和尚"。译有《金刚顶一切如来真实摄大乘现证大教王经》（简称《金刚顶经》）、《金刚顶瑜伽中发阿耨多罗三藐三菩提心论》等大乘及密教经典77部，120余卷。弟子以五台山含光、新罗慧超、长安青龙寺惠果最著。

❀ 慧能亦作惠能

唐代僧人（638—713），禅宗六祖，南宗创始人。俗姓卢，原籍范阳（今北京西南），生于南海新州（今广东新兴）。三岁丧父，稍长靠卖柴养母度日。听人念《金刚经》，得知受自黄梅弘忍处。高宗龙朔元年（661），一说咸亨年间（670—674），赴黄梅参见弘忍，在碓房舂米。

传说弘忍选法嗣时，命寺僧各作一偈。上座神秀作偈"身是菩提树，心如明镜台，时时勤拂拭，勿使惹尘埃"。慧能也作一偈"菩提本无树，明镜亦非台，本来无一物，何处惹尘埃"，并找人代为书写（慧能不识字），得到弘忍的赞许，密授法衣。因惧人争夺法衣，连夜回到岭南，混迹猎户16年。

仪凤元年（676），一说武则天垂拱年间（685—688），在南海法性寺遇印宗法师，得以落发，并由智光律师为授满分戒。次年，回到韶州（今广东韶关）曹溪宝林寺，弘扬"直指人心，见性成佛"的顿悟法门。与神秀在北方，主张渐悟相对，史称"南顿北渐"、"南能北秀"。

其弟子法海将其说教及事迹汇编成书，通称《六祖法宝坛经》，简称《坛经》或《六祖坛经》，成为后世禅宗的"宗经"。武则天和中宗都曾召他入京，均辞。死后，宪宗追谥大鉴禅师。王维、刘禹锡、柳宗元都曾为其撰碑铭。弟子有神会、怀让、行思等。

❈ 法藏又号贤首大师、康藏国师

唐代僧人（643—712），华严宗实际创始人，被尊为三祖。俗姓康，字贤首，祖居康居，后迁长安。因此，又号贤首大师、康藏国师。17岁从智俨学《华严经》。曾参加玄奘译场，因见解不同而退出译场。

高宗咸亨元年（670），武则天舍住宅为太原寺度僧，他出为授沙弥戒，登座讲经。武则天通天元年（696），奉诏讲《华严经》，传说白光自口出，片刻形成伞盖。武则天得知，命京城十大高僧为授满分戒，赐号"贤首戒师"。

此后，先后佐实叉难陀译八十卷本《华严经》、《大乘入楞伽经》，佐义净译《金光明最胜王经》，佐菩提流志译《大宝积经》等。大力从事《华严经》的解说和著述。圣历二年（699）武则天诏于佛授记寺讲新译《华严经》，传说讲至《华严世界品》时，大地震动，武则天下诏褒奖。当天被传到长生殿讲经，法藏举殿前金狮子为喻，武则天豁然领解，此即后来所录的《金狮子章》。

景云元年（710），睿宗从法藏受菩萨戒。玄宗先天元年（712），卒于大荐福寺，朝廷赠"鸿胪卿"。

生前讲《华严经》30余遍，著作很多，主要有《华严经探玄记》、《华严经旨归》、《华严经文义纲目》、《华严策林》、《华严一乘教义分齐章》（又称《五教章》或《教分记》）、《华严经问答》、《华严经义海百门》、《华严游心法界记》、《修华严奥旨妄尽还原观》、《华严经普贤现行法门》、《密严经疏》、《般若心经略疏》、《入楞伽心玄义》、《大乘起信论义记》、《大乘起信论别记》、《法界无差别论疏》、《华严经传记》。主要弟子有宏观、文超、智光、宗一、慧苑等。

❈ 慧沼

唐代僧人（650—714），法相宗僧人。淄州（今山东淄博）人。年少即聪慧，出家不违戒律，读经能领会并解说。先后师事玄奘、窥基，精于法相唯识。

曾参与义净译场，担任证实。后参与菩提流志译《大宝积经》，亦担任证实。

当时西明寺圆测著《唯识论疏》驳窥基之说，慧沼乃著《成唯识论了义疏》，加以反驳。世称淄州大师，与窥基、智周合称"唯识三祖"。还著有《能显中边慧日论》、《因明入正理论义纂要》，论述窥基系法相教义，使法相宗达到最盛时期。

❋ 寂天

古印度（约650—750）大乘佛教中观学派论师。原名寂铠，南印度梭罗修多罗国王子。因不愿嗣王位而逃至那烂陀寺，从护法的弟子胜天出家，改名寂天。后到南印度传教。著有《大乘集菩萨学论》、《诸经要集》。

❋ 二十八祖 全称西天二十八祖

禅宗对其印度时代传承世系的编制。据《景德传灯录》，初祖为摩诃迦叶、二祖阿难、三祖商那和修、四祖优婆毱多、五祖提多迦、六祖弥遮迦、七祖婆须蜜、八祖佛陀难提、九祖伏陀蜜多、十祖胁尊者、十一祖富那夜奢、十二祖马鸣、十三祖迦毗摩罗、十四祖龙树、十五祖迦那提婆、十六祖罗睺罗多、十七祖僧伽难提、十八祖伽耶舍多、十九祖鸠摩罗多、二十祖阇夜多、二十一祖婆修槃头、二十二祖摩拏罗、二十三祖鹤勒那、二十四祖师子尊者、二十五祖婆舍斯多、二十六祖不如密多、二十七祖般若多罗、二十八祖菩提达摩（亦为东土初祖）。

❋ 普寂

唐代僧人（651—739）。俗姓冯，蒲州河东（今山西永济）人。幼即修学经论，后到荆州玉泉寺师事神秀6年，神秀尽授其道。武则天久视元年（700），神秀奉召赴洛阳，普寂受度为僧。后中宗以神秀年事已高，敕普寂代师统其僧众。玄宗开元二十三年（735），奉召至长安，王公大臣竞来礼谒。卒谥"大慧禅师"。

❋ 实叉难陀 亦称施乞叉难陀

唐代僧人（652—710）。原为于阗（今新疆和阗一带）人，应武则天之邀，携带梵文广本《华严经》来到洛阳。并于证圣元年（695）与菩提流志、义净、复礼、法藏等，在大遍空寺翻译。圣历二年（699），在佛授记寺译成，是为唐译八十卷本《华严经》。此外，还译出《大乘入楞伽经》、《文殊师利授记经》等19部107卷。

道岸

唐代律宗僧人（654—717）。俗姓唐，祖籍颍川（今河南许昌），后迁光州（今河南光山），少年好学，后出家拜文纲为师，禅律皆精，闻名当世。后长住会稽（今浙江绍兴）龙兴寺传法，时号大和尚。

曾被召入内道场，为皇帝授菩萨戒。并历任白马寺、中兴寺、庄严寺、荐福寺、罔极寺纲维总务，受中宗敕令与工部尚书张锡监造荐福寺。后回光州置寺度人。卒于会稽龙兴寺。

智周 世称濮阳大师

唐代僧人（668—723），慧沼弟子。继窥基、慧沼为法相宗三祖，在濮阳（今属河南）报城寺传法相教义，对因明学也有许多补充。

武则天长安三年（703），新罗僧智凤、智鸾、智雄入唐，从智周学法相宗义。玄宗开元五年（717），日本僧玄昉入唐，也从智周学法。世称"濮阳大师"。

著有《成唯识论演秘》、《因明入正理论前记、后记》等。智周以后，法相宗逐渐衰微，传承不明。

行思 全称青原行思

唐代禅宗僧人（？—740），开南宗青原一系。俗姓刘，吉州庐陵（今江西吉安）人。出家受戒后，到韶州（今广东韶关）参见慧能，列为上首。

后住吉州青原山静居寺，弘扬禅法。死后僖宗敕谥洪济大师，弟子有希迁等。后世法系有曹洞宗、云门宗、法眼宗。

神会 号荷泽大师

唐代禅宗僧人（686—760）。俗姓高，襄阳（今属湖北）人。年少勤学，于五经、老庄皆通达，后览《后汉书》，于是知有佛教之说，先投国昌寺颢元法师出家。后至韶州（今广东韶关）曹溪参见慧能，受顿悟教。

慧能死后到北方。玄宗开元八年（720），住南阳龙兴寺，后在洛阳大力宣传慧能学说。曾在滑台（今河南滑县东）大云寺与北宗禅师辩论，抨击北宗"传承是旁，法门是渐"，记录名《菩提达摩南宗定是非论》。后被赶出京城。

安史之乱，应朝廷之请，设坛度僧收"香水钱"，以供军需。乱平，肃宗召入内道场。后住洛阳荷泽寺，故又名荷泽大师。卒谥真宗大师。著有《显宗记》等。弟子有无名、法如等。

✤ 一行

唐代僧人（673—727），天文学家。俗姓张，名遂，巨鹿（今河北巨鹿）或魏州昌乐（今河南南乐）人。幼即博览经史，尤精于历法阴阳五行之学。21岁从荆州景禅师出家，不久从嵩山普寂学禅。后从善无畏、金刚智学密法。

曾参与善无畏译场，助译《大日经》，并撰《大日经疏》20卷。还汇编经律论要文，自作注解为《摄调伏藏》。天文方面，与梁令瓒合制黄道游仪，用以测定恒星位置。著有《六衍历》20卷、《开元大衍历》52卷、《七政长历》3卷、《易论》12卷、《心机算数》1卷，以及《宿曜仪轨》、《七曜星辰别行法》、《北斗七星护摩法》等。卒谥大慧禅师。

✤ 玄朗号左溪尊者

唐代僧人（673—754），天台宗八祖。俗姓傅，字慧明，婺州乌伤（今浙江义乌）人。21岁远至光州（今河南潢川）岸律师受具足戒。先学律，后博览经论，尤精《涅槃经》。又到会稽妙喜寺，与印宗禅师研学禅要。

后从天台宗七祖慧威学《法华经》、《净名经》、《大智度论》、《摩诃止观》等，精通天台宗教义。再依恭禅师重修观法，以止观为入道之程、安心之法。隐居于左溪岩，撰《法华经科文》，有弟子湛然继其后，及高徒法融、理应等。

✤ 无相世称东海大师

唐代僧人（683—762）。俗姓金，原为新罗国王第三子。开元十六年（728），随遣唐使来长安，玄宗召见，住禅定寺。不久入蜀，随禅宗五祖弘忍再传弟子处寂，在山中修头陀行。

信徒为他建成众净寺，在四川宣传佛教20余年，世称"东海大师"。传法以"无忆、无念、莫忘"为宗，谓"无忆是戒，无念是定，莫忘是慧"。弟子有神会、无住、道一等。

另，无相为佛教教义名词。

✤ 鉴真亦称过海大师、唐大和尚

唐代僧人（688—763），日本律宗初祖。俗姓淳于，广陵江阳（今江苏扬州）人。幼年出家，游历洛阳、长安等地，究学三藏。后归扬州大明寺讲律传法。

天宝元年（742），应日本留学生荣叡、普照之邀，决定赴日本弘传戒律。但五次东渡均因遇飓风及官府阻拦而失败，期间双目失明，荣叡身亡。

天宝十二年（753），日本遣唐使藤原清河等人到扬州向他致意，并邀他到日本传戒，于是决定第六次东渡。日本天平胜宝六年（754）与比丘法进和昙静、比丘尼智首、居士潘仙童等一行，在日本萨摩秋妻屋浦（今九州鹿儿岛大字秋目浦）登岸。

次年，被迎入京城奈良东大寺。天皇下诏：授戒传律，听其自由行事。并授"传灯大法师"位。同年四月，筑坛为天皇、皇后、太子等僧俗400余人授戒。后在大佛殿西，建戒坛院。又仿唐式建筑造唐招提寺，作为授戒传律的基地。

此行除携去大量的佛经之外，并有药物、艺术品等，对日本的医学、雕塑、美术和建筑发展，也有一定的贡献。有《鉴真上人秘方》传世。

❉ 寒山亦称寒山子、贫子

唐代僧人（约7世纪末至8世纪初），住天台山寒岩。与国清寺僧拾得交游，好吟诗唱偈。有诗题山林间，后人收集300余首成书，名《寒山子诗集》。

❉ 拾得

唐代僧人（约7世纪末至8世纪初）。本为孤儿，相传天台山和尚封干行脚至赤城，听见路旁有小孩哭声，遂收养而取名"拾得"。并带至天台山国清寺为僧，从事厨房杂役工作。与寒山交游，好吟诗唱偈，两人合称"寒山拾得"。后人将其诗作附于《寒山子诗集》中。

❉ 昙旷

唐代僧人（约8世纪）。建康人，出家后学《成唯识论》、《俱舍论》，并入长安西明寺研究《金刚般若经》《大乘起信论》等。后到河西（今甘肃武威），作《金刚般若经旨赞》2卷、《大乘起信论广释》及《略述》2卷，于敦煌作《大乘百法明门论义记》1卷等，代宗大历年间作《大乘百法明门论开宗义决》。这些著作近代于敦煌被发现。

❉ 桑希

最早将汉译佛经译成藏文的译师。姓巴氏，传说为随金城公主赴藏时，留藏汉人的后裔。西藏赤德祖赞在位时（704—755），桑希被派往长安取经，返回拉萨时，赤德祖赞已死。新王赤松德赞幼年即位，反佛大臣掌权并禁佛，把邀请来的汉僧送还汉地。桑希遂将携来的汉文佛经藏在青浦（今桑耶附近）的石崖中，并遣回邀请来的汉僧。

赤松德赞年长，与信佛大臣商议兴佛。桑希乃将所藏佛经取出，呈给赤松德赞。赤松德赞大悦,命其同梅玛果、阿难陀共译为藏文。

✤ 巴·赛囊亦作巴·萨囊、益希旺波

8世纪时,西藏芒域(今济垄一带)的一位地方官。曾在芒域建两座寺庙,并到印度大菩提寺和那烂陀寺朝礼。归途中,在尼泊尔遇印僧寂护,遂邀他到西藏弘法。应允后,回藏向赤松德赞(742—797)陈述此事。赤松德赞派人迎请寂护来藏传法,巴·赛囊即为寂护在藏剃度的首批藏僧之一,出家后法名益希旺波,后成为西藏佛教领袖。

✤ 莲花生亦称乌金大师

8世纪时的印度僧人,藏传佛教的始祖之一。传为乌仗那(今巴基斯坦境内)人,属印度因陀罗部底系的密教传承。于750年前后在寂护的举荐下,应吐蕃(西藏)赞普赤松德赞(742—797)之邀,入藏传密法。传说曾利用法术与苯教巫师斗法获胜,对西藏佛教战胜苯教有一定功劳。

莲花生后与寂护共同创建桑耶寺。又从印度邀无垢友等入藏,组织翻译梵文佛典为藏文,创建显乘经院及密宗道场,发展出家、在家两种修证者。奠定藏传佛教宁玛派的基础,被后世宁玛派尊为祖师。藏史中,不称名而单称阿阇黎的,指的就是莲花生。

其著作收入藏文大藏经的有8种。由于他对藏传佛教的巨大贡献,受到各宗派的共同敬仰,奉为"师君三尊"之一。离开西藏后,又在印度传法12年,晚年不知所终。

✤ 寂护亦称静命大师

印度僧人(约700—760),大乘佛教中观学派衍化的瑜伽中观派创始人。曾任那烂陀寺首座。受赤松德赞(742—797)迎请,两度入藏传播佛教,建桑耶寺,任该寺第一任堪布,并剃度第一批西藏贵族青年出家为僧。后死在西藏。著有《真性要集》、《中观庄严论》等。

✤ 毗卢遮那(人名)

西藏佛教的早期译经师,意为遍照护、大光明。前藏尼木人。寂护等初建桑耶寺后,赞普赤松德赞(742—797)第一次命藏人出家的七僧之一。后被派往印度学密法,回藏时,迎请无垢友、法称到桑耶寺传法、译经。

✤ 仁钦乔旧译宝胜

西藏佛教早期译经师,姓玛氏。寂护等初建桑耶寺后,赞普赤松德赞

（742—797）第一次命藏人出家的七僧之一。赤祖德赞（815—838）时，与入藏印僧胜友等翻译大量佛经，并受赞普之命，参加厘定译语，为佛经制定统一的藏译译例。

❈ 摩诃衍那亦称摩诃衍、大乘和尚

唐代僧人。德宗（780—805）在位时入藏讲经，力倡禅宗，一时藏地僧人风靡相从，赞普妃没庐氏等贵族妇女30余人从其出家。

后赤松德赞（742—797）迎请入藏的寂护弟子莲花戒，传印度佛教教法，于是引发藏地两派辩论，史称"顿渐之诤"。摩诃衍那辩论失败，返回汉地。此后藏地遂禁禅宗顿门，但仍有影响。

❈ 希迁亦称石头和尚，全称石头希迁

唐代禅宗僧人（700—790）。俗姓陈，端州高要（今属广东）人。初闻慧能南来，径往曹溪参学，作一沙弥。慧能圆寂前，曾指示他"寻思去"。即依止行思，时年14岁。玄宗开元十六年（728），于罗浮山受戒，又师事行思，行思赞其"角虽多，一麟足矣"。玄宗天宝（742—755）初年，到湖南衡山南寺，结庵于寺东巨石上，时人称"石头和尚"。

自称其法门"不论禅定精进，达佛之知见，即心即佛；心佛众生，菩提烦恼，名异体一"。怀让等皆推崇之。当时马祖道一主江西禅门，石头希迁主湖南，皆名重一时。卒谥"无际大师"。著有《参同契》、《草庵歌》。弟子众多，著名的有道悟、惟俨、天然等。

❈ 马祖全称马祖道一

唐代禅宗僧人（709—788），俗姓马，名道一，汉州什邡（今属四川）人。主要在江西弘扬禅学，又称"江西马祖"。初从资州（今四川资中）处寂出家学禅，又在渝州（今重庆）圆律师处受具足戒。后到湖南南岳坐禅，怀让以磨砖不能成镜，比喻坐禅不能成佛。由此开悟，随怀让学禅10年。

后到建阳佛迹岭（今属福建）、南康龚公山（今属江西）等处弘传禅法。代宗大历（766—779）年间，住钟陵（今江西南昌附近）开元寺，四方学者云集。因官吏支持，得到甚大发展，称为"洪州宗"。卒后，宪宗敕谥大寂禅师，弟子有百丈怀海等百余人。

❈ 湛然世称荆溪大师、妙乐大师

唐代僧人（711—782），天台宗九祖。俗姓戚，原常州（今江苏）人，

世居晋陵荆溪（今江苏宜兴南）。世代学儒，20岁入左溪玄朗之门，学习天台宗教义。38岁于宜兴净乐寺出家，又到越州（今浙江绍兴）从昙一学律，后在吴郡（今江苏苏州）开元寺讲止观。

玄朗死后，住天台山国清寺，"契密藏独运于东南"。以中兴天台宗自任，提出"无情有性"说（木石等无情之物也有佛性），发展天台宗教义。主要著作有《法华玄义释签》、《摩诃止观辅行传弘决》、《止观大意》、《金刚錍论》、《法华三昧行事运想补助仪》、《始终心要》、《十不二门》、《法华文句记》、《摩诃止观搜要记》等。

❋ 法钦亦称道钦

唐代僧人（714—792）。俗姓朱，吴郡昆山（今属江苏）人。父祖皆为儒者，隐居不仕。少读经史，28岁赴京，途经丹徒，遇玄素禅师（牛头宗），遂剃发出家，旋即受戒，从修禅法。

后至杭州径山，临海令吴贞施舍别墅为寺，来参学者甚众。代宗大历三年（768），诏其入京，咨问法要，累赐缣、缯等物，并赐号"国一"。德宗亦十分敬重，相国崔涣等皆执弟子之礼。回径山后，州牧王颜请住龙兴寺。卒后，德宗赐号"大觉"。

❋ 少康

唐代净土宗僧人（？—805），俗姓周，缙云仙都山（今浙江缙云东）人。7岁于灵山寺出家，15岁诵通《法华经》、《楞严经》等5部经，后至越州（今浙江绍兴）嘉祥寺受戒学律。5年后往上元（今江苏南京）龙兴寺听《华严经》、《瑜伽师地论》。

唐德宗贞元元年（785）初至洛阳白马寺，因读善导《西方导化文》而信净土。遂到长安善导影堂礼拜善导遗像，决心弘传净土教义。后到睦州（今浙江建德），用钱诱小孩念佛。念第一声"阿弥陀佛"给一钱，十声再给一钱。如此过了一年，众人见到他，都称一声"阿弥陀佛"，念佛之声充满道路。后在乌龙山建净土道场。著作有与文谂合撰的《往生西方净土瑞应删传》。

❋ 怀海全称百丈怀海

唐代禅宗僧人（720—814）。俗姓王，福州长乐人（今属福建）。出家后师事马祖道一，后住新吴百丈山（在今江西奉新），世称百丈禅师。鉴于过去的禅僧多住律寺，百丈以禅宗和律宗生活习惯不同，创设禅院，制定"禅门规制",后称"百丈清规",成为后世中国各宗派寺院规约的范本。

其禅风以"不求佛,不求知解,无求为足"为特色,不拘于一切,无惧地狱,不爱天堂,才是解脱无碍。卒后,穆宗谥号"大智禅师"。

❀ 法照

唐代净土宗僧人(？—821)。代宗大历二年(767)住衡州云峰寺,以专修净土法门著称。后至五台山,谓曾见到文殊、普贤等菩萨,并勉其专修念佛法门,命终一定往生净土。

❀ 莲花戒

古印度僧人(约730—800)。寂护弟子,入藏传法。曾与入藏汉僧摩诃衍那辩论获胜,奠定密教地位。著有《修道次第论》、《菩提心观释》等。

❀ 澄观

唐代僧人(738—839),华严宗四祖。俗姓夏侯,越州山阴(今浙江绍兴附近)人。11岁依宝林寺霈禅师出家,14岁剃度。20岁以后遍寻名山,搜求经藏。

肃宗乾元元年(758)以后,依润州栖霞寺醴律师学相部律,又依本州昙一律师学南山律,诣金陵玄璧学鸠摩罗什所译《三论》。代宗大历元年(766)以后,在瓦官寺学《大乘起信论》、《涅槃经》,又到淮南法藏寺从海东学《起信论疏义》,从天竺诜法师等学《华严经》。大历七年(768)往剡溪,从成都慧量再习《三论》。大历十年到苏州,随湛然习天台《摩诃止观》《法华经》、《维摩经》。又谒牛头山慧空、径山道钦等究学南宗禅法,复随慧云禅师学北宗禅法。

大历十一年,游五台山、峨眉山,返回五台山大华严寺,专修大乘忏法,讲《华严经》。贞元十一年(795),德宗生日,诏入内殿讲经,传说德宗听后顿觉身心清凉,因而赐号"清凉法师"(一说因常住清凉山,即五台山,故赐此号),礼为教授和尚,参与般若三藏译天竺乌荼国所进《华严经》。

元和五年(810),宪宗加封"大统清凉国师",并敕铸金印。著述甚多,传说有300多卷,对华严宗的中兴起到很大的作用。主要著作有《华严经疏》、《华严经随疏演义钞》、《贞元经疏》、《华严法界玄镜》、《华严经略策》、《新经七处九会颂释章》、《三圣圆融观门》等。弟子百余人,著名的有宗密、僧睿、宝印、寂光等。

✤ 良琇、文素

良琇为唐代僧人。德宗建中二年（781），应土蕃（今西藏）王之请，受遣与文素入藏讲经传法，两年一轮换。德宗贞元三年（787），应召与罽宾国般若三藏于西明寺译《大乘理趣六波罗蜜经》10 卷，至贞元五年译成。

✤ 惠果

唐代密宗僧人（752—805）。俗姓马，京兆万年（今陕西西安附近）人。9 岁随圣佛院昙贞和尚习佛经，17 岁随昙贞入内道场，后从不空求授密教真言。

代宗大历八年（773），正式出家受戒。又从善无畏弟子玄超受胎藏界密法，从不空受金刚界密法，将二者融会建立"金胎不二"思想。此后常应诏入内道场，为代宗及王室成员修法祈祷。常住青龙寺，授各国入唐求法僧密宗教义。

德宗建中二年（781），授新罗国僧惠目胎藏界、金刚界、苏悉地等密法。同年，又授新罗国僧悟真密法。德宗真元二十年（804），日僧空海奉天皇之遣入唐，从受胎藏界、金刚界密法，后空海将此宗传到日本，即为日本真言宗。

✤ 最澄亦称传教大师、叡山大师、根本大师、山家大师、澄上人

日本佛教天台宗创始人（767—822）。俗姓三津首，近江（今日本滋贺县）人。幼年出家，游学奈良，在东大寺受具足戒。后入比叡山建日枝山寺（即后来的一乘止观院和延历寺）。

延历二十三年（804），与空海为遣唐僧入唐。从天台宗九祖湛然的弟子道邃、行满受天台教义，从天台山翛然习牛头禅，还从道邃受大乘菩萨戒，从顺晓等人受密法。在唐一年，遍学圆、密、禅、戒四宗，史称"四种相承"。

翌年回国，于高雄寺设灌顶台传密教，并获准设天台宗"年分度者"（按年分配出家人数），正式创立日本天台宗。因为认为大小乘戒不可合在一起，上奏要求在比叡山设立大乘圆顿戒坛。直到死后，日本天台宗始获准在比叡山设大乘戒坛。

最澄还以所创天台宗的"圆密一致"，主张四宗（圆、密、禅、戒）合一。后世清和天皇（858—876）追谥"传教大师"。著有《守护国界章》《法华秀句》、《内证佛法血脉谱》等 160 部之多，今有《传教大师全集》传世。

✤ 灵祐全称沩山灵祐

唐代禅宗僧人（771—853），沩仰宗创始人之一。俗姓赵，福州常溪（今

福建霞浦南）人。15岁出家,3年后受具足戒,学大小乘经律。曾先后遇到寒山、拾得。23岁到江西百丈山参拜怀海禅师,为上首弟子。

宪宗元和（806—820）末,到沩山（今湖南宁乡西）独栖7年。后建同庆寺,受相国裴休尊崇,前来参学者众,因此世称"沩山灵祐"。弟子有慧寂等41人。卒谥"大圆禅师"。

❈ 空海亦称弘法大师

日本佛教真言宗创始人（774—835）,密号"遍照金刚"。赞歧（今日本香川县）人。15岁入平安（今日本京都）学儒,后信奉佛教。延历二十三年（804）,与最澄等入唐求法,遍访各地高僧,后从长安青龙寺惠果得密宗嫡传。

3年后回国,奉诏弘布密教。弘仁十四年（823）,受赐平安东寺,作为传教的根本道场,真言宗遂得迅速传播各地。其所传真言宗,亦因此称为"东密"。

曾兼任东大寺别当,补大僧正位。创立日本最早私立学校"综艺种智院"。后世醍醐天皇（897—930年在位）追谥"弘法大师"。著作甚丰,佛教类有《辨显密二教论》、《秘藏宝钥》、《十住心论》、《付法传》、《请来目录》、《御遗告》、《即身成佛义》、《声字实相义》、《吽字义》、《般若心经秘键》等173部。文学作品有《文镜秘府论》、《文笔眼心钞》等。文字方面有《大悉昙章》、《篆隶万象名义》。书法方面有《风信帖》、《灌顶历名》、《七祖赞》、《三十帖册子》等。

❈ 宗密亦称圭峰大师,全称圭峰宗密

唐代僧人（780—841）,禅宗荷泽神会的四传弟子,华严宗五祖。俗姓何,果州西充（今属四川）人。出家后常住陕西鄠县圭峰草堂寺,世称"圭峰大师"。家本富豪,幼学儒书。

宪宗元和二年（807）,偶谒遂州道圆禅师,即从其出家受教。同年从拯律师受具足戒。后从某病僧受澄观著《华严经疏》,读后感到心地开通,即到长安华严寺见澄观受教数年。

后北游五台山,不久回圭峰,专事传法著述。主要阐述华严教义,同时对华严以外的宗派,特别是禅宗,亦广为撰述,收集诸宗禅言,著《禅源诸诠集》。对禅宗以外诸宗偏重渐修、禅宗偏向顿悟表示不满,认为禅、教原是一致,禅是佛意,经是佛语,"顿悟资于渐修,师说符于佛意"。提倡以"华

严禅"为核心的禅教一致说。大和九年（835）文宗诏入内殿，问佛法大意，赐紫方服，号"大德"。卒后，宣宗追谥"定慧禅师"。著作达200余卷，主要有《华严经行愿品别行疏钞》、《注华严法界观门》、《圆觉经大疏》、《圆觉经大疏钞》、《盂兰盆经疏》、《华严原人论》、《禅源诸诠集都序》、《禅门师资承袭图》等200余卷。

❀ 希运 全称黄檗希运

唐代禅宗僧人。闽（今福建）人，少年投高安黄檗山寺（在今江西宜丰西北）出家。曾游天台山及长安，依南阳慧忠不契，回江西参怀海禅师，得传心印。后住黄檗山，受相国裴休尊崇，其禅风大盛于江南。

其禅法提倡即心是佛，说明解脱的根源；无心是道，指出解脱的途径。主张一切无所分别，知解是远离道的主要原因。悟道不须通过外在的修习功夫，只是人与道之间的默契而已。

卒于宣宗大中（847—859）年间，敕谥"断际禅师"。裴休集成语录《黄檗山断际禅师传心法要》传世。

❀ 圆仁

日本佛教天台宗第三代座主（793—864），天台宗山门派创始人。俗姓壬生氏，下野（今栃木县）人。15岁到比叡山师事最澄，最澄死后，专修苦行。

承和五年（838），随遣唐使入唐，遍访各地高僧，受学显、密二教。值唐武宗灭佛（845），于宣宗大中元年（847），携佛教经疏、仪轨559卷回国。在比叡山设灌顶台，建立总持院，弘传密教和天台教义，并在"常行三昧堂"提倡净土念佛法门。继承最澄遗志，大力弘扬大乘戒律，使日本天台宗得到很大的发展。

卒后，清和天皇谥"慈觉大师"号。著有《金刚顶经疏》、《苏悉地经略疏》、《显扬大戒论》、《止观私记》等近百部。另有《入唐求法巡礼行记》4卷，是研究唐代宗教、社会的史料。

❀ 管·法成

西藏宗教学者、翻译家（？—约865）。生于后藏达那（今日喀则附近）土蕃贵族管氏家族。唐文宗大和七年（833），到沙洲（今敦煌）永康寺开始译经。武宗会昌二年（842），到甘州（今甘肃张掖）修多寺。宣宗大中二年（848）返沙州开元寺。

一生从事翻译佛经，所译藏汉典籍可考者有二十三种。其中汉译藏的有《金光明最胜王经》、《解深密经疏》等十四种，藏译汉的有《般若波罗蜜多心经》、《诸星母陀罗尼经》等五种。由他抄录和讲述的经籍有《大乘四法经论及广释开决记》等四种。

❀ 义玄 全称临济义玄

唐代禅宗僧人(？—867)，临济宗创始人。俗姓邢，曹州南华(今山东东明)人。出家后，对经律论都有研究。初参江西黄檗山希运，又参大愚、灵祐，后回黄檗，受希运印可，乃北归。

宣宗大中八年（854），到河北镇州（今河北正定），在城东南滹沱河畔建立临济院。提出四料简、四宾主、四照用（参见P258各条）的认识原则和教学方法。禅风机锋峻峭，别成一家，成为临济宗。

卒谥"慧照大师"。有《镇州临济慧照禅师语录》（世称《临济录》）传世。著名弟子有存奖等22人。

❀ 良价 全称洞山良价

唐代禅宗僧人（807—869），曹洞宗创始人之一。俗姓俞，会稽诸暨（今属浙江）人。幼年出家，21岁在嵩山受具足戒。游方参南泉禅师，深领玄契。后到云岩参昙晟，受心印。

宣宗大中（847—859）末，在新丰山大行禅法，后住豫章高安洞山（在今江西宜丰），因而世称"洞山良价"。倡"五位君臣"说（参见P257该条），门庭颇振。卒谥"悟本禅师"，曾作《宝镜三昧歌》。弟子有本寂等。

❀ 慧寂 全称仰山慧寂

唐代禅宗僧人（807—883），沩仰宗创始人之一。俗姓叶，韶州浈昌（今广东南雄西南）人，一说韶州怀化（今广东番禺东南）。17岁出家，依南华寺通禅师削发为沙弥。受具足戒后，初谒耽源，从学数年。后参沩山灵祐禅师，从学十余年。后住袁州仰山（今江西宜春），世称"仰山慧寂"。师徒相承，别开一派，即沩仰宗。平常常以手势启悟学人，称"仰山门风"。

❀ 圆珍 亦称山王院

日本佛教天台宗第五代座主（815—891），后世天台宗寺门派始祖。俗姓和气，赞歧（今香川县）人，空海侄孙。15岁登比叡山，师事义真，20岁受具足戒，在山中苦修12年，被任为"内供奉"十禅师之一。

仁寿三年（853）入唐，留学5年，从诸师学天台、密宗、悉昙等，归国时带回经书千余卷。55岁任天台宗座主。

在教义上，认为密教比圆教（天台宗）优越，不同意圆仁所说的二者教理相同、只是事相（仪轨）不同的说法。死后，醍醐天皇谥"智证大师"，后世称其台密法系为"智证大师流"。此派曾长期主导比叡山教权。

著有《法华集论记》、《授决集》、《观普贤经记》、《大日经旨归》、《诸家教相同异》、《传教大师略传》等。并将入唐经历撰成《在唐记》、《入唐巡礼记》。

✤ **义存 全称雪峰义存**

唐代禅宗僧人（822—908）。俗姓曾，泉州南安（今属福建）人。9岁请出家未准，12岁随父游蒲田玉润寺，拜庆玄律师为师，留为童侍。17岁落发，谒芙蓉山（今福建闽侯境内）恒照法师。

唐宣宗中兴佛教后，游吴、楚、梁、宋、燕、秦，在幽州（今北京城西南）宝刹寺受具足戒。后到武陵德山（在今湖南常德）参宣鉴，承其法系。懿宗咸通六年（865）归芙蓉山。

后住雪峰山广福院，世称"雪峰义存"。四方僧人云集法席，门徒常有1500人，声誉颇高。僖宗赐号"真觉大师"，并赐紫袈裟。弟子著名者有云门文偃、玄沙师备等。

✤ **朗达玛**

吐蕃（今西藏）末代赞普（？—842），旧译达磨。唐文宗开成三年（838），为反佛贵族大臣拥立，下令禁止佛教，封闭寺院，强迫僧众还俗，焚毁佛教经典。武宗会昌二年（842）为佛教僧人拉垄贝多暗杀。死后，吐蕃统治集团分裂，奴隶、属民起事，吐蕃政权灭亡。

✤ **本寂 全称曹山本寂**

唐代禅宗僧人（822—908），曹洞宗创始人之一。俗姓黄，泉州蒲田（今福建莆田）人。少年习儒，19岁入福州灵石山出家，25岁受具足戒。

后从洞山良价学禅，得心印。因往临川曹山（在今江西临川），世称"曹山本寂"。详说良价"五位君臣"意旨（参见P257该条），大振洞山禅风。曾注《寒山子诗集》。

❋ 布袋和尚名契此

五代后梁僧人（？—916），又号长汀子。明州奉化（今属浙江）人。传说常以杖背一布袋入市，见物即乞，出语无定，随处坐卧，形如疯癫。据说预言吉凶届期必应。

死前端坐于岳林寺盘石，说偈："弥勒真弥勒，分身千百亿。时时示时人，时人自不识。"世人认为是弥勒显化，到处绘其形象。中国多数佛教寺庙后世供奉的大肚弥勒，相传就是根据他的形象而来。

❋ 贯休

五代前蜀诗僧、画家（852—913）。俗姓姜，字德隐，婺州兰溪（今属浙江）人。唐昭宗天复（901—904）间入蜀，蜀主王建尊为"禅月大师"。以诗闻名，作品能反映当时社会现象。工于绘画，学阎立本，笔力圆劲。所作水墨罗汉及释迦弟子诸像，都是粗眉大眼，丰颊高鼻，称为"梵相"。现存"十六罗汉图"，相传是他的作品。亦善草书，时人比之怀素。有《禅月集》传世。

❋ 文偃全称云门文偃

五代禅宗僧人（864—949），云门宗创始人。俗姓张，姑苏嘉兴（今属浙江）人。出家后，到各地参学。初参道踪，后参义存，获其印可。后住韶州（今广东韶关）云门山，自成一系，世称"云门文偃"。其禅风被称为"云门三句"：涵盖乾坤、截断众流、随波逐浪（参见P259该条）。往来学徒逾千人，嗣法弟子61人。

❋ 文益全称清凉文益

五代禅宗僧人（885—958），法眼宗创始人。俗姓鲁，余杭（今属浙江）人。7岁依新定智通院全伟禅师出家，20岁于越州开元寺受戒。曾在育王寺从希觉律师学律，希觉赞为释门游夏。曾南游参长庆禅师，又参宣法大师。后往漳州罗汉寺向桂琛学禅，得法。晚年住金陵（今江苏南京）清凉寺传法，世称"清凉文益"。

文笔可观，常作偈颂。门人甚众，四方求学僧不下千人。卒后，谥"大法眼禅师"。其法系称为法眼宗。著有《宗门十规》。

❋ 延寿全称永明延寿禅师

五代、宋之间禅宗法眼宗僧人（904—975），净土宗七祖。俗姓王，字仲玄，钱塘（今浙江杭州）人。幼时颂《法华经》，曾做过县里小官。30多岁舍妻出家，投四明（今浙江宁波）翠岩禅师。后到天台参德韶禅师，初习禅定，传说曾有小鸟在他的衣袖里筑巢。受到德韶器重,为传法弟子。

后到浙江余姚雪窦山传法,法席很盛。受到吴越王钱俶之请,住永明寺15年,弟子1700人,因称"永明延寿禅师"。学者参问,指心为宗,主张禅、教一致,禅、净合一。曾号召法相、华严、天台三宗僧人,"分居博览,互相质疑",最后"以心宗之衡,以准平之",遂成《宗镜录》100卷。其对当时佛教宗派之间的分歧,采取调和态度。当时高丽王看到此书,遣使送来礼品,并派遣36位僧人前来学法。自此,法眼宗盛行国外。

延寿还注意到净土宗的实践,在其著作《万善同归集》中,发挥此种主张。净土宗因此在后世尊其为七祖。还著有《神栖安养赋》、《唯心诀》。

❋ 赞宁

五代、宋之间僧人(919—1001),佛教史学家。俗姓高,祖籍渤海,生于吴兴德清(今属浙江)。在杭州祥符寺出家,精于南山律,时称"律虎"。吴越王钱俶署为两浙僧统。

宋太平兴国三年(978)到开封,太宗赐号"通慧大师"。曾任左街讲经首座、史馆编修,并掌洛京宗教诸事。后升任汴京右街僧录,不久任左街僧录。受诏撰《大宋僧史略》3卷、《宋高僧传》30卷、《三教圣贤事迹》100卷,还撰有《内典集》、《外学集》等。

❋ 奝然

奝(diāo)然,日本佛教三论宗僧人(?—1016)。俗姓藤原,京都人。幼年出家,学三论、密教等。永观元年(983)与徒众6人来中国。宋雍熙元年(984)3月至汴京(今开封),太宗接见,并赐紫衣及"法济大师"封号。

后北游五台山,巡礼文殊菩萨灵迹,再回汴京受赐《大藏经》(即开宝藏)5000余卷,并命人模刻西华门外圣禅院的释迦像。

雍熙四年(987)携经卷、释迦像及十六罗汉画像回国。翌年派弟子嘉因入宋,献表及佛经、彩画等。著有《入宋日记》4卷,今已不传。所携释迦像,后放置于京都清凉寺。

❋ 公巴饶萨亦称喇钦,鲁梅·楚臣喜饶亦称卢梅慧戒

公巴饶萨(952—1035)为西藏佛教后弘期下路弘法初祖。喇钦,为大师之意。本名穆苏萨巴,法名格瓦饶萨。拉萨东北彭波人,一说朵康人,移居青海丹底地方(今循化县)。随着避西藏朗达玛灭佛逃来的僧人——藏饶萨、

钥格迥、玛·释迦牟尼出家。

宋太宗太平兴国三年（978），收从西藏前来青海丹底求法的前后藏地区的鲁梅·楚臣喜饶等10人为徒，授戒传法。后喜饶等回到卫藏广建寺院收徒，藏地佛教再度弘传。

✿ 仁钦桑波

西藏佛教译经师（958—1055）。生于阿里古格宁旺热特那地方。13岁出家，三度被派往印度、迦湿弥罗（今克什米尔）学法。

曾延请印僧至阿里，合译显密经论甚多。其中显教经17部、论33部，密教怛特罗108部。是后弘期中重新翻译密咒的第一人，从他以后的新译品称为"新密"，被尊为大译师。并译有多种医书。

他同时是阿里王拉德（朗达玛六世孙益希微之子）的上师。拉德曾在998年，将布襄地方的一个溪卡作为封地供养他。此事也成为西藏封建农奴的开端。

✿ 知礼亦称四明尊者、四明大法师

北宋僧人（960—1020）。俗姓金，字约言，四明（今浙江宁波）人。7岁丧母，投太平兴国寺僧人洪选出家，15岁受具足戒，专研律学。20岁诣宝云寺，从义通学天台宗教观圆顿之旨，尽得义通之教，常代师说法。师卒，移住乾符寺，后又改住保恩院。

真宗咸平六年（1003），日僧寂照携其师源信关于天台宗教义的27条疑义来问，知礼著《问目二十七条答释》。钱塘的悟恩曾著《金光明玄义发挥记》，书中认为署名智顗的《金光明玄义》广本非真作，而主张"真心观"（以所观之境为真心，即真如）。知礼因而作《扶宗释难》驳之，主"妄心观"（以所观之境为妄心，即六识）。此后，知礼的弟子梵臻、尚贤、本如等传师说，称为"山家"；悟恩的弟子源清、洪敏以及源清的弟子庆昭等，被贬为"山外"。

真宗大中祥符二年（1009），重建保恩院，朝廷赐额"延庆寺"。六年（1013）建念佛施戒会，自写疏文倡导，自此每岁皆建。真宗天禧四年（1020），特赐号"法智大师"，被尊为天台宗第十七祖，世称"四明尊者"、"四明大法师"。

另著有《金光明经文句记》、《金光明经文义拾遗记》、《观音别行玄义记》、《观音别行疏记》、《观无量寿经疏妙宗钞》、《十不二门指要钞》、《大悲心咒行法》、《十义书》、《观心二百问》等。

❋ 益希微、绛曲微

益希微（约10—11世纪）为西藏佛教后弘期上路弘法的奠基人，原名柯热。原为西藏阿里王，后退位自行出家。派仁钦桑波等到迦湿弥罗（今克什米尔）学法，仿造桑耶寺修建托林寺。

为迎请印僧阿底峡，四出搜罗黄金，被信仰伊斯兰教的葛逻禄国（西藏西北）国王所执，死于葛逻禄。临死留遗嘱，要其侄孙绛曲微继续迎请阿底峡入藏弘法。绛曲微不负所托，派人至印度迎请阿底峡入藏传法。

❋ 玛·雷必喜饶

西藏佛教译经师。与仁钦桑波同受阿里王之命，前往迦湿弥罗（今克什米尔）学法。回藏后，从事译经工作，被称为"小译师"。译有《量释论颂》、《法称自释》、《天帝慧后三品释》、《释迦慧疏》，并聚徒讲授。所译史称旧因明。

❋ 重显 全称雪窦重显

北宋禅宗僧人（980—1052）。俗姓李，字隐之，遂宁（今属四川）人。投成都普安院仁铣出家，后从复州（今湖北天门）北塔的云门宗法嗣光祚参学。一日，问光祚："不起一念，云何有过？"光祚用拂尘打他，遂豁然开悟。在此5年后，又游历各地。

宋真宗乾兴元年（1022），住明州（今宁波）雪窦山资圣寺，后以雪窦为号，中兴云门，卒谥"明觉大师"。著有《颂古百则》（为《碧岩录》所本）、《明觉禅师语录》、《瀑泉集》、《祖英集》、《洞庭语录》、《雪窦开堂录》、《雪窦拈古集》、《雪窦后录》。

❋ 阿底峡

古印度僧人、学者（982—1054）。原名月藏，法名燃灯吉祥智，萨护罗人（今孟加拉国达喀尔地区）。精于因明学，曾任那烂陀寺、超岩寺主持。

宋仁宗宝元元年（1038），受阿里王子绛曲微之邀，入藏传法和医学，译经授徒。著有《菩提道灯论》等佛教著作50余种和医学著作，并与译师那措共译10余部经典，均为藏文。病逝于前藏聂塘。弟子仲敦巴等弘传其学说。宗喀巴创立格鲁派时，也广采其说。

❋ 方会 全称杨歧方会

北宋禅宗僧人（992—1049），临济宗杨歧派创始人。俗姓冷，袁州宜春人（今属江西）。游筠州（在今江西高安）九峰山时，落发为僧，阅经闻法，心领神会。后赴潭州（今湖南长沙）参临济宗五传石霜楚圆禅师，得法。返袁州杨歧山传法，因称"杨歧方会"，其法系称"杨歧宗"。

❋ **卓弥·释迦益希**

西藏芒喀人（994—1078）。曾先后到尼泊尔、印度学法，在尼泊尔学梵文，又到印度超岩寺留学8年，到东印专学密法4年，得道果教授法。后回西藏译经传法，弟子很多，玛尔巴、廓·枯巴拉则都曾向他学法，其道果教授法为萨迦派奉行的特有教法（参见P58萨迦派）。译有《喜金刚》《金刚幕》《三礼札》等密典。

❋ **索尔波且亦称大索尔，全称索尔波且·释迦生；索尔迥·喜饶札巴**

索尔波且为西藏佛教僧人（1002—1062）。本名释迦炯乃，全名索尔波且·释迦生。将宁玛派典籍整理成系统，并将所学尽传养子索尔迥·喜饶札巴，二人皆为宁玛派新派创建人之一。曾建邬巴垄寺，故又被称为"邬巴垄巴"。

索尔迥·喜饶札巴（1014—1074）后来继任邬巴垄寺寺主，弟子很多，有"四柱八梁"之称，最著名的是卓浦巴。

❋ **慧南亦称黄龙慧南**

北宋禅宗僧人（1002—1069），临济宗黄龙派创始人。俗姓章，信州玉山（今属江西）人。11岁出家，师事怀玉（山名，在玉山县境）定水院智銮（luán）。19岁受具足戒，远游庐山，皈依禅宗。曾先后参学各师，后受南昌文悦之劝，35岁时往参并受法于石霜楚圆（临济五传）。

后住江西黄龙山，法席很盛，因称"黄龙慧南"。其法系称"黄龙派"，说教方式称"黄龙三关"（参见P258该条）。卒谥"普觉禅师"。

❋ **仲敦巴**

西藏佛教僧人（1005—1064），噶当派初祖。本名仲·甲瓦迥乃，邦雄（今拉萨东北，一说马堆龙）人。1054年去阿里迎请阿底峡至卫藏，拜阿底峡为师。

宋仁宗嘉祐元年（1056），在热振地方建热振寺，弘传阿底峡教法，门徒甚众，后形成噶当派。著名弟子有博德哇、粗赤拔、康俄巴等。

❋ **契嵩**

北宋禅宗僧人，属云门宗（1007—1072）。俗姓李，字仲灵，藤州镡津（今广西藤县）人。7岁出家，13岁剃度，14岁受具足戒。曾日诵观音名号十万声，经传杂书无不博通，从瑞州（今江西高安）洞山晓聪禅师得法。

后住杭州灵隐寺，擅文章。著《原教论》，主张融合儒教与佛教，以佛之五戒、十善，会通儒之五常，以此驳斥排佛者。还著有《传法正宗定祖图》、《传法正宗记》，三书合为《嘉祐集》。另有《辅教篇》，曾上呈宋仁宗，仁宗敕传法院编入《经藏》，并赐号"明教大师"。有《镡津文集》20卷行世。

❀ 义天

朝鲜僧人（1009—1101），与智讷并称高丽佛教双璧。高丽王朝文宗第四子，俗名王煦，在灵通寺出家，被封为"佑世僧统"。

北宋神宗元丰八年（1085）入宋，上表请传华严教义。在钱塘慧因寺从净源学华严教观；在天竺寺从从谏学天台教义；从灵芝圆照受戒法和《四分律行事钞资持记》；谒金山了元、慧林圆照等，参问禅要。

留宋3年，携佛典经书千卷归国。奏请于兴王寺置"教藏都监"，整理佛典，弘传天台、华严宗义。按其《新编诸宗教藏总录》，刊行经书1000余部，4700余卷，称《高丽续藏》。并回送给慧因寺净源金书三译《华严经》180卷，寺建大阁藏之，慧因寺因而世称"高丽寺"。卒谥"大觉国师"。著有《新编诸宗教藏总录》、《圆宗文类》、《大觉国师文集》等。

❀ 玛尔巴

全名玛尔巴·曲吉洛追（1012—1097），西藏佛教噶举派初祖。生于西藏洛札县普曲地方。曾往尼泊尔、印度学习密法，回藏后在洛札卓窝垄地方传法，并从事经商、务农。一生未出家，但门徒很多，最著名的有弥拉惹巴等。

❀ 博德哇、教典派

西藏佛教噶当派大师（1031—1105）。本名仁钦赛，仲敦巴弟子。宋仁宗嘉祐三年（1058）在热振寺从仲敦巴学法，后创建博德寺，讲经授徒，注重经典戒律，开创噶当派教典派支系。著名弟子有朗日塘巴、霞惹哇等。

❀ 贡却杰波

西藏佛教萨迦派创始人（1034—1102）。幼从父兄学习宁玛派教法，后从卓弥·释迦益希等人学新译密法，而以卓弥所传"道果教授"为主。宋神宗熙宁六年（1073），在后藏萨迦地方建立萨迦寺弘法，后以此寺为主寺，开创了萨迦派。

❈ 粗赤拔、教授派

西藏僧人（1038—1103）。仲敦巴弟子，常随侍仲敦巴左右，故称"京俄巴"（意为眼前人）。擅长二谛义，谙梵文，注重师长指授，开噶当派支系教授派传承之始。著名弟子有熏奴斡（又名甲域哇）等。

❈ 弥拉惹巴

西藏佛教噶举派僧人（1040—1123），玛尔巴嫡传弟子。全名弥拉惹巴·脱巴噶，西藏拉堆贡塘地方人。注重苦修，隐居山林，收徒传法。著有《道歌》，流传很广。著名弟子有日琼巴和达波拉结等。其一生事迹为后人写成传记，绘为壁画，编成戏剧，影响甚大。

❈ 卓浦巴

西藏佛教僧人（1074—1134），宁玛派新派创始人之一。本名释迦僧格，为索尔迥·喜饶札巴幼子。15岁开始学法，兼通宁玛派各种教法，弟子有千余人。在卓浦地方建立卓浦寺，故称卓浦巴。

❈ 宗杲亦称径山宗杲

宋禅宗临济宗杨歧派僧人（1089—1163）。俗姓奚，号妙喜，宣州宁国（今属安徽）人。12岁出家，17岁受具足戒（一说17岁于东山慧云院出家）。初参曹洞宗诸名僧，后至汴京天宁寺参临济宗杨歧派圜悟克勤禅师。克勤以《临济正宗记》付之，不久名震京师。

钦宗靖康元年（1126），受赐紫衣及"佛日"封号。高宗绍兴十一年（1141），因对秦桧不满，被夺衣牒，充军衡州（今湖南衡阳），期间集先师语录公案为《正法眼藏》6卷。后转梅州（今广东梅县）。绍兴二十六年（1156）遇赦，恢复僧服。翌年往住径山，世称"径山宗杲"。

绍兴三十二年（1162）赐号"大慧禅师"，卒谥"普觉禅师"。弟子蕴闻、道先等将其说教汇编为《语录》30卷、《法语》3卷、《大慧普觉禅师普说》5卷、《大慧普觉禅师书》2卷。嗣法弟子90余人，较著名的有思岳、弥光、悟本、宋净、悟本、守净、道迁等。

❈ 正觉世称天童和尚、天童正觉

南宋禅宗僧人（1091—1157）。俗姓李，隰（xí）州（今山西隰县）人。父祖皆皈依禅宗，依父命投净名寺僧本宗出家，14岁从晋州慈云寺智琼受具足戒。18岁出游，与祖诀："若不发明大事，誓不归矣。"

先至汝州（今河南临汝）香山寺谒枯木法成，后至邓州（今河南邓县）谒丹霞子淳，师事子淳。子淳迁住大洪山，亦随之任其书记，后升首座。又从长卢寺真歇清了参学，任首座。

高宗建炎三年（1129），至明州（今浙江宁波）礼普陀山，过天童山时，应请住山讲法，前后凡30余年，因称"天童和尚"，提倡坐禅、默照禅，为曹洞宗著名禅师之一。逝前遗偈："梦幻空花，六十七年，白鸟烟没，秋水连天。"诏谥"宏智禅师"。所著《颂古百则》，为元初万松行秀《从容录》所本，另有《天童正觉禅师广录》9卷行世。

❀ 贡噶宁波

西藏佛教僧人（1092—1158），萨迦派五祖之首，贡却杰波之子。幼从父兄学习卓弥·释迦益希所传经论，后又从却巴日等学卓弥·释迦益希所传道果教授，成为卓弥·释迦益希的道果教授集大成者。

宋徽宗政和元年（1111），开始住持萨迦寺，历时48年，被尊称为"萨钦"，意为萨迦寺大师。

❀ 丹巴桑结

印度僧人（？—1117）。出家后，在超行寺金刚座、逝多林等处修法。曾先后5次进入西藏，在前、后藏传法。其教法以般若为主，密法主传大印法门。

北宋哲宗绍圣四年（1097），在后藏定日附近建一寺庙。相传晚年曾到五台山朝拜。死后，汉地僧人曾将其画像刊印流布。其所传教法，尔后成为希解派、觉域派。

❀ 源空亦名法然，日本净土宗

日本佛教僧人（1133—1212），日本净土宗创始人。俗姓漆间，美作（今冈山县）人。13岁登比叡山（一说25岁），随源光出家。24岁游学京都、奈良等地，尽学法相、华严、三论诸宗要旨。后读善导《观无量寿经疏》、源信《往生要集》，皈依净土，决意创宗。

建久九年（1198）撰《选择本愿念佛集》，特别重视称名念佛，以礼拜、读经为助业。后因被上告弟子私度女官，遭发配土佐（今高知县）。后虽获释，仍不许入京，遂留摄津（今大阪），再归吉水禅房。寂后加谥慧光菩萨、华顶尊者、圆光大师、吉水大师、黑谷上人等尊称。著有《选择本愿念佛集》《黑谷上人语录》等，后人辑为《法然上人全集》。

❀ 荣西、日本临济宗

日本佛教僧人（1141—1215），日本临济宗创始人。全名明庵荣西，号叶上人，又称千光国师。备中（今冈山县）吉备津人。19岁到比叡山学天台教义及密教。

仁安三年（1168）入宋，到天台山求法，带回一些佛教章疏。文治三年（1187），再次入宋，从天台山万年寺虚庵怀敞受临济宗黄龙派禅法。于南宋光宗绍熙二年（1191）回国，在博德建圣福寺。由于受到天台宗攻击，特著《出家大纲》、《兴禅护国论》答辩。

后得到镰仓幕府的信奉和支持，建寿福寺，并在京都建建仁寺，作为传布天台、密、禅三宗的基地，并融合三宗创立日本临济宗。另从中国带回茶种在日本种植，著《吃茶养生记》，介绍茶的功用。

❀ 道济亦称济公、济颠僧

南宋僧人（1148—1209）。俗名李心远，台州（今浙江临海）人。民间把他神话为降龙罗汉，世称"济公"。最初于浙江杭州灵隐寺出家，后移住净慈寺。不守戒律，嗜好酒肉，举止如痴如狂，所以又被称为"济颠僧"。小说《济公传》就是有关他的神话。

❀ 智讷、朝鲜曹溪宗

朝鲜曹溪宗僧人（1158—1210），与义天并称高丽佛教"双璧"。在曹溪山（今全罗南道顺天郡）设修禅社（后称曹溪山松广寺）传法。崇奉《金刚经》、《六祖坛经》，及唐李通玄《新华严经论》、《大慧语录》。从禅宗立场调和禅、教二门，主张顿悟渐修、定慧双修，禅、华严、净土一致。著有《直心直说》、《法集别行录并入私记》、《圆顿成佛论》、《看话决疑论》、《念佛要门》各一卷。

❀ 行秀亦称万松老人

金、元时期禅宗僧人（1166—1246）。俗姓蔡，河内解（今河南洛阳南部）人。15岁投邢州（今河北邢台）净土寺赟（yūn）业出家，受具足戒之后，出游参禅。先诣庆受寺参胜默光禅师，半年无所入。后至磁州（今河北磁县）大明寺参雪严满禅师，未逾月豁然大悟，并从其法嗣。寻还邢州，建万松轩自居，因号"万松老人"。后居净土寺。

金章宗明昌四年（1193），受皇命入宫说法，受赐袈裟。承安二年（1197），住仰山栖隐寺，不久迁往燕京报恩寺。蒙古窝阔台汗二年（1230），奉诏住持万寿寺，未几退居从容庵。后应元朝大臣耶律楚材之请，著《从容录》，传曹洞宗禅风。另著有《万松老人评唱天童觉和尚拈古请益录》2卷。

❀ 亲鸾、净土真宗

日本佛教僧人（1173—1262），净土真宗创始人。幼年出家，入比叡山学天台教义，后投净土宗源空学念佛他力教义，与师一起囚罪流放越后（今新泻）。遇赦后，到各处传法，并撰《教行信证》6卷，正式创立净土真宗。

此派特点是不太重视称名念佛，而强调坚定的信仰（信心），认为恶人正是阿弥陀佛拯救的对象，也可以往生净土成佛。主张僧侣可以食肉、结婚。有《亲鸾圣人全集》行世。

❀ 萨班·贡噶坚赞

西藏佛教僧人（1182—1251），萨迦派第四代祖师。原名贝丹敦珠，意为吉祥义成。幼时从父兄受严格的释典、经学教育，后又拜释迦室利为师，通达五明，被称为"班智达"（大学者）。

南宋理宗淳祐七年（1247），以67岁高龄应召至凉州（今甘肃武威），会见阔端太子（成吉思汗之孙），议定西藏归顺元朝的条件。并致书西藏各地首领，劝说归顺。圆寂于凉州。著有《三律仪论》《正理藏论》《萨迦格言》等。

❀ 道元

日本佛教僧人（1200—1253），全称希玄道元，日本曹洞宗创始人。为内大臣久我通亲之子。14岁到比叡山学天台宗教义，后到建仁寺从荣西弟子明全学禅。贞应二年（1223），与明全入宋，历游天童、育王、径山等寺。

后师事曹洞宗十三祖如净3年，受曹洞宗禅法和法衣而归。于深草建兴圣寺，又在越前（今福井县）建永平寺，作为传布曹洞宗的根本道场。其坐禅要诀是"只管打坐"，后人称其禅风是"默照禅"。

死后孝明天皇赐谥"佛法传东国师"，明治天皇赐谥"承阳大师"。著有《学道用心集》《普劝坐禅仪》《正法眼藏》95卷、《永平清规》《永平广录》等。

❀ 噶玛拔希旧译轨范法师

西藏佛教僧人（1204—1283），原名却吉喇嘛，藏语意为法师。噶当派噶玛噶举第二代祖师。生于康区止垄丹地方贵族家庭，从都松钦巴再传弟子崩扎巴学法，居粗朴寺。

南宋理宗宝祐四年（1256），受元宪宗蒙哥汗供养，赐金缘黑帽。从此，其传承称噶玛噶举黑帽系，西藏活佛转世制度自此开始。蒙语称轨范法师为"拔希"，其得名亦由此。

❀ 八思巴亦称发思巴、帕克思巴

西藏佛教僧人（1235—1280），萨迦派第五代祖师，八思巴意为圣者。本名罗卓坚赞，意为慧幢。南宋理宗淳祐七年（1247），随其伯父萨班·贡噶坚赞至凉州（今甘肃武威），会见阔端太子（成吉思汗之孙），议定西藏归顺元朝的条件。

宝祐元年（1253），忽必烈闻其名，召至左右，从受佛戒。忽必烈继位后的中统元年（1260），尊八思巴为国师，赐玉印。至元元年（1264）领总制院事，管理全国佛教及藏族地区事务。至元六年（1269），献所创蒙古新字，颁行全国，是为"八思巴文"。

次年进封大宝法王，号帝师，统领西藏13万户。于京师置大法会，为各族僧众讲授《彰所知论》。至元十三年（1276）返藏，聚卫藏僧徒七万众，兴曲弥法会。自任萨迦派第一代法王，同时任命"本勤"统领西藏13万户，僧俗并用，军民兼摄，是为西藏实行贵族僧侣统治之始。

有著述30余种，以《萨迦五祖集》传世。并将汉地印刷术、戏剧艺术传至西藏，将藏族建筑技术、雕塑艺术传至汉地，从而促进文化交流。

❀ 原妙亦称高峰禅师

宋元时期禅宗临济宗僧人（1238—1295）。俗姓徐，字高峰，苏州吴江人（今属江苏）。15岁出家，17岁受具足戒，后至杭州净慈寺精修。又参断桥妙伦，妙伦示以"生从何来，死从何去"，次谒雪岩法钦，从受法印。

元至元十六年（1279），入杭州天目山狮子岩，建小室，号"死关"。15年不出室，参学者无虚日，据称僧俗受戒者数万人。著有《高峰妙禅师语录》、《高峰和尚禅要》，传临济宗禅法。弟子有明本等。

❀ 一宁

元代禅宗临济宗杨歧派僧人（1247—1317）。俗姓胡，号一山，台州临海（今属浙江）人。出家后，先在本郡鸿福寺师事无等融公，后入四明山，从普光寺处谦习《法华经》等，又受律宗及天台宗教义。

成宗大德三年（1299），奉命出使日本，留而未归。历任日本建长、圆觉、南禅等寺长老，极受宇多天皇礼敬。其法系称为一山派，为日本禅宗二十四流派之一。卒后赐"国师"称号，其塔祠在今京都南禅寺。

❈ 札巴僧格

西藏佛教僧人（1283—1349），噶举派噶玛噶举红帽系始祖。西藏盆波地夏家族旺古支族人。年轻时学噶举派密法，修"拙火定"。元武宗至大元年（1308）起，先后到粗朴寺和桑浦寺学显密教法。文宗至顺四年（1333），修建乃囊寺。弟子中著名的有亚德班钦等。

❈ 布顿·仁钦朱亦称布顿·宝成，元译卜思端

西藏佛教学者，曾任夏鲁寺住持，夏鲁派创始人。对西藏佛教各方面几乎都有著作，其全集共28函200余种。对显密经论注释颇多，并首度编订"丹珠尔"（藏文大藏经）。编有《大藏经目录》，著有《善逝教法源流》（亦称《布顿佛教史》）。

❈ 道衍俗名姚广孝

明代佛教僧人（1335—1418）。俗姓姚，字斯道，号独庵、逃虚，长洲（今江苏苏州）人。14岁出家，习天台宗教义。元末兵乱之际，往参径山智及，为掌内记3年。初住持临安普庆寺，后迁住杭州天龙寺、嘉定留光寺。

读书工诗文，善阴阳数术之学。明太祖洪武十五年（1382），帝择名僧侍诸王，为诵经荐福。僧录司左善世宗泐推荐道衍侍燕王，燕王语甚合，随至北京，住持庆寿寺，出入府中，为王心腹谋士。

惠帝即位，渐次削藩，劝燕王起兵，并为决策"战守机事"。燕王即位为成祖，授其以僧录司左善世。永乐二年（1404）立太子，拜其为资善大夫、太子少师，复其姓，赐名广孝。成祖往来两京、出塞北征，道衍皆留辅太子于南京。长居僧寺，仍不蓄发娶妻，上朝着冠带，退朝着僧服。

曾监修重编《太祖实录》，与解缙等纂修《永乐大典》。卒赠推诚辅国协谋宣力文臣、特进荣禄大夫、上柱国、荣国公，谥"恭靖"。著有《佛法不可灭论》、《道余录》、《净土简要录》、《逃虚子集》、《外集》、《类稿补异》等。

❈ 明封三大法王

藏传佛教中，受明朝册封的三位法王。分别是萨迦派的大乘法王贡噶札西（1349—1425），格鲁派的大慈法王释迦也失（1354—1435），噶举派的大宝法王得银协巴（1384—1415）。其中以大宝法王地位最高。参见P338大乘

法王等3条。

❀ 绛青曲结原名释迦益西，明史作释迦也失

西藏佛教格鲁派僧人（1354—1435），宗喀巴八大弟子之一。明成祖永乐七年（1409），派钦差四人进藏，迎请宗喀巴进京传法，宗喀巴固辞，由其代行。

永乐十六年（1418），利用从汉地带回的财物，在拉萨北郊兴建色拉寺，成为格鲁派的的三大寺之一。后又到蒙古地区传布格鲁派教义，据传为格鲁派到汉地的第一人。宣宗宣德九年（1434），封为"大慈法王"。

❀ 宗喀巴

西藏佛教僧人（1357—1419），格鲁派创始人。本名罗桑札巴，生于青海湟中。湟中，藏语为"宗喀"，故被称为宗喀巴。幼时从噶当派名僧达玛仁钦出家，学习显密教法。16岁赴西藏，先后在前、后藏各地投师求法，在噶当、萨迦诸大师指导下，研习五论、五明，显密兼通。

鉴于当时佛教戒律废弛、僧侣生活放荡，遂以噶当派教义为本，结合自己的见解，建立体系，从倡导戒律入手，进行改革。著《菩提道次第广论》《密宗道次第广论》等书，阐明显密两宗修行次第，提倡不分显密都必须恪守戒律，形成一代宗风。

明成祖永乐七年（1409），在帕竹政权的资助下，在拉萨大昭寺创办大祈福法会（即传召大会，音译默朗钦波）。同年又在拉萨东建立甘丹寺，格鲁派的体系至此已具体形成。

其后，其诸大弟子们纷纷在各地建寺传法，并以其逝世日10月25日为宗教日，扩大影响力。后其法嗣在蒙古和硕特部及清朝支持下，逐渐成为西藏地方执政的教派，并在蒙藏地区广泛流行，成为藏传佛教的最大流派。

❀ 贾曹杰·达玛仁钦

西藏佛教僧人（1364—1432），格鲁派第二代传人，宗喀巴八大弟子之一。原为萨迦派僧人仁达哇弟子。明太祖洪武三十一年（1398），拜宗喀巴为师，协助创立格鲁派。宗喀巴死后，被推举为格鲁派主寺甘丹寺第二任寺主。所著《能显解脱道论》是对《释量论》的注疏，为格鲁派学制的必修课本。

❀ 克主杰·格雷贝桑亦称班禅一世

西藏佛教格鲁派僧人（1385—1438），宗喀巴八大弟子之一。出身官吏

家庭,原为萨迦派僧人仁达哇弟子,以擅长辩论著称。明成祖永乐六年(1408),拜宗喀巴为师。继贾曹杰任格鲁派主寺甘丹寺第三任寺主,直到去世。著有《因明七论除暗庄严注》、《宗喀巴传》等。后被追认为班禅(额尔德尼)一世。

❄ 根敦朱巴亦称达赖一世

西藏佛教格鲁派僧人(1391—1474),宗喀巴八大弟子之一。后藏萨迦附近霞堆人,在那塘寺出家。明成祖永乐十三年(1415),拜宗喀巴为师。英宗正统十二年(1447)在日喀则地方贵族觉桑布的资助下,建立札什伦布寺,自任该寺墀巴(法台)20余年,直到去世。后被追认为达赖喇嘛一世。著有《量理庄严论》,为格鲁派必读因明课本之一。

❄ 熏努贝

西藏佛教噶举派僧人(1392—1481),历史学家。著有《青史》传世,该书对佛教传入西藏的史实、流派考订甚详,卷帙颇巨,为西藏佛教史的重要著作。

❄ 根敦嘉措亦称达赖二世

西藏佛教格鲁派僧人(1475—1542)。生于西藏日喀则西北的达那地区,幼随父亲习宁玛派密法。明宪宗成化二十一年(1485)进札什伦布寺,次年从隆日嘉措受近事戒,同年出家受沙弥戒。

明武宗正德七年(1512),任札什伦布寺堪布;正德十二年(1517)任哲蚌寺堪布。长期在前后藏传法,广收门徒,修建寺庙。世宗嘉靖五年(1526)兼任色拉寺堪布;九年在哲蚌寺内创设甘丹颇章,立管理寺属庄园的第巴制度。去世后,被尊为达赖喇嘛二世。

❄ 莲池亦称云栖、云栖袾宏

明代佛教僧人(1535—1615),被推为净土宗八祖。俗姓沈,名袾宏,字佛慧,仁和(今浙江杭州)人。青年时习儒,以孝行闻名。32岁出家,为遍融、笑岩弟子。穆宗隆庆五年(1571),居杭州云栖寺,故称"云栖"或"云栖袾宏"。

本属禅宗,多用华严宗教义解释教理,着重传布持名念佛的净土信仰,并主张儒、释、道三教一致。著有《禅关策进》、《弥陀疏抄》、《楞严经摸象记》、《四十八问答》、《西方发愿文》等20余部。后人王宇春汇集其文,题为《云栖法汇》34卷行世。与紫柏、蕅益、憨山并称明代四大高僧。

❖ 锁南嘉措亦称达赖三世

西藏佛教格鲁派僧人（1543—1588）。前藏堆垄人，出生于土蕃贵族玛氏家族。明世宗嘉靖二十六年（1547），被认为是达赖喇嘛二世根敦嘉措的转世，被迎至哲蚌寺坐床，开始格鲁派的活佛转世制度。

7岁举行出家仪式，10岁任哲蚌寺堪布，11岁举行拉萨祈愿大会，16岁兼任色拉寺主持。明神宗万历六年（1578），被土默特蒙古俺答汗（明朝封为顺义王）迎至青海仰华寺供养，赠以"圣识一切瓦齐尔达赖喇嘛"的尊号，是为"达赖喇嘛"名号之始。

万历八年（1580），建理塘大寺。万历十六年（1588），神宗遣使持厚礼迎其赴京，旋因病逝于蒙古，未果。

❖ 紫柏亦称真可

明代佛教僧人（1543—1603）。俗姓沈，名真可，字达观，吴江（今属江苏）人。17岁于虎丘寺出家，20岁受具足戒。后入庐山学法相教义，游五台山受老宿指授。于神宗万历元年（1573），至京师参遍融禅师。后与德清相会，成为至交。主张儒、释、道三教一致。

万历十七年（1589），在五台山以明《北藏》为基础，校明《南藏》，创刻方册大藏经。后因北方寒苦，移至浙江径山（在今浙江余杭）寂照庵继续刊刻，因称《径山藏》（即《明藏》万历版，参见P301嘉兴藏条）。万历三十一年（1603）因"妖书"案（宫廷内部倾轧的匿名信）被诬，死于狱中。著有《紫柏老人集》《紫柏老人别集》。与莲池、蕅益、憨山并称明代四大高僧。

❖ 憨山亦称德清

明代佛教僧人（1546—1623）。俗姓蔡，名德清，字澄印，全椒（今属安徽）人。19岁到栖霞山从法会受禅法，从明信受具足戒，听《华严玄谈》，后又从法会受净土念佛法门。此后云游各地。

神宗万历元年（1573）游五台山，爱憨山的奇秀，取此为号。万历十一年住东海牢山（今山东青岛崂山）。万历十四年神宗敕将《大藏经》15部颁天下名山，太后送牢山一部，并建海印寺，请憨山主持。万历二十三年以私修庙宇罪，充军广东雷州，5年后始归。在广东期间，曾住曹溪宝林寺，宣扬禅宗。主张儒、释、道三教一致。

著有《法华经通义》、《圆觉经直解》、《大乘起信论直解》、《观楞伽经记》、

《金刚决疑》、《肇论略注》、《八十八祖真影传赞》，以及《中庸直指》、《老子道德经注》、《庄子内篇注》等。有门徒汇编《憨山梦游集》55卷、《憨山语录》20卷。与莲池、蕅益、紫柏并称明代四大高僧。

❋ 传灯

明代佛教僧人。俗姓叶，号无尽，衢（qú）州（今浙江衢县）人。少年时投进贤映庵出家，后随百松学天台宗教义。神宗万历十年（1582），向百松问楞严大定之旨，百松瞪目周视，传灯即契入（觉悟），随即从受法衣。

万历十五年，入天台山住幽溪高明寺，立天台宗祖庭，向弟子授教传法，兼研习净土、禅宗。所著《净土生无生论》，融会天台宗三观之旨，阐扬净土法门。卒年75岁。著有《楞严经玄义》《天台山方外志》《楞严经圆通疏》、《性善恶论》、《天台传佛心印记注》、《阿弥陀经略解圆中钞》等。

❋ 慧经

明代佛教禅宗僧人（1548—1618）。俗姓裴，字无明，抚州（今属江西）人。夙有出家之志，至廪（lǐn）山从蕴空常忠修法3年，后隐遁娥峰3年。一日因移石，坚不可举，极力推之，豁然大悟。

27岁受具足戒，此后24年不出山。神宗万历二十六年（1598），应乡邑之请，住持宝方寺，数年殿宇一新，来参学者渐多。后南游访袾宏，又至中原少林寺礼禅宗初祖达摩之塔，再往京师、五台山等地参学。回宝方寺后，开堂说法，大弘曹洞宗风。

万历三十六年（1608），应请移住新城寿昌寺，常以偈颂法语应答来参禅者。弟子有元来、元镜、元谧、元贤。辑有《无明慧经禅师语录》行世。

❋ 圆悟亦称密云

明代佛教禅宗僧人（1566—1642）。俗姓蒋，号密云，宜兴人。家世务农，壮年入龙池山禹门寺从幻有正传出家。神宗万历三十年（1602），其师正传入京，圆悟任禹门寺监院。翌年，过铜官山，据称豁然开悟。后正传归龙池，授圆悟法嗣，至万历四十五年（1617），住持该寺。

熹宗天启三年（1623），迁住天台山通玄寺，此后相继住持嘉兴金粟寺、福建黄檗山万福寺、明州育王山广利寺、天童山景德寺等，广传临济宗风，被称为"临济中兴"。弟子有道忞、汉月、通容等。清圣祖康熙四十四年（1705），追谥"慧定禅师"。

❀ 罗桑却吉坚赞亦称班禅四世

西藏佛教格鲁派僧人（1567—1662）。生于后藏拉珠嘉尔地方。明穆宗隆庆四年（1570），被迎入札什伦布寺坐床，是为班禅四世（或说班禅一世）。神宗万历二十八年（1600），就任札什伦布寺堪布。同年，到前藏与达赖四世允丹嘉措会面，执弟子礼，从受《时轮》、《金刚鬘》教法，并受具足戒。

达赖四世殁（1616），噶玛派依藏巴汗势力压格鲁派，罗桑却吉坚赞周旋其间，力支危局，身兼色拉、哲蚌两寺堪布。并主持达赖五世寻认、受戒、坐床诸事。及达赖稍长，引蒙古和硕特部固始汗兵入藏，推翻藏巴汗。清太宗崇德七年（1642），遣使赴盛京朝觐清帝，均以罗桑却吉坚赞为谋主。

世祖顺治二年（1645），蒙古和硕特部固始汗授予"班禅博克多"（大学者之意），是为班禅名号之始。顺治四年，世祖授以"金刚上师"封号。逝于札什伦布寺。

❀ 汉月

明末佛教禅宗僧人（1573—1635）。俗姓苏，名法藏，无锡（今属江苏）人。15岁出家，从天童山圆悟密云学禅。后住虞山三峰寺（在今江苏常熟），著《五宗原》，反对密云的宗旨，主张一个圆相（〇）是千佛万佛之祖，禅宗五家各出圆相之一面，唯独临济是正宗。其说曾盛行一时。密云则著《七辟》《三辟》、《辟妄救略说》，进行反驳。其弟子弘忍又著《五宗救》10卷支持师说。

清雍正皇帝认为汉月标新立异，背叛师说，著《拣魔辨异录》斥之。并令烧毁《五宗原》、《五宗救》的书版，私藏者论罪，封闭该派寺院。

❀ 多罗那它

西藏佛教觉囊派僧人（1575—1634）。原名衮噶宁波，生于西藏喀热琼尊地方。明神宗万历三十六年（1608），依据印度僧人口述资料，著《印度佛教史》，颇见重于世。

由于受到格鲁派的排挤，晚年受达赖喇嘛派遣，赴蒙古传法，被蒙古汗王尊为"哲布尊丹巴"，意为"尊圣"，卒于库伦。其转世灵童即哲布尊丹巴一世。

❀ 道忞亦称木陈

清代佛教禅宗临济宗僧人（1596—1674）。俗姓林，字木陈，号山翁、梦隐，广东潮阳人。初习儒学，因读《金刚经》《法华经》《大慧语录》等而信仰佛教，投庐山开先寺的智明出家。后承父母之命还俗，生一子。27岁再投开先寺出家，从德清受具足戒。游方参禅，嗣法于四明山天童寺密云圆悟禅师。圆悟卒后，住持天童寺。

清世祖顺治三年（1646），退居慈溪五磊山，再移住广润寺，顺治十四年（1657），再住天童寺。顺治十六年奉诏入京为帝说法，赐号"弘觉禅师"。晚年栖隐会稽化鹿山。著有《弘觉忞禅师北游集》、《奏对录》、《山翁忞禅师随年自谱》、《诗文集》，另有《弘觉忞禅师语录》传世。弟子有本画等。

❋ 蕅益亦称智旭

明末佛教僧人（1599—1655）。俗姓钟，名智旭，字振之，别号八不道人，苏州吴县（今江苏苏州）人。少习儒学，誓灭释老，著《辟佛论》。后读莲池袾宏《自知录序》、《竹窗随笔》，决意信佛，烧毁以往反佛论书。

24岁从憨山弟子雪岭剃度出家。此后学法相、禅、律、华严、天台及净土诸宗教义，尤重天台宗。主张诸宗融合，儒、释、道三教一致。曾住安徽九华山，晚年移居浙江孝丰（今浙江安吉）灵峰寺。

著有《毗尼事义集要》、《楞严玄义》、《楞严文句》、《阅藏知津》、《灵峰宗论》、《法华会意》、《大乘止观释要》等40余部。其中《阅藏知津》为佛教目录学著作。弟子成实辑其遗文，题为《灵峰蕅益大师宗论》。与莲池、憨山、紫柏并称明代四大高僧。

❋ 通琇亦称玉林

清代禅宗临济宗僧人（1614—1675）。俗姓杨，字玉林，江阴人。19岁从馨山圆修出家受具足戒，后嗣法传临济宗。曾住浙江武康的报恩寺。清世祖顺治十五年（1658），奉诏入京，在万善殿说法，帝亲临听问，并赐号"大觉禅师"。不久，留弟子茆溪行森在京而归。翌年受封"大觉普济禅师"，受赐紫衣。

世祖顺治十七年，帝建坛选僧受菩萨戒时，特请通琇为本师，并加封"大觉普济能仁国师"。在内廷说法，撰《客问》一篇。帝命大学士金之俊附评注并序，刊行之。

再回西天目山，重修殿宇，改山麓的双清庄为禅寺，此即后来的禅源寺。后卒于江苏淮安的慈云庵。有《玉林琇国师语录》行世，其中收有王熙著《敕封大觉普济能仁国师塔铭》及法嗣超琦著《年谱》2卷。

❋ 道霈

清代禅宗临济宗僧人（1615—1702）。俗姓丁，字为霈，号旅泊、非家叟，福建建宁人。少习儒学，15岁出家。18岁从宝善寺广印习受"念佛毕竟成佛"之旨，后从福建鼓山涌泉寺元贤修习曹洞宗禅法。曾游杭州习《法华经》、《楞严经》、《维摩经》，并研华严、天台二宗教义。

顺治七年（1650）从元贤受法嗣，十五年开堂说法。著有《华严疏论纂要》、《禅海十珍》、《法华经文句纂要》、《秉拂语录》、《还山录》、《旅泊庵稿》、《云山法会录》、《沩山警策指南》、《净业常课》、《续净土生无生论》等。

❋ 阿旺罗桑嘉措亦称达赖五世

西藏佛教格鲁派僧人（1617—1682），生于西藏穷结贵族家庭。明熹宗天启二年（1622），被迎入哲蚌寺。思宗崇祯十五年（1642），在班禅四世的襄助下，引青海蒙古和硕特部固始汗兵入藏，推翻噶玛派政权藏巴汗，收其土地及农奴，分配给新贵族及格鲁派寺院，形成西藏三大领主的雏形。

清世祖顺治九年（1652），进京朝觐，次年被封为"西天大善自在佛所领天下释教普通瓦赤拉怛喇达赖喇嘛"，"达赖喇嘛"在西藏的地位从此由中央政府承认而确立。又规定格鲁派寺庙的僧人数、主属寺关系、寺庙的组织、僧官的任免等规章制度，为后世所沿用。

晚年悉心潜修，并从事著述，著有《相性新释》、《西藏王臣史》、《菩提道次第论讲义》、《引导大悲次第论》等30余种。

❋ 罗桑益西亦称班禅五世

西藏佛教格鲁派僧人（1663—1737），生于后藏托布结珠仓（今西藏南木林境内）。清康熙六年（1667），被迎入札什伦布寺坐床，师事达赖五世。达赖五世殁后，先后主持六世和七世寻访、坐床诸事。康熙五十二年，特旨加封"班禅额尔德尼"，赏金册、金印、庄田、人户，以作香灯之费。遂成格鲁派第二大活佛转世系统。

雍正初年，诏命达赖七世到拉萨主持全藏格鲁派事务，日喀则以西至阿里归班禅管理。他以团结、和睦为重，仅领拉孜、昂仁、彭措林三县，开班禅系统直领辖地之始。

❋ 松巴·益西班觉

西藏佛教格鲁派僧人、学者（1704—1788年）。青海佑宁寺第三世松布（即松巴）活佛，曾赴西藏哲蚌寺学习声明、绘画、韵律、历算等。清世宗雍正九年（1731）返佑宁寺，后任法台。高宗乾隆二年（1737）到北京，校勘汉地所印藏文经籍，因学识渊博，获"额尔德尼班智达"称号。

后返佑宁寺，此后三次任佑宁寺法台，致力寺院管理和写作。主要著作为《如意宝树史》，另有《青海史》、《世界广说》、《四部医典释难》、《药物识别》、《格登新历》、《藏文正字学》。

❀ 贡塘·丹白准美

西藏佛教格鲁派僧人、学者（?1762—?1823），甘肃拉卜楞寺贡塘仓活佛第三世。安木多作格（今甘肃南部合作镇）人。7岁被迎入拉卜楞寺，受沙弥戒。17岁入藏，在哲蚌寺学习佛典。22岁从八世达赖喇嘛受比丘戒。

后返拉卜楞寺，学密典、医药、历算、诗论、音韵等，成为学贯三藏的著名学者。曾任拉卜楞寺、佑宁寺法台。著作甚丰，以《水树格言》最著名，其他还有《俱舍论摄要》、《波罗蜜多摄要》等，涵盖显、密二宗。

❀ 彭绍升亦称彭际清

清代佛教居士、学者（1740—1796）。字允初，法名际清，江苏长洲（今苏州）人。早年习儒，为乾隆时进士，家居不仕。后习道家修炼之术，三年无成。因读明末憨山、紫柏、莲池之书，转而信佛，特别是净土宗。曾建念佛道场，设放生会。

著作很多，其《一乘决疑论》主张佛、儒一致；《华严念佛三昧论》主张禅、净融合；《净土三经新论》发挥净土宗教义。此外尚有《居士传》、《善女人传》、《净土圣贤录》。

❀ 缪勒

英国自然主义语言学家（1823—1900），近代宗教学创始人之一。生于德国，在莱比锡和柏林大学求学，后至法国和英国从事研究。1850年任牛津大学语言学教授，1858年为法国科学院通信院士，1869年为正式院士。

1876年开始主持《东方圣书集》编译工作，完成51卷，其中将《法句经》、《佛说阿弥陀经》、《金刚般若波罗蜜经》等梵本佛经译成英文，全编未完成。另致力于运用语言学进行宗教及宗教史研究。1873年曾发表《宗教学导论》，首先使用"宗教学"一词，对于宗教进行客观的科学研究。

杨仁山亦称杨文会，金陵刻经处

清末佛教居士（1837—1911），本名文会，字仁山，近代中国佛学研究的开创者，石埭人（今安徽石台）。早年习诸子之学，1863年于病中读《大乘起信论》，对佛教产生信仰，立志搜求佛教经论，刻印流通。1866年与同志募集资金，创立金陵刻经处，经营刻印佛经事业。

1878至1886年，曾随清朝驻英大使两次赴欧，结识日本佛教学者南条文雄。回国后，得日本弘教书院《缩刷藏经》及南条文雄所赠中国失传的经疏，遂择其一部分刊行，编入《大藏辑要目录》。

本拟刊印大小乘佛典460部3320卷，但生前只完成2000余卷。曾提供佛典数百种，供日本编印《续藏经》。1907年在刻经处成立"祇洹精舍"，自编课本，招生教授佛典、梵文、英文，计划赴印传法。1910年任佛学研究会会长，定期讲经。其著述于1919年由金陵刻经处编辑成《杨仁山居士遗著》10册发行。弟子著名的有欧阳竟无、章太炎、谭嗣同、桂伯华、梅撷芸、李证刚、蒯若木等。

欧阳竟无接续主持刻经处工作，设研究部，并在南京公园路创立支那内学院。1949年以后，刻经处补刻及新刻经版200余卷，还出版《玄奘法师译撰全集》。1957年以后，刻经处成为中国佛教协会的部分事业。

敬安亦称寄禅、八指头陀

近代佛教僧人（1851—1912），爱国诗僧，太虚的师父。俗姓黄，字寄禅，湖南湘潭人。7岁丧母，11岁丧父。幼时从塾师习《论语》，曾为人牧牛。清穆宗同治七年（1868），从湘阴法华寺东林和尚出家，在南岳祝圣寺从贤楷律师受具足戒，后往歧山参恒志禅师5年，再赴阿育王寺礼佛舍利，燃二指供养，因号"八指头陀"。

此后嗣法于长沙岳麓山寺笠云，历住衡阳罗汉寺、衡山大善寺、宁乡沩山寺、湘阴神晰寺、长沙上林寺、宁波天童寺等。写有不少爱国诗篇。1912年组织"中华佛教总会"，被推为会长。不久，到南京会晤孙中山，并向临时政府请愿保护寺产。临时政府北迁，又约集僧界代表，赴北京请愿，卒于北京法源寺。著有《八指头陀诗集》正续18卷、《嚼梅吟稿》1卷等。

月霞

近代佛教僧人（1858—1917）。俗姓胡，名显珠。湖北黄冈人，19岁出家，常州天宁寺冶开和尚的法嗣。后到南京谒赤山法忍，任首座，开始讲经说法。

初学天台宗，后改学华严宗。对杜顺的法界观，和法藏、澄观的章疏甚有研究。曾在江苏、湖北各地创立"僧教育会"，任教于"祇洹精舍"。曾赴泰国、缅甸、锡兰（今斯里兰卡）、印度等国考察佛教，1906年赴日讲经。同年，与明镜、惟宽、应慈同受天宁寺冶开记莂，传临济宗。

1910年与谛闲在南京设立佛教师范学校。1914年创办华严大学于上海哈同花园，后迁杭州海潮寺。1917年主常熟兴福寺，续办华严大学。卒于西湖玉泉寺，著作多散失，有《维摩经讲义》传世。弟子有持松、常惺、慈舟、智光等。

❀ 谛闲

近代佛教僧人（1858—1932）。俗姓朱，名古虚，号卓三，俗称谛公。浙江黄岩人，20岁从临海白云山成道出家，后因兄迫令而还俗。两年后兄亡，再度到白云山出家。24岁在天台山国清寺受具足戒。1882年在平湖臻福寺从敏曦学《法华经》，后住慈溪圣果寺。27岁升座讲经，翌年（1886）由迹端授记付法，传天台教观。此后在全国各地讲经40余年。

1910年在南京设立佛教师范学校，任校长。1912年被宁波佛教界推举为观宗寺住持，设弘法研究社。1915年应邀北上，任北京大乘讲习会主讲。后寂于观宗寺。著有《念佛三昧宝王论义疏》《水忏申义疏》《圆觉经讲义》《圆觉经亲闻记》《皇忏随闻录》《大乘止观述记》等。后人辑有《谛闲大师全集》。僧俗弟子有倓虚、蒋维乔等。

❀ 织田得能、织田佛教大辞典

近代日本佛教学者（1860—1911），福井县人。12岁入净土真宗大谷派福井别院学校，明治五年（1872）受僧戒。1879年从福井师范学校毕业，从事教学和佛教研究工作。曾与岛地默雷合著《三国佛教史略》，并到暹罗（泰国）考察南传佛教。明治三十二年（1899）起，专门从事佛教辞典的编纂工作，后因积劳而逝。死后由南条文雄、高楠顺次郎等人庚续完成。

《织田佛教大辞典》的主要特色是条目均注明出处，重要条目引征多种汉文典籍原文，与佛教有关的成语、俗语也尽量收入和解释。此书并附汉、梵语索引。

❀ 高楠顺次郎

近代日本佛教学者(1866—1945)。本姓泽井,神户高楠氏养子,广岛县人,属净土真宗本愿寺派。1890年赴英牛津大学,从缪勒学梵文、印度文学、哲学、比较宗教学,并先后游学德、法、意著名大学。回国后,任教于东京大学,兼东京外国语学校校长。退职后,再任东洋大学校长。1911年当选帝国学士院会员,1924年创建佛教女子青年会和武藏野女子学院。

从大正十三年(1924)到昭和九年(1934),与渡边海旭主编《大正新修大藏经》,后又主编《南传大藏经》,刊行《现代佛教》杂志。并与南条文雄、望月信亨等合编《大日本佛教全书》,续成《织田佛教大辞典》。著有《佛教哲学概要》(英文)、《佛教的真髓》、英译《南海寄归内法传》等。

❀ 印光

近代佛教僧人(1861—1940)。俗姓赵,名绍伊,法名圣量,别号常惭愧僧。陕西合阳(今合阳)人。21岁从终南山莲花洞寺道纯出家,翌年受具足戒,专修净土宗。26岁到红螺山资福寺,专修净土道场,后到普陀山法雨寺。在寺中阅《大藏经》,钻研佛教典籍30年。

1923年在南京与人合作创办放生念佛道场,开办佛教慈幼院。1930年移往苏州报国寺,完成普陀、清凉、峨嵋、九华四大名山志修辑。同年在苏州灵岩山寺建立专修净土道场;在上海创办弘法社,流通佛教经典。次年迁苏州报国寺,寂于苏州灵岩山寺。著作有《净土决疑论》、《印光法师文钞》正续篇等。寂后,弟子根据其所列净土十二祖谱,将之列为十三祖。

❀ 望月信亨、望月佛教大辞典

日本佛教僧人、学者(1869—1948)。福井县人,原名松原胜次郎,因被神户藤之寺的望月有成收为养子及传法嗣,改姓望月。11岁在福井县圆海寺出家,入净土宗僧籍。1883年就读京都净土宗大学,1888年转入净土宗本校,1896年由净土宗选派至比叡山和京都专攻天台学。主要从事净土宗研究和佛教辞书编写。曾任大正大学校长、净土宗管长。

主要著作有《净土宗研究》《中国净土教理史》《佛教经典成立史论》《佛教大事年表》,编有《望月佛教大辞典》。

《望月佛教大辞典》于1906年开始编写,至作者去世之1948年前,陆续出版正文5卷、索引1卷,后塚本善隆等修订补充为10卷。对所收佛教教义、人物、名相、历史等条目广引经典日译原文，详加解释，系统性强。是日本现代佛教研究的重要工具书之一。

所附《佛教大事年表》，分栏记载印度、中国、日本等国的佛教史实，年代分帝纪、佛纪、公元，所记事项皆注明出处书名、卷次。

❋ 常盘大定

近代日本佛教学者（1870—1945）。号榴印，官城县人。15岁为伯父养子而入仙台道仁寺。1898年毕业于东京帝国大学文科大学哲学科，并进该校大学专攻佛教学。

其主要贡献在中国佛教史方面，1920至1929年曾5次来华实地考察佛教遗迹，搜集大量佛、道、儒资料，作实证研究的途径。著作有《中国佛教史迹》、《中国佛教研究》、《中国佛教和儒教道教》，并与关野贞合写《中国文化史迹》等。

❋ 铃木大拙

近代日本佛教学者（1870—1966），生于石川县金泽市。明治二十三年（1890）到镰仓圆觉寺参禅，入今北拱川之门，后师事释宗演，受"大拙"号。1891年到东京专门学校（今早稻田大学）学习英文。1893年，美国召开万国宗教大会，随师参加，并担任翻译。后应邀到美国担任汉文典籍如《老子道德经》、《大乘起信论》等的英译，并出版《大乘佛教概论》等，前后达14年。

明治四十二年（1909）回国，历任学习院大学教授、东京大学讲师。历游欧美及中国，从事讲学。1933年以《楞严经之研究》获文学博士。1949年获举荐为帝国学士院会员，荣获文化勋章。

1946年于镰仓东庆寺创松冈文库，1959年以后在松冈文库专事禅书和经典的英译工作。著有《禅与日本文化》《禅与念佛心理学的基础》《禅的研究》等。另有《铃木大拙全集》，又与弗洛姆合著《禅与精神分析》。

❋ 境野黄洋

近代日本佛教学者（1871—1933）。名哲海，号黄洋，仙台人。早年跟日本近代佛教研究先驱村上专精和井上圆了学习佛教，并从事佛教史研究，担任过东洋大学校长。为"新佛教同志会"领导人之一，参与指导"新佛教运动"。1930年以《隋唐以前的中国佛教》获文学博士，著有《中国佛教史纲》、

《中国佛教史讲话》《中国佛教研究》《中国佛教精史》。其中《中国佛教史纲》于1929年由蒋维乔翻译为中文出版。

❋ 欧阳竟无

近代佛教居士（1871—1944）。名渐，字竟无，江西宜黄人。早年习程、朱、陆、王哲学，因友人桂伯华影响而信佛。34岁到南京见杨文会居士，从学佛学。曾游日本数月，回国后任两广师范教师，因病辞职，经营农业。1910年又回南京从杨文会学佛学。翌年杨去世，承其遗志经营金陵刻经处，并附设佛学研究部。

1917年刻成《瑜伽师地论》后50卷，撰序分唯识、法相二宗。阐明其义："约观心门建立唯识义，约教相门建立法相义。"1920年在南京成立"支那内学院"。抗日战争爆发，率众携经版迁四川江津，建立支那内学院蜀院。因佛经散佚严重，曾筹划编印《精刻大藏经》，筹划完毕不久去世。遗著《竟无内外学》26种，30余卷。

❋ 梁启超

近代学者（1873—1929）。字卓如，号任公，又号饮冰室主人。广东新会人，举人出身。清末曾倡导变法维新，辛亥革命后坚持立宪。五四运动时期倡导文体改革，晚年在清华大学讲学。

佛教方面，为武昌佛学院第一任董事长，南京支那内学院发起人之一。佛学著作有《大乘起信论考证》、《说无我》、《佛教心理学浅测》、《佛学时代》、《论佛教与群治之关系》。主要论文收入《佛学研究十八篇》，其著作辑为《饮冰室全集》。

❋ 丁福保

近代佛教居士（1874—1952）。字仲祐，号畴隐，江苏无锡人。7岁入家塾，两次肄业于南菁书院。擅长医学、数学、词章考据学。通日文，曾任京都大学堂及译学馆教席。36岁赴日本考察医学，后在上海行医，创办医学书局。除编印医学书籍外，又编有《说文解字诂林》、《历代诗话续编》。

自32岁开始读佛教书籍，收藏佛经。43岁因病而信佛。翌年编辑刊印佛书，先后出版《一切经音义提要》、《佛经精华录笺注》、《心经笺注》、《六祖坛经笺注》、《六道轮回录》、《佛学指南》、《佛学起信论》等。1921年编辑出版《佛学大辞典》。

❀ 圆瑛亦称宏悟

现代佛教僧人（1878—1953）。名宏悟，字圆瑛，福建古田人。19岁于鼓山涌泉寺出家，20岁从妙莲和尚受具足戒。翌年发心习禅，从常州天宁寺冶开习禅5年，再从宁波天童寺敬安习禅6年。其后从通智、谛闲等修习教观，并精研《楞严经》。

31岁起在福建、浙江、北京、天津、上海及南洋各地讲经。历任宁波天童寺、福州雪峰寺、鼓山涌泉寺、上海圆明讲堂、马来西亚槟城极乐寺等名刹住持。1929年与太虚共同发起成立中国佛教会，被推为会长，连任7届会长。

抗日期间，住持上海圆明讲堂，曾组织僧侣救护队，成立难民收容所，并赴南洋募集经费援助抗战。1945年创办"圆明楞严专宗学院"。1953年中国佛教协会成立，被推为会长。同年病逝于宁波天童寺，遗著20余种汇编为《圆瑛法汇》。

❀ 弘一又名李叔同

现代佛教僧人（1880—1942）。幼名文涛，又名广侯，别号息霜，法名演音。原籍浙江平湖，生于天津。擅长书画、篆刻，工诗词。1905年留学日本，学习西洋绘画和音乐，与欧阳予倩等组织"春柳社"创办话剧，还主编《音乐小杂志》。留日期间更名岸，号叔同。

回国后，先后在天津、浙江、南京各学校任音乐及美术教师，还与柳亚子等创办"文美会"，主编《文美杂志》。

1918年在杭州虎跑寺从了悟和尚出家，翌年在灵隐寺受具足戒。弘扬南山戒律，创设南山律学院，并提出"念佛不忘救国，救国不忘念佛"的主张。卒于泉州。主要著作有《四分律比丘戒相表记》《南山道祖略谱》《在家律要》、《四分律含注戒本讲义》等。

❀ 陈桓

中国现代史、佛教学者（1880—1971），字援庵，号圆庵，又号励耕，广东新会人。早年曾参加反清工作，后从事历史研究和教育工作。1922年以后，历任北京大学等著名学府教授。1955年起担任中国社会科学院哲学社会科学部委员，是中国宗教史研究的开创者之一。

主要佛教史著作有《释氏疑年录》、《明季滇黔佛教考》、《中国佛教史籍概论》，另辑有《陈桓学术论文集》。

❋ 小野玄妙

日本近代佛教学者（1883—1939）。生于横滨，毕业于净土宗宗教大学（现大正大学）。20岁以后，为高岛米峰主持的《新佛教》撰稿。曾多次到朝鲜、中国各地考察搜集佛教资料。

从大正十三年（1924）到昭和九年（1934），在"大正一切经刊行会"与高楠顺次郎、渡边海旭共同主持编辑刊行《大正藏》。在佛教的历史、美术、文学、天文、密教等方面都有研究。主要著作有《佛书解说大辞典》12卷、《佛教的美术和历史》等。

❋ 虚云

现代佛教僧人（？—1959），俗姓萧，法名古岩，又名演彻，字德清，别号幻游。湖南湘乡人，生于福建泉州。1982年至福州鼓山涌泉寺依常开出家，翌年依妙莲受具足戒。

曾遍参高旻、天童、天宁诸寺，历游四大名山、拉萨布达拉宫、缅甸、斯里兰卡。曾在终南山结茅修行，二上云南大理鸡足山。1903年重兴鸡足山迎祥寺，1920年重兴昆明西山华亭寺，更名云栖寺。1929年起历任福建涌泉寺、广东南华寺和云门寺住持。1953年任中国佛教协会名誉会长、全国政协委员。后又复兴江西云居山真如寺。

曾传曹洞，兼嗣临济，中兴云门，匡扶法眼，延续沩仰，一身兼五宗法脉，堪为现代禅宗代表人物。著作有《楞严经玄要》《法华经略疏》《圆觉经玄义》、《心经释》。后人辑有《虚云和尚法汇》、《虚云和尚禅七开示》。

❋ 蒋维乔

现代佛教居士（1873—1958），字竹庄，江苏武进人，清末秀才。初主张毁寺兴学，后皈依谛闲，禅净双修，显密兼学，又从太虚学因明。曾任东南大学校长。

曾建议北京大学开设唯识学课程，为中国现代大学有佛学课程之始。又在东南大学开设佛教入门、百法明门论等课程。逝于上海，著作有《佛学概论》、《佛教浅测》、《佛学纲要》、《因是子静坐法》、《大乘广五蕴论》。所编《中国佛教史》以日本境野黄洋所著《中国佛教史纲》编译而成，于1928（1929？）年出版，为中国最早的中国佛教史专书。

❀ 苏曼殊

近代佛教僧人（1884—1918）。原名戬，一说原名宗之助，字子谷，后改玄瑛，小字三郎，法名博经，别号曼殊。原籍广东香山，父亲经营茶叶，母为日本人，出生于横滨，6 岁回国。20 岁从慧龙寺主持赞初在广州长寿寺剃发，到雷峰海音寺受具足戒，嗣曹洞宗衣钵。

曾东渡日本，在早稻田大学学习，历游暹罗（今泰国）、锡兰（斯里兰卡）等地。能诗文、善绘画，通英、法、日、梵诸文。曾任金陵刻经处祇洹精舍讲师等职。病逝于上海。

著有《梵文典》8 卷和《汉英辞典》，译有《沙恭达罗》，均佚。现存主要著作有《文学因缘》、《断鸿零雁记》、《天涯红泪记》、《焚剑记》，辑有《苏曼殊全集》。

❀ 喜饶嘉措 全名道帏格西·喜饶嘉措

现代藏传佛教僧人、学者（1883—1968）。清海循化县人，藏族。幼年在循化古雷寺出家，后在甘肃拉卜楞寺、青海塔尔寺游学。1904 年入藏，在哲蚌寺学经 10 年，获"拉然巴格西"学位。曾任达赖十三世侍讲。主持重刻藏文大藏经（拉萨版）工作，任总编校。

1936 年至南京，担任过 5 所国立大学西藏文化讲座讲师、国民参政会参政员、蒙藏委员会副委员长等职。中共建国以后，担任全国政协委员、中国佛教协会会长等职。主要著作收入《喜饶嘉措佛学论文集》《喜饶大师文集》。

❀ 熊十力

现代学者（1884—1968）。字子真，湖北黄冈人。曾参加武昌起义，辛亥革命后，入南京支那内学院研究佛学。长期在北京大学任教，抗日时期讲学于四川。

长期从事佛教和哲学研究，主张儒、佛调和，目的在归宗儒教。著有《新唯识论》、《破破新唯识论》、《十力论学语要》、《佛家名相通释》、《体用论》、《明心篇》、《乾坤衍》、《原儒》等。

❀ 太虚

现代佛教僧人（1889—1947）。俗姓吕，本名淦森，字太虚，法名唯心。浙江崇德（今属桐乡）人。16 岁出家，依宁波天童寺寄禅和尚受具足戒。1909 年，在南京从杨文会学《楞严经》，又从苏曼殊学英文。

1911年赴广州宣扬佛法，被推为白云山双溪寺住持。翌年，在南京创设中国佛教协进会，后并入以敬安为首的中国佛教总会。敬安死后，在追悼会上提出"教理革命、教制革命、教产革命"的口号，并撰文鼓吹佛教复兴运动。

1918年在上海与陈元白、章太炎、王一亭创立"觉社"，主编《觉社丛书》，翌年改为《海潮音》，历30余年未曾中辍。1922年在武昌始创佛学院。1925年率佛教代表团赴日本东京出席"东亚佛教大会"，并考察日本佛教。1927年任厦门南普陀寺住持兼闽南佛学院院长。1928年在南京创设中国佛学会。

同年赴欧美宣讲佛学，应法国学者建议，在巴黎筹组世界佛学苑，为中国僧人赴欧美传播佛教之始。1931年入川，在重庆缙云寺创办汉藏教理院。中日战后，任中国佛教整理委员会主任、国民精神总动员会设计委员等职。1946年受国民政府宗教领袖胜利勋章，翌年病逝于上海玉佛寺。

主要著作有《整理僧伽制度论》、《释新僧》、《新的唯识论》、《法相唯识学》、《真现实论》、《寰游记》等。门人辑有《太虚大师全书》。

❀ 陈寅恪

现代史学家（1890—1969）。江西修水人。1902年官费赴日本留学，1910至1924年在德国柏林大学、瑞士苏黎世大学、法国巴黎大学、美国哈佛大学读书并研究。通晓东西方多国语言，尤精于梵文、突厥文、西夏文等古文字研究。

1926至1948年历任清华国学研究院及中国多所大学教授，1930年兼任南京中央研究院历史语言研究所研究员，兼第一组主任。1949年任岭南大学教授。1945年后，双目逐渐失明，仍在助手帮助下进行研究。著有《隋唐制度渊源略论稿》、《元白诗笺证稿》、《唐代政治史论稿》，在魏晋南北朝史、隋唐史的研究领域自成学派。

其对敦煌文书、多种文字版本佛教经典进行比较研究，做了开拓性的工作。关于佛教对中国文史著作体裁的影响、佛教梵呗对中国声韵学的影响、道教在滨海地区的传播等问题都有新见。有关论文汇编于《寒柳堂文集》《金明馆丛稿》初、二编。

❀ 汤用彤

现代佛教史学者（1893—1964）。字锡予，湖北黄梅人。毕业于清华学堂，曾留学美国，通晓梵文、巴利文、西方近代哲学。回国后，先后在东南大学等国内著名大学任教。

1947年赴美国加利福尼亚大学讲学。专治佛教史及哲学史，治学严谨，力图摆脱宗教的影响，把佛教史作为一种科学来研究。主要著作已出版的有《汉魏两晋南北朝佛教史》《印度哲学史略》《魏晋玄学论稿》《往日杂稿》等。

塚本善隆

日本现代佛教学者（1898—1980）。京都人，毕业于京都大学，留学中国辅仁大学。数度来华考察佛教，曾任京都大学人文科学研究所所长、京都博物馆馆长、日中友好佛教协会会长。

一生致力研究中国佛教史。著有《魏书释老志研究》《中国佛教史》《佛教史研究——北魏篇》《肇论研究》《中国净土教史研究》《中国佛教通史》（第一卷）。

李炳南

现代佛教居士（1890—1968），名艳，号雪庐，法号德明，山东济南人。能诗，兼治歧黄，因印光而归心净土，抗战期间曾协助太虚弘法。1949年入台，寓居台中，任中兴大学、中国医药学院教授，常至各寺院讲经。1950年与董正之等筹组台中莲社，倡导佛法，举行佛七，并讲儒学。

此外还成立慈光图书馆、慈光育幼院、菩提医院、《菩提树》杂志、明伦大专佛学讲座及多所布教所，多方接引民众，对现代台湾佛教影响广大。著作有《阿弥陀经摘注接蒙暨义蕴》《大专佛学讲座六种》《佛学问答类编》、《弘护小品汇存》等。

广钦

现代佛教僧人（1892—1986），俗姓黄，福建惠安人，后为李姓养子。稍长，养父母相继身亡，因近亲争产，遂弃产投泉州承天寺，依瑞芳出家。33岁始剃度，42岁从莆田慈受寺妙义受具足戒。旋上泉州城北清源山坐禅念佛苦修，米尽粮绝，以野菜充饥，后常以水果果腹，人称"水果师"。常入定数月，不食不动，深受弘一法师赞叹。

1947年入台，先在基隆极乐寺、月眉山灵泉禅寺等寺挂单，旋即常住台北县（今新北市）新店、土城等地山洞。1955年信徒于土城捐地盖一瓦房供养，至1960年始兴建大雄宝殿，取名"承天禅寺"。1985年于妙通寺建三坛大戒，求戒弟子数千人，盛况空前。是台湾佛教中唯一不靠讲经说法而入人之深者。

❋ 慈航

现代佛教僧人（1894—1954），俗姓艾，号继荣，福建建宁人。18岁在九江能仁寺出家、受具足戒，先后学法于来果、谛闲、度厄、太虚、圆瑛等。经常在东南亚各国弘法，并创办佛学院、组织佛教团体。1949年入台，在桃园圆光寺办佛学院，翌年驻锡台北县汐止静修禅院，请教学者纷至，声誉日隆，当时有"菩萨"之称。是台湾第一位肉身不坏的比丘。有《慈航法师全集》行世。

❋ 吕澂

现代佛教学者（1896—1989），字秋逸，亦作秋一，鹙子，江苏丹阳人。精通英、日、梵、巴、藏文，对印度及汉传佛学均有深刻研究。

1914年至南京金陵刻经处随欧阳竟无学佛，1915年赴日留学美术，1916年回国任上海美术专科学校教务长。1918年开始协助欧阳竟无筹办支那内学院，1922年成立，任教务长。期间协助编印《大藏经辑要》。1938年随欧阳迁至四川，成立内学院蜀院。欧阳逝世后，继任院长。曾为华西大学编写《汉藏佛教关系史料集》。

1947年在南京恢复内学院，1949年内学院更名"中国内学院"，仍任院长。1955年任锡兰（今斯里兰卡）英文《佛教百科全书》中国部分编纂委员会副主任。晚年移居北京。佛学著作有《中国佛学源流略讲》、《印度佛学源流略讲》、《新编汉文大藏经目录》等，另编有《吕澂佛学论文选集》行世。

❋ 法尊

现代佛教僧人（1901—1981），俗姓温，字妙贵，河北深县人。佛学翻译家。早年于五台山出家，1922年在北京法源寺受具足戒，翌年入武昌佛学院。1925年起从大勇法师学藏密，两次赴西藏留学，前后共12年。

曾任中国佛学院院长。其主要成就及贡献为致力藏传佛教经论的翻译，沟通汉藏文化。首次将《菩提道次第广论》及《略论》、《密宗道广论》及《略论》、《辨了义不了义论》，以及汉文三藏中缺译的《现观庄严论》、《辨法法性论》、《入中论》、《集量论》、《释量论》译成汉文。将《大毗婆沙论》译成藏文。

❋ 白圣

现代佛教僧人（1903—1989），俗姓胡，名必康，法名东富，湖北应城人。

18岁在九华山祇园寺依龙岩出家，旋受具足戒。学遍教、律、禅，并于洪山掩门阅藏3年。后至江苏高旻寺亲近来果禅师。

曾任杭州凤林寺住持、上海静安寺监院兼佛学院长、中国佛教会江苏及浙江分会常务理事。1949年入台，住持台北十普寺，整建寮舍，安置流亡。并推动佛教会在台复会，历任五届理事长，主持三坛大戒，创办佛学院，为台湾佛教复兴作出具体贡献。1966年与南传佛教各国共同创设世界僧伽大会，并荣任四届会长。

❋ **道安 [2]**

现代佛教僧人（1907—1977），湖南祁阳人。19岁于佛国寺出家，旋即于衡阳大罗汉寺受具足戒。专研因明、唯识、天台、华严诸学，尤精于教史，曾任金陵等大学客座教授。

1946年协助虚云老和尚创办戒律学院，1947年任祝圣寺住持兼佛学院院长，1950年任香港佛教联合会理事兼秘书。1953年应慈航之邀入台，创办静修佛学研究班。经常于台湾各大学讲学，身兼台北松山寺、善导寺、日月潭玄奘寺住持，中日佛教关系促进会会长。皈依弟子2万余人。著作有《二力室文集》、《中国藏经翻译刻印史》、《中国大藏经雕刻史话》、《中国佛教史》等。

❋ **宣化**

现代佛教僧人（1910—1995），俗姓白，法名安慈，字度轮，吉林双城人。19岁依常智出家，后蒙虚云传授法脉，为沩仰宗第九代传人。1949年赴香港弘法。1959年创立中美佛教总会，为现今法界佛教总会前身。

1962年赴美国，先在旧金山创办金山寺。1976年又建万佛城，并陆续开办法界佛教大学、培德中学、育良小学及僧伽居士训练班等。之后在美广建道场，计27所，道场均立"不争、不贪、不求、不自私、不自利、不打妄语"六大宗旨。其弘法事业由法界佛教总会继承。

❋ **任继愈**

现代佛教学者（1916—2009），山东平原人，幼读私塾，1938年毕业于北京大学哲学系。随后入西南联大，跟随汤用彤研究哲学及佛教史，1941年硕士毕业。毕业后留北京大学任教。

1964年筹组中国社会科学院世界宗教研究所，并任所长。1987年担任北京图书馆馆长（后更名为中国国家图书馆），直至2005年。1982年开始《中华大藏经》编辑工作，汉文部分费时13年完成。此外，更担任《中国佛教史》《中国道教史》、《宗教大辞典》、《佛教大辞典》、《新修二十四史》、《国家图书馆藏敦煌遗书》、《中华大典》的主编工作。

有关佛学的著作有《汉唐佛教思想论》、《中国佛教思想论文集》(合著)等。

❋ **星云**

台湾现代佛教僧人（1927—），佛光山开山宗长。俗姓李，名国深，江苏江都人。1938年于南京栖霞山礼宜兴大觉寺志开上人出家。1947年毕业于焦山佛学院。1949年入台弘法，主编《人生》、《觉世》等刊物。1967年于高雄开创佛光山，树立"以文化弘扬佛法，以教育培养人才，以慈善福利社会，以共修净化人心"的宗旨，致力弘传人间佛教。至2011年，已于全球创建200余所道场、16所佛教学院，以及多所美术馆、图书馆、出版社、书局、大学、中学、小学、幼儿园等。

1970年起，相继成立育幼院、佛光精舍、慈悲基金会，设立云水医院、佛光诊所，与政府合作开办老人公寓，并与福慧基金会于大陆捐献佛光中、小学和佛光医院数十所。1976年《佛光学报》创刊，翌年开始编纂《佛光大藏经》近千册以及编印《佛光大辞典》。1997年设立人间卫视，协办广播电台。2000年《人间福报》创刊，2001年成立"法藏文库"，收录海峡两岸有关佛学的硕、博士论文及世界各地汉文论文，辑成《中国佛教学术论典》100册等。

撰有《释迦牟尼佛传》、《佛教丛书》、《佛光教科书》、《往事百语》、《佛光祈愿文》、《迷悟之间》、《人间万事》、《当代人心思潮》、《人间佛教当代问题座谈会》、《人间佛教系列》、《人间佛教语录》、《人间佛教论文集》等，总计近二千万言，并译成英、德、日、韩、西、葡等十余种语言，流通世界各地。

1991年成立国际佛光会，被推为世界总会总会长。至今于五大洲成立170多个国家地区协会，成为全球华人最大的社团。1978年起先后荣膺世界各大学颁赠的荣誉博士学位，并多次获得政府及国际奖项，肯定其对社会及佛教的贡献。

（参见P415佛光山条）

❋ **圣严**

台湾现代佛教僧人（1930—2009）。俗姓张，名志德，又名保康，江苏南通人。佛教学者、教育家，日本立正大学博士，禅宗曹洞第50代传人济宗第57代传人,法鼓山创办人。历任台湾多所大学和佛学研究所教授、所长。

13岁在故居狼山广教禅院出家,1949年入伍随军入台,1960年退伍。旋即依东初老人在台北农禅寺再度出家。1961年受三坛大戒后,至高雄美浓朝元寺闭关读经6年。后赴日本东京立正大学深造6年,1975年获文学博士返国,任教于台湾中国文化大学及东吴大学。同年任台湾中华佛教文化馆馆长。1979年在美国创立东初禅寺,1985年创办中华佛学研究所,1989年创立法鼓山,将其全部佛教弘法事业纳入。

一生奉持太虚(东初之师)人间佛教的理念,开创法鼓山佛教事业,推展禅修,对台湾当代佛教及社会产生了巨大影响。(参见P415法鼓山条)

❀ **证严**

台湾现代佛教比丘尼(1937—),俗姓王,名锦云,出家前自取"静思"为名,慈济事业创办人。1937年生于台中清水,5岁因父骤亡,开始探索佛法,25岁自行落发。1963年巧遇印顺法师,为她取名"证严",皈依门下,并于台北临济寺受具足戒后,返花莲清修。

1966年成立慈济功德会,以制作婴儿鞋、每天存5角钱开始其救济事业,后转型为基金会,从事慈善事业。初期以创立医院为目标,现今则成为国际知名的慈善团体。从1986年起,已获国际各种重要奖项10余种。(参见P416慈济基金会条)

❀ **海涛**

台湾当代僧人,祖籍福建,俗姓黄。1958年出生于台湾高雄市,1982年毕业于台湾中国文化大学。家庭信仰传统基督教,对道教亦有所接触。1991年于台北慧日讲堂初接触佛教,1993年依振法出家,由师祖真华老和尚代为剃度出家,依止如虚。1994年于高雄六龟妙通寺,由戒德授具足戒。2002年由香港观宗寺觉光印证,传承天台宗第四十七代法脉。

其弘法特色在于包含电视等多媒体,并成立佛陀教育中心,免费流通各种经典、当代著作等。尤其在监狱、学校大力弘法,并且通过放生、护生来强调生命教育,从而形成当代台湾佛教界的一大特色。近年更将弘法事业积极推展至大陆。

其另一特殊之处在于不建寺院,专事建立弘法团体。在其手中成立的弘法团体已有:生命电视协会、佛陀教育中心、中华印经协会、中华护生协会、慈悲佛曲传播协会、台南大觉同心会（监狱弘法）。并担任台湾多所监狱、看守所、明德训练班（军中教诲单位）教诲师。

❁ 净土十三祖

中国净土宗所立的十三位祖师。由于净土宗并无严密的传法世系，此种祖师系统往往是后人根据其贡献列名追认。最早在南宋宗晓的《乐邦文类》提出六人为净土宗六祖，即东晋庐山慧远、唐光明寺善导、唐五台山竹林寺法照、唐乌笼山少康、北宋昭庆寺省常、北宋长芦寺宗颐，或称莲宗六祖。慧远为始祖不计，则为莲宗五祖。尔后历代例有增补或变动。

至近代，印光综合历代说法立十二祖说，依序为慧远、善导、承远、法照、少康、永明、省常、莲池、蕅益、截流、省庵、彻悟。其门人在印光圆寂后，将之列为十三祖，现通说为此。

❁ 华严五祖

华严宗尊奉的五位祖师。即一祖唐杜顺、二祖唐智俨、三祖唐法藏、四祖唐澄观、五祖唐宗密。宋净源在五祖之前加上印度马鸣、龙树，为七祖。凝然在五祖之前加上印度普贤、文殊、马鸣、龙树、世亲，为十祖。

❁ 禅宗六祖

禅宗南宗尊奉的东土六位祖师。即初祖南北朝达摩、二祖南北朝慧可、三祖隋僧璨、四祖唐道信、五祖唐弘忍、六祖唐慧能。禅宗自六祖慧能以后，分为南、北二宗，流传的以南宗为主。然其在上溯印度宗源时，自佛陀的弟子开始，有高达二十八祖之多。（参见P110西天二十八祖条）

❁ 天台九祖

天台宗尊奉的九位祖师。依据南宋士衡所撰《天台九祖传》，即高祖龙树（印度）、二祖慧文、三祖慧思、四祖智𫖮、五祖灌顶、六祖智威、七祖慧威、八祖玄朗、九祖湛然。天台宗系中国历史上第一个自创的佛教宗派，实际创始人为四祖智𫖮。

五 历史事件

这一章选取的条目只有27条。这是因为考虑到历史事件的主角是人，小事件往往已经在之前的人物事迹中写明，所以只收录了影响深远的重大事件，使其独立成条。

佛教成立初期，对佛教发展影响最大的就是集经。世界的著名宗教都有自己的教义圣典，基督教有圣经，伊斯兰（穆斯林）教有古兰经。而佛教教义从简单朴素的基础教义——四谛、八正道、十二因缘等发展出丰富多彩的教义，都要归功于集经时代的多次结集。

佛教在汉传方面，历经了与中国文化的冲击、融合，接着便是与政治、经济的冲突，从而发生了多次的灭佛事件。但宗教与文化融合后，就必然难以再度抽离，三武一宗灭佛、"文革"毁佛都证明了这个事实。"文革"毁佛的影响，不仅在古迹、文物的破坏损失，重要的还在于影响两岸佛教的交流发展，使"人间佛教"在台湾独树一帜。这方面还有待大陆佛教界急起直追！在藏传方面，毁佛影响最大的是前弘期的佛苯斗争，其最终导致朗达玛灭佛，使佛教进入黑暗期。而在随之而来的后弘期，佛苯之间则采取了兼容态度，从而发展出今天颇具特色的藏传佛教，其信仰、法会、节庆等都与民间生活相融合，成为西藏人民生活的一部分。

❉ 集经时代

汉传佛教史一般将佛陀逝后佛教的发展划为原始佛教和部派佛教两个阶段，然后是大乘时期。从佛陀逝世后大迦叶召集五百比丘口述佛陀教喻，到五百年后《大毗婆沙论》的完成，都是佛教极具意义且影响深远的发展历史。佛教教义经过这五百年的发展而成熟定型，时间横跨原始佛教、部派佛教两个时期，即从第一次结集到第四次结集。

❉ 第一次结集、铁围山大乘结集

相传佛陀逝世后，由弟子迦叶担任主持，在王舍城召集众多弟子，由阿难诵出经（修多罗），优波离诵出律（毗尼），从而集成佛教最初共识的经、律二藏。相关传说甚多，甚至有人谓第一次结集即完成大乘论藏，不过历史学者多不相信。

另据《大智度论》载，第一次结集时，文殊、弥勒等也在铁围山要求阿难诵出大乘经典，称为铁围山大乘结集。但学者对此并不相信，其认为大乘的结集应在大乘佛教兴起之后。

❉ 第二次结集

佛陀逝后约百年，印度东部的跋耆族比丘遵行的戒律有所改变，认为新戒律中的"十事"不违反佛陀的原则（参见P162该条）。但远在西部的雅利安比丘耶舍来到东部见到这种情形，遂召集七百比丘在毗舍离议论此事，审定律藏，并判定十事为非法。此后佛教教团分裂为二，坚持十事为非法的保守派称为上座部；认为十事为合法的，称为大众部。此为部派佛教的基本分类。

❉ 第三次结集

佛陀逝后236年在孔雀王朝阿育王的支持下，以帝须为上座，召集一千比丘，诵出"法藏"，即《阿含经》，加以整理，自此古佛经定型。会后并遣比丘出恒河流域，四方传教。

❉ 第四次结集

关于第四次结集，北传有两种说法，南传一种。

北传：佛陀逝后五百年，说一切有部迦旃延子往印度西北部罽宾，召集罗汉、菩萨各五百，马鸣撰书，完成《大毗婆沙论》百万颂。另一说，迦腻色迦王在迦湿弥罗召集五百罗汉，以世友为上座，先后完成《邬波第铄论》十万颂，释律藏；《阿毗达磨毗婆沙论》十万颂，释论藏。后以赤铜镂写，石函缄封，建塔保存。

南传：为斯里兰卡国王伐多加摩尼·阿巴耶在位时（公元前约100年），在阿卢寺举行。由罗希多大上座主持，五百比丘参加。对南传三藏重新编订次序及注释，写成巴利文三藏，并由僧伽罗文注释。

❉ **十事亦称十净、十事非法**

十事指比丘从事十种行为并不违反戒律。佛教在第二次结集的时候，跋耆（族）比丘提出在戒律方面的新主张，认为比丘的下列十种行为并不违反戒律：

1.角盐净：剩余的盐可存放在角制的容器中（仍是净物），留待日后食用。

2.二指净：日影过正午二指进食，仍不违反过午不食的戒律。

3.他聚落净：此聚落进食后，仍可至他聚落进食。

4.住处净：同一地区的比丘，可以分别进行布萨（说戒等仪式）活动。

5.赞同净：僧团议事，如果有人缺席，可假设为赞同，事后追认。

6.所习净：办事可按先例。

7.不搅乱净：允许喝未经脱脂的牛奶。

8.饮阇楼疑净：允许喝未经发酵或半发酵的椰子汁。

9.无缘坐具净：允许随意使用不同的坐具。

10.金银净：比丘可以接受金银的布施。

但是，以耶舍为首的上座比丘另行结集，反对上述十事，并判为非法，称为"十事非法"，从而引起教团的分裂，形成上座部与大众部。

❉ **五事**

北传佛教对于原始佛教分裂为大众部和上座部的原因，除十事外，另有一种说法，即当时的僧团对大天关于教义的五个观点有不同意见。赞成大天观点的僧人分裂为大众部，持反对意见的成为上座部。

这五个观点，后来称为五事，主要认为阿罗汉修行并非完美，不是究竟：

1.仍有常人的生理机能及情欲，如大小便、涕唾、遗精等。

2.仍有无知处，如对自己的修行果位（成就）不知道。

3.对四谛等教义认识不清，判断真理时犹疑不决。

4.对自己修行果位无法证知，必须由别人指点。

5.也有痛苦，甚至发出"苦哉"的声音，但这种声音事实上有助于认识佛教的真理。

原始佛教以阿罗汉为最高修行果位，大乘则主张人人都可以成佛，但这是大乘兴起后的新观点，在当时并未提出类似的主张。因此，原始佛教分裂的原因，多相信"十事"的说法。

❋ 灭佛、法难、三武一宗

中国历史上的主政者曾多次在政策上对佛教实施整顿、限制，或者加以迫害，原因不外僧尼田产免税造成国家财政短缺，或者儒、释、道之间的冲突影响政策。史称这些事件为"灭佛"，教内则称"法难"，其最著名者即为"三武一宗"，以下分述之。

❋ 魏太武帝灭佛

北魏太武帝笃信道教，太平真君七年（446）因平乱入关中长安，见某佛寺藏有兵器，又查出大量酿酒器具及地方官、豪富寄藏财物，又发现僧人与富家女私通淫乱，于是下令诛杀长安沙门，并要求留守平城的太子通令全国镇守各地的将军及刺史全面焚灭佛经、佛图，及坑杀沙门。因太子信佛，下诏前已让远近僧尼先闻讯逃匿，经卷亦得保全。452年太子即位，佛教又得以发展。

❋ 周武帝灭佛

北周武帝曾信佛，但更重儒术。还俗沙门卫元嵩于天和二年（567）奏请减少寺庙及僧人，此后数年间七次大集百官及沙门、道士，论辩儒、释、道三教先后。建德三年（574）下诏禁佛、道二教，经像尽毁，令僧尼、道士还俗。俟后设立通道观，选佛、道名人为"通道观学士"，并置官吏统管。建德六年（577）北周灭北齐，原北齐境内也推行灭佛令。武帝死后，佛教得以复兴。

❋ 唐武宗灭佛亦称会昌法难

唐武宗在位时，因僧尼众多，国家财税耗减。加上道士赵归真等劝谏，遂决定灭佛。会昌五年（845）敕令：毁山野佛寺，东西两都、两街各留二寺，每寺各留僧30人。各节度使辖区、独治州各留一寺。寺分三等，各留僧20、10、5人，其余僧尼全数还俗。钟铜铸钱，田产归官。

据载，当时毁山野佛寺4万余、都城寺庙4600余，还俗僧尼26万余，收良田数千万顷、奴婢15万人。因当时藩镇割据，有些地区并未执行灭佛令。

武宗死后，佛教又恢复发展。灭佛令系在会昌年间颁敕，教内因而称之为"会昌法难"。

❋ 周世宗灭佛

五代后周世宗因担心国家财税问题，在显德二年（955）下诏：不得私度僧尼；亲人无人侍养者不许出家；未经允许的寺庙必须停废。总计一年内废寺3336所，剩存者2694所，并以所毁铜佛像铸铁。史称"周世宗灭佛"。

❋ 前弘期旧译佛苯斗争

从7世纪中叶藏王松赞干布在位至9世纪末朗达玛灭佛，佛教在西藏弘传200余年，称为前弘期。此期西藏称为土蕃，佛教初传入藏，一开始为显密并传，与当地的苯教不能兼容。到8世纪中叶赤松德赞在位时，寂护与莲花生入藏，以弘传密教为主，并与原有的苯教进行辩论、斗争，进而确立密教成为西藏的国教。

841年朗达玛即位，苯教再度发动斗争，导致朗达玛灭佛，进入佛教所指的无法时代，又称黑暗时代。

❋ 后弘期、上路弘法、下路弘法

西藏佛教于朗达玛灭法后，经过百余年的无法时代，于978年再度复兴，分别从青海及阿里两路传入卫藏地区，史称上路弘法及下路弘法。再度传入的佛教与当地的苯教融合，因传承系统不同，早期主要分为宁玛派、噶当派、萨迦派、噶举派。

15世纪初，宗喀巴进行宗教改革，创立格鲁派。17世纪中叶，在清朝的扶植下，格鲁派掌握政教大权。后弘期中，新译的经论甚多，堪称完备。早期的四派加上格鲁派，是为藏传佛教的基本派别。

❋ 近代僧制改革

1915年由太虚提出。太虚在其著作《整理僧伽制度论》中，正式提出有关改革寺僧制度的构想。其主要是针对民初令人不满的佛教状况：一是较小寺庙由于剃度的制度，形成牢不可破的师徒关系；二是较大寺庙基于传法因素，形成法脉的关系。太虚以为这是一种宗教的宗法制度，应予破除，寺庙的财产应为佛教所公有，用来从事弘法及社会、教育工作。

可惜这个观念在当时不为教内人士接受，到1920年太虚宣布停止关于僧制改革的宣传，则等于是承认了改革失败。但此种寺产公有、公用的观念，以及破除宗教封建的宗法制度，受到现代社会普遍认同，早已成为共同的价值标准。就观念革命的角度评量，应属成功。

❊ 文革毁佛

1966—1976年间，大陆兴起"文化大革命"，佛教也被视为革命的对象，大多数的寺院被封。在破四旧的风潮下，许多寺院古迹遭到严重破坏，如杭州灵隐寺、洛阳白马寺、西藏札什伦布寺等。佛教活动全面停摆，僧尼大多还俗。文物古迹遭毁坏者不计其数，直至结束"文革"，恢复社会秩序后，佛教始重现生机。

❊ 人间佛教

民国初年，太虚首先提出人生佛教的理念，其着重点是见到汉地佛教在民间普遍呈现着"神鬼佛教"的现象，或者以为佛教是僧侣的事而忘却了佛陀慈悲济世的初衷。太虚提出佛也是人，不是世界的创造者，而是觉悟者。佛在世间觉悟，关心的是众生，因此佛教的基本精神是利他。由这个基本精神出发，人间佛教具有几项特质：人间性、生活性、利他性、喜乐性、时代性、普济性。

此种精神在1949年随着大陆僧侣入台，在台湾播下了种子，如印顺、星云、圣严、证严等都是人间佛教的信仰者、实践者。他们分别建立起人间佛教的道场。印顺的福严精舍、慧日讲堂，从事僧侣及民间弘法工作。星云的佛光山、圣严的法鼓山、证严的慈济基金会，超越过去佛教在民众中只是荐亡祈福的刻板印象，走入社会，从事教育、慈善、医疗、环境保护等工作。这些为台湾佛教带来了新气象，影响至为巨大。

六教义

教义属佛教文化的内涵，是本书分量最重的一章。本章的条目共656条，也属最多。佛教义学在印度本来就发达，传入中国以后，又得到了汉文化的滋养，更形丰富多彩。具中国特色的宗派，如天台宗、华严宗、法相宗、禅宗都对义学有所发挥。

教义的内容约略可以分为三方面：修行法、思想内涵、名相及术语。其中修行法顾名思义，指涉范围较为明确。思想内涵既包括佛教教义，也纳入其他与教义内涵相关的内容。名相及术语则是为诠释或表达教义内容所使用的语文。这些都是本章的范畴。

由于孕育佛教思想的印度文化与中华文化存在着相当的差异，加以佛教教义并未定于一尊，各宗派对基本教义也各有诠释与发挥，更增加了理解的难度。但这也不意味着没有理解的方法。印度文化表现在佛教教义的一大特色，即是逻辑观甚为明确，分析事理也同样明确深入。反映在具体的名相及术语上，例如"黑黑业"，第一个黑表示恶行，第二个黑表示恶报，语义其实相当明确。繁琐，其实是为了更准确地表达内涵。

为了使读者容易了解教义的内容与掌握关键，并避免因为相类似的教义、名相、术语等而造成混淆，特别将相关教义条目以群聚的方式编辑，以免在众多名相之下，获得的概念比较细碎。或者在不断的左翻右查中，耗费时间及精力。我们相信，此种做法对读者必有所裨益。

条目的编辑顺序，按基本教义（小乘）、部派、大乘一路发展的轨迹进行。然后是中国汉地的宗派和藏传佛教。其中，对于瑜伽行派的五位七十五法，本书特别作了详细的介绍。这并非是本书特别重视法相宗，而是五位七十五法虽是法相宗所特有，但在中国佛教中，各宗派对心识行相的分析、探究，多已接受法相宗的说法，引为教义的通识和概念。且其关于心识的分析，与现代心理学有许多不谋而合之处，更增其价值。

❈ 四谛亦名四真谛、四圣谛

意为圣人讲的四种真理，即苦、集、灭、道。其中苦、集为世间法；灭、道为出世间法。苦是果，说明世间皆苦，含有佛教对人生的价值判断。人来到世间，最基本的苦就是生、老、病、死。集指来到世间的多重原因的总合，就如同多条河流汇集成湖，主要指惑（贪、嗔、痴等烦恼）与业（造业）集起而来到世间。灭是果，说明出世间寂灭为乐，也是佛教的价值判断、最高的追求目标，寂灭为涅槃的别名。道是因，指到达涅槃（断灭苦因）的途径，即八正道。

❈ 苦、二苦、四苦、五苦、八苦、十苦

苦是佛教对世间的基本看法，基本分为两类：二苦、四苦。再扩充为五苦、八苦、十苦。

二苦：内苦、外苦。疾病所带来的苦，加上精神上的苦，合为内苦；环境及外在攻击带来的苦，称为外苦。

四苦：指生、老、病、死。

五苦：四苦加五盛阴苦（亦称五阴盛苦、五蕴苦），是为五苦。阴是蕴藏之意，为身心的总称，五盛阴即所有的身心活动。

八苦：四苦加爱别离苦（与所爱的人不能相聚）、怨憎会苦（与憎恶的人相处）、求不得苦（所求不得）、五盛阴苦，是为八苦。

十苦：四苦加愁、怨、受（苦受）、忧、病恼、流转，合为十苦。

❈ 业、三业、表业、无表业

业为梵文意译，音译羯磨（参见P225羯磨条）。作为、造作之意，包含所有的身心活动。通常分为三业：身业（行为）、口业、意业（思业）。其中又以意业贯穿三业，因为动机主导一切。业是因果中的主体标准，造业即为因，称为业因，得果即为业果（业报）。

如果表现在具体的行为、语言上，就称为表业；没有具体表现，称为无表业。据此，则意业是身、口业的无表业。但是大乘认为意业也有表业，因为意业的无表业是深藏在第六意识中，化为具体的意念（思），就是表业。

❈ 业报

业的果报。谓由身、口、意所造的善恶业，必将得到相应的报应。佛教在轮回的理论基础上建立业报说，用来说明人生和社会受到不平等待遇的原

因。《成实论》将业行分为善、不善、无记（无善恶）三种，善、不善有报，无记无报。

众生不但生身由业决定，生命更从业而生。其中决定个人生命的称为满业，所得果报为别报；决定人的共性和共同社会条件的业称为引业，所得果报为总报。业报说等于因果的具体内容及结果。

❈ **二业、引业、满业、圆满业、别报业**

对于业的分类，整体（引业）与个别（满业）的业报，合称为二业，分述如下。

1.引业：业因必然牵引出业报，在整体上就称为引业。比如六道轮回中，生身为人，具有共同的业报。

2.满业：善恶业往往交杂，在业报上是算总账的，加加减减，总账算出来，称为满业（圆满业）或别报业。比如虽然同样生身为人，但人有富贵、贫贱的分别。

❈ **四业包含黑黑业、白白业、黑白业、不黑不白业**

指按业果报应分类的四种不同的业。分述如下。

1.黑黑业：恶为黑，恶业得恶报，称为黑黑业。

2.白白业：善为白，善业得善报，称为白白业。

3.黑白业：善恶业交杂，所得果报也交杂。

4.不黑不白业：这是脱离善恶因果的无漏业，也就是涅槃的别名。

❈ **惑**

烦恼的总称。一般指贪、嗔、痴。指对真理（佛教的宇宙人生观）不了解、迷惑而不能正确了解和认识的对象，与无明之义相近。无明缘行，惑造成业，所以惑、业往往并称。

❈ **烦恼包含根本烦恼、随烦恼**

烦是扰，恼是乱。扰乱众生身心，产生迷惑、苦恼等精神现象，统称为烦恼。这是与涅槃相对立的现象，是一切欲求的总称，是一切苦的根源。在未现行的时候，称为"随眠"，表示它与众生恒常相随，深藏如睡眠状态，不易察觉；现行的时候称为"漏"（参见P184漏条），表示它从眼、耳、鼻、舌、身、意恒常流泄出。

根本烦恼也称为"本惑、本烦恼"，包含贪、嗔、痴（以上三种为最根本）、慢、疑、恶见，是一切烦恼的根本。

随烦恼也称随惑，伴随根本烦恼而起之意。

❈ 三毒亦称三垢、三火、三不善根

意为能毒害众生的三种根本烦恼：贪欲、嗔恚、愚痴，简称贪、嗔、痴。这三种烦恼属烦恼的根本，烦恼基本上由这三种衍生出来，所以有时又称为根本烦恼。

❈ 三十七道品亦称三十七菩提分、三十七觉支

意为三十七种趋向涅槃、达到觉悟的途径。由四念处（四念住）、四正勤（四正断）、四如意足（四神足）、五根、五力、七觉支（七菩提分）、八正道组成。分述如下。

❈ 四念处亦称四念住

意为精神专注，以智慧观察、思虑四种现象的真实状态。这四种观察是：观身不净、观受是苦、观心无常、观法无我。真实状态则分别是：身是不净、受是苦、心是无常、法（一切现象）是无主体性。反之，以不净为净、以苦为乐、以无常为常、以无我为我，是"四颠倒"（参见P208四颠倒条）。

将身、受、心、法分开来观想，称为"别相念住位"，也称"自相别观"；将四者作整体观察，称为"总相念住位"，也称"共相别观"。

大乘另有一说：观身如虚空、观受内外空、观心但名字、观法善恶俱不可得，是为大乘四念处。但一般均采前述说法，小乘有部把修此观列在三贤位中。（参见P186三贤位条）

❈ 四正勤亦称四正断、四正胜、四意断

意为四种正确、必须努力的修行方法。"四正勤"取其勤劳之意；"四正断、四意断"取其断除之意；"四正胜"意为此法最殊胜。内容分别为：

1.努力防止恶法出现。

2.已经出现的恶法，要努力断除。

3.努力让未出现的善法产生。

4.努力让已出现的善法不断增长、不忘失，追求圆满。

❈ 四神足亦称四如意足

意为学习神通的四种基础修行法（禅定），分述如下：

1. 欲如意足：由意欲之力发起的禅定。

2. 念如意足：由心念之力发起的禅定。又称心如意足。

3. 精进如意足：由不断止恶进善之力发起的禅定。

4. 慧如意足：由不断观想佛理之力发起的禅定。又称观如意足。

❋ 五根、五力

五根有两种不同的内容：

（一）佛教修行的五种根本的内在条件：

1. 信根：对佛教的信仰、信任、信心。

2. 精进根（勤根）：四正勤。

3. 念根：四念处。

4. 定根：四禅。

5. 慧根：四谛。

五力即由于不断修行、增长这五根，产生不为烦恼所坏的力量。其最终可达到解脱，分别说明如下：

1. 信力：由于信根增长，正信无疑，可破除一切邪信。

2. 精进力：由于精进根增长，可断除诸恶。

3. 念力：由于念根增长，可获得正念。

4. 定力：由于定根增长，可断除情欲烦恼。

5. 慧力：由于慧根增长，可成就智慧，达到解脱。

（二）人身五种感知外境的器官：

眼根：生眼识，视觉。

耳根：生耳识，听觉。

鼻根：生鼻识，嗅觉。

舌根：生舌识，味觉。

身根：生身识，触觉。

❋ 七觉支亦称七菩提分

达到觉悟（菩提）的七个层次。依序分别是：

1. 念觉支：能忆念佛法不忘。

2. 择法觉支：能根据佛法，分辨是非、善恶、真伪。

3. 精进觉支：能努力修行不懈怠。

4. 喜觉支：能悟善法，心生喜悦。

5. 猗觉支（轻安觉支）：能因断除烦恼，身心感到安适。

6. 定觉支：能心住一境，思悟佛法，而灭除贪忧。

7. 舍觉支：能舍弃一切，平等待物，心无偏颇。

❁ **八正道亦称八圣道**

又名八筏、八船。意为八种离苦、达到涅槃解脱的正确道路。包括正见、正志、正语、正业、正命、正精进、正念、正定，以下分述。

❁ **正见**

对佛教真理建立起正确的观念，包括四谛、十二因缘等。

❁ **正志**

又名正思惟、正思。对佛教教义有正确的思维。

❁ **正语**

不说一切与佛教义理违背的话。

❁ **正业**

从事清净的业行。

❁ **正命**

生活符合佛教戒律的规范。

❁ **正精进**

又名正方便。勤修涅槃道法。

❁ **正念**

一心以解脱为目标，不可想邪辟之事。

❁ **正定**

修习禅定，一心专注一境，观察真理。

❁ **止观；止，梵音奢摩他；观，梵音毗婆舍那**

止观是佛教修习上的基本功夫。止，亦译为止寂，又经常译为禅定，意为止息心中一切念头；观，泛指一切思维观察活动。止为体，观为用。止是先期功夫，观是效用、目的。两者互相为用，所以止观往往并称。

整体而言，就是要止息心中的杂念，一心用智慧观察真理（佛教的义理），才能有所得（功德）。不是一味静坐，是要在静坐当中用智慧对境（历缘）。

佛教传入中土以后，止观一向受到习佛者重视。天台宗尤其重视止观双修，但不是静坐默想，而是要"历缘、对境"，日常生活都要有止有观，使思想、行为契合佛教义理，即所谓"智慧"。

禅宗对止观另有一套称呼，即"定慧等学"，并赋予二者体用关系。如《六祖坛经》中讲"定慧"法门，定为体，慧为用，构成了禅宗的理论和宗教实践基础。

❖ 禅全称禅那，亦称禅定

禅是音译"禅那"的简称，意为心绪寂静专注，深入思维真理，所以意译为思维修、静虑。汉传佛教习惯将禅和定并称为"禅定"，在含义上一方面保留原来禅的意义，一方面扩大到禅宗上特有的意义：要以智慧（般若）达到修心进而见性的功夫，而不只是静坐定心、专注观境而已。

❖ 四禅

又名四禅定、四静虑、四定静虑。佛教修禅定的四种进阶境界，依序为初禅、二禅、三禅、四禅。整体而言，就是已经离开欲界的感受，处在色界的感受，依序有不同的精神境界。就体性而言，则是"心一境性"（心与境合一）。这四禅的不同简列如下表：

类别	对治支（能断除）	利益支（功德）	自性支
初禅	寻（觉）、伺（观）	喜、乐	心一境性
二禅	内等净	喜、乐	心一境性
三禅	行舍、正念、正慧	乐	心一境性
四禅	舍清净，念清净	不苦不乐	心一境性

初禅：到达初禅，实已离开欲界非善的现象，感受到离欲的喜乐，但心理上仍有觉、观两种活动，应予断除。此时继续修行的目的也是在对治这两者。

二禅：已断除觉、观两种心理活动，心理上来到纯然信仰的状态，名内等净，所获得的喜乐称为定性喜乐。此时继续修行可断除内等净的现象。

三禅：舍去二禅的喜乐，称为行舍，心中只存留正念、正慧，感受到离喜的妙乐。

四禅：舍去三禅的妙乐，称为舍清净，心中唯念修行功德，称为念清净，心中的感受是不苦不乐。

这一切心理活动的历程和感受，都是在心境合一的禅定状态中进行。佛教认为，修此禅定依其阶段成就，死后可生于相应的四禅天。（参见P8四禅天条）

❈ 四无色定亦称四空定

指超越四禅的进阶修行法。依序为空无边处定、识无边处定、无所有处定、非想非非想处定。修此为对治色的束缚，灭除一切对外境的感受，藉此达到四种无色（物质的现象）的精神境界。

据《大智度论》，修空无边处定时，以无边虚空为观想对象；修识无边处定时，以内识为观想对象；修无所有处定时，是静观"无所有"的禅定；修非想非非想处定时，要达到非有想、非无想的绝对寂静状态（灭尽定）。

另据《杂阿含经》载："空入处正受时，色想寂灭；识入处正受时，空入处想寂灭；无所有入处正受时，识入处想寂灭；非想非非想入处正受时，无所有入处想灭。"由此达到灭尽定。佛教认为，修此禅定依其阶段成就，死后可生于相应的四无色天。（参见P8四无色天条）

❈ 定，梵音三昧、三摩地，意译等持

六度之一，三学之一。指心念处在专注一境而不散乱的精神状态。佛教以此作为取得确定之认识、作出确定之判断的心理条件。《俱舍论》将其定义为"心一境性"。《大乘百法明门论忠疏》进一步解释："于所观境，令心专注不散为性，智依为业。"此处"性"可作本质、基础解；"业"为业用、功用。

简捷地说，"定"是一切智慧的基础，"生智"是修定的目的。定可分为二种：一为"生定"，即人们与生俱来的一种精神功能；一为"修定"，即专为获得佛教智慧、神通、功德而修习的定。佛教典籍一般皆指第二项，也就是佛教所说戒、定、慧三学之一的"定学"。中国佛教往往把定与禅连在一起，成为含义广泛的禅定。

❈ 四无量全称四无量心

又名四等心、四梵住、四梵堂、四种禅名。佛、菩萨为普度无量众生，而应具有的四种精神。分别是：

1. 慈无量心：思维如何为众生做好事，使其欢喜（与乐）。
2. 悲无量心：思维如何才能拯救众生苦难（拔苦）。

3.喜无量心：见到众生离苦得乐，感到喜悦。

4.舍无量心：对众生无憎无爱，平等对待。又因为修此死后可生大梵天，故称梵住、梵堂。

❖ 三解脱全称三解脱门，亦称三三昧、三空

禅定的一种，佛教称此为入涅槃之门。包括：

1.空解脱：观我（人）法二空。（主客观的人与物都不存在）

2.无相解脱：观诸无相，本无差别。（一切现象都是无相，本质没有差别。）

3.无愿解脱：观生死可厌，不可愿求。（无愿即无欲，不求生、不求死。）

❖ 般舟三昧亦称佛立三昧、常行三昧

禅定的一种，般舟三昧为梵文音译。"般舟"意为出现，指修此禅定，十方诸佛就会出现在眼前，如同眼见夜空繁星一般。《般舟三昧经》中说，若一昼夜乃至七昼夜，一心念佛就可见到佛立面前。

天台宗据此立"常行三昧"修行法，以三个月为一期，一心常念阿弥陀佛，绕佛像常行不止。据称，死后当生阿弥陀佛国。

❖ 首楞严三昧

禅定的一种，梵文音译。"首楞严"意为勇健，喻此禅定坚固，诸魔不能破坏，为佛、菩萨所得的禅定。据《首楞严三昧经》，此禅定统摄一切禅定，得此禅定可了知一切众生利钝、因果，拥有一切神通。

❖ 八背舍亦称八解脱

禅定的一种。指通过八种禅定，解脱对色、无色的贪欲。据《大智度论》：

1.内有色，外亦观色，是初背舍。指为解脱内身对色的贪想，而观身外的不净，使贪心不起，如观死尸。

2.内无色，外观色，是第二背舍。指内心虽已无对色的贪想，再观身外的不净，使其牢固。

3.净背舍，身作证，是第三背舍。观净色（指青黄等八种颜色），在定中除去不净相，对净色亦不贪，称为净背舍；身证此背舍性，所以称为身作证。

4.空无边处背舍。相当于四无色定的空无边处定。

5.识无边处背舍。相当于四无色定的识无边处定。

6.无所有处背舍。相当于四无色定的无所有处定。

7.非想非非想处背舍。相当于四无色定的非想非非想处定。

8.灭受想定背舍。受、想皆灭,相当于"灭尽定"。(以上五种参考P175四无色定条)

❀ 八胜处

禅定的一种。指通过对欲界色的观想而断除贪心的八种禅定。"胜处"是制胜烦恼而达到某种一定的境界。据《大智度论》,这八个境界是:

1.内有色想,观外色少胜处。"少"指些许部分,借着观外色的本质而断灭对色的贪爱。

2.内有色想,观外色多胜处。"多"指多数,意指继续深入观察。

3.内无色想,观外色少胜处。指到达内心已无色想的境界,继续观察外境,藉以巩固无色想的心。

4.内无色想,观外色多胜处。

5.内无色想,观外色青胜处。(本项起,分别对青等净色观察,以断灭对净色的贪爱。)

6.内无色想,观外色黄胜处。

7.内无色想,观外色赤胜处。

8.内无色想,观外色白胜处。

前二胜处相当于"八背舍"中的初背舍;次二胜处相当于第二背舍;后四胜处相当于第三背舍。(参见上条八背舍条)

❀ 神通、五通、六通

神通亦译神通力,简称通。指修持禅定而获得的神秘灵力,一般认为佛、菩萨、阿罗汉具有五种神通或六种神通,简称五通、六通:

1.神足通,亦作身如意通。能飞天入地,出入三界,变化自在。

2.天眼通。能见六道众生轮回生于何处以及苦乐境况,能见一切世间种种形色。

3.天耳通。能听见六道众生苦乐忧喜的语言,以及一切世间的种种声音。

4.他心通。能知道六道众生心念。

5.宿命通。能知道自身及众生宿命及过去世所做之事。

6.漏尽通。断尽一切烦恼惑业,永远摆脱生死轮回。

五通为前五项,加第六项为六通独有。《俱舍论》主张六通必须"慧为自性",只有圣者可达,包括佛、菩萨、阿罗汉;五通通过修习四禅而得,凡夫亦可达到。《大智度论》则主张菩萨得五通，佛得六通。另，《成实论》则主张外道亦得五通。

❈ 三明亦称三达

佛教用语，指佛和阿罗汉所拥有的三种神通力。因为是用智慧的力量破除愚暗，故称为"明"。包含：

1. 宿命明。悉知众生过去世的苦乐事。
2. 天眼明。悉知众生未来世的生死情况。
3. 漏尽明。具证知四谛等真理、断除一切烦恼的智慧，由此达到解脱。（参见P177神通条）

❈ 念佛

指思念佛的形象和功德，或诵念佛的名号，为佛教的修行法之一。藉此可情欲不生，达到解脱或死后往生佛国。

小乘专指思念释迦牟尼佛。大乘因认为三世十方世界有无数佛，故念佛也有无数，常见的有念阿閦佛、药师佛、大日如来、弥勒佛等，在中国尤以念阿弥陀佛最为盛行。

念佛的方法主要有下列三种：

1. 称名念佛：口称佛的名号，诵念不已。
2. 观想念佛：静坐入定，专心思念佛的形象及所居佛土。
3. 实相念佛：观想佛的法身，即实相，"非空非有，中道实相"之理。

也有三者综合之说。净土宗主要倡导前二项，藉此业因所累积的功德，死后可往生净土。

❈ 念佛三昧

禅定的一种。藉念佛名号及观想佛身，或两者兼具，达到禅定的境界。据称可见到佛的形象现前，且死后可往生佛国。

❈ 五智

佛教用语，梵文音译。专指大日如来的五种智慧：

1. 法界体性智：第九识"庵摩罗识"从有漏转（转依）为无漏时，所得的智慧。以清静为其特性，与法界的体性清净相同。
2. 大圆镜智：第八识"阿赖耶识"从有漏转为无漏时，所得的智慧。因能显现世界万象，如大圆镜，故名。

3.平等性智：第七识"末那识"从有漏转为无漏时，所得的智慧。因此智视世界万法（一切现象）平等无差别，故名。

4.妙观察智：第六识从有漏转为无漏时，所得的智慧。因此智能妙观万法，明知善恶而得名。

5.成所作智：眼、耳、鼻、舌、身等前五识从有漏转为无漏时，所得的智慧。因此智可成就自利利他事业而得名。

❀ 五智三身

源于《莲华三昧经》中所述，大日如来的五智依据身、口、意三业，各有一尊佛或菩萨为代表（各生一佛或菩萨），为密宗特有。

1.法界体性智：身业为毗卢遮那佛；口业为普贤菩萨；意业为不动金刚。

2.大圆镜智：身业为阿閦佛；口业为文殊菩萨；意业为降三世金刚。

3.平等性智：身业为宝生佛；口业为虚空藏菩萨；意业为军荼利金刚。

4.妙观察智：身业为阿弥陀佛；口业为观自在菩萨；意业为六足金刚。

5.成所作智：身业为释迦牟尼佛或不空成就佛；口业为金刚业菩萨；意业为摩诃药叉金刚。

❀ 五智五身

依据不空所译《菩提心论》，大日如来为教化众生，以所具之五智化身为五方五佛，为密宗特有：

1.中央：毗卢遮那佛（大日如来），代表法界体性智。

2.东方：阿閦佛，代表大圆镜智，亦名金刚智。

3.南方：宝生佛，代表平等性智，亦名灌顶智。

4.西方：阿弥陀佛，代表妙观察智，亦名莲华智或转法轮智。

5.北方：不空成就佛，代表成所作智，亦名羯磨智。（以上参考上条五智三身）

❀ 加持

梵文意译，原为站立之意。一般指以佛力护佑众生，密教解为大日如来与众生互相照应。大日如来以大慈大悲佑助众生，此为加；众生能感、能接受大日如来的佑助，此为持。

❀ 三密加持

三密为身密、口密（语密）、意密。密教认为六大是大日如来的法身，是构成宇宙万有的本体。世界一切形色（物质、形体）是大日如来的"身密"，一切声音是其"口密"，一切理是其"意密"。众生是六大所造，在本质上与大日如来平等没有差别。但因身、口、意三业迷误，才流转生死。

如按照密教教义，手结印契（密教的手势）——身密、口诵真言（密教秘咒）——口密、心观大日如来——意密，就会使自己的三业清净，分别与大日如来的三密相应，即身成佛。

❀ 真言两部亦称金胎两部，包括胎藏界、金刚界

密教认为，宇宙万有都是大日如来的显现，表现其理性（本有的觉性，即真如佛性）的部分，称为胎藏界。因其隐藏在烦恼中不显现，又具备一切功德，有如母胎含藏子体，故喻为"胎藏"。其中有"理"——佛性、"因"——觉悟之因、"本觉"——本性清净三个涵义。《大日经》把胎藏界用图绘示，称为"胎藏界曼荼罗"。

表现在智德的部分，称为金刚界。因其无法被破坏，又能破一切，故喻为"金刚"。其中有"智"、"果"、"始觉"、"自证"四个涵义。表示大日如来的智慧，是修证所得的果报，因断惑而始觉，自行修证而来。《金刚顶经》把金刚界用图绘示，称为"金刚界曼荼罗"。

胎藏界与金刚界合称"真言两部"或"金胎两部"。

❀ 即身成佛、显得成佛

密宗的修行理论认为不须经过累世的修行，现世即可成佛。密教在基本上认为六大是宇宙的本体，也是大日如来的法身，众生同样由六大构成，与佛没有根本的差别，若能修三密加持，与大日如来相应，就可即身成佛。

日本空海《即身成佛义》主张即身成佛的三个条件：

1.理具成佛：一切众生由六大构成，其中地、水、火、风、空，前五大属胎藏界；第六大——识属金刚界。其与大日如来平等无差，本来具有法身的菩提心（佛性）。此指成佛的可能性。

2.加持成佛：修行三密加持，使佛性显现。此指修行过程。

3.显得成佛：完成三密修行，显现佛性圆满，达到成佛目的。此指果位。

❀ 龙女成佛

大乘特有的说法，出自《法华经》。有娑竭罗龙王女，年方8岁，智慧利根，常听文殊师利菩萨讲《法华经》，深入禅定，了达诸法。后来见佛献宝，

变为男身，立地成佛。小乘佛教认为女身垢秽，不能成佛。《法华经》为大乘经典，说明大乘佛教在修行理论上与小乘的差别，在观念上肯定女身也可以即身成佛。

✤ 乘

梵音译衍那，意为承载、乘渡。比喻佛教的修行法及教义，可以载运众生由迷误、充满痛苦的此岸，到达解脱的彼岸。有一乘、二乘、三乘等各种说法，分述于下。

✤ 一乘

源自《法华经》，认为引导众生达到解脱、成佛只有一种途径，其他二乘、三乘都只是方便乘。

✤ 二乘

专指小乘佛教达到解脱的修行种类，又分为声闻（亲闻佛说）、缘觉（又称独觉，观十二因缘觉悟）两种。

✤ 三乘

指引导众生达到解脱的三种修行种类。一般包括声闻、缘觉、菩萨三乘，中国对三乘内容的解释及发挥并不一致。

✤ 五乘

中国佛教特指佛教修行的五种途径，分别达到五种成就。将出世间（声闻、缘觉、菩萨）及世间（人、天）修行法全部纳入，源自唐宗密《盂兰盆经疏》载：

1. 人乘：修三皈五戒，来生可免生于畜生、饿鬼、地狱道，而生于人间。
2. 天乘：修十善、四禅、八定（四有色定、四无色定），来生可生于天界。
3. 声闻乘：修四谛法门。
4. 缘觉乘：修十二因缘法门。修声闻及缘觉均可超越三界，达到有余及无余涅槃，成就阿罗汉及辟支佛。
5. 菩萨乘：修六度法门，可超越三界，达到无上觉悟的"大涅槃"而成佛。

✤ 四无所畏 简称四无畏

梵文意译。意为对说法充满信心，无所畏惧。有佛四无畏和菩萨四无畏两种说法。

（一）佛四无畏，大小乘通说。

1. 正等觉无畏（一切智无所畏）：已成就正等觉，具一切智，对已成就佛位充满自信。

2. 漏永尽无畏（漏尽无所畏）：对已断绝一切烦恼的自信。

3. 说障法无畏（说障道无所畏）：对说障道的愚暗法充满自信。

4. 说出道无畏（说尽苦道无所畏）：对说出离苦难达到解脱的法门，无所畏惧。

（二）菩萨四无畏，大乘特说。

1. 能持无所畏：对记诵、解说佛法充满自信。

2. 知根无所畏：对了解众生的根机，并能应机说法，充满自信。

3. 决疑无所畏：对解答众生疑难充满自信。

4. 答报无所畏，对圆满回答众生询问无所畏。

❈ **十力**

梵文意译。指佛所具有的十种智力。分别为：

1. 知觉处非觉处智力：知道事物之理及不合理的智力。处，指道理的处所。

2. 知三世业报智力：能知一切众生三世因果业报。

3. 知诸禅解脱三昧智力：能知众生修各种禅定的解脱成就。

4. 知众生上下根智力：能知众生各自的根机、智慧。

5. 知种种解智力：能知众生各自了解的深度。

6. 知种种界智力：能知众生各自的素质和境界。

7. 知一切至处道智力：能知众生的转生处（五道或涅槃）。

8. 知天眼无碍智力：能以天眼见到众生生死及善恶业缘。

9. 知宿命无漏智力：能知众生的宿命和无漏涅槃。

10. 知永断习气智力：能知众生永断烦恼或业，不再流转生死的智力。

❈ **三十二相、八十种好**

指佛陀与生俱来的不凡容貌，有三十二种显著的特征，称为三十二相；另有八十种微细的特征，称为八十种好。合称"相好"。此特征在不同的佛经中，各有不同的称呼，但大同小异。

❈ **法轮**

比喻佛法。"轮"在古印度的神话中为神兵利器，用喻佛法犀利，能摧破烦恼。另一层涵义是佛说法如轮，转动不停。

❋ 转法轮、初转法轮、三转法轮、三转十二行相

法轮比喻佛法，转法轮比喻佛宣说佛法。

初转法轮专指释迦牟尼成道后，到鹿野苑首次说法，度憍陈如等五比丘的典故。当时所说的教义正是四谛、八正道等原始的基本教义。

三转法轮则是第一次宣说四谛的时候，因为害怕憍陈如等五比丘无法了解，所以从不同的角度宣说了三次：

1.初转名"示相转"。即肯定四谛，说明这是苦谛、这是集谛、这是灭谛、这是道谛。

2.二转名"劝相转"。指出在修行中，应如何实践四谛，分别为苦谛应知、集谛应断、灭谛应证、道谛应修。

3.三转名"证相转"。证明自己已达到修行的目标，苦谛已知、集谛已断、灭谛已证、道谛已修。

又据《俱舍论》解释，在每一转中，都发生眼（观见）、智（决断）、明（理解）、觉（心觉）四种认识。于是三转中都有四种认识，称为三转十二行相，四谛合共四十八行相。

❋ 有相、无相

有相与无相相对，相指现象的相状和性质。佛教把可见、可知的现象和事物都归类为有相。凡是可作为认识的对象，都是有相，它们可引起人们分辨现象的差别并加以执著。佛教认为这些差别相都是虚妄不实，《大日经疏》言"可见可现之法（现象），即为有相。凡有相者，皆是虚妄"。

无相就其内涵而言可作为涅槃、佛的异名。亦即能够摆脱世俗的认识，对物质或精神的现象达到不去分别、执著。完全离相，就是佛教讲的"法体清净"，就是佛，就是达到涅槃境。

❋ 无记、有覆无记、无覆无记、异熟无记、工巧无记、通果无记、十四无记

梵文意译。意为无法判断、断定，有两种不同的用法。其一是佛教的果报以善恶行为为判断的标准，善恶果报又以来生作为果报的场域，分为善性、恶性与无记三种。如只是带给今世善果或恶果的行为，于来世非苦非乐，还不可说是善或恶。因此苦乐果报仍是非善非恶，名为无记。据《成唯识论》，无记又可分为有覆无记和无覆无记。

有覆无记，指会障碍修习佛道的心性。末那识即属有覆无记，因其性染污而非善非恶。

无覆无记，指无所谓染净的心性。阿赖耶识即属无覆无记，其他如内五根、山河草木皆是。又可分为四种：

1. 异熟无记：由前世业因决定的果报身心。
2. 威仪无记：发起行住坐卧等"威仪"之心。
3. 工巧无记：从事工艺技巧的事业之心。
4. 通果无记：发起神通变化之心。

另外，佛陀对外道提出的问题，如果不予肯定或否定的答复，也称为无记。《杂阿含经》有十四无记之说：

1.世间常；2.世间无常；3.世间亦常亦无常；4.世间非常非非常；5.世间有边；6.世间无边；7.世间亦有边亦无边；8.世间非有边非无边；9.如来死后有；10.如来死后无；11.如来死后亦有亦非有；12.如来死后非有非非有；13.命身一；14.命身异。

❋ 三障、五障

三障指学习佛道的三种障碍。分别是：

1. 烦恼障：指贪、嗔、痴等一切烦恼。
2. 业障：由身、语、意等一切行为，所形成的一切不利于佛教修习的思想行为。
3. 报障：又称为异熟障，报应成熟之意。即生于地狱、饿鬼、畜生道。

五障指学习佛道的五种障碍，也称五碍。有两种说法：

1. 女人修行的五种障碍：不能成为梵天王、帝释、魔王、转轮圣王、佛。
2. 佛教修行的五种障碍：烦恼障（根本烦恼障）、业障（过去罪业的障碍）、生障（由过去业因生在坏的环境妨碍修道）、法障（由前世因缘，此生不遇师，无由闻佛法）、所知障（虽闻佛法，但由于各种因缘，不能作般若波罗蜜行）。

❋ 漏

烦恼的异名，原意为漏泄，有流、住二义：

1. 流：众生由于烦恼业因，不断从六疮门（眼、耳、鼻、舌、身、意）流出不净，从而造成新的业因，流转于生死。
2. 住：依据《大毗婆沙论》，众生由于业因，"留住"三界，不能摆脱生死轮回。

✤ 有漏

梵文意译,意指有烦恼。与无漏相对。凡因烦恼导致流转于生死轮回的一切现象,都称为有漏、有漏法(法指现象)。

✤ 无漏

梵文意译,意指无烦恼。与有漏相对。涅槃、菩提等和已断除三界烦恼的一切现象,都称为无漏、无漏法(法指现象)。

✤ 五浊恶世略称浊世、五浊

梵文意译,意为有五种浑浊不净的世界。佛教认为众生所居的现实世界充满烦恼痛苦,是五浊充盈的地方。关于五浊的内容则有不同的说法,一般以命浊、烦恼浊、劫浊、众生浊、见浊为五浊:

1.命浊,众生因作恶业,寿命极短。

2.烦恼浊,众生具有贪、嗔、痴等烦恼。

3.劫浊,整个世代灾难不断。

4.众生浊,众生不信善恶报应,不持禁戒,而受众苦。

5.见浊,众生持邪恶或错误的见解,佛教正法日益衰微。

✤ 火宅

佛教将现实世界之苦形容为起火的房子,人们犹如在其中玩耍的小孩,不知大祸将至。佛法就是告诉人们去认识这真实世界的状况。语见《法华经》:"三界无安,犹如火宅,众苦充满,甚可怖畏。"

✤ 四摄全称四摄法

意为四种引导众生入佛道的方法。指菩萨为了要引导众生皈依佛道,首先要使其生起亲爱之心所使用的四种方法。包含:

1.布施摄:依据众生所喜,使其获得满足。喜欢财物则施给财物,喜欢佛法则施给佛法。

2.爱语摄:依据众生的本性,以其所喜的言语教导。

3.利行摄:以利益众生为手段,引导众生。

4.同事摄:与众生同处,随机教化。

✤ 四恩

意为人生在世的四种恩德。有两种说法:父母恩、众生恩、国主恩、三宝恩;父母恩、师长恩、国主恩、施主恩。

八大人觉

意为八种使人达到觉悟、解脱的教法。主要依据《八大人觉经》：世间无常觉、多欲为苦觉、心无餍足觉、懈怠堕落觉、愚痴生死觉、贫苦多怨觉、五欲过患觉、生死炽然（燃）苦恼无量觉。

另据《中阿含经》，有八觉说：少欲、知足、远离、精进、正念、正定、正慧、不戏论。

现观

指不透过语言、文字等概念，在禅定中用佛教智慧直接使真理呈现于面前的方法。对现观的解释，《成唯识论述记》有："现谓现前。明了现前，观此现境，故名现观。"此现观特以苦、集、灭、道四谛为对象，又名"圣谛现观"。另有二现观、三现观、六现观三说。《成唯识论》的"六现观"中，"现观智谛现观"解释为用无漏的智慧直观真如之体，最有代表性。

现观属见道阶段的认识活动，此时认识的主体（能取，即智能）和认识的对象（所取，即真如）已经完全一致，无所分别。由此所得的新认识，称为"无分别智"。

广义来说，在达到现观之前的一切相关活动，以及运用达到现观后的无分别智去从事认识活动，都可称为现观。

三贤位

佛教修行的初级阶位。因未到达圣位，故称为"贤"。小乘与大乘各有不同的说法。

小乘：是修习五停心观、别相念处、总相念处的合称。

1. 通过修习五停心观，达到制伏贪、嗔、痴、我见、散乱心五种心理现象（停息五种心念）。

2. 修习别相念处，即修习四念住禅观时，分别观身不净、观受是苦、观心无常、观法无我（身体流泄不净、感受是苦、心念无常、现象并不独立存在）。

3. 修习总相念处，即上述修习四念住禅观时，从整体上观想身、受、心、法皆为不净、苦、无常、无我，达到以佛教的理论去认识这个世界的整体观点。

此三贤位修行阶位可以培植有漏善根（属大乘顺解脱分），为更高修行阶段的"四善根位"作准备。

大乘：以十心、十行、十回向为贤位，属加行位。一般三贤位多指小乘说法。

❊ 四善根位 简称四善根

指修行继初级阶段的四种进程阶位。即经过修习四念住，完成初级的三贤位后，依序进入煖、顶、忍、世第一法，这四个阶位的内容称为四善根法。小乘与大乘各有不同的说法。

小乘：依观想四谛十六行相，先后产生四种善性功德。

1. 煖法：因接近见道之火（能烧惑薪），故名煖。此位虽还会堕于恶道，然流转不久必到涅槃。

2. 顶法：以山顶为喻，故名顶。谓此位既可上进于忍法，亦可退转诸恶趣。

3. 忍法：形容此位忍无退堕，故名忍。忍，即确认四谛为真理；无退堕，即不再退转诸恶趣。

4. 世第一法：因其为有漏世间的最殊胜法，故名世第一法。由此不间断修行，必生无漏智，入于见道。

大乘：唯识宗将此四善根位合称为顺抉择分，因其接近见道，又立加行名。这四善根依据"四定"寻求思察诸法（各种现象）的名（称）、义（内涵）、自性（本质）、差别（特性），都是假有实无，从而得出所取（认识的对象）、能取（认识的主体）皆空的佛教智慧。

1. 依明得定，发下寻思，观无所取，立为煖位。

2. 依明增定，发上寻思，观无所取，立为顶位。

3. 依印顺定，发下如实智，无于所取，决定印持，印顺忍时，总立为忍。

4. 依无间定，发上如实智，印二取空（能取、所取），立世第一法。

此据《成唯识论》之说，《成实论》另有不同解释。

❊ 随信行、随法行

小乘将修行者在见道的最初阶段分为两种：钝根者、利根者。钝根者必须从别人听闻佛法，产生信仰，由信仰进而修行，名为随信行。利根者能自己阅读契经，据以修行，名为随法行。

❊ 四道

意为四种通往涅槃的道路。佛教一切修行的终极目标都是通向涅槃，小乘将之概分为四种，并认为依此修行可证涅槃果。

1. 加行道：亦称方便道，是为断除烦恼、获得功德的最初修行阶段。此后进阶为无间道。

2. 无间道：开始断除所应断除的烦恼，不因烦恼而障碍修行。此后无间隔地进入解脱道。

3. 解脱道：已从应断除的烦恼中解脱出来（已断除），是初步证得正理和功德的修行。

4. 胜进道：上述三道之外的修行道，特指在解脱道之后的进一步修行。

❈ 三道

指佛教修行的三个大阶段：见道、修道、无学道。分述如后。

1. 见道：又名见谛，意为见到佛教的真理。大小乘及各部派论典各有不同。

小乘认为见道即以无漏智现观四谛。在此之前的修习都属凡夫阶段，所获得的智慧，在佛教的标准仍为有漏智。经过修习四善根位的过程进入此道者，称为"圣者"，所获得的智慧称为无漏智。

此无漏智的内容，《俱舍论》认为能由低到高产生包含八忍、八智的十六心。其中前十五心，即见道所得的慧，能克制八十八种见惑引起的烦恼。

大乘《成唯识论》从唯识的观点认为见道的整个过程是通过加行位对"真唯识理"有所得，继续修习即可获得"无分别智"，即证真如。此时智与真如平等，原因是已远离能取、所取相。因为此位阶能体会"唯识真如"，故名通达位。因初次明见唯识真理，故名见道。在菩萨十地（十种修行位阶）中，名列初地。见道又分真见道（证唯识理，属根本无分别智）、相见道（证唯识相，属后得无分别智）。此位能克制一百一十二种见惑引起的烦恼。

2. 修道：见道领悟四谛之理后，反复修习，以断修惑的位阶，称为修道。

小乘认为，十六心（八忍、八智，参见 P189 十六心条）的前十五心属见道，第十六心属修道；前十五心属预流向，第十六心属预流果。由预流果至修成阿罗汉，整个过程统称为修道。

大乘以菩萨十地作划分，前一地为见道，后九地为修道。

3. 无学道：亦称无学位、无学果，意为已达到最高觉悟，已无再修学的必要。小乘以阿罗汉果位为无学道，大乘以菩萨第十地为无学道。

❈ 见惑亦称理惑

意为见道所要破除的疑惑。主要指不了解佛教的真理，而对宇宙、人生产生错误的见解。如身见、邪见、边见、见取见、戒禁取见等五见。因为是对佛教义理的迷惑，又称为理惑。

小乘说见惑有八十八种，其中贪、嗔、痴、慢四种惑与修惑相通。大乘唯识宗认为见惑是受邪师、邪教影响而产生，属后天的烦恼（分别起），共有一百一十二种。

❋ **修惑亦称思惑**

意指修道所要破除的烦恼。主要指对事物所持的贪、嗔、痴等情欲。又因系迷于对事物的情欲，故亦称为事惑。

小乘认为修惑有十种，细分有八十一种，包括欲界的贪、嗔、痴、慢，以及色界和无色界各有的贪、嗔、痴三种。大乘唯识宗以与生俱来的先天烦恼（俱生起）为修惑，共十六种。

❋ **十六心**

小乘说一切有部的修行理论。指在观察思悟四谛十六行相之后，进入见道，以无漏智现观四谛所得的十六种智慧，称为十六心。包括八忍、八智，意为以忍断烦恼，以智证真理，忍含有认可、忍许之意。分述如下。

1. 苦法智忍：现观欲界苦谛，断除迷惑于苦谛的见惑。
2. 苦法智：现观欲界苦谛，证苦谛的真理。
3. 集法智忍：现观欲界集谛，断除迷惑于集谛的见惑。
4. 集法智：现观欲界集谛，证集谛的真理。
5. 灭法智忍：现观欲界灭谛，断除迷惑于灭谛的见惑。
6. 灭法智：现观欲界灭谛，证灭谛的真理。
7. 道法智忍：现观欲界道谛，断除迷惑于道谛的见惑。
8. 道法智：现观欲界道谛，证道谛的真理。
9. 苦类智忍：现观色界、无色界苦谛，断除迷惑于苦谛的见惑。
10. 苦类智：现观色界、无色界苦谛，证苦谛的真理。
11. 集类智忍：现观色界、无色界集谛，断除迷惑于集谛的见惑。
12. 集类智：现观色界、无色界集谛，证集谛的真理。
13. 灭类智忍：现观色界、无色界灭谛，断除迷惑于灭谛的见惑。
14. 灭类智：现观色界、无色界灭谛，证灭谛的真理。
15. 道类智忍：现观色界、无色界道谛，断除迷惑于道谛的见惑。
16. 道类智：现观色界、无色界道谛，证道谛的真理。

❈ 七方便亦称七方便位、七贤位、七加行位

小乘认为在见道以前有七种修行阶位：五停心观、别相念处、总相念处、煖法、顶法、忍法、世第一法。前三位合称三贤位（参见P186三贤位条），后四位合称四善根位（参见P187四善根位条）。

❈ 五停心观

禅观名词。在修四念处之前，应先修习的五种禅观，目的在清除世俗心绪和欲望，使心思安定下来。这五种禅观分别是：不净观、慈悲观、因缘观、界分别观、数息观。可分别对治贪欲、嗔恚、愚痴、我见、散乱之心。分述如下。

❈ 不净观

禅观名词，五停心观之一。坐禅时，观想自身与他身皆不净。

1.观自身不净：观身死、尸涨、瘀青、脓烂、腐朽、虫吃、骨蚀等。

2.观他身不净：观种子不净（以过去惑业为因，父母精血为种）、住处不净（住母胎）、自相不净（身具九孔，流泄不净）、自体不净（由三十六种不净物构成）、终竟不净（身死为虫吃成粪、埋成土、烧成灰等）。

修此为消除贪欲心及对人生的眷恋，坚定出世的决心。是传入中国最早的禅法之一，也是早期流行的禅法之一。具体表现佛教反对纵欲的主张，更表现了佛教人生皆苦、人身可厌的基本哲学观念。贪欲多者应修此观。

❈ 慈悲观

禅观名词，五停心观之一。坐禅时，观想一切众生的可怜相，藉此产生慈悲之念，以退治嗔恚之心。嗔恚多的人应修此观。

❈ 因缘观

禅观名词，五停心观之一。坐禅时，观想十二因缘之理，认识三世因果相续，藉此退治不明佛教因缘教理的愚痴。愚痴多的人应修此观。

❈ 界分别观亦称界方便观

禅观名词，五停心观之一。坐禅时，观想六境及十八界皆由地、水、火、风、空、识六大和合而成，聚散不定，生灭无常，藉此退治我见（执我为主体）。执著于我较多者应修此观。

❈ 数息观亦作持息念，梵汉并举作安般守意

禅观名词，五停心观之一。坐禅时，专注于呼吸的计次（出入息），藉

此收敛分散的心念，使进入禅定的境界。东汉时，安世高译有《安般守意经》，专讲此种禅法。

❋ 三科

五蕴、十二处、十八界的合称，意指教诫教徒所分的科目。教导信徒从这三方面观察主观的人（五蕴、六根）与客观的环境（六境）之间的关系，及两者相涉产生的六识。目的在破除我执的观念，立无我的观念。主要从人们误认为心的活动是主体的我着手。

❋ 五蕴亦译五阴

梵文意译，"蕴"为积聚之意。三科之一。是对一切有为法作的分类。

1.色蕴：所有物质现象的合称，包括过去、现在、未来、内、外等。

2.受蕴：所有受的感觉的合称。

3.想蕴：所有思维活动的合称。

4.行蕴：所有行为活动的合称。

5.识蕴：所有受、想、行等活动产生回馈作用的合称。

色为物质现象，后四者为精神现象。广义上是宇宙的总合，狭义上指一个现实存在的人。是佛教所有教义、哲学探讨的基本对象，各教派也从对五蕴的不同解释中，建立自己的思想体系。

小乘大体上通过对五蕴的分析得出"人无我"的结论（人不具主体性），认为人是五蕴和合而成，只是暂时存在，唯有假名，而无实体。

大乘进一步否认客观环境的真实存在，发展出"法无我"的理论（客观环境也无主体性）。以《般若心经》最具代表性："色不异空，空不异色，色即是空，空即是色。受、想、行、识亦复如是。"

❋ 色

内涵相当于物质的概念，但并非等于物质。《俱舍论》言"变碍故名色"，说明其变易及阻碍之体的特性。《百法明门论忠疏》言"质碍名色"，说明其阻碍之不可入性。

作为五蕴之一，称为色蕴；或与心法相对，称为色法（参见次条色法）。泛指十二处、十八界中的五根（眼、耳、鼻、舌、身）、五境（色、声、香、味、触），以及无表色。其中无表色为精神现象范围（参见下条无表色）。

作为六境、十二处、十八界之一的色境，简称为色。范围较为狭义，专指眼睛所识别的对象。可分为显色（颜色、明暗）、形色（长短、高下）、表色（人体动作）。

✤ 无表色亦译无作色、无表、无作

取其未表现在外之意。指依身、口发动的善恶业，生于身内的无形色法虽符合色法，但未表现于外的现象。可分为两类：

1. 由持戒生起防非止恶的作用，因被认为是身内地、水、火、风四大所造，故列入色法。

2. 由定生起的善不善色，即由禅定构成的种种与色、声、香、味等有关的幻相，名无表。

关于无表色的性质，各派有各派的说法，一般分为净、不净两种：依善心生起的无表，名净无表，有招乐果、防非止恶的精神作用；依不善心生起的无表，名不净无表，有招恶果、阻善的精神作用。

✤ 色法

意指具质碍、变碍的物质或现象。在小乘有部五位七十五法和大乘瑜伽行派五位百法中，都分为三类：

1. 五根类：眼根、耳根、鼻根、舌根、身根。
2. 五境类：色境、声境、香境、味境、触境。
3. 无表色。

在五位七十五法中，以色法领先，因其能引起贪欲、爱乐等染法，是对治的主要对象。而在五位百法中，色法则排在心法和心所法之后，因瑜伽行派认为色法不能独自生起，是心法和心所法所变现。

✤ 受亦译痛、觉

五蕴之一，十二因缘之一，心所之一。

作为五蕴之一，指由眼、耳、鼻、舌、身、意等六触接触外界所引起的六种感受，包括物理及精神方面。一般而言，指与生理、情绪、伦理有关的痛痒、苦乐、忧喜、好恶等。主要是产生的苦、乐、舍（不苦不乐）等反应随着情境而有所取舍，类似现代心理学的刺激与反应。

作为十二因缘之一，又称为受支。在接触外境以后，便生出苦、乐、不苦不乐三种感觉。

❋ 想

五蕴之一，心所之一。指认识直接反映的影相，以及进一步形成名言、概念的过程。佛教通常把名、想或名、相并称，以表示表象和概念。

❋ 行

五蕴之一，十二因缘之一。指一切物质和精神现象生起和变化的活动过程。

作为五蕴之一，又称为行蕴。造作之意，即行为。一般分为身、口、意三种。思也是造作，即意业，在三业中起决定作用，相当于思虑、筹划、判断、动机等思维活动。

作为十二因缘之一，又称为行支。指能招致罪福果报的身、口、意三业，亦即人身心的一切行为。

有时，佛教的一切修行也称为行。

❋ 识 [1]

五蕴之一，十二因缘之一，唯识又赋予其特殊的含义。《俱舍论》分析心、意、识：集起故名心，思量故名意，了别故名识。

作为五蕴之一，小乘主张依六根将识分为六识，即眼识、耳识、鼻识、舌识、身识、意识，此即五蕴之一的识蕴。

作为十二因缘之一，称为识支，于母胎正结时的刹那称为识，亦即四有中的"生有"。

在唯识派的主张里，承认前六识为识，后二识末那识、阿赖耶识则有特殊的意义（参见P232八识条）。

另，早期汉译佛典中，则把识与神并称，谓之识神。

❋ 十二处旧译十二入

三科之一。六根（眼根、耳根、鼻根、舌根、身根、意根）与六境（色、声、香、味、触、法）的合称。因根与境为产生心、心所之处，故名处；又因根与境相涉而入，故旧译十二入。

❋ 十八界

三科之一。以人的认识为中心，对一切现象所作的分类，包括认识的主体、客体、结果。六根（眼根、耳根、鼻根、舌根、身根、意根）与六境（色、声、香、味、触、法）相涉而产生六识（眼识、耳识、鼻识、舌识、身识、意识），此三者合称十八界。因各个种类自性不同，故名界。

六根、扶尘根、胜义根

为心所依者，有情之本，故又名六情。归类为十二处之内六处，十八界之六根界。指眼、耳、鼻、舌、身、意根，具有能取相应的六境（色、声、香、味、触、法）而产生六识（眼识、耳识、鼻识、舌识、身识、意识）的六种功能。其中前五根具备能个别了别相应之五境产生个别之识的功能，意根则具了别所有境识的功能。

说一切有部将前五根分为生理性的扶尘根与功能性的胜义根，因为生理性的拂尘根于对境及生识只起扶助作用，真正的对境及生识的功能在胜义根，以"四大所生净色为性"。唯识派从唯识的观点认为六根和六境一样，都是内识所变现。

六识

对识所作的分类。指依六根对六境生起见、闻、嗅、味、触、思作用的眼识、耳识、鼻识、舌识、身识、意识。因是随根不随境，故六识依六根而得名。

唯识宗把六识归为一类，以了境为自相和行相，并以第七（末那识）、第八（阿赖耶识）识为所依，而产生认识作用。

六境亦称六尘、六妄

佛教名词，十二处中的外六处，十八界中的"六境"界。指眼、耳、鼻、舌、身、意六识，分别感知、认识的六种客观环境，即色、声、香、味、触、法。其中"法"为意识认知的对象，涵义最为广泛，包括人的一切认识对象，也是前五者的综合。唯识宗认为识外无境，六境均为识所变现。

此六境被佛教视为像尘埃一样，能污染人心（识），所以也称为六尘。又因佛教认为六境能引起人心的迷妄，故也称为六妄。就其能"令善衰灭"，则称为六衰。也因其"能劫持一切善法"，则称为六贼。

十二因缘

又名十二缘生、十二支。包括无明、行、识、名色、六处、触、受、爱、取、有、生、老死。

因缘即条件，一般以"因"为主要条件，"缘"是辅助条件。万事万物都必须有相当的条件才能生成，十二因缘指众生都依十二因缘的条件在六道中轮回，包含流转与还灭。无明产生行，依序到老死。前是后的因，后是前的果。然后轮回，生生世世，永不止息。在轮回中，受尽各种苦。佛教的修行就是要从源头断除无明，达到涅槃，脱离轮回，永远离苦。

除依序为前因后果外，十二支又可依过去、现在、未来划分为三世因果：无明、行是过去因，识、名色、六处、触、受是现在果；爱、取、有是现在因，生、老死是未来果。

不仅佛教的因果报应、轮回建立在这个观念上，众生、人世间不平等的原因，甚至脱离轮回的基本观念，也都是建立在这个基础上。其不仅是人来到这世界的原因，也是佛教解释众生生成的理论根据。以下分述。

❈ 无明

十二因缘之一，无明引生行。凡夫不了解佛教的真理（特指佛教的缘生法），而有各式各样虚妄的思想与行为产生。

❈ 行

十二因缘之一，行引生识。思想与行为产生牵引的力量，过程中形成意识（自我意识），向与思想行为相应的地方投生。

❈ 识[2]

十二因缘之一，识引生名色。名，取其有名无实，随即转为色，开始有实体，称为色身。

❈ 名色

十二因缘之一，名色六引生处。名色逐渐发育为各种器官，即六根、六处。

❈ 六处

十二因缘之一，六处引生触。有了六根，便开始感觉到外境的刺激，这个"触"指六根与外在的接触，不是单一的触觉。六根、外境，以及相合后产生的感觉，三者结合称为三和。

❈ 触

十二因缘之一，触引生受。接触外境以后，便生出苦、乐、不苦不乐三种感觉，相当幼儿阶段。

除作为十二因缘之一外，又泛指心与境、身与物的直接接触。可分二项：

1.心所法（心的活动及现象）之一。指心识所具的感触事物的能力，分为眼、耳、鼻、舌、身、意六触。《俱舍论》谓根、境、识三和生触；《百法明门论忠疏》谓三和、分别、变异，令心、心所感触自己的认识对象，并引生受、想、思等心理活动。

2.十八界与十二处之一。指由身识透过身根感触认识的对象（如环境等），亦称所触，较为狭义，相当于所谓的触觉及感知冷暖、饥渴等。

❀ 受

十二因缘之一，受引生爱。爱有喜爱之意，指对于受的抉择。

❀ 爱

十二因缘之一，爱引生取。对自己喜爱的外境（总指虚妄世界的一切）生起执取、占有的欲望。

除十二因缘之一外，又指贪爱、爱欲之意，特指贪求财物、男女爱欲是一切贪、染的主要内容，被视为不能从世俗生活解脱的主要原因。

❀ 取

十二因缘之一，取引生有。产生执取的念头时，也同时产生业力，积集各种业力，便产生各种果报的因。

除十二因缘之一外，又指追求、执著的意思。泛指人们与对象之间的执著关系。人为能取，对象为所取。《大乘义章》："取执境界，说名为取。"

小乘有部等以烦恼为取，认为五蕴从取而生，名之为五取蕴。又细分为：

1.欲取：对色、声、香、味、触等五妙境的贪求。

2.见取：执取各种非佛教的世俗观念。

3.戒禁取：执取各种非佛教的戒律。

三者均被视为必须破除的对象。

❀ 有

十二因缘之一，有引生生。各种果报的因，引起来世的再生。涵义与业行同。十二因缘之有，又有四有之说，参见下页四有条。

除十二因缘之一外，又有存在的意思，是相对于空、无，而谓之有。佛教各宗派对于有、空义涵的主张不尽相同，歧异甚多，又有假有、实有、妙有等分别。

❀ 生

十二因缘之一，生引生老死。有了生命，就有老死。

✤ 名

与色相对，一切精神现象的总称，如名色。作为名词概念则有：与主观印象联结，称为名想；与事物的相状联结，称为名相；用来界定事物的内容，称为名义。

大乘般若学将名与实对立起来，认为名相概念不能反映客观的真实性，以此否定一切名相概念的真实性，并发展出禅宗的"直悟"理论。

✤ 四有

指作为业报轮回、生死相续的主体之有，在不同阶段所处的状态或地位。《俱舍论》："总说有体是五取蕴，于中位别分折为四。"这四分称为四有，用以说明轮回的详细过程。

1. 中有：亦称中阴或中阴身，指于此世死后，彼世生前存在的主体。
2. 生有：指中有于结生刹那，存在的主体。
3. 本有：指生有刹那之后，至死有之前的全部生命状态。
4. 死有：指将死时的最后一念，而尚未成为中有之前。

✤ 三世亦称三际、三生

过去世、现在世、未来世，三者的合称。世为迁流之意，用于因果轮回说，代表众生一生存在的时间。佛教认为众生的生命由三世构成，即过去世、现在世、未来世，是因果轮回说的基础理论。

✤ 三世实有

说一切有部对宇宙的基本理论。意为过去世、现在世、未来世，三者真实存在。《大毗婆沙论》以一切有为法均有自性（自己的本体），故三世亦为实有。并举有部四大论师的观点说明：

1. 法救的类有异说：三世诸法有形类的区别，实质是一样的。
2. 妙音的相有异说：诸法于世流转时，各有三世相，但三世相并不相离。
3. 世友的位有异说：诸法于世流转时，因为其位（位置、作用）有异，但其体并无差别，故虽有三世名，其体无异。
4. 觉天的待有异说：诸法因前后相待，而有三世名。待后名过去，待前名未来，俱名现在。

四者的论述虽各有差别，但均肯定其自性（本体）为一。归纳之，三世实有说是就其自性无异肯定其实有，就其现象则说差别。其中又以世友位有异说为有部的正统。

✾ 补特伽罗

梵文意译,亦译富特伽罗、补伽罗。意指人、众生、数取趣(往来轮回者),内涵则为轮回的主体。原为印度耆那教的名词,意为物质、元素,其本质是缺乏意识。分为两类:其一是原子,具有永恒、不可分割的特性;其二是原子的复合体。

佛教藉用耆那教的名词,用其代表轮回的主体,在十二因缘中相当于"有"。但又因为基本教义讲无我,在补特伽罗为实有或假有上,各部派并不统一。《杂集论》主张非实有,只是假施设说有。部派佛教的犊子部、正量部、经量部则承认其实有。

另一用法,则将补特伽罗的内涵等同于人。

✾ 缘起亦译缘生

意为一切事物均由因果关系联系起来,并依一定的条件生起变化。佛教以此解释宇宙、人生的生成及各种变易的根源。《杂阿含经》:"此有故彼有,此生故彼生。"佛教各种经论及宗派均以此作为理论基础,解释自己的宗派观点。

最早出现的系统缘起论是属于业感缘起的十二因缘,代表小乘时代的基本缘起观。到了大乘时代,各宗派都作了更多发挥。

般若、中观学派有龙树的八不缘起说,着重从本质上强调现象的"假有性空",说明主观世界和客观世界存在的原因及本质。

瑜伽行派(唯识宗)则强调"三界唯心"、"唯识无境",说明一切存在都是心识所造,称为阿赖耶缘起。

如来藏系有《胜鬘经》主张的"如来藏缘起",和《大乘起信论》的"真如缘起",两者皆以先天的清净心或佛性作为世界的本源。

汉传华严宗结合判教,分缘起为四种:1.小乘教的业感缘起。2.大乘始教的阿赖耶缘起。3.大乘终教的如来藏缘起。4.华严圆教的法界缘起。

✾ 四缘、因缘、等无间缘、所缘缘、增上缘

四缘为佛教对缘的合称,指一切有为法生成的条件,并以此概括一切因缘。分述如后。

1.因缘:因和缘的合称。指一切现象得以生成的条件,《俱舍论》言:"因

缘合，诸法即生。"因与缘涵义相同，但在用法上，以因作为现象生成的主要条件，而以缘为辅。佛教的因缘观，主要用在解释宇宙人生生成的基本哲学。包括所有精神及物质现象的生成。

2.等无间缘：指已灭之前念，能为后念起开导作用。念念相续，为认识活动得以发生的条件。由于念念相续，故称"无间"。

3.所缘缘：指能引起认识（心识）活动的现象，此现象也就是认识的一切对象。

4.增上缘：除上述三缘之外，其余各种有助于（或无碍于）现象生成的条件。

❖ 因

意为产生结果的原因。佛教各宗派对因的分类及解释差别很大，一般有六因和十因（参见以下各该条）。有时因与缘的含义又相同，包括事物得以存在和变化的一切条件。但多数将因视为主，缘为辅。

❖ 六因包含能作因、俱有因、同类因、相应因、遍行因、异熟因

六因为小乘对因缘说细分的合称。

1.能作因：又称为无障因。凡现象生成时，除了本身之外，一切不障碍其生成的现象，都称为能作因。范围很广。

2.俱有因：又称为共有因、共生因。指两种现象的生成互为依存，如三杖相扶而立，即互为俱有因。

3.同类因：又称为自分因、自种因。两种现象在性质上相似，属于同类因。如善五蕴辗转相望，属同类因；又如善的观念产生善的观念，恶的观念产生恶的观念等。因与果在道德上属于同类，故前者为后者的同类因。

4.相应因：心和心所是相应因。认识活动发生时，心和心所必同时相应而起，相互依存、扶持，故名相应因。

5.遍行因：指前面已生成诸多染污的现象，后面续生成同类染污的现象，称为遍行因。

6.异熟因：即异熟之因，又称为报因，异熟即果报、成熟之意。种种善、不善，会招致三世苦乐果报（有漏）的因，称为异熟因。

六因着重在说明三世苦乐果报的各种条件，与四缘各有不同的重心。

❋ **十因包括随说因、观待因、牵引因、生起因、摄受因、引发因、定异因、同事因、相违因、不相违因**

十因为大乘解释一切现象生成的十种原因的合称。据《成唯识论》等大乘观点，此十因是：

1. 随说因：指有名而有想，有想而有语，有语而有言说。

2. 观待因：又称以有因。观待为相对性，指某物由相对的某物为条件而起。如苦为乐之观待因，乐为苦之观待因。

3. 牵引因：又称种植因（于下生起因说明）。

4. 生起因：又称生因。就种子能生果，称生起因；就果能牵引种子生出自果，称为牵引因。

5. 摄受因：又称摄因。指种子形成自果过程中，润泽种子的土水等条件。在业报中，六境、六根等即属此类。

6. 引发因：又称长因，即增长因。指种子按照出芽、茎等顺序增长。善、不善等法亦有引发同类诸法的作用。

7. 定异因：又称自种因。指不同的因必定引生不同的果。如种瓜得瓜，种豆得豆。

8. 同事因：又称共事因。即除随说因外，上述诸因共同成办一件事业。

9. 相违因：在成办一件事业中，起阻碍作用的因。

10. 不相违因：在成办一件事业中，不起阻碍作用的因。

这十因是以唯识的观点，藉种子为譬喻，说明阿赖耶识种子在生起一切现象和支配人的各种活动时如何起决定性的作用，以及业报轮回的必然性。

❋ **因果亦称因果报应**

佛教用以说明世界一切现象变异的关系，亦为其宗教教义最基础的理论。实指因果报应，亦可说是因果规律。因亦称因缘，有四缘、六因、十因等。酬因称果，一般分五果（参见以下五果条）。佛教因果的特色，正如《瑜伽师地论》所说："已作不失，未作不得。"任何思想行为，都必然导致相应的结果，"因"在未得"果"之前，不会消失。反之，不造作业因，也不会得到相应的果报。

❋ **五果包括异熟果、等流果、离系果、士用果、增上果**

五果为分析因果关系的五种类型。小乘《俱舍论》等讲六因、四缘而生五果；大乘《成唯识论》等讲十因、四缘而生五果。据《成唯识论》，五果为：

1.异熟果：又称报果，异熟因所招致之果。即由前生善、不善有漏行为，所招致的苦、乐等果报。

2.等流果：又称依果。等流谓因果相同或相似，前之善恶引生后之善恶，前业与后果在道德上同一属性。属同类因、遍行因所得之果。

3.离系果：又称解脱果。指修无漏道，断绝一切烦恼系缚，证得涅槃果位。

4.士用果：又称士夫果。此为譬喻用法，士指专业人士（过去多解释为士大夫），用指作用，譬喻为作用强大之意。指相应因、俱有因引生之果，特点即作用力强。

5.增上果：增上意为增进、助长，前四果所余之果均名增上果。为能作因所生。

❈ 异熟旧译果报

取其异于因，由因而成熟之意，指因业而得的果报。有两层涵义：

1.因变为果，果的性质异于因的性质。因有善恶，果为无善无恶的无记性。

2.因与果必隔世而熟，或变异而熟，即业因须于后世方得果报。

❈ 异熟识

唯识名词，阿赖耶识的异名之一。唯识宗认为阿赖耶识能使善、不善业异熟，引趣诸界投生，是因果业报的主体。

❈ 我

在佛教的涵义中，为生命、自己、身体，相当于自我、自性。印度文字原意为呼吸、气息，婆罗门教、印度教将之引申为个体的灵魂。

在佛教的用法上，意指支配人和事物的内部主宰者。具有独立自主、单一、永恒不变等特性。但佛教主张无我，把承认有我的观念视为颠倒认识，是外道邪说。但特别的是，代表如来藏系的《大涅槃经》承认有超乎世间的"净我"存在，此即如来藏。

❈ 我所

意为我所面对的一切客观环境。指以我为中心、主观而独立的我，所接触到的一切客观环境。僧肇《维摩诘经注》："我为万物主，万物为我所。"我与我所，在佛教的教义中，被认为是人对世俗世界的妄加分别，是必须破除的。

❋ 我执亦名我见、身见、人我执，法执亦名法我执

我执是对自我观念的执著。可分为两种：人我执、法我执。有时又专指人我执，分述如下。

1. 人我执：又称为人执，是对自我的执著。佛教认为人原来没有真性实体（不是真实独立存在），凡夫不懂蕴、处、界、十二因缘等无常、缘起的佛教真理，以为心或色或色心为真实存在的我，妄加分别这个世界为我及我所，是世俗之见的万恶根源。

2. 法我执：又称为法执，是对客观世界（一切现象）的执著。指客观世界没有独立存在的实体，凡夫不懂客观世界依缘生起的佛教真理，妄加认定是真实存在。大乘唯识宗更进一步认定外境是内识的变现。法我执会障碍对佛教真理的理解，必须加以破除。

❋ 无我亦名非我、非身、人无我、法无我

三法印之一。意为一切现象（包含自体的我与客观世界）都不是真实存在。可分为两类。

1. 人无我：人不是真实、常恒存在，而是由五蕴和合而存在。

2. 法无我：又称法空。指客观世界（一切现象）都是因缘和合而生，不断变迁，没有常恒存在的自体。

小乘只讲人无我，大乘则进一步讲法无我，作为空的理论基础。

❋ 波罗蜜全译波罗蜜多

梵文音译，意译为到彼岸、度。意为从迷于生死的此岸（世俗世界），到达解脱的彼岸（涅槃世界）。印度文化通常将完成某事称为到达彼岸，佛教也藉用这个比喻，称成就佛道（涅槃）为到彼岸。

❋ 六波罗蜜全译六波罗蜜多，意译六度、十波罗蜜

梵文音译，大乘所说六种从生死此岸到达涅槃彼岸的方法，是大乘主要的修行内容。这六度包括：

1. 布施：梵音檀那，全译布施度无极。指以财物、体力、智慧施与他人，为他人造福和成就智慧为己成就功德的修行方法。小乘布施的目的在去除自己的贪吝心，避免来世的贫穷。大乘的目的则与大慈大悲的教义相联系，在于超度众生，而众生则包含一切有生命之物。瑜伽行派分布施为三种：财施、法施、无畏施。

2.持戒：梵音尸罗，又称为清净，简称戒。戒、定、慧三学之一。作为六度之一，全译戒度无极。因能防禁，故称为戒，即禁止一切不合乎佛教教义的思想行为。作为去恶行善的生活准则，可约束信徒行为。作为修行的方法，被视为超脱世间的手段，有时也有积极行善的意义。戒律在各派有很大的不同。

3.忍（忍辱）：梵音羼提。意为忍受、认可，有奈怨害、安受苦、谛察法三种忍，以无嗔、精进、审慧为本质内涵。推而广之，认可一切可信受的事物都能称为忍，属于智的范畴。但作为佛教教义，一般以安于苦难和耻辱为主要内容，故又称为忍辱，全译为忍辱度无极。

4.精进：梵音毗梨耶，亦译勤。小乘五位七十五法之一，大乘百法之一，属大善地法。作为六度之一，指按佛教教义，在修善断恶、去染转净的修行过程中，不懈怠地努力，这是修行佛道必备的动因。

5.定（正定）：梵音禅那。指专注一境而不散乱的精神状态，佛教以此作为取得确定之认识、作出确定之判断的心理条件。（参见P175定条）

6.智慧：梵音般若，意译为智慧，全译明度无极。意为通过智慧到达解脱彼岸（涅槃）。是大乘佛教六度的主要特色，也是成佛的关键。（参见P215般若条）

大乘法相宗在六波罗蜜的基础上，另立十波罗蜜。即将智慧扩展出方便善巧、愿、力、智等四波罗蜜，合为十波罗蜜。作为菩萨的胜行，并配合菩萨十地，说明修行次第。

❈ **菩提**

梵文音译，意译为觉、智，指对佛教真理的觉悟。广义上凡断绝世间烦恼、成就涅槃的智慧，通称为菩提。旧译为道，系借用老庄术语，取其通向涅槃之意。鸠摩罗什注《大智度论》直言菩提是无上智能，是因其涵义与佛教最高智慧相近。然佛教各宗派对菩提的理解与解释、运用，各有不同。有解释为众生本具的佛性，亦有解释为唯佛所具的正觉（阿耨多罗三藐三菩提）。

❈ **阿耨多罗三藐三菩提意译无上正等正觉**

佛教名词，梵文音译，旧译无上正遍觉、无上正遍知。是能觉知佛教一切真理、如实了知一切现象、达到无所不知的智慧。"阿耨多罗"为无上、最高之意，指佛道；"三藐三菩提"为正遍知之意。此种超越常人的智慧，唯佛独具，亦名大菩提。大乘菩萨行的全部内容，就在成就此种觉悟。

❈ 真如、本无

真如亦译如、如如，早期汉译佛经译为"本无"。意为现象的真实状况、真正本质。《辨中边论》论性空："此中所说空性，由无便说为真如，真性常如，无转易故；由无倒义说为实际，非诸颠倒，依缘事故；由相灭义说为无相，此中永绝一切相；由圣境义说为圣义性，是最胜智所行义故；由圣法因说为法界，一切圣法缘此生故。"各个宗派从不同角度赋予其不同名称，如性空、无为、实相、实际、法界、法性、佛性、法身等，均属同类概念。一般解释为绝对不变的真理、现象的本质。

《大乘起信论》代表如来藏系，把先天具有佛教全部功德的如来藏解释为真如，是永恒不变的真心、真如、一心、如来法身。中观学派、般若学派以性空为如，唯识学派以唯识实性为真如。

如的特点是不动、无差别，但世俗认识总以思维的辨析为特点，与如不能相容，所以被佛教归为是虚妄分别、假名不实，与本质是空的真理相对立，此谓性空，旧译为本无。相对于世俗认识作用的"假相"，真如又称为"实相"。由于是一切现象的本质，所以又称为法界。

❈ 法界

梵文意译。有多种用法：

1.十八界中的法界。为意识所缘(认知)的对象。《俱舍论》："受、想、行蕴、无表、无为，总名法处，亦名法界。"其特征为不单是感官直接感觉的对象，也是含有思维理解作用的对象，以及永恒存在的现象。

2.泛指各种事物。界，意为分界，指事物的类别，类别则指所有事物（一切现象）。如佛教的三界、十八界。

3.指现象的本源、本质，如种子可生万物（参阅上条真如）。

隋唐以来，中国佛教对法界解说特别多，如华严宗立四种法界、天台宗立观门十法界、密宗立密教十法界。

❈ 实相

梵文意译，意为一切现象的真实相状。与性空、无相、真性、实际、法界、法性等，均属同类概念。立名的着眼点在于先认定世俗认识的一切现象均为假相，唯有摆脱世俗观念，才能看到一切现象的真实状况（本质），此即常住不变的"实相"。（参阅P204真如条）

❋ 法性

梵文意译，直译为一切现象的本体、本质。与性空、无相、真性、实际、法界、真如等，均属同类概念。立名重点在于表现一切现象的共性，佛性则将范围缩小为众生的共性。佛体现了法性，所以称为法性身，简称法身。法身的客体化、普遍化，又成为万物的本源、本质，也称为法性。（参阅P204真如条）

❋ 佛性

梵文意译，亦译如来性、觉性。原指佛陀本性，发展为成佛的可能性、因子、种子。又作为如来藏的异名。小乘以释迦牟尼为唯一的佛，不认为众生可以成佛。大乘的修行则以成佛为最后目的，所以对佛性有许多发挥。

《大涅槃经》主张"一切众生，悉有佛性"，是佛性论的基础。世亲的《佛性论》分佛性为三种：

1. 自性住佛性：指众生天生具有的佛性。
2. 引出佛性：通过佛教修行引出的佛性。
3. 至得佛性：修得佛果所显现的佛性。

中国南北朝时代盛谈佛性，竺道生提出一阐提（善根灭绝的人）皆得成佛的主张，曾引起长期争论。到《大涅槃经》译出，争论渐休。隋唐时代各宗皆重佛性说，并各有发挥。天台宗《法华文句》主张五种佛性：

1. 正因佛性：先天具有之理。
2. 了因佛性：观悟佛理所得之智。
3. 缘因佛性：能引生佛性之善智。（以上三者称三因佛性）
4. 果佛性：达到佛果所具之智德。
5. 果果佛性：达到大涅槃断除烦恼之断德。

据《法华玄赞》，法相宗提出五种姓说，归为二种佛性：

1. 理佛性：不生不灭的法性，众生皆有。
2. 行佛性：大圆智镜等四智的种子，众生有无不定。无此佛性者，永不成佛。

华严宗主张有情众生有佛性，而非情之物有真如之理，称之为法性。

❋ 平等

梵文意译。意谓无差别、等同，有时简译为"等"。指一切现象在共性或空性、唯识性、心真如性等方面没有差别。

❋ 如来藏

梵文意译。有两种不同的用法。

（一）一切众生本具的如来清净法身，亦即佛性。世亲《佛性论》说明如来藏的特色及其立名原由：

1. 所摄：世间一切众生皆为如来之性（真如）所摄，故谓一切众生皆是如来藏。

2. 隐覆：如来之性被烦恼覆盖，众生不见，故谓藏。

3. 能摄：真如虽被众生的烦恼所覆盖，但含有如来的一切功德。

第1说明如来藏为众生的本体，第2、3说明众生成佛的可能性及依据。

（二）指佛所说的一切经。

❋ 解脱

梵文意译。意为摆脱烦恼业障的系缚，得到身心自在。广义而言，摆脱世俗的系缚，在宗教精神上感到自由，均可称之。细言之，从三界束缚中所得的解脱，分别称为欲廛（chán）解脱、色廛解脱、无色廛解脱。由修习所断的烦恼不同，分为见所断烦恼解脱、修所断烦恼解脱等。

但就佛教特殊的含义讲，解脱指断绝生死原因、不再拘于轮回业报，其意与涅槃、圆寂的含义相通。《俱舍论》将以涅槃为体的解脱，称为无为解脱；以胜解为体的解脱，称为有为解脱。胜解指对佛教义理的殊胜理解，由此而从智慧得到解脱，所以又称为慧解脱。

就其能从世俗系缚中解脱出来或能趋向涅槃而言，某些禅定也被称为解脱。有三解脱、八解脱、不思议解脱等。

❋ 本觉、始觉、究竟觉

本觉相对始觉而立名，意指众生先天所具的佛教所言的觉悟心。《仁王经》解释本觉："自性清净心名本觉性，即是诸佛一切智智。"《大乘起信论》解释："离念相者，等虚空界，无所不遍，法界一相，即是如来平等法界，说名本觉。"心体只要离念，本觉心自然显现。

始觉相对本觉而立名。意指通过佛教的修行启发先天本觉，达到佛教的觉悟。《大乘起信论》解释两者之间的关系："始觉义者，依本觉故，而有不觉；依不觉故，而有始觉。"

大乘用"觉"说明人们透过佛教修行，从流转生死达到涅槃解脱的关键。认为人心本来寂静不动，无生无灭（本觉）；由于无明风动，产生世俗的意识活动（不觉）；及至接触修行，由本觉熏习不觉，使心识活动与本觉相融，即是始觉。

究竟觉意指经过始觉达到圆满阶段，与本觉圆满契合的佛教觉悟。得到这种觉悟，也就是成佛，特点在觉知心源的本觉。《大乘起信论》解释："以觉心源故，名究竟觉；不觉心源故，非究竟觉。"心源，指心为一切现象的源头，觉与不觉、不染与染、出世与世、佛与众生，都出自同一真心。觉知这一点，就是究竟觉，此时本觉与始觉平等。

❄ 涅槃旧译泥洹

梵文音译。意为灭、灭度、无为、圆寂，是佛教全部修行的最高理想。佛教认为世俗众生的生命轮回不息，原因就在众生有欲望、烦恼和各种思想行为（业行）。涅槃即对生死及其根源——烦恼，彻底的断灭。

大乘认为涅槃的内涵是断绝烦恼及生死轮回的精神境界。《大乘义章》解释："灭诸烦恼故，灭生死故，名之为灭；离众相故，大寂静故，名之为灭。"《大乘起信论》解释："以无明灭故，心无由起；以无起故，境界随灭；以因缘俱灭故，心相皆尽，名得涅槃。"

小乘则以灰身灭智、捐形绝虑为涅槃，如《阿含经》中释迦牟尼涅槃的状况。简言之，死亡且不再轮回才是得涅槃。大乘反对这种说法，在于若五蕴已达毕竟空，则世间与涅槃并没有差别。更由于以毕竟空为涅槃的标志，进而反对以脱离世间的方法去追求涅槃。《大涅槃经》即把常、乐、我、净的涅槃四德作为永生的佛身。

佛教史籍受到小乘说法的影响，常把高僧的死亡称为涅槃，又是一种崇荣的说法。大乘对涅槃有很多分类，一般分为有余涅槃和无余涅槃。

❄ 有余涅槃、无余涅槃

大乘特有的观点。有余涅槃亦称有余依涅槃，意为作为生死原因的烦恼已断，但前世惑业所造成的果报身还留在世间。即指生死之因已断，生死之果待尽的期间。

无余涅槃是相对于有余涅槃，意指作为生死的因果都尽，不再受生于三界。

无住涅槃

亦称无住处涅槃。意为不执著停住在涅槃，是大乘对涅槃定义的进一步发挥。意为证得佛果以后，为救度一切众生，既不住于生死，也不住于涅槃的一种涅槃状态。

《成唯识论》以此为最高佛果，并解释这种状况是真如超越所知障（法执），以大悲、般若为辅，利乐众生，从而常寂。相对地，小乘被贬为只能从烦恼障中自我解脱，达到无余涅槃。

常乐我净、四颠倒、涅槃四德

常、乐、我、净为大乘用语，一般有二义：

1.四颠倒。意为对人生四个颠倒的观念。在佛教的观念中，世俗人生本是无常、苦、无我、不净，但凡夫不明白这个道理，贪图世俗享受，误以为世俗人生有常、乐、我、净，所以称为四颠倒。

2.涅槃四德。大乘认为，一旦证入涅槃，佛身即会具有真正的常、乐、我、净，称为涅槃四德。《大涅槃经》批评小乘所得非大涅槃，因为小乘不具常、乐、我、净，具常、乐、我、净才是大涅槃。并解释这种状况：常，永恒常在；乐，无痛苦，充满欢乐，即大乐；我，法身，即大我；净，断除一切烦恼，即大净。

圆寂

梵文意译。涅槃的同义词，意为圆满寂灭。演变为对僧尼死亡的美称。

根

梵文意译。涵义为能生，为促进增生作用的根本，如眼根能生眼识。《大乘义章》将根分为二十二种：眼根、耳根、鼻根、舌根、身根、意根、女根、男根、命根、苦根、乐根、忧根、喜根、舍根、信根、精进根、念根、定根、慧根、未知当知根、已知根、具知根。

利根、钝根

梵文意译。根为根机、根性，专指接受佛教修道的素质。利根意谓能敏锐地理解佛法、容易圆满达到解脱者。相对地，对佛道接受迟钝的人，称为钝根，亦称钝机，含有贬抑的意思。也用在大乘对小乘的评价，如《法华经》："钝根乐小法，贪着于生死。"

一阐提略译阐提

梵文音译，亦译一阐提迦。意为不具信仰或断善根，指断绝一切善根的人。

对一阐提是否具有佛性、能否成佛，中国佛教内部有长期的争论，尤其在南北朝时期。

❈ 判教详称教相判释，又称教判

意为判定佛教各类经典的意义和地位。佛教各宗派为了调和佛教内部的不同说法，对先后所出经论，从形式到内容给予重新定位，分别深浅、大小、偏圆、权实等。作教判的同时，往往藉经典的地位树立本派的正统和权威地位。

此种方法在印度已开始运用，如《法华经》将佛教分为大、小乘，《楞伽经》则分顿、渐教，《涅槃经》分五时，《解深密经》分有、空、中三时，《大智度论》分三藏（小乘）、摩诃衍（大乘）、显露和秘密，《十住毗婆沙论》分难行道和易行道等。

在中国，大小乘同时流行，判教对各宗派益形重要。南北朝时有"南三北七"。隋唐时期，各宗均有自己的判教理论，如天台宗智𫖮分五时八教，三论宗吉藏有二藏三法论，法相宗窥基分三教，华严宗法藏分五教十宗，净土宗道绰分二门等。

❈ 南三北七

中国南北朝时期，对判教的综合分类。南三指南朝的三种说法，北七指北朝的七种说法。南朝皆把佛教判教分为顿、渐、不定三种，其中对渐教有不同说法：

1.虎丘岌师分为有相教、无相教、常住教，合称三时教。

2.宗爱、僧旻在上述无相教下，加同归教，称四时教。

3.僧柔、慧次、慧观在上述同归教前加褒贬抑扬教，称五时教。

北朝七种为：

1.分天人教、有相教、无相教、同归教、常住教，称五时教。

2.菩提流支立半字教、满字教。

3.慧光立因缘宗、假名宗、诳相宗、常宗。

4.上述四宗加法界宗，称五宗教。

5.立因缘宗、假名宗、诳相宗、常宗、真宗、圆宗，称六宗。

6.分有相大乘、无相大乘。

7.立一音教，谓佛以一音说法，只是个人随机缘理解不同。

上述判教，均按大小乘、有宗与空宗的次第，对佛教经论分判说明。

❋ 三教亦称三时教

唐代法相宗窥基的判教说,意为佛在三个时候说不同内容的佛法。系根据《解深密经·无自性相品》的三时说创立:

1. 初时有教。指《阿含经》虽说因缘破有我,但五蕴等法仍为实有,是为"我空法有"。指小乘。

2. 第二时空教。《般若经》等讲"我法两空",皆不可执著。指大乘空宗。

3. 第三时中道教。《华严经》《解深密经》等说三自性、三无性,心有境空,以明"非有非空"中道之理。指唯识宗。

❋ 五时八教、五时、八教、化法四教、化仪四教

天台宗智顗的判教说。五时八教为五时与八教的合称,八教为化法四教、化仪四教的合称。

五时为:

1. 华严时:谓释迦牟尼于菩提树下成道后,首先说大乘无上法门《华严经》。因为此经甚深,解悟者少。

2. 鹿苑时:一称阿含时,说《华严经》十二年后,为根底浅者说《阿含经》小乘经典。因讲经地点在鹿野苑,故名。

3. 方等时:鹿苑时后八年,应众根机说大乘法,如《维摩诘经》、《金光明经》、《楞伽经》等。方等为大乘经的通称,此处以方等时称大乘初期。

4. 般若时:方等时后二十二年间,说《般若经》,宣传诸法皆空之理。

5. 法华涅槃时:般若时后八年,说《法华经》、《大涅槃经》,阐发佛陀出世本意。天台宗以《法华经》为主要依据经典,藉此论证其优越。

化法四教是就经义分类,模拟为药味:

1. 藏:即三藏教(经、律、论)或藏教,指小乘教。

2. 通:指诸部《般若》,义通大小乘,涵盖浅显与深奥的教理,故称通。

3. 别:指专为菩萨讲的其他方等经(大乘经),不共二乘人说,故称别。

4. 圆:指《法华经》教义。天台宗认为《法华经》教义圆满、圆融,故称圆教。

化仪四教是就教法(悟道方法)分类,模拟为药方:

1. 顿:指《法华经》所讲教义,可直接到达佛位,没有阶段性,故称顿教。(非禅宗之顿渐)

2. 渐:指《阿含经》、《般若经》、《方等经》等教义,须依次渐修,故称渐教。

3. 秘密:说者为一,听者随根机有不同的领悟,但互不相知。

4.不定：说者为一，听者随根机有不同的领悟，且互相知道。

❋ 五味

梵文意译。语出《大涅槃经》。以牛乳经发酵加工，依序出酪、生酥、熟酥、醍醐，美味及精致度不断提升，醍醐更可治百病，合为五味。用于譬喻佛教的修行人，分别为声闻如牛乳、缘觉如酪、菩萨如生酥及熟酥、诸佛如醍醐。用于譬喻佛法，则《大涅槃经》如醍醐。

隋智顗《法华玄义》则把判教的五时，以五味作譬喻。华严时如牛乳、阿含时如酪、方等时如生酥、般若时如熟酥、法华时如醍醐。

❋ 五教、十宗

华严宗的判教说。华严宗把佛教的教义和流派，分为五教十宗，此说主要出自法藏《华严五教章》及《华严探玄记》。

五教分别为：

1.小乘教：又称愚法二乘教，指以四谛、十二因缘为内容的《阿含经》、《发智论》等所说。

2.大乘始教：又称权教，指宣传空宗的《般若经》《中论》等，以及有宗《解深密经》、《唯识论》等。

3.大乘终教：又称实教，指以真如缘起、一切众生皆可成佛为内容的《楞伽经》、《大乘起信论》等。

4.顿教：指不依言词、不设位次，顿悟教理的《维摩诘经》等。

5.圆教：指完全说一乘教理的《华严经》（超越诸教的别教一乘）和《法华经》（混同诸教的同教一乘）。藉此判教方式，论证唯有《华严经》地位最高。

十宗为：

1.我法俱有宗：主张"人我"、"法我"具为实有，即人与客观环境具为真实存在。指佛为人、天所说善恶报应的教义。包括犊子、法上、贤胄、正量、密林山等部派佛教。

2.法有我无宗：主张五蕴诸法、三世实有、法体恒存，但"人我"非有，即主观意识的自我非真实存在。包括说一切有、雪山、多闻、化地等部派。

3.法无去来宗：主张诸法现在有实体，过去及未来无实体。包括大众、鸡胤、制多山、西山住、北山住、法藏、饮光等部派。

4.现通假实宗：主张诸法过去、未来没有实体，现在只五蕴有实体，十二处及十八界则不真实。包括说假部、经部及《成实论》等。

5.俗妄真实宗：认为一切世俗法皆不真实，只有佛说的出世法（真理）是真实的。指说出世法等部。

6.诸法但名宗：主张一切法（一切现象）只有假名，而无实体。指一说部等。

7.一切皆空宗：主张一切法皆虚幻不实。指《般若经》等。

8.真德不空宗：主张一切法都是真如（如来藏）显现，含有实德，故真体不空。指《楞伽经》等。

9.相想俱绝宗：认为真理是"绝言所显，离言之理"，不能用言语描述，只有靠顿悟认识真理。指《维摩诘经》等。

10.圆明具德宗：认为一切法本来功德圆满，彼此圆融无碍。指《华严经》。

以上十宗与五教比对，1至6为小乘教，7为大乘始教，8为大乘终教，9是顿教，10是圆教。

关于十宗，另有一说，为唐代华严学者李通玄判立，称为"十教十宗"，目的均在论证《华严经》的至高无上。一般较少采用。

❀ 二道、二门包含圣道门、净土门

净土宗的判教说。唐代道绰在所著《安乐集》中，根据龙树《十住毗婆娑论》，将佛教修行法分为二道：

1.难行道，指净土法门之外的修行法及教义。谓在五浊恶世（现今时代），以这种修行法，难以达到解脱，如同在陆路，步行则苦，故称难行道。

2.易行道，指净土宗修行法。谓以信佛因缘，愿生净土，藉阿弥陀佛愿力，便容易获得解脱及往生。如同水路，乘船则乐，故称易行道。

另一说法为二门。即将难行道称为圣道门，易行道为净土门。特别指出《无量寿经》强调临命终时，只要十念相续，称念阿弥陀佛，即可往生净土（西方极乐世界）。而圣道门因五浊恶世"去大圣久远"，且"理深解微"，无一人可由此得道。

❀ 八不中道、八不缘起、八不正观

中观学派用语，古印度大乘中观学派和中国三论宗的重要理论之一。内容以八个否定（八不）论证中道的内涵。龙树《中观论》载："不生亦不灭，不常亦不断，不一亦不异，不来亦不出（去）。"此为八不，也是中道的内涵。

此系中观学派论证宇宙人生的重要而根本的观念，意指宇宙一切现象皆由因缘聚散而有生灭现象，本质实则无生无灭。如谓有生有灭，则偏颇一边。离此偏颇，说不生不灭，则为中道之理。

"八不缘起"强调一切现象皆为缘起而生，验证八种否定。"八不正观"强调八不即是中道，此为正观。

✿ 八迷

意为八种迷见。三论宗对于不能正观"八不中道"之人的称呼。指这类人认为种种现象有生灭、常断、同异、来去的差别，此种观念正是"八不中道"所要破斥的对象。

✿ 三是偈亦称三谛偈

中观学派中观理论的精义。龙树《中观论》："众因缘生法，我说即是空，亦为是假名，亦是中道义。"意指一切现象的产生都是因缘聚合，因缘散去便消失。这些现象的存在，只是人们以名言概念相称，本质上一切皆空（无自性）。因因缘俱备而存在，承认其假名，但要明见其本质为空。

✿ 空

梵文意译。指一切现象皆虚幻不实，或理体本身空寂明净。佛教以因缘为一切现象生成的原因，现象本身非独立的实体，只是假名施设，故谓之空。然空非虚无，因缘幻化是假有，否定假有是"恶取空"。

小乘对空的定义，一般主张人我空，亦名无我，即没有主体性的人，人只是五蕴的聚合。大乘则在人我空外，进一步主张"法我空"，即一切现象都是虚假存在，没有主体性。中观学派侧重因缘为一切现象生成的原因，唯识学派则侧重一切现象都是人们的识所变现，《大乘起信论》则将一切现象的生成归因于人们的"妄心"（相对于真心）念念分别而存在。大乘说空，有三空、四空、六空、十空、十八空、二十空等。

✿ 不二

不作分别想之意，也称作无二、离两边。指对一切现象应无所分别，或超越各种分别。主要用在认识论和方法论上，称为不二法门。佛教的中道观指出，人的分别观是一切虚妄念头的源头和价值判断的根据。要从本质（法性）去认识万物，才不至于偏执。

《维摩诘经》讲不二法门，认为对一切境界无分善恶，要"无思无知，无见无问，无言无说"。这种从本质上将现象完全统一，无视差别境界，正是不二法门的实践。禅宗更将不二法门作为处世态度和发挥禅机的方法，以达到不执著。

❀ 中道

指脱离两个极端，采用不偏不倚的方法或观念。大小乘对中道的解释不尽相同，但都认为是真理。此真理有时又与真如、法性、实相、佛性同义，尤其在大乘探讨现象的本质时如此。

小乘讲中道，内涵主要为修行的方法，一般就是指八正道。如按此修行，一方面脱离苦行，一方面脱离世俗的贪爱。《杂阿含经》等把观悟十二因缘之理，弃舍常见（视人我为常存）、断见（视死后全无果报）、有见（以世间为真实存在）、无见（以世间为不存在），称为符合中道的正见。

大乘中观学派以八不正观为中道，又称为佛性。瑜伽行派认为宇宙实相为非空非有，此为中道，并自称"中道了义教"。中国天台宗提出三谛圆融说，认为肯定现象之空、假，即是中道。中道思想以中观学派龙树的"八不缘起"及"三是偈"最为著名（参见P212各该条）。

❀ 二谛、俗谛、真谛、世俗谛、圣义谛、第一义谛

原为婆罗门教用语，为佛教沿用。二谛为俗谛与真谛的合称。谛，指真实不欺之真理。俗谛又称世谛、世俗谛，真谛又称圣义谛、第一义谛。

小乘有部把复合的、可分解的对象（非元素）视为真实存在者，称为世俗谛，把单一的、不可分解的对象（元素）称为圣义谛。

大乘中观学派把复合的、可分解的对象（非元素）视为因缘聚合而存在，以佛教真理的角度检验，其并非真实存在。以世俗的角度检验，其是真实存在，故称为俗谛。而单一的、不可分解的对象（元素）才是真实存在，称为真谛。此种检验真理的标准，称为缘起性空。

小乘经部和大乘瑜伽行派等，均把世俗的认识活动和对对象的理解称为世俗谛；把运用佛教智能及其对认识活动的对象的理解，称为圣义谛。

此二谛虽然各有判定的标准或高下，然而对认识活动来讲是缺一不可的。《中论》特别指出："若不依世俗（谛），第一义（谛）则不可说。"对大乘而言，透过二谛的解说，可在对立中调和世间与出世间；可在俗谛中，显扬佛教的真理，以及其认识对象的真实性。将此二谛联系起来，观察一切现象，称为中观、中道。

❋ 性空亦称自性空、假有、假名

性空与假有相对而相成。假有指一切有为法都只是因缘聚会而成，并非真实存在。性指本体、本质，《大智度论》解释"性名自有"。但是世界上没有不待因缘而成立的现象，所以众生是空，法也是空，一切现象的本质皆是空，此名性空。

假名的名指名词、概念。在佛教的观念中，名词、概念不能表达现象的实际，只是约定成俗的假施设，所以称为假名。而世上一切现象及其产生差别的原因，都是人们安置上去的，本质是非有非无、非非无、非非有。现象随着名称转变（性空的本质不变），所以是假名。

❋ 方便亦称沤和

梵文意译，音译沤和，全称方便善巧、方便圣智。主要指菩萨以般若修行的目标及方法。大乘反对小乘专为"自利"，修行更要"利他"。菩萨一方面要能如声闻乘一样，观一切现象幻化不实，又不能证空入灭，而是"观空而不入灭"。这是因为其要实践慈悲喜舍、不舍众生的菩萨情怀。在利他方面，更要依据众生的需要，采取各种方法，度脱众生。这些不取证及度脱众生的善巧方法，旧称为方便，即现代语"便宜行事"。

❋ 破邪显正

简称破显。破邪，指驳斥错误的道理；显正，指显示正确的道理。要义是透过破邪自然显露真理，不必另外立说。三论宗解释，《中论》、《十二门论》、《百论》并非在破邪之外另立正理，而是破邪即显正。八不既破八迷，又显中道之理。

❋ 般若

梵文音译，全称般若波罗蜜多，意译智慧，全译明度无极。意为通过智慧到达解脱彼岸（涅槃）。《大智度论》认为般若是一切佛母（成佛的基础），诸佛以法为师，法即般若波罗蜜多，意谓成佛的最终手段还是要通过般若，才能成就。

佛教认为般若并非俗世的智慧，而是认识佛法的特殊之智。即观察诸法实相（性空），了悟缘起性空之慧，所以汉译并不直译为智慧。这种般若智能主要使用否定的方法破除世俗的认识，例如无生无灭从根本否定生的实有性，自然无灭。但同时也肯定世俗认知、观念的必要性，称为方便。两者相互构成般若，即是假有性空。

智慧

不同梵文意译的综合体。依原梵文原意有三：

1.译为慧，大小乘五位法中，心所法之一。指人们普遍具有的辨识事物、判定是非善恶的能力。

2.译为智，音译若那、阇那。指由修习佛教教义所引生的辨别现象、判定是非善恶的能力。分别有无漏智和有漏智、根本智和后得智、一切智、道种智和一切种智，以及佛智等。

3.译为般若，六度之一。指以假有性空的观念，去观察一切现象的特殊方法。（参见上条般若）

关于智、慧、智慧，汉译佛典中经常互通，亦有以般若概括佛教所说的一切智慧。

佛智

对佛所具有的特殊智慧的尊称，《大智度论》解释有两种：阿耨多罗三藐三菩提、萨云若（萨婆若）。因两者皆为无漏，有时也概称为佛无漏智。（参见下第三条萨婆若、P203阿耨多罗三藐三菩提条）

无漏智、有漏智

两者为相对的名词。无漏智指能断除三界烦恼、证得佛教真理的智慧，广义上亦指佛智。一般为修习佛道进入见道以上，为断惑、证理所得的智慧。小乘有部特指修八忍、八智之十六心所得。唯识法相宗则指证唯识理所得。

在见道以前，虽然也修习佛教义理，但未现观四谛之理，未获得认识上的根本转变，仍属世俗智慧，称为有漏智。

无分别智、根本无分别智、后得无分别智、根本智、后得智

无分别智指对真如的认识已远离名言概念等虚妄分别，能作如实而无分别的正确认识的智慧。属无漏智，为佛智的相应心品。狭义的说即是根本无分别智，广义的说还包括后得无分别智。分述如下。

根本无分别智，亦称根本智、无分别智。为佛教修行达见道阶段，现观佛教真理所得的智慧，属全部修行过程中带有突变性质的认识。此时的智慧与真理两相契合，主客观已无任何差别，故称"无分别"。又因为此智能成就佛教功德，为此后按佛教真理的观点现观一切现象奠定基础，故称"根本"。《成唯识论》解释，此时缘境都无所得，不取种种戏论相，也就是能取、所

取俱离，智慧与真如平等。智慧不需以名言概念为中介，直观佛教真理便可得之。

后得无分别智，亦称后得智、俗智、权智。指将根本无分别智证得的佛教真理，运用于分析现象的智慧。因其在根本智之后发生，故称"后得"。其作用在保障对佛教真理的信仰，不再为各种现象所迷惑。

两者之间的关系：后得智依根本智才能把握住佛教的真理，根本智依后得智才能在世俗的认识活动中发挥作用。

❁ **萨婆若**

梵文音译，佛智的名称之一。各家对其含义解释不同，一般意译为一切智，也有译为一切种智者。唐慧琳《一切经音义》虽然把萨婆若名为一切智，但解释为般若波罗蜜的异名。

❁ **三智、道种智、一切种智、一切智**

三智为一切智、道种智、一切种智的合称。其共同特征是证得真如、断除烦恼以后，所具的佛教智慧。《大智度论》解释其差别："一切智是声闻、辟支佛事，道智（道种智）是诸菩萨事，一切种智是佛事。"认为此三智虽可一心、一时所得，但仍有次第。由道种智生一切智，由一切智生一切种智，由一切种智灭一切烦恼习。但佛教对于三智个别涵义说法不一，说明如下。

1. 道种智：亦称道种慧、道智。道，指佛教的所有修行内容，即一切善法；种，意为种子。道种智是获得一切智、一切种智的基础，贯穿修习佛道的始终。

2. 一切种智：就广义言，与萨婆若同，即指佛智。就内涵言，此种智慧从整体上能了悟一切现象的共性，即空性的本质。从个别上又能把握种种现象个别的因果、体性、作用、善恶等特质。可谓无所不知的智慧。

3. 一切智：就广义言，与萨婆若同，即指佛智。就与一切种智相对而言，则仅指能了悟一切现象的共性，即空性的本质。

天台宗以《大智度论》主张三智于一心中得的说法为基础，配合其空、假、中三谛，提出一心三智说。以三智均为佛智一心的表现，只是观照现象的重点不同。《摩诃止观》说明："佛智照空，如二乘所见，名一切智；佛智照假，如菩萨所见，名道种智；佛智照空、假、中，皆见实相，名一切种智。故三智一心中得。"（参见P226一心三智条）

❀ 无住

亦称不住。原指现象之不会凝住不变的本质或特质，后又引申为人也不应以固定的观念看待现象。般若理论以此为一切现象本质为空性的主要内容，并以缘聚缘散解释生灭无常的现象。要言之，佛教以无住作为现象共有的特征，以空性为现象的本质，并以空性作为现象无住的理论基础。

《坛经》进一步提出："我此法门，以无住为本。"表明如果对于一切现象能念念不住（不以固定的观念看待现象），就可以使思想不受束缚，获得解脱。此为南宗禅的一大特色。

❀ 无生、无生忍、无生法忍

无生亦称无生法。与涅槃、实相、法性等具有同样的内涵，肯定一切现象的生灭变化都是众生虚妄分别的产物。现象本质为无生，无生当然无灭，故寂静如涅槃，此是现象的实相、真如。

此种观点，与小乘"生灭无常"相对立。小乘认为生灭实有且无常，大乘无生观则把无生灭的绝对静止作为现象的共性。达到对无生的正确认识、认同，称为无生忍或无生法忍，其实与涅槃具相同的内涵。忍，意为认可、通达、不退。

❀ 实相涅槃

即已证悟一切现象的实相为涅槃，而不入灭。此说为大乘观点，特别为中观学派所提倡。意指世间一切现象的实相是毕竟空，亦即无生无灭、涅槃寂静。是故世间与涅槃、涅槃与世间无差无别。此说为大乘佛教深入世俗社会提供了理论根据。

❀ 戒

梵文意译，音译尸罗，意为习惯性的行为、道德。与定、慧合称三学，又属六度之一的戒度。广义地说，习惯性的行为包含恶行与善行，故善恶皆可称戒。如善习称善戒，恶习称恶戒。作为佛教的戒，通常指善戒、净戒。就对象而言，又分为出家、在家信徒的戒规，用来防非止恶。

据传，释迦牟尼时代已制定戒律，其内容后来发展为三藏之一的律藏，对戒规、受戒仪式都有详细的规定。小乘时代已发展出完整的五戒、八戒、十戒、具足戒，供在家、出家的男、女众遵行，大乘又立菩萨戒补充之。

❋ 性戒

与遮戒相对。又称性重戒、性罪戒、主戒、旧戒。性，意为本质、基本，即基本上不应有的行为。《大涅槃经》具体指出杀、盗、淫、妄语为性戒的四项内容。此四项行为基本上为重罪，依业报轮回观，已经足以结业，感报地狱、饿鬼、畜生三恶道。另一方面，依据社会道德风俗或法律原则认为的不善行为，无论佛制与不制，都被视为不应有的罪行。

❋ 遮戒

与性戒相对。又称息世讥嫌戒、新戒、客戒。遮，意为制止。属于轻罪，但为避免世风讥嫌（如掘地伤生），或诱发其他重罪（如饮酒），也应避免。《大涅槃经》指出，轻秤小斗从事贩卖等，属于遮戒。

❋ 戒法

意为属于戒律的佛法、规范。泛指各种戒规、戒条。如比丘二百五十戒、比丘尼三百四十八戒、五戒、八戒等。佛门认为严守这些戒规，是达到解脱的途径之一。

❋ 戒体

体，意为本源、基础。指受戒时，心中认同、接受戒法，自然产生防非止恶的功能，成为行动的依据。《俱舍论》认为戒体属色法，称为无表色或无表业；《成实论》认为其属非色非心法；大乘法相宗认为其是心法，属阿赖耶识中的种子。

❋ 戒行

指随顺戒体产生遵守戒律的行为，可分为身、语、意三种行为。

❋ 戒相

戒行表现在外的相状，或持五戒、或持十戒、或持二百五十戒等。也依个人持戒程度，含有优劣的价值判断。

❋ 律

梵文意译，亦译调伏、离、灭，音译毗奈耶、毗尼等。佛教为比丘、比丘尼制定的行为规范、禁戒，谓能制伏种种恶行。戒与律经常并称，然并不相同，律专为出家众制定，在家众不得与闻。

❀ 戒律

梵文戒与律（音尸罗与毗奈耶）的合称。泛指佛教为出家众与在家众制定的一切戒规。按内容可分为止持戒和作持戒两种。分述如下。

1. 止持戒：止，防止、阻止之意，防止恶行类的戒律，教人诸恶莫做。如五戒、八戒、十戒、具足戒等。

2. 作持戒：作，作为之意，积极行善的戒律，教人众善奉行。如《四分律》的二十犍度，包括说戒、安居、自恣等。

❀ 通戒、七佛通戒偈

意为通用的戒律。传说过去七佛以戒为题，各作一偈，作为佛教的根本禁戒。根据《增一阿含经》卷一载，七佛偈分别是：

1. 毗婆尸佛：忍辱为第一，佛说无为最，不以剃须发，害他为沙门。

2. 尸弃佛：若眼见非邪，慧者护不着，弃捐于众恶，在世为黠慧。

3. 毗舍婆佛：不害亦不非，奉行于大戒，于食知止足，座床亦复然，执志则专一，是则诸佛教。

4. 拘楼孙佛：譬如蜂采华，其色甚香洁，以味惠施他，道士游聚落，不诽谤于人，亦不观是非，但自观身行，谛观正不正。

5. 拘那含佛：执志莫轻戏，当学尊寂道，贤者无愁忧，当灭志所念。

6. 迦叶佛：一切恶莫作，当奉行其善，自净其志意，是则诸佛教。

7. 释迦佛：护口意清净，身行亦清净，净此三行迹，修行仙人道。

后世佛教通用的通戒偈，是迦叶佛所说偈，但文字略有不同，出自同经卷一阿难所引说："诸恶莫作，众善奉行，自净其意，是诸佛教。"并指此偈可出生三十七道品及诸法。

❀ 五篇七聚

戒律对戒条的一般分类。源自《四分律》规定，比丘戒二百五十条，比丘尼戒三百八十四条，皆称具足戒。僧、尼戒各分为七段、八段，然后又依轻重及处置方式分为五篇，五篇与篇外戒条又统括为七类，称七聚。分述如下。

1. 五篇：波罗夷、僧残、波逸提、提舍尼、突吉罗。

2. 七聚：波罗夷、僧残、偷兰遮、堕（五篇之波逸提）、提舍尼、恶作（五篇之突吉罗）、恶说。（参见以下各条）

❈ 波罗夷

佛教戒类名,《四分律》五篇之一、七聚之一。梵文音译,意译为重禁、断头、弃等,亦称根本罪。其意为极重罪,犯者应驱出教团。

《四分律》将杀、盗、淫、妄语归为比丘四波罗夷,称"四重禁戒"。比丘尼有"八重禁戒",其中四条与比丘四重禁戒相同,另外四条是关于不许同男子接触、相爱和禁止隐瞒罪过等规定。

❈ 僧残

佛教戒类名,《四分律》五篇之一、七聚之一。梵文意译,音译为僧伽婆尸沙,意为残留、残缺,即于僧道、僧籍有残缺。是仅次于波罗夷的重罪,比丘的罪行是粗语、接触女人等十三条,比丘尼有十一条。犯者在一定期间内被剥夺僧籍,必须经一定手续始可恢复僧籍:比丘经六昼夜,比丘尼经半月,在二十位僧人面前坦白忏悔。

❈ 波逸提

佛教戒类名,《四分律》五篇之一、七聚之一。梵文音译,意译为堕。轻罪的一种,犯者经忏悔可灭罪,否则死后会堕地狱。分舍堕、单堕。

1.舍堕:音译尼萨耆波夷提,略称尼萨耆。犯行方面,比丘、比丘尼皆三十条,但只有十八条相同。犯者必须将超过规定或不正当手段得来的财物,舍给僧团并忏悔。

2.单堕:亦称单提(单堕与波逸提的合称),轻罪之一。犯行为小妄语、两舌等,比丘九十条、比丘尼一百七十八条。犯者只要向清净知律比丘忏悔,即可除罪。

❈ 提舍尼

佛教戒类名,《四分律》五篇之一、七聚之一。梵音节译,意为对他说、悔过去、向彼悔。轻罪的一种,犯者向一人忏悔即可灭罪,皆关于吃饭的事。比丘有四条,比丘尼八条。

❈ 突吉罗

佛教戒类名,《四分律》五篇之一。梵文音译,意译为恶作,即轻垢、小过、当学之意。轻罪的一种,包括恶作、恶语,犯者随学随守。《四分律》将之分三段。

1.不定:比丘戒,二条。指与女人在隐处或露处对坐,犯嫌疑罪,是属波罗夷罪或僧残罪尚不定。

2. 众学：比丘、比丘尼应学之戒，关于衣、食、说法等礼仪细节的规范。比丘和比丘尼皆百条。

3. 灭诤：也称止诤，关于平息僧团纷争之事。比丘和比丘尼皆七条。

❧ 偷兰遮

佛教戒类名，《四分律》七聚之一。梵文音译，意为大罪、重罪、粗罪。"偷兰"名大，"遮"名障善道。指《四分律》五篇之外的一切重罪，属波罗夷和僧残的未遂罪。

❧ 二十犍度、犍度

梵文音译。"犍度"意为聚，此处指按类编订的戒律条文。《四分律》为一部完整的佛教戒律，前一部分为五篇七聚，详列戒条项目内容；后一部分是关于教团修行仪式的规定，以及僧尼生活应注意的仪礼，以二十类编订，称二十犍度，这二十类分别为：

1. 受戒犍度：受具足戒法，称大犍度。

2. 说戒犍度：僧众每月说戒忏过，称布萨。

3. 安居犍度：4月16日至7月15日，安住一起修禅行。

4. 自恣犍度：安居结束时，众僧自由揭发他人罪，互相反省。

5. 皮革犍度：使用皮革用具的规定。

6. 衣犍度。

7. 药犍度。

8. 迦絺那衣犍度：安居后，受居士赠功德衣的规范。

9. 拘睒弥犍度：比丘有诤斗，应如法制止。

10. 瞻波犍度：评说不正的方法。

11. 诃责犍度：说七种惩罚的方法。

12. 人犍度：行忏悔法的人数规范。

13. 覆藏犍度：惩罚隐瞒犯罪之事。

14. 遮犍度：禁止罪人入僧中。

15. 破僧犍度：说佛陀弟子菩提达多背离僧团事。

16. 灭诤犍度：灭七种争论。

17. 比丘尼犍度：关于比丘尼的行事。

18. 法犍度：比丘的种种行为仪则。

19. 房舍犍度：僧房卧具规定。

20. 杂犍度：其他杂事规定。

❋ 广律、波罗提木叉

广律意为内容完备的律，如法藏部的《四分律》。一般包括三部分的内容：

1. 梵音波罗提木叉，意为从解脱、随意解脱、别解脱。指遵守此戒规，可解脱一切烦恼，也称为戒本。是防范僧尼为恶的禁戒，即禁止某些言行，以及犯禁后应受的惩罚，并详说禁戒的缘由。此即《四分律》的五篇七聚，参见P220该条。

2. 关于教团修行仪式的规定，以及僧尼生活应注意的仪礼。此即《四分律》的二十犍度，参见上条。

3. 附属事项（波利波罗）。

❋ 五戒，八戒全称八关斋戒

五戒为佛教规范在家信徒终身应遵守的五项戒条，即不杀生、不偷盗（不与取）、不邪淫、不妄语、不饮酒。因能防，故称戒。前三防身，次一防口，后一通防身、口。

除了五戒之外，佛教另外定了八关斋戒，简称八戒，也作为在家信徒的规范。内容即在五戒之外，另加不眠坐高华广丽之床、不装饰打扮、不观听歌舞、不食非时食。前七为戒，后一为斋。比五戒要求更严谨，但不像五戒那样终身受持，而是临时奉行，多则几天、几周，最少一昼夜。受戒期间，过一种近似僧人的生活。

❋ 十戒

指沙弥、沙弥尼所受的十条戒条。据《俱舍论》等载，内容为不杀生、不偷盗、不淫、不妄语、不饮酒、不涂饰香鬘、不听视歌舞、不坐高广大床、不非时食、不蓄金银财宝。

❋ 具足戒亦称大戒

指比丘、比丘尼所受的戒条。因与沙弥、沙弥尼所受的十条戒条相比，戒品完整，故称具足。戒条数目说法不一，隋唐以后，都依《四分律》受戒，比丘二百五十条，比丘尼三百四十八条。出家人依戒法规定受持此戒，即取得僧尼资格。《四分律》并规定，必须年满20岁方得受戒，理由为身心在20

岁以前尚未成熟，不堪受苦。

大戒作为具足戒的别称，有时用指大乘的戒律。

✤ 十重戒

大乘专属戒名，与四十八轻戒相对。亦称十重禁戒、十无尽戒、十波罗夷、十重波罗提木叉、十不可悔戒。违犯此十条者，构成破门罪，应逐出僧团。这十条是：杀戒、盗戒、淫戒、妄语戒、酤酒（卖酒）戒、说四众（比丘、比丘尼，男、女居士）过戒、自赞毁他戒、悭惜加毁（吝惜施财施法，并加毁谤）戒、嗔心不受悔（怒恚不接受对方忏悔）戒、谤三宝（毁谤佛法僧）戒。

✤ 四十八轻戒

大乘专属戒名，与十重戒相对。《梵网经》载有四十八条，内容包括不敬师友戒、饮酒戒、食肉戒等。犯此戒者，需按戒律规定忏悔。

✤ 三聚净戒包含摄律仪戒、摄善法戒、摄众生戒

三聚净戒意为三种清净的戒规，聚为类别之意。包含：

1. 摄律仪戒：遵守佛教各种戒律，积善防恶。戒律有五戒、八戒、十戒、具足戒等。

2. 摄善法戒：行一切善法，积功德。

3. 摄众生戒：又称饶益有情戒，教化救度众生。

此为大乘僧俗的通行戒。但大乘僧众一开始先受摄律仪戒，即受二百五十戒，称为别受。往后再受三聚净戒，称为通受。

✤ 五恶

五戒的反面，即杀生、偷盗、邪淫、妄语、饮酒。

✤ 五逆罪、五无间业

意为五种重罪，极逆于理，犯者必下无间地狱之意。据《俱舍论》小乘说法为：一者害母，二者害父，三者害阿罗汉，四者破和合僧（分裂僧团），五者恶心出佛身血（伤害佛的身体）。

大乘说法则在小乘的基础上，再加发挥。据《大萨遮尼乾子所说经》，包括：破坏塔寺、经、像等；诽谤声闻、缘觉、大乘佛法；妨碍或伤害出家者修行；犯小乘所说五逆罪的任何一项；不信业报，行十不善业（参见以下十恶条）。

❖ 十恶亦称十不善道

与十善相对。佛教所说的十项罪业：杀生、偷盗（与取）、邪淫、妄语（虚诳语）、两舌（离间语）、恶口（粗恶口）、绮语（杂秽语）、贪欲、嗔恚、邪见。这十项行为乖违道理，故称恶，基本是在五戒的基础上，再加发挥。

❖ 十善

与十恶相对。佛教所说的十项基本道德信条：不杀生、不偷盗（不与取）、不邪淫、不妄语、不两舌、不恶口、不绮语、不贪欲、不嗔恚、不邪见。佛教认为行此十善，能得乐果（善报）。

❖ 羯磨

梵文音译。意译为业，引申为办事的规则。指僧团按照戒律的规定，处理僧侣个人或团体的事务，如受戒羯磨、忏悔羯磨。在律藏里有专门的"比丘羯磨"、"比丘尼羯磨"等，以及各种羯磨法，作为僧团活动的准则。

❖ 一念三千

天台宗基本教义用语。一念即一心，是心念活动最短的时间；三千意为宇宙一切精神和物质现象的总合。全意指在人的一念动时，已经包括宇宙的一切现象。

❖ 十如是简称十如

意为探究诸法实相，应从十个标准去把握。这十个方面包括相、性、体、力、作、因、缘、果、报、本末究竟等。出自《法华经》："佛所成就第一稀有难解之法，唯佛与佛乃能究尽诸法实相。"所谓诸法如是相、如是性、如是体、如是力、如是作、如是因、如是缘、如是果、如是报、如是本末究竟等。

智𫖮据此与十法界、三种世间等相配，构成一念三千的理论。据《摩诃止观》简述如下：

1.相如是：相为形相，外览即可察别。

2.性如是：性是本性、佛性，存在于内。有三个特质，不变、不同（特质）、实性（佛性的别名）。

3.体如是：体为众生的主要质体，指五蕴、十二处，以色心为质体。

4.力如是：力为功能，能作何功用之意。

5.作如是：作指身、口、意三业的作为。

6.因如是：因为业因，也称业，能招果。

7.缘如是：缘为助因，助业皆是缘。

8.果如是：从所习之因，得相应之果，得谓果。

9.报如是：善恶业因得相应之果报，习因习果皆谓因，牵引后世报。酬因谓报。

10.本末究竟等如是：相为本，报为末，本末皆由因缘生，故本末皆空，此空即为等（相同），其合称相当于性空真如。

❋ 性具

天台宗基本教义用语，亦称本具、理具、体具，意为本来具足。性为法性，即真如。指一切现象不是由法性随缘而造，而是本来具足。真如之体本具诸法（一切现象），称为性具三千、理具三千。体与用无二，真如之用随缘而起，称为变造三千。

其理论的特点，在指出其他宗派（如华严宗）只讲性起（真如之用）不讲性具。因为肯定性具的立论，佛与众生没有根本差别，修行成佛在理论上获得支持。

❋ 三谛圆融亦称圆融三谛

天台宗基本教义用语。三谛指《中论》所说三是偈中的空、假、中。空，指一切现象为因缘和合而成，空无自性；假，指一切现象虽空无自性，仍有假相存在；中，指既看到现象空的一面，又看到现象假的一面，非空非假即是中道。

《摩诃止观》指出，三谛虽三而一，虽一而三，并不互相冲突。"一念心起，即空、即假、即中"，谓之三谛圆融，并强调要如此观察诸法实相（参见下二条一心三观）。

❋ 一心三智亦称三智一心

天台宗基本教义用语。北齐慧文首先提出，隋智𫖮加以发挥并成为天台宗的基本教义。三智为道种智、一切智、一切种智。天台宗认为，以修习般若为因，可于一念心中顿得三智之果。智𫖮在《观经疏》中指出，观悟假谛得权智（道种智），观悟空谛得实智（一切智），观悟中谛得非权非实智（一切种智）。此三智融通交会，于一心中得，即"此观成时，证一心三智"。

❋ 一心三观

天台宗基本教义用语。北齐慧文首先提出，隋智𫖮加以发挥并成为天台宗的基本教义。指观察一切现象的实相，要同步观察空、假、中。《摩诃止观》指出，现象无假、中即不空，无空、中即不假，无空、假即不中。三者同时存在，交融不分。因此，观察现象也要三观同步，谓之一心三观。

❋ 真空妙有

华严宗的体性观。真空，指宇宙的一切现象虚幻不实。妙有，指世界本体的真如或法性、佛性。华严宗提倡此说，唐代法藏在《修华严奥旨妄尽还源观》里，释《宝性论》有一段话："色是幻色，必不碍空；空是真空，必不碍色。若碍于色，即是断空；若碍于空，即是实色。如一尘即具如上真空妙有，当知一尘等亦尔。"全意不外说明一切现象的虚幻不实，只有空为实，但印证空必须从外象的虚幻去体认。假象随缘显现，不能说无，所以假象的本体——真如，称为妙有。

❋ 无情有性

天台宗湛然的特殊佛性观，意指无情草木、墙瓦壁石也具佛性。佛教一般认为有情众生才具佛性，湛然的理论根据是《大乘起信论》的真如缘起说。湛然认为，一切现象从其不变的本体观察，即真如；从其随缘而起的角度观察，真如即一切现象，故一切现象也体现了真如。真如即佛性的异称。

❋ 六即亦称六即佛

天台宗的修行理论。意为从凡夫到修行成佛的修证根据及六个阶次。据《摩诃止观》：

1.理即：一切众生一念心即如来藏理，此理即菩提心，亦为佛性，为先天所具。

2.名字即：听闻佛法，从名言概念中理解佛法，开始对佛教产生信念。

3.观行即：更进一步，止观双修，"心观明了，理慧相应"。

4.相似即：通过修行，断除烦恼，达到相似真觉悟。

5.分真即：初破无明见佛性、显真如，达到初步觉悟。

6.究竟即：自身佛性完全显现，此时"智光圆满，不复可增"，达到彻底觉悟，亦即成佛。

❋ 性起

华严宗的缘起观。意指一切世间、出世间的现象皆由真如法性所起（生）。其根据是《华严经·如来性起品》、《大乘起信论》的真如缘起说。法藏的《大乘起信论义记》倡此说，认为真如（如来藏）派生世间一切现象，并成为一切现象的共性，真如则与出世间一切现象（佛法）相称而起。

❀ 四法界亦称法界观、法界缘起

华严宗的世界观教义。用来说明俗智与佛智对于世界认识的差别与次序，故亦称法界观。据澄观《华严法界玄镜》，四法界为：

1.事法界。界是差别之意，意指一切现象有无尽的差别。这是俗智的认知，世俗总是以现象所显的差别与特殊性作为自己的认知，被称为"情计之境"。此虽然存在而非实，不属佛智范围。

2.理法界。界的本意虽是分界、差别，但此理法界则强调理所具的同一性、共性，用来与现象界的差别性作区隔。以佛智看此现象的共性，即是空性。因现象乃唯识所现，都不实在，原其本体，只是本心，本心即佛性、真如。此一阶次的认识，尚未显出真如妙用，故尚未完全。

3.理事无碍法界。将理、事与共性、个别性联系观察，结果理、事相互彻入，具体即法藏《大乘起信论义记》所说："如来藏随缘成阿赖耶识，此则理彻于事也；亦许依他缘起，无性同如，此则事彻于理也。"但这还不是佛智的最高认识。

4.事事无碍法界。共性（空）融于一切现象（事），使事与事之间溶融无间，相即、相入，互相包容，互相反映，至无穷无尽。此事事无碍是华严宗的特殊说法，强调一切圆融自在，亦即法界缘起说。运用在佛教的理论及修行上，各个宗派、修行法都是佛教的组成部分而互相沟通。运用在现实世界上，则排除一切差别现象，一切都圆融自在，互不妨碍。详细发挥法界缘起的有三性一际、因门六义、六相圆融、十玄缘起、相即、相入等。

❀ 六相圆融

华严宗的世界观教义，亦称六相缘起。六相指总相和别相、同相和异相、成相和坏相。这三对名相源自《十地经论》，用来说明经文的关系及内容。从华严宗智俨开始，则用来分析理论。此处用这三对范畴和六个方面说明一切现象虽然各有自性，但又都可以融合无间，完全没有差别。

《华严一乘教分齐章》解释："总相者，一含多德故；别相者，多德非一故。别依止总，满彼总故。同相者，多义不相违，同成一总故；异相者，多异相望，各各异故。成相者，由诸缘起成故；坏相者，诸义各自住法不移动故。"其中总、同、成三组侧重整体，别、异、坏侧重部分。六相圆融的关系，亦即是全体与部分、一般与个别的圆融关系。全体由部分组成，部分的本质则源自全体；一般通过个别表现，个别的本质则源自一般。

这种关系遍及一切现象，但又受到相即、相入两种条件规范：总、同、成即是别、异、坏（相即），别、异、坏能入总、同、成（相入）。由此形成法界缘起：一切现象生成时，即相融相和，无碍自在。

这种说法，特别在宗教实践上，初发心时，便成正觉。一切惑障一断一切断，行德一成一切成，理性一显一切显。意指不论成佛或认识佛教真理，都可在一念心中得到完满的实现。

❋ 十玄缘起亦称十玄门

华严宗的世界观教义，与六相圆融构成法界缘起的中心内容。此说由智俨首创，称古十玄；完成于法藏，称新十玄。两者内容相同，次序略有变动。据法藏《华严一乘教分齐章》说明十玄门：

1.同时具足相应门：指佛教虽分各种法门，但同时相应成一缘起，互相依存，一并作为成佛的根据。

2.一多相容不同门：佛教法门虽各有特性，但任何一种都能含受其他法门的内容。

3.诸法相即自在门：作为统一各种法门的缘起法，得一即得一切，也称一即一切、一切即一，圆融自在。初发心菩萨即是佛，得始即得终，穷终方原始。

4.因陀罗境界门：因陀罗是传说中帝释天宫中悬挂宝珠的网，重重无尽。此喻各种法门之间，相互辉映，重迭无尽。

5.微细相容安立门：一切法门均于一念中具足，同时显现，无不明了。

6.秘密隐显俱成门：各种法门不论隐覆或显了，俱时成就。

7.诸藏纯杂具德门：只见行一法门（纯，指此一法门的修行法）时，俱含一切法门（杂，指一切法门的功德）的内容。

8.十世隔法异成门：指一切法门遍在十世之中，即在时间上存在时劫无碍的关系。

9.唯心回转善成门：指全部法门唯是如来藏自性清净心转，性起而具德。以上1至8门，也都是如来藏心自在作用。

10.托事显法生解门：指上述9种关系随事物、情况不同而有不同法门，不同的法门亦可呈现相同的原理。

十玄缘起属四法界中事事无碍法界，将整套观点的对象扩大到对世间和出世间的一切现象，在一念之间同时具足。

❖ 因门六义

华严宗的缘起理论，全称缘起因门六义，用以说明法界缘起的主要原理之一。即将四缘中的因缘（现象形成的根本条件），按其体之有、空，其用之有力、无力，缘（现象形成的辅助条件，四缘中的其他三缘）按其有待、无待，分为六个方面，说明因在形成各种现象中复杂而融合的关系。

据法藏《华严一乘教分齐章》说明：

1. 空，有力，不待缘：因，从刹那生灭讲，为空；从能生万有讲，为有力；从不藉他缘讲，为不待缘。

2. 空，有力，待缘：因与果，相俱互依，故从自体讲，为空；相俱能生万有，为有力；俱非孤立，为待缘。

3. 空，无力，待缘：因，以有果方名因，无别自性故，为空；待缘才生万有，为无力、待缘。

4. 有，有力，不待缘：因之善恶，定生果之善恶，为有；能自不改而生果，为有力；不藉缘力，为不待缘。

5. 有，有力，待缘：同因生同果，为有；但果性同于因，而不为外缘所改，为有力、待缘。

6. 有，无力，待缘：因，同类随转，为有；待他缘而不能违缘，为无力、待缘。

现象之所以有相即（由空、有义故）和相入（由有力、无力义故）的关系，有同体和异体（由待缘、无待缘义故）的关系，以至于一毛孔能容纳大海，就在于造成诸现象的缘起因门，有如上的六义。

❖ 相即

华严宗教义用语。相，互相之意。意为两物可以互废自己，而同一于对方。用以说明不同的现象之间可以互相转化成为同一体的关系，甲即是乙，乙即是甲。

《华严一乘教分齐章》用自、他和有、空两组概念说明相即的含义。他物作为形成某物自体的条件而存在，故就自体而言，他物就失去独立的自性：自体是有，他物即为空，此谓自即是他。反之，由于某物的自体毕竟以他物为条件构成，离开他物，自体即不能成立。故就他物而言，他物是有，自体是空，此谓他即是自。两物之间，互同于对方，此即"相即"（两物互相即是对方）。

✿ 相入

华严宗教义用语。相，互相之意，意为事物之间可以互相渗透、包含，即甲中有乙，乙中有甲。

《华严一乘教分齐章》用自、他和有力、无力这两组概念说明相入的含义。认为一切现象生成时（法界缘起），若某物自体的力用强大，他物的力用会消失，某物即具有摄取他物于自身的绝对优势。反之，他物如完全失去自身的力用，则必然进入某物的自体之内。亦即双方可以互为容摄，谓之相入。

在这种以有力、无力来决定现象相互容摄的关系中，被摄取的一方虽摄入于他物之内，但并不失去自身的固有性质，故不同于泯灭一切自性差别的"相即"。华严宗认为"一尘中现无量佛刹"，就是如此论证所得。

✿ 三性一际

华严宗教义用语。三性即三自性：遍计所执性、依他起性、圆成实性。谓此三性从本、末两方面观察，是相互交彻、没有差异的。

《华严一乘教分齐章》将三性分别赋予二义：

1. 圆成实性：不变、随缘。
2. 依他起性：似有、无性。
3. 遍计所执性：情有、理无。

其中圆成之不变、依他之无性、遍计之理无，都是从不坏"末有"而讲真如为一心之本。圆成之随缘、依他之似有、遍计之情有，都是从不动心真如之本而讲世界"末有"的（现象之假有）。故三义无异，三性一际。据此，对唯识宗三自性说作出新的解释，真妄互融，性无障碍。

华严宗以此说明真如和万有（现象）、彼岸世界和此岸世界，都在一心的基础上交互融通，不可分离。

✿ 疾得成佛

华严宗的修行理论。意为很快可以成佛，不必累劫修行。据《华严孔目章》，有五种疾得成佛：

1. 依胜身疾得成佛。胜身指殊胜（不凡）的身份，如转轮王、天子（诸天众生）等，他们只要闻信佛法，今生即可成佛。

2.依见闻径生疾克。听闻如来说法，又经修行，"证佛十种力"，达到最高觉悟。

3.依一时疾得成佛。如《华严经》所说，善财童子求访诸菩萨善知识，一时受普贤教化，立即成佛。

4.依一念疾得成佛。一念与佛法相应，立即成佛。

5.依无念疾得成佛。如能领悟一切法不生、一切法不灭，亦即成佛。

❈ **法相**

佛教教义名词，有多重不同含义及用法。最普通的字面意义，是指现象的相状、性质、名词、概念等。佛经中常用作实相的别名，此用法与真如、佛性、法性等同。

瑜伽行派（法相宗）把三自性归为法相，由此铺展为五位百法，藉此说明现象是唯识所显（相），其本质无非是唯识真性，法相宗亦因此得名。

❈ **唯识无境、万法唯识**

法相宗的世界观。意谓一切现象都是心识所变现，心外无独立的现象存在。由这一基本命题，发展出三能变、种子、八识等说。

❈ **三界唯心**

意为三界的一切现象皆由心造，心为万物的本体。大乘佛教各宗派都赞成此命题，唯对心的解释不同。华严宗据《大乘起信论》，主张此心即是如来藏或真如。法相宗依瑜伽行派，主张心即阿赖耶识，其三界唯心等同唯识无境、万法唯识。禅宗用其强调修心为成佛的唯一手段。从印度佛学源流的角度解释，则是瑜伽行派所主张的。

❈ **八识**

瑜伽行派和法相宗对于心识的特殊分类，五位法中的心法。也就是依据认识功能，将人的心念分为眼识、耳识、鼻识、舌识、身识、意识、末那识、阿赖耶识，并归类为三能变。大乘各宗派也沿用此说。

❈ **三能变**

瑜伽行派和法相宗为了论证万法唯识的教义主张，而将八识归类为三种能够变现（功用）现象的识体。依据《唯识三十颂》，这三能变及识体为：异熟能变，指阿赖耶识；思量能变，指末那识；了境能变，指前六识。

❊ 阿赖耶识亦称第八识

梵文音译，亦译阿梨耶识、赖耶识，别称阿陀那识（见下条阿陀那识）、种子识、异熟识（见上条三能变）。意译藏识、无没识，取其含藏诸法种子及执持诸法种子不失之意。瑜伽行派和法相宗立为八识之第八识、三能变之异熟能变，并着重阐发，成为其理论中心。

❊ 阿陀那识

梵文音译。意译执持、执我，执持种子及有情的身体之意，故亦作为阿赖耶识的别称。旧译之末那识也称为阿陀那识，因其特性是执持阿赖耶识为自我。

❊ 阿末罗识亦译庵摩罗识

梵文音译。意译无垢识、清净识。阿赖耶识的别名，特指经过修行以后，阿赖耶识脱离迷妄，达到清净无漏时的状态。

南朝陈真谛等旧译家在阿赖耶识之外，将其另立为第九识，为纯粹的清净识。

❊ 种子

特别是佛教的瑜伽行派和法相宗，用植物的种子来譬喻阿赖耶识，以其能产生果实来说明阿赖耶识中藏有一切现象的因子。种子依来源可分为本有（先天所具）、新熏（后天经验累积）两种。

就其作用言，依一般功能分为共相种（如产生山河大地等客观环境的种子）、自相种（产生个体自性差别的种子）。依佛教修行及道德，可分为无漏种、有漏种。

种子说主要在说明先天本能和后天经验。这是现实世界产生的最直接原因，是唯识无境理论的基石，更是修行成佛的依据。

❊ 习气

梵文意译，原指烦恼相续在心中形成的余习。瑜伽行派和法相宗用来指经七转识熏习，而在阿赖耶识中形成的新种子。分为三种：

1.名言习气。即由名相概念熏习阿赖耶识形成的种子，此类种子反过来会成为现实世界一切现象的成因。

2.我执习气。即由人们的我见（自我意识）熏习阿赖耶识形成的种子，此类种子就是人们分别我、你等现象之间差别的因子。

3.有支习气。即由自身所作善恶诸业，熏习阿赖耶识形成的种子。此类种子就是后世获得各种业报的原因。

* **熏习**

瑜伽行派和法相宗指七转识现行对阿赖耶识不断熏染的作用。说明阿赖耶识中，种子持续和增长的原因。分所熏（以阿赖耶识为对象）和能熏（指七转识现行），两者各有四个含义。

所熏四义：

1.坚住性。谓终始一类相续，能持习气。

2.无记性。谓具非善非恶无记性，能容习气。

3.可熏性。谓独立自在，能受习气。

4.与能熏共和合性。谓与能熏同时同处，不即不离。

能熏四义：

1.有生灭。谓性属非常（无常），能生长习气。

2.有胜用。谓有旺盛的生灭功能，能引习气。

3.有增减。谓能增能减之胜用，能摄持习气。

4.与所熏和合而转。谓与所熏同时同处，不即不离。

七转识不断熏习阿赖耶识，如同以香料熏习衣服，衣服自然留存香气。人的认识也一样，通过经验的熏习，即使不再直接经验现实，保存在识体中的习气，在一定条件下，也自然会起作用。此即法相宗通过熏习所要说明的。（参见 P235 七转识条）

* **现行**

亦称现行法。据瑜伽行派和法相宗所说，是阿赖耶识中的诸法种子在活动中，所派生的七转识（包括一切现象）。也就是说，七转识作为阿赖耶识诸种子之果，就称为现行。就七转识而言，其为种子之果，种子则为七转识之因。但在现实中，两者不断交互作用，其实是互为因果的。以三重因果说明：

1.能熏成种：能熏为因，种子为果。

2.种生现行：种子为因，现行为果。

3.种子自类相生：前种为因，后种为果。

把现行和种子的关系看作这样的因果关系，就成了论证万法唯识的主要原理。

❈ 意识

佛教名词，梵文意译，六识之一，法相宗八识之一。以意根为依，以一切现象（包含精神及物质）为认识的对象，如想象、推理、判断等心理活动。《杂集论》解释："依意缘法，了别为性。"

意识作为六识之一，是前五识的共同依据；作为八识之一，法相宗特立末那识为意识的独有依据。

❈ 末那识亦称第七识

梵文音译，意译意。八识之一，三能变之一。《成唯识论》以六种理由成立此识，主要为自我意识（我执）及其相应的无明（种种我见）的存在。其自相和行相是"恒审思量"，即不停地以内自我为中心，起思虑作用，人的我执就是此识的具体作用。主要表现出三个特点：

1. 以阿赖耶识为其存在及活动的依据，并与阿赖耶识一起成为前六识发生的依据。

2. 以阿赖耶识的见分为攀缘的对象，并将其作为内自我。

3. 在未成佛以前，恒审思量表现在"所执我相"上；修行达到转依位时，则表现为思量"无我相"。

❈ 七转识

瑜伽行派和法相宗的八识说，把阿赖耶识之外的前七识合称为七转识，即眼、耳、鼻、舌、身、意、末那识。

❈ 四分包括见分、相分、自证分、证自证分，二分、三分

瑜伽行派和法相宗的认识理论，包括相分、见分、自证分、证自证分，合称四分。源自印度的瑜伽行派，有二分、三分、四分说。

当认识活动发生时，认识的主体称为见分，又称能缘；被认识的客体（对象）称为相分，又称所缘。其不同点是两者都存在于八识的每一识体上，认识活动就是识体自身的见分去缘虑自身的相分，不是一般观念中缘虑对象为外境。此目的在于证明"唯识无境"说。此说最早由古印度难陀提出，称二分说。

后来陈那认为见、相二分应有其所依的自体，即自己有自体，能够证知自己有认识活动，名为自证分。如度量事物，应有能量（见分）作为尺度；有所量（相分）作为对象；更应该还有量果（自证分），以得知度量结果。此

称三分说。

至护法，则在三分说的基础上提出证自证分，即是自证分的再证知。也作为证第三分的量果，构成四分说。

见、相二分被称为外二分，其余二分被称为内二分。内二分是根据外二分的推论所得，外二分是四分说的基础。

❋ 三自性包括遍计所执自性、依他起自性、圆成实自性

三自性为瑜伽行派对自性进一步分析的理论，为其理论的中心观念。亦称三性、三自相、三相，分别简称遍计所执性、依他起性、圆成实性。依据《成唯识论》分述如下：

1.遍计所执自性：又称普观察性。人们遍观一切现象皆有自性差别（遍计），由此而虚妄分别，执为实我、实有种种差别（所执）。此种世俗认识，被认为是不真实的。

2.依他起自性：又称他根性。依其他众缘而生起一切现象。众缘指四缘，特别指作为因缘的阿赖耶识种子，及其能够引起心识、派生一切现象的活动。因为一切现象的生起，均由众缘引起心、心所的虚妄变现，故幻化不实。

3.圆成实自性：又称成就相。即在依他起性上，远离遍计所执性的谬误，认识到一切现象既无人我，又无法我（二空），由此显现真如实性。

三自性从依他起性认识到一切现象都是识体所变现，虚幻不实。排除客观现象为实有的观念，从而破遍计所执性。肯定一切都是识性的作用，此种体悟即是契合真如，达到圆成实性。唯识无境的立论也因而成立。中国佛教的其他宗派，也沿用此说，但另有发挥。

❋ 三无性

瑜伽行派和法相宗的重要理论之一。即相无性、生无性、胜义无性的合称。此三者是三自性理论的进一步论述，分别相对于遍计所执性、依他起性、圆成实性。

依据《成唯识论》分述如下：

1.相无性：依遍计所执性而立，谓世俗认识把因缘所生现象虚妄分别，视为实有，此体相毕竟非有。

2.生无性：依依他起性而立，谓一切现象为因缘所生，妄执实有之性为无，然实为"假说无性，非性全无"。

3.胜义无性：依圆成实性而立，谓圆成实性远离遍计所执我、法性，亦为假说无性，非性全无。此"非性全无"即唯识实性，亦即真如、实际等。

然此三无性被认为是密意说，不是了义说，因三自性的后二性其性非无，假说其无性，是为了否定世俗的实性认知。

❋ **五重唯识观**

法相宗为确立一切现象是识体所变现的理论，所提出的五个层次的观法。据窥基《大乘法苑义林章》分述如下：

1.遣虚存实识：意为否定遍计所执性的虚妄（遣虚），情有理无；肯定依他起性、圆成实性，理有情无（存实）。

2.舍滥留纯识：现象与本体皆不离内识，内识有境（相分）有心（见分、自证分），境与外在妄境相滥涉。一般人迷于境，起烦恼业，沉沦生死，故应舍离，此为舍滥。认识一切唯有识，此为留纯。

3.舍末归本识：相分为内识所取之境，见分为内识能取的功用，二者皆为"末"（应舍）。二者皆依识体（自证分，此为本），不可离本（归本）。

4.隐劣显胜识：心王与心所都有变现现象的能力，但只讲唯心，不讲心所，是为显示心王胜于心所，故应隐劣（心所）显胜（心王）。

5.遣相证性识：心王虽胜，但它有事有理，事为相用（指依他起性），理为性体（指圆成实性，真如），应遣依他起的事相，证圆成实的真如。

这五重观法，第一重是空有相对，第二重是心境相对，第三重是体用相对，第四重是王所相对，第五重是事理相对。前四重是舍遣遍计所执性，存归依他起性的观法，称"相唯识"；第五重是舍遣依他起性，证得圆成实性的观法，称为"性唯识"。

❋ **二障、所知障、烦恼障**

二障为佛教对障碍佛道的因素所作的分类，其用法不尽相同，分述如下：

1.指烦恼障、所知障。瑜伽行派和法相宗对贪、嗔、痴等惑，就其能障碍成就佛果的作用，分为烦恼障和所知障。烦恼障系以我执（人我见）为首的诸烦恼，包括根本烦恼和随烦恼，指此种烦恼能障涅槃。所知障系以法执（法我见）为首的诸烦恼，指此种烦恼能障菩提。并认为小乘断惑唯断烦恼障，未断所知障，而大乘能断二障及其种子。

2.《俱舍论》则立烦恼障、解脱障为二障。烦恼障同上释。解脱障的解脱则指灭尽定，谓障修行者入灭尽定的烦恼名解脱障。解脱又分为慧解脱、俱解脱。依"慧"离烦恼障者，立慧解脱；依兼得"定"离解脱障者，立俱解脱。

3.《圆觉经》则分理障及事障为二障。理障是由邪见等理惑障碍正知见，相当于所知障；事障则由贪等事惑相续生死而障碍涅槃，相当于烦恼障。

✤ 转依

转有二义，转舍、转得；依即依他起。法相宗所说，彻底转变我执、法执，证得涅槃、菩提二果，为其全部修习的最高目标。过程是修习无分别智而断第八识中二障粗重，故能转舍依他起上遍计所执，并转得依他起中圆成实性。其中由转烦恼障而得大涅槃，转所知障而证无上觉（菩提）。

全意即从三自性上说明，人的思想应从世间转向出世间。对于缘起的现象（依他起），不应执为实我、实法（遍计所执），应见到唯识真性（圆成实），此即转依。这种转依，均通过第八识中种子的生灭消长来实现。转舍烦恼障种子，即转得涅槃果；转舍所知障种子，即转得菩提果。

✤ 转识成智亦称转识得智，四智

瑜伽行派和法相宗认为，通过佛教修行领悟佛教真理，有漏（有烦恼）的八识就可以转为无漏（断烦恼）的八识，从而得到四种智慧。这四智是：

1.成所作智：前五识转无漏时所得，又称作事智。意为成就德业，因为此智能在十方，以身、口、意三业为利乐众生行善。

2.妙观察智：第六识转无漏时所得，又称观智。意为善于观察现象的自相、共相，因为此智能根据众生的不同根机自在说法，教化众生。

3.平等性智：第七识转无漏时所得，又称平等智。意为观察一切现象皆悉平等，大慈悲等。此智能平等普度众生。

4.大圆镜智：第八识转无漏时所得，又称镜智。以大圆镜的光明遍映万象纤毫不遗形容此智，因为此智"离诸分别，所缘行相微细难知，不痴不愚。一切境相，性相清净，离诸杂染"。

具此四智，即得佛果。

✤ 唯识五位

法相宗说明菩萨修行时，悟入唯识真如的五个位阶。据《成唯识论》，五位是：

1.资粮位：指修习顺解脱分，解决对唯识真如的理解问题。因为此时对于唯识真如虽深信解，然未能了能取、所取空，多住门外修菩萨行。包括十住心、十行、十回向（三贤位）等。

2.加行位：指修习顺抉择分，制伏能取和所取的分别（两者皆是空），引发对唯识义的真见，为进入见道的前导。包括由修习四寻思、四如实智（参见下条四寻思观）所产生的煖、顶、忍、世第一法的四善根等位。

3.通达位：指菩萨住在见道时能生起无分别智，消除能取及所取的一切分别，通达唯识道理。是修习过程中的一个飞跃。

4.修习位：即由获得的无分别智进一步修习断除余障，求最后证得转依。此位按高低顺序划分为菩萨十地。（参见P239菩萨十地条）

5.究竟位：究竟断惑证理之位，即无学道，认为是大乘的最高佛位。此时"出障圆明，能尽未来化有情类，复令化入唯识相、性"。

❋ 四寻思观、四如实智观

法相宗把修行位阶分为五位，在第二加行位应修此观法。按万法唯识的观点，观察寻思作为认识对象的名、义、自性、差别，均假有实无，称为四寻思观。由此引发的四种决定正智，称为四如实智观。

❋ 十地亦称十住，三乘十地、菩萨十地

十地指佛教修行的十个位阶，常见的说法有三乘十地、菩萨十地。十住之住，意为住于修行地，与十地同义。

三乘十地又称为共地，因被认为是声闻、缘觉、菩萨三乘共修的位阶。分述如下：

1.干慧地：亦作过灭境地、寂然杂见现入地等。相当小乘的三贤位，虽有智慧，未得理水，故名干慧。

2.性地：亦作种性地、种地。相当小乘四善根位，初伏见惑、思惑，始见法性之理。

3.八人地：亦作第八地、八地。人即忍，相当小乘见道十五心之位（已体认四谛十六心的八忍七智），达预流向位。

4.见地：亦作见见地。至修道第十六心道类智，达预流果位，已断三界见惑。

5.薄地：亦作柔软地、微欲地。已断欲界九种烦恼（修惑）的一部分，余气已薄，达一来果位，故称薄。

6. 离欲地：亦作离贪地、灭淫怒痴地。已断欲界全部修惑，得不还果。

7. 已作地：亦作所办地、已办地。小乘已达尽智、无生智，得阿罗汉果。

8. 辟支佛地：因观十二因缘法成道，名辟支佛。

9. 菩萨地：是大乘菩萨经无数劫修六度万行之地。

10. 佛地：是大乘菩萨修行的最后果位。

菩萨十地是大乘菩萨修行的十个位阶。分述如下：

1. 欢喜地：亦作极喜地、喜地。初证圣果，悟我法二空，能利益自他，生大欢喜。

2. 离垢地：亦作无垢地、净地。远离任何能引起犯戒的烦恼，身心无垢、无烦恼。

3. 发光地：亦作明地、有光地。成就殊胜的禅定，发出智慧之光。

4. 焰胜地：亦作焰慧地、焰地。慧性增胜。

5. 难胜地：亦作极难胜地。令俗智与真智合而相应，极难做到。

6. 现前地：亦作现在地、目见地。由缘起之智，引生无分别智，令最胜般若现前。

7. 远行地：亦作深行地、深入地。住于无相行（在禅定中，悟空寂无相），远离世间二乘。

8. 不动地：无分别智任运相续。

9. 善慧地：亦作善哉意地、善根地。成就四无碍解，具足十力，能遍行十方说法。

10. 法云地：成就大法智，具足无边功德，法身如虚空，智慧如大云。

《华严经》《成唯识论》认为，此十地修习的内容，分别是施、戒、忍、精进、静虑、般若、方便善巧、愿、力、智等十波罗蜜，对治十障，证十真如。

❀ 五种姓

瑜伽行派的特殊观点。亦作五姓、五乘种姓，"姓"也作"性"。瑜伽行派和法相宗认为，众生先天具有的不同根器有五种，由阿赖耶识种子决定，不可改变。据《楞伽经》《解深密经》：

1. 菩萨定姓：亦称定性菩萨。2. 独觉定姓：亦称定性缘觉。3. 声闻定姓：亦称定性声闻。

以上三种统称三乘，意为一定会达到相应的菩萨（或佛）、辟支佛、阿罗汉的果位。

4.三乘不定姓：亦称不定种姓，指具有三乘的种子，但会达到什么果位还不一定。

5.无姓有情：亦称无种姓，指永远沉沦在生死轮回，虽然可以修福转生为人或生天界，却永远达不到佛教的解脱。

❖ 五位法、五位七十五法、五位百法

五位法为小乘有部和大乘瑜伽行派、法相宗对于世间和出世间一切现象所作的五种分类：1.色法；2.心法；3.心所有法；4.心不相应法；5.无为法。但对五位的排序各自不同。

小乘有部为五位七十五法。即：1.色法十一种；2.心法一种；3.心所有法四十六种；4.心不相应法十四种；5.无为法三种。除无为法外，其余1—4均属有为法。《俱舍论》以其中色法能引起贪欲爱乐等染法，将其视为最重要的对治对象，故列为首位。无为法包括涅槃在内，是佛教修习的最终目标，故列在最后。

大乘瑜伽行派和法相宗主张五位百法（一百种）。排列顺序为：1.心法八种；2.心所有法五十一种；3.色法十一种；4.心不相应法二十四种；5.无为法六种。《百法明门论》解释其顺序原因为，一切法中以心法最胜，故列为首位；心所有法是与心相应生起，故列于心法之后；色法不能别起，是依心、心所而生，故列第三；心不相应法是借助前三位法，相对"假施设有"，故列有为法最后；无为法要藉前四法断染成净，方能显示，故列最后。

❖ 法

梵文意译，音译达摩、达磨。《成唯识论》解释其本质涵义为轨持，有二种涵义。"轨"为轨范，有一定的规范、规律，人可以认识；"持"为任持，有自性或质的规定性。在佛教的范畴里，大致有三种用法：

1.指佛法，即佛的教法。

2.泛指一切现象，包含过去、现在、未来，精神、物质，存在、不存在。如一切法、三世诸法等。

3.特指某种现象，如色法、心法等。分类很多，各派通说的有蕴、处、界三科。小乘有部特讲五位七十五法，大乘瑜伽行派、法相宗特讲五位百法。

❖ 有为亦称有为法、四有为相

梵文意译。原意为造作、有所作为，与无为相对。以变化为特质，泛指

一切处于相互联系、生灭变化的现象。生、住、异、灭为四有为相。瑜伽行派认为此四相本无今有，暂有还无；中观学派直接指其为虚妄分别、戏论的产物。此类为因缘法，故有为法也是因缘法的别名，但有时就狭义也用来特指人的造作行为。

小乘着重用有为说明人生无常，大乘则将有为扩大为对世界一切精神、物质现象的分析，归纳出性空或唯心的道理。小乘有部和大乘瑜伽行派、法相宗将有为法分为四类：色法、心法、心所有法、心不相应法，但排列顺序不同。（参见P241五位法条）

❈ 心、心王

中国佛教名词，梵文名词的综合译体。有五种不同的涵义及用法：

1.泛指一切精神现象，此与识、意的概念相同。如一切属于心的现象称为心法。

2.法相宗阿赖耶识的别名。特指心的能集及能生种子的功能（集起，既积集已，后起诸法。）。

3.心王。小乘有部和大乘法相宗五位法中所列之心法，为六识或八识的识体自身，意为精神作用的主体。主要指认识功能，能起缘虑、思量、了别、积累和保存经验等能动的作用而言。心王为心所所依，《百法明门论忠疏》将心法比喻如国王，王起则左右起，不离于王，故称心王。有部认为六识只有一个识体，故列心法为一；法相宗认为八识有八个识体，故列心法为八。

4.坚实心。指自性清净心，如来藏、真如的别名。表现其特质为坚固真实、不生不灭，如来藏系认为此心是成佛的根据。

5.肉团心。类似心脏之意。

❈ 意

中国佛教名词，梵文名词的综合译体。有各种用法：

1.意识的略称。指思虑、思量。

2.瑜伽行派称第七识末那识为意。

3.与心、识并称，泛指一切精神活动。

4.六根之一，全称意根，属于心法，与前五根属于色法不同。是意识赖以发生的依据，在十八界中，称为意界。《俱舍论》说明："第六识别无所依，为成此依，故说意界。"其功能为"六识无间灭已，能生后识"。意指其特色为前念、后念相续无间。

❊ 心法

意为心的活动现象，但通常指涉两个不同名词：心王、心所有法。（参见上二条及下条）

❊ 心所 又名心所法、心所有法

梵文意译，亦称心数。说一切有部、法相宗所列五位法之一。意指相应于心王而起的心理活动及精神现象，为心所有，故名。《百法明门论忠疏》谓其涵义的特质："一恒依心起，二与心相应，三系属于心。"

小乘《俱舍论》将之分为六类四十六种：1.大地法十种；2.大善地法十种；3.大烦恼地法六种；4.大不善地法二种；5.小烦恼地法十种；6.不定心所十种。

法相宗《成唯识论》以唯识角度调整为六类五十一种：1.遍行五种；2.别境五种；3.善十一种；4.烦恼六种；5.随烦恼二十种；6.不定四种。

❊ 遍行

法相宗心所法的一类，与别境相对。遍为普遍、遍在之意，指任何认识发生时，都会生起的心理活动。包括触、受、思、想、作意五种。

❊ 别境

法相宗心所法的一类，与遍行相对。别为特殊、特别之意，指由特定境界引起的心理活动。包括欲、胜解、念、定、慧五种。

❊ 大地法 全称遍大地法

小乘有部心所法的一类。指任何认识发生时，都会相应生起的心理活动。包括受、想、思、触、欲、慧、念、作意、胜解、三摩地等十种。

❊ 思

小乘有部大地法之一，大乘法相宗遍行法之一。指能造作身、口、意三业的精神作用，相当于思想、意志等。其业行性质有善、不善、无记。

❊ 欲

小乘有部大地法之一，大乘法相宗别境之一。指希求、欲望。

❊ 五欲

亦称五妙欲、五欲德。追求色、声、香、味、触五境而起的五种情欲。亦指财欲、色欲、饮食欲、名欲（名誉欲）、睡眠欲。佛教认为五欲是众生流转生死的直接原因，且愈追求愈盛。

慧

小乘有部大地法之一，大乘法相宗别境之一。指通达事理、决断疑念，取得决定性认知的精神作用。有时用于特指佛教的智慧，如戒、定、慧三学之慧。

念

小乘有部大地法之一，大乘法相宗别境之一。指对于习惯之事不忘失，本质为明记。

作意

小乘有部大地法之一，大乘法相宗别境之一。指心保持警醒，以引起活动的精神作用。以任持攀缘心为业。

胜解

小乘有部大地法之一，大乘法相宗别境之一。印持之义，指对所缘之境作出确定性判断。

善亦称善法

广义指与善心相应的一切思想活动。其标准为符合佛教教义的为善，与恶相对。狭义指法相宗心所法的一类，包括信、惭、愧、无贪、无嗔、无痴、精进、轻安、不放逸、行舍、不害。

大善地法

小乘有部心所法的一类，意为此法于善心中恒常存在。包括信、不放逸、轻安、行舍、惭、愧、无贪、无嗔、不害、勤。

信

小乘有部大善地法之一，大乘法相宗善法之一。指对佛教的基本教义及世界观坚信不移，如业、果、诸谛、三宝。

不放逸

小乘有部大善地法之一，大乘法相宗善法之一。意为努力修持诸善法，对治贪、嗔、痴等诸烦恼。与放逸相对。

轻安

小乘有部大善地法之一，大乘法相宗善法之一。意指使身心轻适安稳的精神作用。此种作用，主要在禅定中生起，其功能在使修习能持续进行。

- **惭**

  小乘有部大善地法之一，大乘法相宗善法之一。意为对于自己的过错感到羞耻，而起防止再犯的精神作用。

- **愧**

  小乘有部大善地法之一，大乘法相宗善法之一。意为对于自己所造作的罪业，在别人面前会感到羞耻，而起防止再犯的精神作用。

- **无贪**

  与贪相对。小乘有部大善地法之一，大乘法相宗善法之一。意为对生存和维持生存的需求，没有贪欲之心。

- **无嗔**

  与嗔相对。小乘有部大善地法之一，大乘法相宗善法之一。意为对任何痛苦和造成痛苦的条件不愤恨。

- **无痴**

  与痴相对。大乘法相宗善法之一，意为思想活动能遵循佛教教义。

- **舍**

  亦称行舍。小乘有部大善地法之一，大乘法相宗善法之一。意为离诸分别、执著，达到不偏颇、平静、平等的心境。另，不苦不乐的感受亦称舍，或称受舍（舍去苦乐的感受）。

- **不害**

  小乘有部大善地法之一，大乘法相宗善法之一。意指慈悲为怀，不伤害众生。

- **大烦恼地法**

  小乘有部心所法的一类，包括无明（痴）、放逸、懈怠、不信、惛沉、掉举。指一切与污染心相应的心理活动和精神现象，其作用可令心意恼乱。

- **放逸**

  与不放逸相对。小乘有部大烦恼地法之一，大乘法相宗随烦恼之一。意指离善放纵，不修善法。

❋ 懈怠

与勤相对。小乘有部大烦恼地法之一，大乘法相宗随烦恼之一。意指对佛教善行不努力。

❋ 不信

小乘有部大烦恼地法之一，大乘法相宗随烦恼之一。意为心不清净，不相信佛教因果报应等教义。

❋ 惛沉

略称惛、昏。小乘有部大烦恼地法之一，大乘法相宗随烦恼之一。意指昏沉蒙昧的精神状态。

❋ 掉举

小乘有部大烦恼地法之一，大乘法相宗随烦恼之一。意为使心浮躁不静的精神现象，此现象会障碍禅定。

❋ 大不善地法

小乘有部心所法的一类，包括无惭、无愧两种。指与一切恶心相应而起的心理现象。

❋ 无惭

小乘有部大不善地法之一，大乘法相宗随烦恼之一。意为做坏事不感羞耻。

❋ 无愧

小乘有部大不善地法之一，大乘法相宗随烦恼之一。意为做别人认为罪恶的事，不感羞愧，也不觉得害怕。

❋ 小烦恼地法

小乘有部心所法的一类，包括忿、覆、悭、嫉、恼、害、恨、谄、诳、憍。指与部分染污心相应的意念活动。

❋ 忿

小乘有部小烦恼地法之一，大乘法相宗随烦恼之一。指暴怒。

❋ 覆

小乘有部小烦恼地法之一，大乘法相宗随烦恼之一。指隐藏己过的投机心理。

- **悭**

  小乘有部小烦恼地法之一，大乘法相宗随烦恼之一。指对于财施、法施悭吝的心理。

- **嫉**

  小乘有部小烦恼地法之一，大乘法相宗随烦恼之一。指对于他人的盛事产生嫉妒的心理。

- **恼**

  小乘有部小烦恼地法之一，大乘法相宗随烦恼之一。意为愤恨恼怒。

- **害**

  小乘有部小烦恼地法之一，大乘法相宗随烦恼之一。意图损害他人之意。

- **恨**

  小乘有部小烦恼地法之一，大乘法相宗随烦恼之一。意指怨恨心理。

- **谄**

  小乘有部小烦恼地法之一，大乘法相宗随烦恼之一。意为矫揉造作，意图掩饰己过，对于名利存追逐之心。

- **诳**

  小乘有部小烦恼地法之一，大乘法相宗随烦恼之一。指为财利等欲望的满足，而产生欺骗别人的意念及行为。

- **憍**

  小乘有部小烦恼地法之一，大乘法相宗随烦恼之一。意为依恃自己的长处而骄傲自大，作用在于耗尽善根。

- **不定地法、不定法，亦称四不定**

  不定地法为小乘有部心所法的一类，大乘法相宗称为不定法，亦属心所法的一类。有部不定地法包括寻、伺、睡眠、恶作、贪、嗔、慢、疑。法相宗不定法包括悔、睡眠、寻、伺，又称四不定。其共同特点为善恶不定，根据与善恶的关系相应生起。

- **寻**

  小乘有部不定地法之一，大乘法相宗不定法之一。指对事情的粗略思考作用，如瓶、衣、车等粗相差别。

❋ 伺

小乘有部不定地法之一，大乘法相宗不定法之一。指对事情细密思考的作用，如瓶、衣、车等细相差别。

❋ 睡眠

小乘有部不定地法之一，大乘法相宗不定法之一。指心处于昏迷而不自主的精神状态。

❋ 恶作、悔

小乘有部不定地法之一，大乘法相宗称为悔，不定法之一。指恶于（讨厌）过去所作之事，心中生厌，而有所追悔，无关善恶道德标准。

❋ 贪

小乘有部不定地法之一，大乘法相宗烦恼法之一，三毒之一。意指贪爱、贪欲。由于在佛教的认识中，其多与贪求财物及五蕴身相关，虽然有部将之列在不定地法，但大乘不仅将之视为三毒之一，法相宗亦将之列为烦恼法之一。

❋ 嗔

小乘有部不定地法之一，大乘法相宗烦恼法之一，三毒之一。意指仇恨和损害他人的心理。

❋ 痴

大乘法相宗烦恼法之一，三毒之一。意指愚昧无知，不明事理。与无明相近。

❋ 慢

小乘有部不定地法之一，大乘法相宗烦恼法之一。意为傲慢自负。《俱舍论》又将之细分为七慢：

1.慢，对劣于己者、等于己者，认为己胜。

2.过慢，对与己等者说己胜，对胜己者说等己。

3.慢过慢，对胜己者说己胜。

4.我慢，不了解五蕴身的我只是暂时的和合，而认为有实我、我所。

5.增上慢，修行尚未证得果位，却自以为证得。

6.卑慢，认为和胜过自己的人差不多。

7.邪慢，自己无德而自称有德。另有九慢说，其本质皆为内心高傲。

✤ 疑

小乘有部不定地法之一，大乘法相宗烦恼法之一。意为对佛教及其教义犹豫而不能坚定信仰。

✤ 失念

与念相对。大乘法相宗烦恼法之一。意指对所缘之境及诸善法不能明记在心。

✤ 散乱

大乘法相宗烦恼法之一。意指贪、嗔等烦恼造成心思分散的现象，此能障碍离欲。

✤ 不正知

大乘法相宗烦恼法之一。意指观念不符合佛教的正道认知，有败坏戒律的作用。

✤ 见

意为对事物的见解、观点、主张。依其道德价值分类，可分为正见、邪见、恶见等。通常佛教使用见字，其含义多为负面的价值认知，类别很多，常见的有：

1.有见、无见：又称为常见、断见，属五见中的边见。（参见下二条五见）

2.七见：意为七种错误的见解，包含邪见（否认因果说）、我见（认为主体的我真实存在）、常见（执身心为常）、断见（执身心会断灭，即无果报）、戒盗见（也称戒禁取见，奉持佛教认为错误的戒律）、果盗见（把错误行为得到的结果看成是正确的）、疑见（怀疑佛教的真理）。

3.十种见：五见（参见下二条五见）加上贪见、恚见、慢见、无明见、疑见。

4.四见、六十二见：特指存有外道（佛教以外的宗教或修行者）的理论或认知。（参见以下各该条）

✤ 恶见

大乘法相宗烦恼法之一。意指违背佛教真理的见解、观念。其本质会污染慧、障善见、招苦。

五见，萨迦耶见亦称身见、我见，边执见亦称边见，邪见，见取见，戒禁取见

五见意为五种错误的见解、观念，即根本烦恼中的恶见所指。分述如下：

1. 萨迦耶见：梵文音译，意译身见、我见。以为我（五蕴身）、我所都是真实存在，内涵与我执相同。"萨"意为败坏，"迦耶"意为和合积聚，形容五蕴身无常之意。此错误观点是一切错误认知的源头，一切烦恼、苦皆源于此。

2. 边执见：简称边见。意为执著片面、极端的见解。有两种：常见（认为身心为常）、断见（认为身心会断灭，即无果报）。

3. 邪见：否认因果报应说。

4. 见取见：执著上述三见的错误观念，而以为是正确的观念、见解。

5. 戒禁取见：又称戒取见、戒盗见。奉持佛教认为错误的戒律，以为如此可达到涅槃。

四见

佛教认为，外道（指佛教以外的其他宗教或修行者）有四种错误的见解、观念。据《大智度论》，这四者为：世间常、世间无常、世间常亦无常、世间非常非无常。

六十二见

据《阿含经·梵动经》等载，释迦牟尼在世的时代，外道沙门（指佛教以外的其他宗教或修行者）有六十二种错误的见解。

其中关于过去的见解有十八种，综合其主张有：1.自我和世界常住论有四种；2.自我和世界亦常亦非常论有四种；3.世界有边无边论有四种；4.诡辩论（异问异答）有四种；5.自我和世界无因论有二种。

关于未来的见解有四十四种，其中主张：1.死后有想论有十六种；2.死后无想论有八种；3.死后非有想非无想论有八种；4.断灭论有七种；5.现在涅槃论有五种。其他经论另有多种说法。

心不相应法亦称不相应行法、不相应法

小乘有部、大乘法相宗五位法的一类。指既不属于色、也不属于心、而有生灭变化的现象，故称"心不相应"。又因此法为五蕴中行蕴所摄，故名"行"。

有部分为十四种，即得、非得、同分、无想果、无想定、灭尽定、命根、

生、住、异、灭、名身、句身、文身。法相宗列二十四种，即得、异生性（非得）、众同分、命根、无想事、无想定、灭想定、名身、句身、文身、生、老、住、无常、流转、定异、相应、势速、次第、方、时、数、和合性、不和合性。

依类别大致可分：

1.表现运动变化的生、住、异、灭、老、势速、流转、无常、定异。
2.表现现象关系的时、方、数、次第、相应、和合性、不和合性。
3.表现某种特定性质的得、非得、命根、同分。
4.表现语言现象的名身、句身、文身。
5.除1—4之外，为宗教领域的现象或设想。

❈ **得、非得**

小乘有部、大乘法相宗心不相应法之一。得，指获得或成就佛教的某种思想、功德、事业。非得则与之相对。

❈ **异生性**

大乘法相宗心不相应法之一。异生梵文为凡夫之意，指六道中未得佛法的众生。异生性，意为众生成为凡夫的原因，在于不得佛法。

❈ **众同分亦称同分**

小乘有部、大乘法相宗心不相应法之一。意指众生的共性或共因。

❈ **命根**

小乘有部、大乘法相宗心不相应法之一。意为生命的根本，指众生过去世的业因，此为决定今世寿命的依据。

❈ **无想果**

亦译无想、无想天。小乘有部、大乘法相宗心不相应法之一。修无想定，死后生无想天的一种果报，特点是于此处心与心所皆灭，已达无想的境界。

❈ **无想定**

小乘有部、大乘法相宗心不相应法之一。意为修停止一切心识活动的禅定，以求证得无想果。佛教认为外道修此定时，错把"无想"当成真解脱。

❈ **灭尽定亦名灭尽受想定**

小乘有部、大乘法相宗心不相应法之一。指克制思想、使之停止活动的一种禅定，修得此定，心及心所尽灭。此定与无想定在停止思想活动上是相同的,但却为佛教"圣者"所修,目的为求静住,非如修无想定自认为的获得解脱。

❀ 名身

小乘有部、大乘法相宗心不相应法之一。两个以上的名,即称为名身。如讲色、声、香等。

❀ 句身

小乘有部、大乘法相宗心不相应法之一。表达完整思想的句子,即为句身,如说"诸行无常"。另一种看法是,有两个句子才可称为句身。

❀ 文身

小乘有部、大乘法相宗心不相应法之一。指构成名身和句身的梵文字母。亦称名显（显义）、字（无异转）。另一种看法是,两个字母始可称为文身。

❀ 生

小乘有部、大乘法相宗心不相应法之一,四有为相之一。指事物、现象的生起和形成。有时用于简称三界众生;在十二因缘中,又用来简称初受胎的生有。

❀ 住

小乘有部、大乘法相宗心不相应法之一,四有为相之一。指事物、现象在形成后,相对稳定的现象。

❀ 异

小乘有部心不相应法之一,四有为相之一。指事物和现象的变异、衰败现象。

❀ 灭

小乘有部心不相应法之一,四有为相之一。指事物、现象的坏灭。亦用来作灭谛的简称。

❀ 流转

轮回的别名,大乘法相宗心不相应法之一。流指相续,转为转动、生起,意为生死相续,轮回不已。

❀ 定异

大乘法相宗心不相应法之一。定指决定,异为不同,意为一切善恶的因果互相不同,不会混乱。

✤ **相应**

大乘法相宗心不相应法之一。指因果现象相互依存。

✤ **势速**

大乘法相宗心不相应法之一。指一切有为法（生、住、异、灭的现象）变化非常迅速。

✤ **方**

大乘法相宗心不相应法之一。即空间、十方，为一切现象所依。

✤ **时**

大乘法相宗心不相应法之一。即时间，指过去、现在、未来。

✤ **和合性**

大乘法相宗心不相应法之一。指形成心、色诸法的因缘具和合的性质。

✤ **不和合性**

大乘法相宗心不相应法之一。指形成心、色诸法的因缘相乖违，不具和合的性质。

✤ **无为亦称无为法、三无为、六无为**

无为法与有为法相对，指非因缘和合而形成、无生灭现象的绝对存在。原是涅槃的别名，部派佛教兴起后，又加以分类。

大众部主张九种：1.择灭无为；2.非择灭无为；3.虚空；4.空无边处；5.识无边处；6.无所有处；7.非想非非想处（4—7参见P175四无色定条）；8.缘起支性（十二因缘之理）；9.圣道支性（八正道之理）。

说一切有部主张三无为：1.虚空无为；2.择灭无为；3.非择灭无为。

大乘法相宗主张六无为：1.虚空无为；2.择灭无为；3.非择灭无为；4.不动无为；5.想受灭（灭尽定）无为；6.真如无为。并以唯识观点解释无为的本质有二：一是由内识所变现；二是由空、无我所显真如（法性）。二者均是假施设有。

✤ **虚空无为**

无为法之一，说一切有部三无为之一，大乘法相宗六无为之一。但两者对虚空无为的解释并不相同。有部认为其无边无际，永不变易，没有任何质碍，为可容纳一切现象的空间。法相宗认为是真如离开各种障碍，犹如虚空，因喻得名。

择灭无为

无为法之一，说一切有部三无为之一，大乘法相宗六无为之一。但两者对择灭无为的解释不尽相同。有部将其视为涅槃的异名，意为透过智慧的简择力，达到寂灭。至此境界，断离烦恼系缚，永不轮回。法相宗则认为是由无漏智的简择力灭除烦恼，证得真如，故名。

非择灭无为

无为法之一，说一切有部三无为之一，大乘法相宗六无为之一。但两者对择灭无为的解释不尽相同。有部认为是非由智慧简择力而显示的寂灭，诸法（现象）本由因缘和合，从未来位到现在位（生），刹那又到过去位（灭）。倘缺乏生缘，该法（现象）将永远停留在未来位。此谓缺缘不生，不生则不灭，谓之非择灭无为。法相宗认为是无待智慧简择，而自性清净的真如。

不动无为

大乘法相宗六无为之一。禅定进入色界第四静虑的境界，不为苦乐所动，名为不动无为。

灭尽定无为

亦译想受灭无为，大乘法相宗六无为之一。禅定进入无色定的无所有处境界，此时六识心想及苦乐二受皆灭，名为灭尽定无为。

真如无为

大乘法相宗六无为之一。此为观我法二空所显之真实如常理体（真如）。所称真如，为佛教各派所要证得的绝对真理，对其内涵的理解，则各有不同。法相宗解释为"唯识真性"。

公案

原指官府判决是非的案例，禅宗借用称前辈祖师的言行范例，以此范例判断是非、迷悟。类似今人的教案。

指月

佛教常用的譬喻。"指"喻言教或修行的过程，"月"喻佛法、真理。以手指月，目的是要人见月。若只观手指，以指为月，不仅不得月，也失指。以此教人着重领悟佛教内涵，不要只拘泥于名相言教。禅宗藉此喻发挥其教外别传及不立文字的精神。

❀ 法眼亦称宗眼

一般指观察事物，认识佛教真理的智慧。有时用来指称能认识某一宗派的特殊观点，称为正法眼，亦称宗眼。

❀ 顿悟、渐悟

顿悟也称顿了，指无需长期修习，一旦把握佛教真理，即可顿时觉悟。渐悟也称渐了，指必须经过长期修习，才能把握佛教真理。中国最早提出顿悟观的是东晋、南北朝时代的竺道生，然其理论并非与后代的认知完全相同。

竺道生的观点，基本上认为佛教的真理是不可分割的整体，故理解、觉悟亦不能分阶段实现。至隋唐，各个宗派对顿渐之争转趋激烈。根据《禅源诸诠集都序》，大方向有主张：

1.先因渐修功成，而豁然顿悟；2.顿修即可觉悟；3.因渐修而渐悟；4.先须顿悟，方可渐修；5.佛法没有顿渐之分，顿渐在机。

禅宗北宗神秀侧重渐修，南宗慧能提倡顿悟。

❀ 棒喝、当头棒喝

棒法与喝法都是禅宗南宗教法中，用来暗示、启悟或警醒学人的特殊方法。棒法是在接待初学者或求教者时，用棒子在案上敲击一下，促其集中思维，警醒领悟，由青原系德山宣鉴禅师首先使用。

喝法同样也是用来接待初学者或求教者。史上记载，最先使用喝法的是马祖道一。到临济义玄时，正式把喝法根据时、地、人的不同，用不同的喝法对待。

棒、喝的特殊之处，在于震摄力不同于佛教各宗派长久以来维持的温和说法。因此，作为成语也在撷取其精神，形容给人震撼性警醒的效果。

❀ 拈花微笑、正法眼藏

禅宗典故。禅宗以大迦叶为西土初祖，《宗门杂录》载，典故出自《大梵天王问佛决疑经》中的故事。传说在灵山法会上，大梵天王向佛陀献上金色波罗花，佛陀即"拈花示众"。众人不解其意，唯有大迦叶"破颜微笑"。佛陀因而说："吾有正法眼藏，涅槃妙心，实相无相，微妙法门，不立文字，教外别传，付嘱摩诃迦叶。"大迦叶就这样成了印度禅宗初祖。

正法眼藏又用来指释迦所传涅槃妙心，或者以心传心的宗法。广义也用来泛指佛法。

壁观

禅宗的禅法。指东土初祖菩提达摩所传授的修行法,特点是心如壁立。《禅源诸诠集都序》说明:"达摩以壁观教人安心,外止诸缘,内心无喘,心如墙壁,可以入道。"外止诸缘,指完全停止对外在的认识;内心无喘,指连自己的呼吸也感受不到;心如墙壁,指前述两者均坚住不移。此法后世多解为"面壁静观",其实重心应在"心如墙壁"。

东山法门

佛教禅宗用语。东山指湖北黄梅县境之东,双峰山的冯墓山。相传禅宗的四祖道信、五祖弘忍,都住在此山接引学人,故称其创导的禅法为东山法门。后来也指弘忍所传的北宗神秀、南宗慧能的禅法。

拂尘看净

禅宗北宗一系的修行主张。拂尘,指对治世俗烦恼,不受外境影响;看净,指认识和保持心性本净。《坛经》记载神秀一偈:"身是菩提树,心如明镜台,时时勤拂拭,莫使惹尘埃。"即认为,修心离妄为通向佛地的主要方法。唐代宗密以"拂尘看净,方便通经"总括此系的修行说。拂尘看净的修习进程,有凝心、摄心等坐禅程序,其方便通经又须读经、诵经,因此被南宗贬为渐教。

以心传心

禅宗六祖传授禅法的特殊教方法。《坛经》言"法则以心传心,皆令自悟自解",即强调学禅必须对禅法由内心自悟。《禅源诸诠集都序》说明,一般人学佛,多用心在文字及外在行相这些形式。其实法在我心,关键是在修心,故但"以心传心",不立文字此后演变为南宗禅的特色。而一般均将其解为师对徒密授或默示之类的传授技巧。

无念

指认识不能存有世俗的忆想分别,唯有符合佛教真如的念头,才被认为是八正道中的正念。这是禅宗最重要的教义及修行观。与其相对的是妄念,离妄念即无念,一切外在境界都灭,此时唯是一心,故又作为真如的异名。此种真如亦称为无念真如。

一行三昧

指以法界为唯一观想对象的禅定。《文殊般若经》:"法界一相,系缘法界,是名一行三昧。"《大乘起信论》进一步解释:"当知唯心,无外境界;即复此心亦无自相，念念不可得。"由此肯定一切现象为心识所现，把握现象的空性，证实诸佛法身与众生平等，无有差别。

北宗神秀据此而着重坐禅安心，却受到南宗的批判，《坛经》："迷人着法相，执一行三昧，直言常坐不动，妄不起心……作此解者，即同无情，却是障道因缘。"南宗慧能并提出对一行三昧的新诠："于一切处行、住、坐、卧，常行一直心。"此即是一行三昧，不必坐禅，更不必故意去限制认识活动。

❀ 见性成佛

禅宗特殊的教观，南宗的基本思想之一。指成佛不假外求，不执外修，只要觉知自己的真如本性，即可达到目的的修行方法。南宗认为人本具般若智慧及真如本性，只要用本具的般若智慧观照本具的真如本性，见性即成佛道。因而不重视读经、坐禅、礼佛、戒律等修习形式，而提倡修心。

❀ 寂知指体

禅宗南宗荷泽神会一系的主要教观。意为人人具有先天的空寂之知，是凡圣皆具的本体。去除妄念，即剩下无任何分别意识的空寂之知，简称寂知。此寂知等同于真如、涅槃、法性、菩提，修习就在"直指知见"，了解自己本有的寂知，不必心外求佛。

❀ 本来无事

禅宗牛头禅的主要教观。意为心、境本来一无所有，所作皆是迷妄，故当丧己忘情，心无所寄，忘情即离苦。所以牛头禅的禅法被总归为"本无事而忘情"、"牛头无有一法"。

❀ 触类是道

禅宗南宗洪州禅的教观。"触类"指人的各种行为举止，"道"指佛道。意指人的任何思想行为，无论善恶，都是佛性的表现。据此，在佛道的修习上，要求"纵任心性"，不要有意识的去作修善断恶的佛事，这是此派的特色。

❀ 五位君臣亦名曹洞五位

禅宗南宗曹洞宗教义、教法。用正（体、空、真、理净）、偏（用、有、俗、事染）、兼（非正非偏，亦即中道）三个概念，配以君、臣之位，用来分析真如及其派生世界万有的关系。也用作不同对象的教学法。据《人天眼目》载，共有五种：

1. 正位：即君位。指真如本体，本来无物。

2.偏位：即臣位。指万有事相。

3.偏中正：即臣向君。指唯见真如，未见事相，舍事入理。

4.正中偏：即君视臣。指唯见事相，未见真如，背理就事。

5.兼带：即君臣合道。指将体用、真俗、理事、净染统一，不偏于一边。

❋ 四料简

禅宗南宗临济宗教法。"料"为度量，"简"为简别。意为按照学人的不同根器，分别采取不同的教法，目的总在破除我、法二执。据《人天眼目》：

1.夺人不夺境：针对我见重的人，破除对人我见的执著。

2.夺境不夺人：针对法执重的人，破除以法为实有的观点。

3.人境俱夺：针对我执和法执重的人，两者都破除。

4.人境俱不夺：对于人我、法我都无执著的人，两者都不须破除。

❋ 四宾主

禅宗南宗临济宗用来形容参禅者与禅师之间的关系。"宾"指参禅者或不懂禅理的人，"主"指禅师或懂禅理的人，此两者之间形成四种关系。据《人天眼目》：

1.宾看主。参禅者能掌握禅理，而禅师不懂装懂。

2.主看宾。禅师能掌握禅理，而参禅者不懂装懂。

3.主看主。禅师和参禅者都懂禅理。

4.宾看宾。禅师和参禅者都不懂装懂，而互相卖弄。

❋ 四照用

禅宗南宗临济宗教法。"照"指对客体（境）的认识，"用"指对主体（人）的认识。意为根据参禅者对主客体不同的认识，采取不同的教授方法，目的总在破除视主客体为实有的世俗观点。据《人天眼目》：

1.先照后用：针对法执重者，先破除以客体为实有的观念。

2.先用后照：针对我执重者，先破除以主体为实有的观念。

3.照用同时：针对我、法二执均重者，同时都破除。

4.照用不同时：对于我、法二执均已破除者，即可运用自如，应机接物。

❋ 黄龙三关

禅宗南宗临济宗黄龙派的说教方式。黄龙慧南常对学人提三个问题：一问：人人尽有生缘，上座生缘在何处？二问：我手何似佛手？三问：我脚何似驴脚？

第一问表达人人皆因前世因缘，轮回转生而来；第二问指人的心性与佛相同；第三问认为人与其他众生也无本质上的差别。总之，众生既能共同在六道轮回，所以都能觉悟成佛。

❋ **云门三句**

禅宗南宗云门宗的说教方式。云门文偃常以三句话示学人："涵盖乾坤，截断众流，随波逐浪。"第一句意为天地万物皆为真如所显；第二句意为不应藉语言文字把握真如，而应在内心顿悟真如；第三句意为对参学者要应机说法。该宗称这三句为云门剑、吹毛剑。

❋ **卍**

佛教护符，梵意为"胸部的吉祥标志"。释迦牟尼的三十二相之一。原为古代的一种符咒、护符、宗教标志，在古印度、希腊、波斯都存在，被认为是太阳或火的象征。婆罗门教、佛教、耆那教都有使用。武则天长寿二年（693）制定此字读为"万"。

❋ **五明**

源自梵文意译。明，意为学问、知识。印度佛教教授学徒应学的五种学问。据《大唐西域记》，7岁之后开始学习这五种知识：

1. 声明：相当于声韵、语文学。
2. 工巧明：工艺、技术、历算。
3. 医方明：医药学。
4. 因明：相当于逻辑学。
5. 内明：佛学。

❋ **三学**

指戒、定、慧：

1. 戒学：即戒律，防止身、口、意三不净业。广义而言，还包括行一切善行。
2. 定学：即禅定，目的在集中思虑，观悟佛理，灭除烦恼。
3. 慧学：即智慧，目的在断除烦恼，达到解脱。

❋ **阿毗达磨 亦译阿毗昙、毗昙**

梵文音译，意译论、对法。为解说和论证佛经义理的文章体裁，目的在成就佛教智慧。佛教强调以智慧理解、解说佛经，故称为对法。《俱舍论》

说明"净慧随行,名对法",包含对佛经的理论阐述和名相分析。一般专指经、律、论三藏中的论藏。

❈ 十二部经亦称十二分教

指佛经的十二种体裁(依体裁划分的类别),也用来泛指佛所说的一切经典。据《大智度论》,十二种体裁是:

1.修多罗(契经):即经典中的长行直说。

2.祇夜(重颂、应颂):与修多罗相应,以颂重复长行中的精要。

3.和伽罗那(授记):佛给菩萨预言成佛的经文。

4.伽陀(讽颂、孤起颂):采用偈语组成的经文。

5.优陀那(无问自说):无人发问,佛自宣说的经文。

6.尼那陀(因缘):叙述佛说法教化的因缘,一般均在经文中的序品说明。

7.阿婆那陀(譬喻):经文中使用比喻的部分。

8.伊提目多伽(如是语经):佛说弟子过去世因缘的经文。

9.阇陀伽(本生):佛说自己过去世因缘的经文。

10.毗佛略(方广):佛说方正广大之理的经文。

11.阿浮陀达磨(未曾有):叙述佛显现种种神通的经文。

12.优波提舍(论议):问答和论议诸法意义的经文。

其中修多罗、祇夜、伽陀(1、2、4)为基本体裁,其余多为附属。

❈ 六成就

佛经的开头序语,意为成就此经的六个内容,一般列如是、我闻,以及说法的时间、法主、地点、听众。以《法华经》经文"如是我闻,一时佛住王舍城耆阇崛山中,与大比丘众万二千人俱"为例:

1.如是:称为信成就,指叙述者阿难之信。

2.我闻:称为闻成就,指阿难所听闻。

3.一时:称为时成就,指说法时间。

4.佛:称为主成就,指佛为说法之主。

5.住王舍城耆阇崛山中:称为处成就,指说法地点。

6.与大比丘众万二千人俱:称为众成就,指听法的对象。

❈ 法数亦称事数、名数

指佛教按数字对教义名相的称呼。如三界、四谛、五蕴等。

❈ 法门
指佛教为了便于宣讲教法，而对教法分门别类，意为入圣之门。有时也用指达到成佛的修行途径。

❈ 旧译、新译
指佛教经论汉译依时代所作的划分。唐代玄奘因不满意前人所译经论（众说纷纭），重新译述，称前人所译为旧译。后世遂以唐以前所译经论为旧译，开唐以后为新译。旧译家以后秦鸠摩罗什及南朝陈真谛为代表，新译家以玄奘及义净为代表。

❈ 三时包括正法时、像法时、末法时
佛教认为释迦牟尼逝世以后，佛法逐渐衰微，遂以教（教说）、行（修行）、证（证悟）有无为标准，评断佛法盛衰为三个时期。说法并不一致，一般说法为：

1.正法时：教、行、证俱备。

2.像法时：意为相似，具教、行。

3.末法时：意指佛法将灭，只有教。

关于每一时期的时间长短，亦有多种说法。一般说法为，正法有五百年、千年说，像法千年，末法万年。

❈ 佛法
一般指佛所说的教法，包括各种教义和教义所要表达的佛教真理，以及一切修行法。《大宝积经》则认为诸法（各种现象）的本性与佛法相等，所以诸法皆是佛法。

❈ 法印
梵文意译，亦译法本末、法本、相。法为佛法，印是印记。意为印证是否为佛法的标准。有三法印、四法印、五法印、一实相印等各种说法，见下条。

❈ 三法印、四法印、五法印、一实相印、一法印
三法印为三种印证是否真正佛法的标准，此为最通用之法印说：

1.诸行无常：一切现象变化无常。

2.诸法无我：一切现象皆为因缘和合而存在，没有独立的实体或主宰者。

3.涅槃寂静：只有涅槃寂静，才能超脱轮回。

三法印再加上一切诸行苦（一切作为皆是苦的来源），是为四法印。四法印再加上一切空法（一切现象空幻不实），是为五法印。

一实相印又称一法印。为大乘佛教特殊的主张，即以对现象实相（诸法实相）的认知，作为是否大乘的标准。一实相印虽为大乘所标榜，并指三法印为小乘说法，但实质上以三法印为通说。

❋ 慈悲

意为佛、菩萨爱护众生，给予欢乐为慈（与乐），拔除苦难为悲（拔苦）。大乘以此作为与小乘的根本差异，并作为入世普度众生的重要依据。《大智度论》有三缘慈悲说，简称三慈，将慈悲分为三种：

1. 众生缘慈悲：指对具缘的众生的慈悲，此为小悲。是凡夫的慈悲。
2. 法缘慈悲：觉悟到诸法无我之理所起的慈悲，此为中悲。是声闻、缘觉、初地以上菩萨的慈悲。
3. 无缘慈悲：离一切差别，心无所缘而起的慈悲，此为大慈悲。是佛的慈悲。

❋ 回向

亦称回向、转向、施向。意为把自己所修功德转往某处。回向的种类有各种说法，举《大乘义章》：

1. 菩提回向：把所修功德作为觉悟的业因。
2. 众生回向：把所修功德施向众生。
3. 实际回向：把所修功德转向平等之理，认识一切善行皆真如法相显现。

❋ 大圆满法

西藏佛教宁玛派的主要修行方法。基本上认为，人的心体本质是纯洁的，是远离尘垢的。如何把握心体，应听其自然，让心随意而往。如能在空虚明净中，把心安于一境，即可成佛。

宁玛派为西藏修行密宗的主要派别，而大圆满法是该宗的根本教法。

❋ 宁玛九乘

西藏佛教宁玛派的教法，8世纪印僧莲花生入藏所传。分为三部九乘：

第一部，声闻、缘觉、菩萨三乘。包括大小乘显教的各派内容。

第二部，事、行、瑜伽三乘，称外密乘或外三乘。被认为是宁玛派和其他教派共有的，也是其他各派密法四部（事部、行部、瑜伽部、无上瑜伽部）

的前三部。

第三部，大瑜伽密、无比瑜伽密、无上瑜伽密，称内密乘或内三乘。被认为是宁玛派独有的密法，约相当于其他各派密法四部中的第四部。

❋ 大手印

西藏佛教噶举派主要教法之一，分显、密二种。

显教大手印是以经教证空性。修法者把心专注一境，持之以恒，然后观察安于一境的心是在身内或身外。如发现无处可觅时，就明白心并非实有，而是空的，即达到空智解脱合一的境界。

密教大手印以空乐双运为道，又名唯一白法，为无上瑜伽最高法。运用吐纳、导引等类似气功的法门观修，先参证本心体相，用以指导风息入、住、融于中脉，引至脐端，拙火炽燃（拙火定）。据称由此可产生四种喜乐（无上瑜伽所修的四种境界），使心转为大乐（将一切烦恼业障连根拔尽）。此时，境与空性无有分别，成空、乐二智。再专注此智，经四瑜伽修法的次第修练达到最高成就，即身成佛。其经教有达波拉结的《庄严解脱道论》、《俱生和论》等。

❋ 道果论

西藏佛教萨迦派教义的核心，亦称道果法。其理路是认为修法者断除一切烦恼，可得一切智而达到涅槃之果。修行次第要先抛弃非福（恶业、坏事），专心做善业，来世即可升入三善趣（人、阿修罗、天）。如升入三善趣而仍未解脱轮回之苦，则还须断除我执，才能超脱。为此需要苦修，悟人身、宇宙皆非实有，并断除一切见（常见，物质的存在；断见，一切皆空），才能真正领悟佛法，获得解脱。

❋ 他空见

西藏佛教觉囊派对物性的特殊见解，由该派初祖域摩弥觉多吉提出。认为事物有其真实体性，不能说是性空。事物本真是自，加在事物身上的虚妄分别是他。性空，指的是他空，并不是自空。故称他空见。

❋ 中阴救度法

西藏佛教密宗密法。谓人死后在尚未轮回投生之前的中阴身时，可超脱轮回而成佛的密法。

七 经籍、书文

佛教文献在世界各宗教中一枝独秀，主要原因是其创立时间长，并且教义未定于一尊。除此之外，还在于它追求完美、解脱之人生的目标，以及作为发源地的印度文化之逻辑与思辨的本质。

佛教传入汉地以后，得到汉地充分的包容，在与汉文化融合的过程中不断迸发出新的火花，更促使汉文佛教文献的大量产生。这中间，中国本土宗派便可为其代表。

中国佛教文献如果从来源上区分，可分为梵文汉译、汉文原创。藏文部分也是如此。但传统上对于佛教文献的区分，都按经、律、论分类。本章考虑到编辑此书的目的不在于区别来源，而在于方便读者使用和了解其内容，所以也采用传统的模式，依经、律、论的次序编辑条目，之后才是类书及其他。

各类内容的次序则依据出现的年代、群聚、重要性等因素编排。例如华严宗的著作就考虑群聚，而禅宗语录也尽量集中，译经则按出现年代编序。这样做，无非是让读者易于翻阅和比较。

在大藏经以及辞书类，本书也将部分日本出版的文献纳入。原因是佛教的现代文献中，中国其实受到日本很大影响。客观地说，近代以来，日本在这方面的成就应该是超越中国的。而另一个重要原因，则是这些文献的载体多为汉文。

本章共收条目387条，虽然历代大藏经所收经籍名录都在千种以上，但同本异版或同本异译的现象也多如牛毛，且有些经论的影响及地位并不重要，故省略不提。

❁ 佛经亦称经卷

古人将佛经抄录在帛或纸上，用木棒等物为轴卷起，称为经卷，故佛经俗称经卷。指涉范围可分为两种：

1. 泛指一切佛教典籍。包括经、律、论三藏，如古代所说的一切经、众经等。
2. 特指三藏中的经藏部分。

经，梵音修多罗、素怛罗、修妬路等，意译契经。其中有相传为释迦牟尼所说，而于后世结集而成；亦有历代以"如是我闻"创作的作品。取名为经的原意，是藉孔教"五经"之意，"契经"则谓其内容契理契机。

历史上，佛经主要有梵文、巴利文、汉文、藏文等。汉文佛经有小乘经与大乘经两种。唐智升《开元释教录》首度将大乘经分为般若部、宝积部、大集部、涅槃部、华严部，以及五部外诸经。明智旭《阅藏知津》根据天台宗五时判教说，把大乘经分为华严部、方等部、般若部、法华部、涅槃部。日本《缩刷经藏》、中国《频伽藏》因循此分类。《宋藏》收大乘经528部2175卷，《元藏》收528部2174卷，《高丽藏》收521部2164卷，《缩刷藏经》《频伽藏》收450部2290卷。小乘经主要指《阿含经》及其中的单品，宋、元二藏各收242部611卷，《高丽藏》收240部614卷，《缩刷藏经》、《频伽藏》收321部778卷。

日本《大正藏》把佛经分为阿含、本缘、般若、法华、华严、宝积、涅槃、大集、经集、密教10类，共收1460部4225卷。

❁ 阿含经、四阿含、五阿含、长阿含经、中阿含经、杂阿含经、增一阿含经、长部、中部、相应部、增支部、小部

《阿含经》为总称，亦译阿笈摩等，意译法归、无比法等。意为传承的教说、集结教说的经典，是早期佛教经典的汇集。

一般认为，此经的基本内容在佛教第一次结集时已被确定，至部派佛教形成前后，被系统的整理，约公元前1世纪写成文字。主要内容是论述四谛、八正道、十二因缘、五蕴、四禅及因果报应、生死轮回等小乘（原始佛教）基本教义。

此经各部派所传不尽相同。现北传有《长阿含经》、《中阿含经》、《杂阿含经》、《增一阿含经》4部；南传巴利文有《长部》、《中部》、《相应部》、《增支部》、《小部》5部，前4部内容大致与北传4部相同。

北传四阿含：

1. 长阿含经：汉译有后秦佛陀耶舍及竺佛念译《长阿含经》22卷，共收30部经。因各部经篇幅较长而得名。

2. 中阿含经：汉译有东晋僧伽提婆译《中阿含经》60卷，共收222部经。因各部经篇幅适中而得名。

3. 杂阿含经：汉译有南朝宋求那跋陀罗译《杂阿含经》50卷，共收1362部经。因各部经文短小而得名。

4. 增一阿含经：汉译有东晋僧伽提婆译《增一阿含经》51卷，共收474部经。因按法数渐增为顺序（如三宝、四谛）编纂而得名。

南传巴利文五阿含：

1. 长部：共收34部经，分为三类。其中30部与汉译《长阿含经》相当，无相应汉译本的有《摩诃梨经》、《阇梨经》、《须婆经》、《阿咤曩胝经》4部。

2. 中部：共收152部经，分3篇15品，相当于汉译《中阿含经》。相传为舍利弗在第一次结集时传诵而来。

3. 相应部：共收2863部经，分为偈、因缘、六处、蕴等，相当于汉译《杂阿含经》。

4. 增支部：共收2308部经，分为11集，相当于汉译《增一阿含经》。

5. 小部：共收15部经，即《法句经》、《经集》、《小诵》、《饿鬼事经》、《自说经》、《如是语经》、《天宫事经》、《长老偈》、《长老尼偈》、《本生经》、《义释经》、《无碍辨道经》、《譬喻经》、《佛史经》、《若用藏》，部分已有汉译本。

✤ 三转法轮经

佛陀于成道后，首次说法所讲的经，对象是出家前的侍从——憍陈如等五比丘，内容为四谛。因从不同的角度说法三遍，称为"三转十二相"（三说四谛）而得名。唐义净有汉译本1卷，南传佛教也有此经，被视为佛教教义的基石。

✤ 那先比丘经、弥兰陀王问经

此经为弥兰陀王（希腊建立的国家）向那先比丘问法，彼此问答的内容。主要阐述缘起、业报、轮回、无我等基本教义。汉译本经名《那先比丘经》，译者不详，约在东晋（317—420）年间译出。南传巴利文经名《弥兰陀王问经》，内容大体相同。

❀ 四十二章经

相传为中国第一部汉译佛经。传译时间在汉明帝永平十年，译者或为迦叶摩腾，或为迦叶摩腾和竺法兰，1卷。内容简要阐述原始佛教（小乘）的基本教义，重点在人生无常及爱欲之蔽。版本主要有三种：

1. 高丽藏所收本，源于宋初蜀版《大藏经》。
2. 宋朝真宗注本，明《南藏》始用之。
3. 宋朝守遂注本，此本流传最广。

❀ 本生经

巴利文《小部》中的一部经。内容藉佛陀前生曾是国王、婆罗门、商人、女人、象、猴等（本生故事），所行善业功德的寓言故事，发挥佛教的基本教义。

有关佛陀本生故事的汉译佛典，散见于《六度集经》、《生经》、《菩萨本行经》、《菩萨本缘经》、《菩萨本生鬘论》。

❀ 六度集经

三国康僧会编译，属汇编型，亦非全属康僧会所译，有些是前人所译。此书按大乘六度分为六章，概论佛教教义，故名。共收佛经91篇，其中82篇属佛本生故事。

❀ 法句经

古印度法救撰。异名有《法句集经》、《法句集》、《法句录》、《昙钵经》、《昙钵偈》。此经系搜集早期佛经中的偈颂，分类编纂而成。在古印度时期，是佛教的入门读物，现今仍是南传佛教的必读经典。

汉译为三国竺将炎和支谦译，2卷，39品，752偈。异译本有北宋天息灾《法集要颂经》。巴利文本有26品423偈，属《小部》。

❀ 出曜经

后秦竺佛念译，30卷。"出曜"意为譬喻，全经藉譬喻宣说佛教关于人生无常的基本教义，以及修行戒、定、慧，积累善根，达到解脱的道理。与《法句经》的内容相近。

❀ 百喻经 全称百句譬喻经

古印度僧伽斯那著，南朝齐求那毗地译，4卷。采用98个寓言，譬喻宣说佛教的基本教义，如因果报应、八正道、布施、持戒等。也是一部相当优质的文艺作品。

✱ 佛本行集经

隋阇那崛多等译，60卷，60品。藉神话传说叙述释迦牟尼及其主要弟子的前生、今生及传道因缘，是研究印度古代社会文化及佛教史的重要参考数据。

✱ 佛所行赞 亦称佛本行经、佛所行赞经

古印度马鸣著，北凉昙无谶译，5卷，28品。内容以诗体叙述释迦牟尼的生平事迹，在古印度曾广泛流行，为印度文学史上的重要著作。异译本有南朝宋宝云译《佛本行赞传》7卷。唐代有藏译本。

✱ 大般若经 亦称大般若波罗蜜多经，略称般若经

唐玄奘从高宗显庆五年（660）到龙朔三年（663）主译，600卷。"般若波罗蜜多"意为通过智慧到达解脱彼岸，为大乘的基本经典。

此经为般若类经典的汇编，共分四处十六会。处，指说法处，共四个地点：王舍城鹫峰山、给孤独园、他化自在天王宫、王舍城竹林精舍。会，指法会。其中第1、3、5、11、12、13、14、15、16会为玄奘新译，其他为重译。

✱ 大品般若 亦称大品经、大品

相对《小品般若》言，因篇幅较多，故名。同本异译有四种：

1. 西晋无罗叉和竺叔兰译《放光般若经》30卷。
2. 西晋竺法护译《光赞般若经》15卷。
3. 后秦鸠摩罗什译《摩诃般若经》40卷。
4. 唐玄奘译《大般若经》第二会。参见上条《大般若经》。

✱ 小品般若 亦称小品经、小品

相对《大品般若》言，因篇幅较短，故名。同本异译有四种：

1. 东汉末支娄迦谶译《道行般若经》10卷。
2. 三国吴支谦译《大明度无极经》6卷。
3. 后秦鸠摩罗什译《小品般若经》10卷。
4. 唐玄奘译《大般若经》第四会。参见上二条《大般若经》。

✱ 金刚经 全称金刚般若波罗蜜多经

后秦鸠摩罗什译，1卷。内容主要阐述一切现象虚幻不实，实相（真实的存在）则是非相。应该离一切相，对现实世界不可执著或留恋。此经在唐代曾入选为儒释道中代表释家的一本经典。

异译本有北魏菩提流支和南朝真谛的同名译本、唐玄奘译《能断金刚般若波罗蜜多经》(属《大般若经》第九会)、唐义净译《能断金刚般若波罗蜜多经》。

❉ **般若波罗蜜多心经简称心经**

心,为精要、核心之意。此经被认为是般若经类的提要,1卷,内容仅200余字。汉译本有7种,其中以《摩诃般若波罗蜜大明咒经》(现题为后秦鸠摩罗什译)及唐玄奘译《般若波罗蜜多心经》最为有名。

❉ **大宝积经简称宝积经**

唐菩提流志等译,120卷,分49会77品。此部经为新旧译合编本,旧译为菩提流志以前各代陆续译出的23会81卷,新译为菩提流志译出的26会39卷。

内容很广,泛论大乘佛教的各种主要法门,一会相当于一部经。如论述般若性空的第46会"文殊说般若会",宣说阿弥陀佛净土信仰的第5会"无量寿如来会",阐扬密教教义的第2、3、7、11、24会等。

❉ **净土三经、净土五经**

佛教对净土宗所依主要经典的合称。三经指《无量寿经》《阿弥陀经》《观无量寿经》三部。近代僧人印光则在三经之外,另选《楞严经》中的《大势至菩萨念佛圆通章》、《华严经》中的《普贤菩萨行愿品》,构成净土五经。三经分述如下。

❉ **无量寿经全称佛说大乘无量寿清净平等觉经,亦称大无量寿经,简称大经**

三国魏康僧铠译,2卷。全经叙述一位国王出家为僧,号法藏,发四十八愿,愿成就净土世界,众生专心念佛即可往生的故事,阐述了净土思想。法藏后来成佛,即阿弥陀佛,意译为无量寿佛,国土在西方,名安乐或极乐。

异译本有三国吴支谦译《阿弥陀三耶三佛萨楼佛檀过度人道经》、西晋竺法护译《无量清净平等觉经》、北宋法贤译《大乘无量寿庄严经》,都是《宝积经·无量寿如来会》的同本异译。

❉ **阿弥陀经亦称小无量寿经,简称小经**

后秦鸠摩罗什译,1卷。描述西方极乐世界只有受乐,没有众苦。众生只要专心称念阿弥陀佛佛号,死后即可往生净土。异译本有唐玄奘译《称赞净土佛摄受经》。

❀ 观无量寿经 亦称观无量寿佛经，简称观经

南朝宋畺良耶舍译，1卷。藉神话传说，描述西方阿弥陀净土世界的美好庄严。往生净土的修持方法，不同于《阿弥陀经》、《无量寿经》的"称名念佛"，而强调观想佛身而见佛心的"观想念佛"法门。唐善导有《观无量寿经疏》4卷，对后世影响很大。宋元以后，观想念佛逐渐被称名念佛法门取代。

❀ 弥勒下生经 亦称观弥勒菩萨下生经、下生经、弥勒成佛经

西晋竺法护译，1卷，为弥勒信仰的主要经典之一。叙述弥勒菩萨从兜率天降生人间，在龙华树下成佛，向天、人说法的故事。异译本有后秦鸠摩罗什和唐义净各自译的《弥勒下生成佛经》，各1卷。

❀ 弥勒上生经 亦称观弥勒菩萨上生兜率天经、上生经

南朝宋沮渠京声译，1卷。为弥勒信仰的主要经典之一。内容藉释迦牟尼说法，授记弥勒死后当生兜率天，并描述弥勒净土世界的美好。说明世人只要持戒修行，称念弥勒名号，死后就可往生弥勒净土。

❀ 大方等大集经 简称大集经

大集部诸经的汇编。北凉昙无谶等译，60卷。内容为佛陀向四方菩萨所说的大乘佛法，以六波罗蜜和诸法性空为主。也有密法，包括陀罗尼和梵天等诸天护法的内容。

全经有17分，第1-11分（26卷）、第13分（3卷）为昙无谶译；第12分（4卷）为南朝宋智严、宝云译；第14-16分（25卷）为隋那连耶舍译；第17分（2卷）为东汉末安世高译。另外还有别行异译本。

❀ 华严经 全称大方广佛华严经

华严宗据以立宗的重要经典。有三个译本：

1. 60卷本，称《六十华严》或《旧译华严》，东晋佛陀跋陀罗译，34品。
2. 80卷本，称《八十华严》或《新译华严》，唐实叉难陀译，38品。
3. 40卷本，称《四十华严》或《贞元经》，唐肃宗乾元二年（759）至德宗贞元十四年（798）由般若译出。是前两部经《入法界品》的别译。

此经认为宇宙是毗卢遮那佛的显现，一微尘映世界，一瞬间含永远。宣说"法界缘起"的世界观，和圆信、圆解、圆行、圆证等"顿入佛地"的思想。

❈ 解深密经

法相宗所依六经之一。唐玄奘译，5卷。内容是对大乘深奥隐密的义理进行论释。共分八品：

1. 序品：说唯识境。
2. 胜义谛相品：说一切诸法事相。
3. 心意识品：说阿赖耶识。
4. 一切法相品：说三自性。
5. 无自性相品：说三无性、三时教。
6. 分别瑜伽品：说唯识的禅观。
7. 地波罗蜜品：说修行的位阶和途径。
8. 如来成所作品：说修行的果位。

异译本有三种：南朝求那跋陀罗译《相续解脱经》1卷，北魏菩提流支译《深密解脱经》5卷，南朝陈真谛译《解结经》1卷。

❈ 楞伽经 全称楞伽阿跋多罗宝经

法相宗所依六经之一。南朝宋求那跋陀罗译，4卷。楞伽，山名；阿跋多罗，入之意。意谓佛入楞伽山说的宝经。内容宣说一切现象由心所造，认识的对象不在外界而在内心，并且对如来藏及阿赖耶识问题重点论述。

异译本有北魏菩提流支译《入楞伽经》10卷，唐实叉难陀译《大乘入楞伽经》7卷。

❈ 胜鬘经 全称胜鬘狮子吼一乘大方便方广经，简称狮子吼经

佛经名。南朝宋求那跋陀罗译，1卷。胜鬘，人名。古印度波斯匿王之女，阿踰阇国王后，借着佛的神威而说此经。内容宣讲"一乘真实"和"如来藏法身"说。

异译本有唐菩提流志等人译《大宝积经》卷48的《胜鬘夫人会》。

❈ 大般涅槃经 简称涅槃经，北本涅槃经、南本涅槃经

主要有两个版本：《北本涅槃经》《南本涅槃经》。东晋义熙十三年（417），法显与佛陀跋陀罗在建康译出《大般泥洹经》6卷，即《大涅槃经》初分；北凉玄始三年（414）昙无谶译出《大涅槃经》初分10卷，后又分别译出中、后分，共40卷，称《北本涅槃经》；宋元嘉年间（424—453）传入江南，由慧观、谢灵运等根据6卷本删定为36卷本，称为《南本涅槃经》。

内容主要讲佛身是常，以及"一切众生，悉有佛性"等大乘佛性思想。

❀ **法华三部亦称法华三部经**

即《妙法莲华经》、《无量义经》、《观普贤经》的合称。分述如下。

❀ **妙法莲华经简称法华经**

天台宗所依主要经典之一。后秦鸠摩罗什译，8卷。妙法，意为所说教法甚为微妙；莲华，比喻洁白美丽。内容宣说佛以种种方便说微妙法，重点在弘扬三乘（声闻、缘觉、菩萨）归一乘（佛乘），调和大小乘的各种说法，主张一切众生皆可成佛。

异译本现存有：西晋竺法护译《正法华经》10卷，隋阇那崛多及达摩笈多译《添品妙法莲华经》7卷。

❀ **无量义经**

北齐昙摩伽陀耶舍译，1卷3品。内容讲，因为众生的性与欲千差万别，所以说法无量。因为说法无量，所以有无量的经义。无量的经义，则源于"无相"一法，众生只要认识到"性相空寂"，就可以迅速摆脱轮回，达到解脱。

❀ **观普贤经全称佛说观普贤菩萨行法经**

南朝宋昙摩密多译，1卷。内容宣称只要日夜礼佛，诵读大乘经典，就可看见普贤菩萨、十方诸佛和多宝佛塔。因此经承《法华经·普贤菩萨劝发品》之后而作，被认为是《法华经》的结经。

❀ **普曜经**

西晋竺法护译，8卷。内容叙述释迦牟尼降生、为太子、出家修行、创教的神话故事，以及佛教的基本教义。异译本有唐地婆诃罗译《方广大庄严经》。

❀ **维摩诘经全称维摩诘所说经，简称维摩经，亦称净名经**

后秦鸠摩罗什译，3卷。叙述金粟菩萨化身为维摩诘，是毗耶离城富有的居士，精通大乘佛法。一日托病，佛陀派智慧第一的弟子文殊菩萨前去探病。全书借着与文殊之间的对话，宣扬解脱不一定要出家苦修，而是主观上有资产而无所贪、有妻妾而离欲的居士行。这就是通达佛道的菩萨行。异译本有三国支谦译《维摩诘经》2卷，唐玄奘译《说无垢经》6卷。

❀ 金光明经

北凉昙无谶译，4卷。内容说明诵读此经的地方，将受到护法神四天王等的保护。异译本有北周耶舍崛多译《金光明更广大辩才陀罗尼经》5卷；陈真谛译《金光明帝王经》7卷；隋阇那崛多译《金光明银主陀罗尼品》1卷；隋宝贵等糅合前四本的《合部金光明经》7卷；唐义净译《金光明最胜王经》10卷。以隋智顗所著《玄义》2卷和《文句》6卷，在众多的注疏中较有名。

❀ 圆觉经 全称大方广圆觉修多罗了义经，亦称圆觉修多罗了义经

唐佛陀多罗译，1卷。圆觉，直译为圆满的灵觉，内涵与真如、佛性、一真法界、如来藏相同。内容在强调众生本具圆觉清净的佛性（如来藏），本来成佛。只因爱欲、妄念才流转生死，只要破除一切迷误、爱欲，恢复清净本性，即得开悟。是禅宗常用经典，近代有学者疑为汉人所著"伪经"。

❀ 楞严经、首楞严经

两种不同佛经的相同简称，分述如下。

❀ 大佛顶首楞严经 简称大佛顶经

全名《大佛顶如来密因修证了义诸菩萨万行首楞严经》，唐般剌蜜帝译，10卷。内容说明一切世间之物，都是菩提妙明元心，心精遍圆，含裹十方。众生因为不明自性清净，所以流转生死。应修习禅定，破除颠倒之见，由低至高渐次修行，成就无上道。近代有学者疑为汉人所著"伪经"。

❀ 首楞严三昧经

东汉以来共有8种译本，现通行者为后秦鸠摩罗什译本，2卷，其他都失佚。内容为讲大乘禅观的经，说明"首楞严三昧"是菩萨的禅定，一切禅定、解脱、神通如意、无碍智慧，都在此三昧中。修习就可达到涅槃不灭的境地。

❀ 遗教经 全称佛垂般涅槃略说教诫经，亦称佛临般涅槃经

后秦鸠摩罗什译，1卷。内容为佛陀临逝时对弟子所说，关于持戒、四谛等教理和修行的教诫。

❀ 大日经 全称大毗卢遮那成佛神变加持经，亦称毗卢遮那成佛经

密宗所依主要经典之一。唐善无畏与一行合译，7卷。第1卷讲基本教义（教相），第2卷以后讲密教的各种仪轨、行法等（事相），第7卷讲供养的方法。一行并据此作《大日经疏》20卷。

❋ 金刚顶经亦称摄大乘现证经、大教王经、金刚顶瑜伽真实大乘教王经

全名《金刚顶一切如来真实摄大乘现证大教王经》，密宗所依主要经典之一。唐不空译，3卷。内容详述密教的修行仪轨。另有唐金刚智译《金刚顶瑜伽中略出念诵经》4卷，简称《出念诵经》、《出经》，为10万偈颂的选辑，故称略出；北宋施护译《佛说一切如来真实摄大乘现证三昧大教王经》30卷。3种译本都可称为《金刚顶经》，一般特指不空的译本。

❋ 疑伪经包含疑经、伪经

中国佛教用语。疑伪经专指汉传佛教徒自己撰述而假托佛说，以汉译形式出现的佛教经典。又分为伪经、疑经两种。伪经是确定伪造者，疑经是疑为伪造者。在佛教经录中，往往将两者合称为疑伪经。

中国佛教徒对古印度、西域传入汉地的佛教典籍，一向主观地认为是佛说，视为真经，并不详加考据。疑伪经仅以汉地创作为范围。从历代经录著作所列举的疑伪经数量，可以明显看出有持续增加的趋势。

南朝梁僧祐《出三藏记集》列疑经26部26；隋法经《众经目录》列疑经55部68卷、伪经142部335卷；唐道宣《大唐内典录》列疑伪经183部334卷；智升《开元释教录》列疑经14部19卷、伪经392部1055卷。

由于疑伪经不编入《大藏经》，故大部分已失佚，但仍有少部分被编入而保存下来。这些经典对中国佛教发展史具重要的参考价值，近代敦煌及日本寺院也有一些新发现。

❋ 父母恩重经

《开元释教录》将其列为佛教的伪经。内容说父母养育之恩，可以用造经、烧香、供养三宝来为父母造福报答。此经显然受中国儒家伦理思想的影响，民间流传很广。

❋ 五部律

小乘佛教五部戒律的统称。包含：

1. 昙无德部律（意译法护部或法藏部），律本为《四分律》。

2. 萨婆多部律（意译一切有部），律本为《十诵律》。

3. 弥沙塞部律（意译化地部），律本为《五分律》。

4. 迦叶遗部律（意译饮光部），戒本为《解脱戒经》。

5. 婆蹉富楼部律（意译犊子部），律本汉地未传。

四分律

印度上座部系统法藏部所传戒律书。后秦佛陀耶舍、竺佛念合译，60卷。内容包含比丘戒250条、比丘尼戒348条，从身（行为）、口（言语）、意（心念）三方面，对修行及生活细节详加规定。违犯者并有惩罚规定，重者驱离僧团（波罗夷）；轻者须向僧众公开忏悔，或剥夺僧籍一段时间。

此书为中国历史上影响最巨的律典，是唐代律宗所依戒律的根据。历代各家著书解说甚多，著名的有：唐法砺《四分律疏》10卷，唐道宣《四分律删繁补阙行事钞》3卷、《四分律含注戒本疏》4卷，唐怀素《四分律开宗记》10卷。

十诵律

印度上座部系统说一切有部所传戒律书。原为后秦弗若多罗、鸠摩罗什共译，因弗若多罗死，由龟兹僧昙摩流支续译，成58卷。东晋时，罽宾僧卑摩罗叉再加整理补充，成61卷。此书因将戒律分为十诵（十项）叙述，故名。

五分律亦称弥沙塞五分律、弥沙塞律

全名《弥沙塞部和醯五分律》，印度上座部系统化地部所传戒律书。南朝宋佛陀什、竺道生、智胜合译，30卷，因由五部分组成而得名。内容包含比丘戒251条、比丘尼戒370条。东晋时，法显于狮子国（今斯里兰卡）得该书梵本，未及翻译而亡。至南朝宋景平二年（424），始合译完成。据近人研究，此律与南传巴利文律藏在内容上十分接近。

僧祇律全称摩诃僧祇律，意译大众律

印度大众部所传戒律书。梵本由东晋法显在中印度求得，佛陀跋陀罗、法显合译，40卷。内容由比丘和比丘尼戒法两部分组成。除戒律外，另记载第二次结集和不少佛本生故事，对于佛教史研究有一定价值。

律部五论

小乘佛教五部戒律论书，皆论述小乘戒律。包含：

1.《毗尼母经》8卷，译于前后秦，译者不详。

2.《毗尼摩得勒伽经》10卷，南朝宋僧伽跋陀罗译。

3.《善见律毗婆沙》18卷，南朝齐僧伽跋陀罗译。

4.《萨婆多毗尼毗婆沙》9卷，译于前后秦，失佚。

5.《律二十二明了论》1卷，陈真谛译。

梵网经亦称菩萨戒本

全名《梵网经卢舍那佛说菩萨心地戒品第十》，大乘戒律书。后秦鸠摩罗什译，2卷。据僧肇该经序载，梵本原有112卷61品，此为第10品。内容在说明十重戒、四十八轻戒。

百丈清规

中国佛教戒律书，全名《敕修百丈清规》。唐代禅僧百丈怀海因过去禅僧多居律寺，没有自己禅门的规律，乃融合大小乘律法以及禅门的特点，撰《禅门规式》（称古清规），创立第一个禅宗丛林规式，为禅宗寺院的僧职、制度、仪式、生活作息等作出规定。此后历代因时损益，诸本杂出，原有清规散佚。至元顺帝至元元年（1335），特敕根据保存了主要内容的《禅苑清规》、《丛林校订清规总要》、《禅林备用清规》等，重辑清规，撰成《敕修百丈清规》。

南海寄归内法传

佛教游行杂录书。唐义净著，4卷。此书记述义净西行求法的见闻。义净在由海路返国途中，停留室利佛逝国（今印度尼西亚苏门答腊）时，将印度和南海诸国所行佛教律仪做成记录，与过去所撰的《西域求法高僧传》2卷及新译经论10卷，托客寄归唐僧。本书记录的印度等地僧人日常行仪法事，与《十诵律》内容大体相同。序文中对印度和南海诸国流行的部派佛教，也有所说明。

毗尼日用亦称毗尼日用录、毗尼日用切要

佛教律学书。明性祇著，1卷。意为佛门日常应诵念、遵行的律仪。本书依宣城圭师的《苦海浮囊》加以增补，主要采撷《华严经·净行品》以及密教经典中的偈、咒汇编而成。清代宝华山续体又依本书录集成《毗尼日用切要》1卷。两者均收录于日本《续藏经》。

禅门日诵

时代、作者未录。从内容看，当编于清代。是中国寺院常用的经、律、偈、仪文、咒等的选集。本书所选内容并不限于禅门，其中有《般若心经》、《阿弥陀经》、《坛经》、《讽华严经起止仪》、《礼法华经仪》，以及禅宗名僧语录等。另选有明僧德清、袾宏和清僧玉琳、道忞等人的著作。

大悲忏法全称千手千眼大悲心咒行法，亦称大悲心咒忏法

忏仪书名。宋天台宗僧知礼著，1卷。依据唐伽梵达摩译《千手千眼观

世音菩萨广大圆满无碍大悲心陀罗尼经》1卷而作,是佛教忏仪类书。分十科:严道场、净三业、结界、修供养、请三宝诸天、赞叹申诚、作礼、发愿持咒、忏悔、修观行。以天台宗教义指导修忏,称虔信千手观音,如法修忏,不仅现世可消灾得福,死后更可往生西方净土。

❈ 梁皇忏法 原名慈悲道场忏法

忏仪书。传为南朝梁代诸僧著,10卷。内容叙述归命过去六佛、释迦牟尼佛和未来弥勒佛,表示悔罪,发愿信奉和礼敬诸佛,以除罪生福,死后得善报。并称修此忏法,可济度亡灵。

关于此书缘起有二种说法。一说梁武帝为刺史时,夫人善妒性酷,死后化为巨蟒,入梁皇梦求拯。帝乃据佛经制此忏法,请僧忏礼,夫人化为天人,于空中礼谢而去。一说南朝齐竟陵王萧子良曾撰《净住子》20卷,梁时诸名僧删编为10卷。后因传误很多,元代妙觉智等重加校审,即为现今流通本。

❈ 大毗婆沙论 全称阿毗达磨大毗婆沙论,简称毗婆沙论

有部论书。阿毗达磨,意为大法、无比法;毗婆沙,意为广解、广说。合言广释大法。据玄奘《大唐西域记》卷3载,印度贵霜王朝迦腻色迦王与胁尊者曾召集五百比丘,在迦湿弥罗国(今克什米尔)作成《大毗婆沙论》。唐玄奘译,200卷。内容根据《发智论》分类,系统地总结说一切有部的理论主张,对其他部派佛教、外道的观点提出批判。异译本有北凉浮陀跋摩译《阿毗昙毗婆沙论》60卷(一作80卷),相当于玄奘译本第111卷以前的内容。两者都是研究部派佛教的重要资料。

❈ 阿毗昙心论

有部重要论书。心,为重心之意。古印度法胜针对《大毗婆沙论》过于庞杂的特点,择其要义作成此论。东晋僧伽提婆与慧远合译,4卷。内容对小乘佛教的基本观念进行论释,如有漏、无漏、色法、十八界、十二因缘、三十七道品等。异译本有北朝北齐那连提耶舍译《阿毗昙心论经》6卷,南朝宋僧伽跋摩译《杂阿毗昙心论》11卷。

❈ 阿毗达磨俱舍论 简称俱舍论

有部重要论书。俱舍,为藏之意,全意为大法藏之意。印度世亲原著,唐玄奘译,30卷。为小乘过渡到大乘的作品,基本上反映当时迦湿弥罗(今克什米尔)说一切有部关于宇宙、人生、修行的主要学说,但也吸收经量部

的许多观点。异译本有南朝陈真谛译《阿毗达磨俱舍释论》22卷。著名注释本有玄奘门人普光的《俱舍论光记》、法宝的《疏》、元晖的《颂疏》等。

❋ 顺正理论全称阿毗达磨顺正理论，简称正理论

印度众贤原著，唐玄奘译，80卷。以说一切有部的正统学说，对世亲吸收经量部理论的《俱舍论》中的部分观点进行批判。所谓"正理"，指说一切有部的正统学说。

❋ 显宗论全称阿毗达磨显宗论

印度众贤原著，唐玄奘译，40卷。其结构和基本内容与《顺正理论》相同，是该书的节要本。显宗，即显扬说一切有部正统理论之意，与《顺正理论》同是研究《俱舍论》的重要参考资料。

❋ 异部宗轮论、十八部论、部执异论

有部论书之一。异部，指佛教部派时期各部派；宗轮，指各部派的观点各异，如轮般旋转。印度世友原著，唐玄奘译，1卷。内容概括部派佛教时期20部派的产生经过及各自主张。异译本有《十八部论》，传为后秦鸠摩罗什译，失佚；《部执异论》为南朝陈真谛译。此皆为研究部派佛教的重要资料。

❋ 成实论

成，为成立；实，为真理之意，指四谛。印度诃梨跋摩原著，后秦鸠摩罗什译，20卷。内容主要论述我空，兼及法空。在佛教理论发展史上，被视为由小乘空宗走向大乘空宗的一部重要论书。南北朝时代曾经出现专讲此论的"成实学派"，现旧疏都已散佚，仅隋代慧远（净影）的《大乘义章》内保存一部分。

❋ 大乘起信论

传为印度马鸣原著。有两种译本：南朝陈真谛译，1卷；唐实叉难陀译，2卷。真谛本较为流行。内容由因缘分、立义分、解释分、修行信心分、劝修利益分五部分组成，主要是劝人信奉大乘佛教。经中一大特色，是对如来藏（真如）进行了论证，认为一切现象只是真如的显现，一切众生常住于涅槃。只要深信佛、法、僧三宝，修持六度、止观等法门，就能获得解脱。此书经常作为大乘佛教的入门教科书，但也有学者认为是汉人托名之作。

三论、四论

佛教论书的合称。三论指《中论》、《百论》、《十二门论》，是三论宗所依的主要典籍。加上《大智度论》，合称四论。

中论 全称中观论

古印度龙树原著，青目注释，后秦鸠摩罗什译，4卷，27品，446颂（称500颂）。内容主要讲大乘佛教中观学派的缘起性空、八不中道的观点。注释的书很多，主要有印度清辨著、唐波罗颇蜜多译《般若灯论释》15卷，印度安慧著、宋惟净等译《大乘中观释论》18卷，隋吉藏《中论疏》10卷。此外还有梵、藏文释书。

大智度论 简称智度论

亦称《摩诃般若释论》。印度龙树原著，后秦鸠摩罗什译，100卷，系论释《大品般若经》的论书。据卷首僧叡序言所述，原书若全译，将达千卷之巨。罗什此译有10万偈，为简本，内容引经颇多，是研究大乘佛教的重要资料。

往生论 全称无量寿经优波提舍愿生偈，亦称净土论

印度世亲原著，北魏菩提流支译，1卷。内容依据《无量寿经》作五言四句二十四行的偈颂，并一一解释。劝人修持礼拜、赞叹、作愿、观察、回向五念门，谓死后可往生净土。为净土宗所依基本论书，此论书与《无量寿经》、《观无量寿佛经》《阿弥陀经》合称三经一论。北魏昙鸾著有《往生论注》2卷。

瑜伽师地论 亦称十七地论

印度大乘瑜伽行派和中国法相宗所依的根本论书。传说为印度弥勒口述，无著记录，唐玄奘译，100卷。全书分为五部分：

1. 本地分（卷1—卷50）：将瑜伽禅观分为十七地。
2. 摄抉择分（卷51—卷80）：论述十七地的要义。
3. 摄释分（卷81、82）：解释诸经的仪则。
4. 摄异门分（卷83、84）：述经中诸法的名义和差别。
5. 摄事分（卷85—卷100）：论述三藏的要义。

内容论释六识的自性及所依、禅观渐次的精神境界，以及修行瑜伽禅观的各种果位。理论上认为一切现象只是阿赖耶识暂时的显现，要人离弃有、无、存在、非存在各种名相，悟入中道。

异译本有北凉昙无谶译《菩萨地持经》10卷、南朝宋求那跋陀罗译《菩

萨戒经》9卷,皆相当于卷35—50的"菩萨地";南朝陈真谛《决定藏论》3卷,相当于卷51—57的"五识身相应地意地"。此论除汉译外,另有藏译本。

❈ 摄大乘论

印度无著原著,南北朝摄论学派所依论书。汉文有3个译本:南朝陈真谛译《摄大乘论》,3卷;北魏佛陀扇多译《摄大乘论》2卷;唐玄奘译《摄大乘论本》3卷。其中真谛及玄奘译本影响较大。

其内容是解释印度《大乘阿毗达磨经》(无汉译本)的《摄大乘品》。对比小乘,阐述大乘教义,着重宣传瑜伽行派的观点。

注释书为印度世亲著《摄大乘论释》,亦有三种汉译本:南朝陈真谛译本15卷,隋达摩笈多及唐玄奘译本各10卷,另有印度无性著《摄大乘论释》的玄奘译本10卷。

❈ 显扬圣教论

印度无著原著,法相宗所依重要论书。唐玄奘译,20卷。为阐扬大乘佛教瑜伽行派论书《瑜伽师地论》理论的著作。

❈ 大乘庄严经论

印度无著原著,法相宗所依重要论书。唐波罗颇蜜多译,13卷。内容论述菩萨发心及应修行的法门,以及大乘佛教要则。

❈ 十地经论

印度世亲原著,南北朝地论学派所依论书。北魏菩提流支译,12卷。内容是对《华严经·十地品》的论释,解释菩萨修行的十个位阶(地)、八识、三身、三聚净戒、因分果分、总别同异等六相。

❈ 百法明门论 全称大乘百法明门论略录,简称百法论

印度世亲原著,法相宗所依重要论书。唐玄奘译,1卷。内容是论释瑜伽行派心识现象的五位百法(参见P241五位百法条)。

❈ 唯识二十论 亦称二十唯识论、摧破邪山论

印度世亲原著,法相宗所依论书。唐玄奘译,1卷。共五言二十一行偈颂。内容引《十地经论》中"三界唯心"之句,论证外境是内识所显现,唯识无境。

异译本有北魏菩提流支译《唯识论》(亦名《破色心论》)1卷、南朝陈真谛《大乘唯识论》1卷。

❋ **唯识三十颂亦称唯识三十论颂、唯识三十论、高建法幢论**

印度世亲原著，法相宗所依重要论书。唐玄奘译，1卷。内容以五言三十行的偈颂，概述三界唯识要义。前二十四行明唯识之相，第二十五行明唯识之性，后五行明唯识的行位。古印度安慧、难陀、护法各有作论解释。

❋ **成唯识论简称唯识论**

唐玄奘著，10卷。法相宗所依重要论书。玄奘根据印度唯识十大论师之安慧、难陀、护法对《唯识三十颂》所作的注释，以护法的观点为主，糅合集译成此书。

中心内容为论证世界的本源是"阿赖耶识"，一切现象是唯识所变现，外境实无，唯有内识。

注释的书主要有窥基《成唯识论述记》10卷、《成唯识论掌中枢要》4卷、慧沼《成唯识论了义灯》7卷、智周《成唯识论演秘》14卷。

❋ **成唯识论述记亦称成唯识论疏，简称唯识述记**

唐法相宗始祖之一窥基著，10卷（或作20卷、60卷）。详释《成唯识论》，谓一切现象皆阿赖耶识所变现，并借助因明学，对外道、小乘进行批驳。历来为汉地唯识学派的学者所重，甚至比本论更具影响。

❋ **唯识三疏**

佛教书名的合称，包含《成唯识论掌中枢要》、《成唯识论了义灯》、《成唯识论演秘》。主要在阐述唐代法相宗实际创始人窥基的思想，发挥法相宗的观点。作者除窥基外，余二人均为其弟子及再传弟子。其为法相宗思想的主要依据。详见以下各该条。

❋ **成唯识论掌中枢要简称唯识枢要**

唯识三疏之一。唐法相宗始祖之一窥基著，4卷。阐释玄奘《成唯识论》的重要思想。介绍此论的成立、传译、内容，补充《成唯识论述记》的不足。

❋ **成唯识论了义灯简称唯识论义灯**

唯识三疏之一。唐法相宗二祖慧沼著，7卷（或作13卷）。祖述其师窥基之说，对同门圆测的说法进行论难驳斥，并广引诸家之说进行评论。

❋ **成唯识论演秘**

唯识三疏之一。唐法相宗三祖智周著，7卷（或作14卷）。主要解释窥基《成唯识论述记》中一些难解的语句，补充各家注释的不足之处。并进一步阐述法相宗教义。

❀ 佛性论

作者不详，后提古印度天亲著，南朝陈真谛译，4卷。分缘起分、破执分、显体分、辨相分四部分。

内容详细论证佛性问题，主张一切众生悉有佛性。将佛性分为三种：凡夫生来本有的（自主性），经过修行显现的（引出性），达到佛果的（至得性）。并对大小乘中，反对众生皆有佛性的观点提出批驳。

❀ 大乘五蕴论

古印度世亲原著，法相宗所依重要论书。唐玄奘著，1卷。内容论释大乘唯识学派的五位百法。

❀ 佛地经论 简称佛地论

古印度亲光等原著，唐玄奘译，7卷。内容为对《佛地经》佛地五相的论释，五相即清净法界和成所作智、妙观察智、平等性智、大圆镜智（后四者合称四智）。

❀ 肇论、物不迁论、不真空论、般若无知论、涅槃无名论

东晋僧肇的论文集，1卷。卷首为"宗本义"，概括全书大意。内容主要收录四篇论文：

1. 物不迁论：认为世界没有真实的发展变化，"若动而静，似去而留"。发挥般若性空学说。

2. 不真空论：认为一切现象皆由因缘而生，非真有、非真无，一切虚假不实，故谓之"空"。

3. 般若无知论：认为般若无知无相，又无所不知、明照万物。文后附《刘遗民书》和《答刘遗民书》，为僧肇与刘遗民之间论般若观点的书信。

4. 涅槃无名论：认为涅槃无生灭，亦无名相，非名言所能表述。文前录有《奏秦王表》。

其中"宗本义"、"涅槃无名论"，被疑为后人所撰。

❀ 三论玄义

隋吉藏著，1卷。内容论述三论宗的主要论书《中论》《百论》《十二门论》

的大义。对外道、大小乘的"迷执"进行驳斥，显扬三论宗之诸法性空和非有非空的中道之理，此谓破邪显正。对小乘佛教的形成和教义，也有介绍。

❀ 天台三大部

天台宗所依三部重要典籍的合称，即《法华玄义》、《法华文句》、《摩诃止观》，作者均为天台宗创始人隋智顗。参见以下各条。

❀ 法华玄义 全称妙法莲华经玄义

天台三大部之一。天台宗创始人隋智顗讲述，弟子灌顶笔录，10卷。内容详述《妙法莲华经》的经提，概说其玄旨。全书分五章：

1. 释名章：解释"妙法莲华经"五字。
2. 辨体章：解释诸法实相为本经"经体"。
3. 明宗章：解释一佛乘的因果为本经的"经宗"。
4. 论用章：解释断疑生信、增道损生为本经的"经用"。
5. 判教章：解释五时八教为天台宗的判教依据。

有唐湛然撰《法华玄义释签》20卷，详释此书。

❀ 法华文句 全称妙法莲华经文句

天台三大部之一。天台宗创始人隋智顗讲述，弟子灌顶笔录，10卷（或作20卷）。内容以四种方式解释《法华经》：

1. 因缘释：以佛与众生因缘进行解释。
2. 约教释：按天台宗判教理论（藏、通、别、圆）解释。
3. 本迹释：把《法华经》分为"本门"和"迹门"，进行解释。
4. 观心释：以自心观悟经中的法义进行解释。

❀ 摩诃止观

天台三大部之一。天台宗创始人隋智顗讲述，弟子灌顶笔录，10卷。内容阐述天台宗的"止观"学说。全书分大意、释名、体相、摄法、偏圆、方便、正修、果报、起教、旨归十章。"大意"章总说全书纲要，"正修"章中的"一念三千"禅法是主要内容。

❀ 止观辅行传弘决 亦称辅行记

唐湛然著，40卷。对智顗《摩诃止观》引用的众多典籍，详加解释。

❋ 华严孔目章 简称孔目章

全称《华严内章门等杂孔目章》。唐智俨著，4卷。内容为对东晋佛陀跋陀罗所译《华严经》进行论释，提出小教、始教、终教、顿教、圆教的判教理论，并认为《华严经》的教理最高，属于圆教。此一理论由其弟子法藏继承发挥，成为华严宗的判教理论。

❋ 华严经探玄记 亦称华严探玄记，简称探玄记

唐华严宗三祖法藏（实际创始人）著，20卷。体例仿二祖智俨的《搜玄记》，全书分十章：明教起所由、约藏部明所撰、显立教差别、简教被所机、辨能诠教体、明所诠宗趣、具释经题目、明部类传译、辨文义分齐、随文解释。对东晋佛陀跋陀罗所译60卷本《华严经》进行解释论述，提出华严宗的基本理论主张。

❋ 华严五教章 全称华严一乘教义分齐章，或称华严一乘教分记

华严宗判教理论根据的论书。唐华严宗三祖法藏（实际创始人）著，4卷。内容把佛教创教以来，不同的流派与教义分为五教（小乘教，大乘始教、终教、顿教、圆教）和十宗（我法俱有宗、有法无我宗、法无去来宗、现通假实宗、俗妄真实宗、诸法但名宗、一切皆空宗、真德不空宗、相想俱绝宗、圆明俱德宗）。把华严宗归类为圆教、圆明俱德宗。

❋ 华严经疏 全名大方广佛华严经疏，亦称新华严经疏、清凉疏、华严大疏

唐华严宗四祖澄观著，60卷。澄观因当时华严僧多违背祖师法藏教说，故作此疏。内容针对唐实叉难陀新译80卷本《华严经》作的论疏。

全书分十门，其中"藏教所摄"门载菩提流支、鸠摩罗什、慧远、真谛、智顗等名僧或名家的判教理论。并述华严宗"小（乘）、始、终、顿、圆"五教判教学说，认为《华严经》属于圆教。其"义理分齐"门广论"理事无碍"等教理。本书旁征博引，涉及面广，是研究华严宗教理和中国佛教史的重要依据。

❋ 原人论 全称华严原人论

唐华严宗五祖宗密著，1卷。对世界和生命起源、社会上贫富贵贱因缘，进行宗教论证。

认为儒、道学说"迷执"，佛教中的人天教（讲善恶报应）、小乘教、大

乘法相教、大乘破相教（空宗）的道理都"偏浅"，只有一乘的显性教——《华严经》所说的才是真理。

宗密的中心观念认为，众生都有本觉真心，只因为被妄想执著掩蔽，才没有显现出来。如果远离妄想，一切智、自然智、无碍智就会现前。

❈ **大乘法苑义林章简称法苑义林章**

唐窥基著，7卷（或作14卷）。全书分29章，系统地对唯识学分门别类，进行论释，对判教、义理、修行、果位等，皆有阐述。是研究唯识宗教义理论的重要资料。

❈ **八识规矩颂**

唐玄奘著，分4章12颂48句。内容讲唯识学的八识问题。前3颂讲前五识，4—6颂讲第六识，7—9颂讲第七识，10—12颂讲第八识。无单行本。

注释的书很多。著名的有：明普泰《八识规矩补注》2卷，明明昱《八识规矩补注正义》1卷，明智旭《八识规矩直解》1卷，明广益《八识规矩纂释》1卷等。

❈ **噶当七论**

印度阿底峡七部论著的合称，为西藏噶当派中教典派的主要经典。分别是：《菩提道灯论》、《大乘庄严经论》、《菩萨行》（或称菩萨地）、《集菩萨学论》、《入菩提行论》（或称入行论）、《本生鬘论》（或称本生论）、《集句经论》。

❈ **菩提道灯论**

11世纪印度阿底峡著，并与藏人格瓦洛锥合译为藏文。内容阐述佛教的修行次第，强调要依三士道（下士道、中士道、上士道）循序渐进。修行者要发菩提心、严持戒律、修习止观、福慧双修。只有在圆满显宗阶段修持的基础后，才可转入密宗修持，达到即身成佛。

西藏仲敦巴等人弘传其说，形成西藏佛教噶当派，影响至深。该论文体全用颂文，句义简略。

❈ **菩提道次第广论、菩提道次第略论**

西藏宗喀巴撰《广论》24卷，成书于明惠帝建文四年（1402）。菩提，为梵文音译，意为觉悟；道，为方法；次第，为修习渐次。基本上承袭阿底峡的《菩提道灯论》。本书简本称《菩提道次第略论》，内容主要阐明三乘渐次修行之道，分下士道、中士道、上士道三阶段，并论述止观的修持方法。广、略两本皆有汉译本。

❉ **现观庄严论 亦称般若经论现观庄严颂**

大乘弥勒学代表作，印度慈氏（弥勒）撰。内容主要论述三智及八事七十义。即从一个凡夫，循序修持达到成佛境地的过程。在印度及西藏均有多种注释本。

❉ **观无量寿经疏 亦称观经四帖**

唐善导著，4卷。解释《观无量寿经》，认为一切众生无论善恶，只要依靠阿弥陀佛的愿力，都可以往生西方净土世界。善导把"称名念佛"作为正业，其他读经、礼拜、赞叹、观察作为助业，对后世净土宗称名念佛修持方法的发展，有决定性的影响。

❉ **四分律行事钞 全称四分律删繁补阙行事钞，简称行事钞**

佛教戒律书名。唐道宣著，南山律宗所据的重要典籍。3卷（或作6卷、12卷），全书分30篇，对《四分律》作删减及补充，兼采诸家律学之说，阐述《四分律》的基本主张。

❉ **六祖坛经、曹溪原本、六祖大师法宝坛经**

禅宗南宗教义的主要依据，六祖慧能的思想及传记。全名《南宗顿教最上大乘摩诃般若波罗蜜经六祖慧能大师于韶州大梵寺施法坛经》。记载禅宗六祖慧能的生平及语录，有多种不同的版本及作者署名。1944年刊行的普慧大藏经收录四种版本：

1.敦煌写本，全名《南宗顿教最上大乘摩诃般若波罗蜜经六祖慧能大师于韶州大梵寺施法坛经》，署名弟子法海集记，1卷。不分品目，共57节。此版本被认为是最古本。

2.日本兴圣寺本，题为《六祖坛经》，晚唐僧惠昕改编，2卷，11门。南宋高宗绍兴年间（1131—1162），晁子健翻刻于蕲州，传入日本，兴圣寺再行翻刻。

3.《曹溪原本》，全称《六祖大师法宝坛经曹溪原本》，不署撰人，但也有署名"门人法海录"。1卷，10品。内容两万多字，比敦煌本多一倍。有人认为是宋僧契嵩参考曹溪古本，校勘而成。亦有认为此即元僧德异于忽必烈至元二十七年（1290）的刊印本。

4.题《六祖大师法宝坛经》，至元二十八年僧宗宝改编本，1卷，10品。品目与前本不尽相同，内文大部分相同。此为常见流行本。

❈ 禅源诸诠集都序、禅教合一

唐宗密著，4卷。宗密为华严宗五祖、禅宗荷泽系禅师。见当时禅、教互争，撰《禅源诸诠集》，倡禅教合一，收集诸家说法，计100卷。全书已佚，仅存总序（都序）一篇。内容是把当时禅宗以外的宗派归类为"教"，禅宗为"禅"。教有三教，禅有三宗。三教即三宗，三宗即三教：

1. 密意依性说相教，即息妄修心宗。
2. 密意破相显性教，即泯决无寄宗。
3. 显示真心即性教，即直显心性宗。

❈ 古尊宿语录

禅宗语录。宋颐藏主集，48卷。广采南岳怀让以下，马祖、百丈、临济、云门、真净、佛眼、东山等40余家唐、宋禅师的语录，多为《景德传灯录》所不载者。对研究南岳以下禅风，有一定参考价值。

❈ 宗镜录

禅宗书名。宋永明寺僧延寿集，100卷。延寿为法眼宗云门文益再传，德韶的弟子。此书根据《楞伽经》佛心为宗，"举一心为宗，照万法如镜"，取名宗镜。

立论重在把南宗的顿悟、华严的圆修结合，即"禅尊达摩，教尊贤首"，为全书的中心思想。内容分三章：先立正宗（标宗），以为归趣；次申问答，用去疑情；后引真诠（引证），成其圆信。

书成后，由吴越王保存。直至延寿死后近百年，于宋神宗元丰年间（1078—1085）才有木刻本流行，尔后并有改订本出现。明末刻《嘉兴藏》时，智旭将改订本重新教订。到清代，续有节录本出现。

❈ 碧岩录全名佛果圜悟禅师碧岩录，亦名碧岩集

禅宗语录。宋圜悟克勤禅师编，10卷。宋徽宗政和初年（1111—1118），克勤禅师于湖南澧州灵泉院，宣讲雪窦重显禅师选编的百篇公案"颂古百则"，门人记录而成此书，并以灵泉院方丈室匾额"碧岩"为书名。本书体裁在每则公案之前，先加"垂示"作为提示，再录本则后著语评论，并介绍该则公案来源及禅师略历。是中国临济宗的主要典籍，对日本禅宗也有相当的影响。

指月录 亦称水月斋指月录，续指月录

禅宗史书、语录。明瞿汝稷集，32卷。借用佛教譬喻，以指为言教，月为佛法，因指而见月，但指非月，取名"指月录"。叙述从过去七佛到宋大慧宗杲禅师的言行传略及传承，共650人。体裁虽为史传，实则类似禅宗语录。

清聂先依其体裁，续编《续指月录》20卷。自慧能下十七世，宋隆兴二年（1164），至清康熙十八年（1679）三十八世止。此外，卷首作慧能下十六世补遗；另列《尊宿集》1卷，录师承不明者。

牟子理惑论 简称理惑论

佛教思想论书。东汉末牟子（一作牟子博）著，共37章。是中国较早期的佛教理论书，该书收入南朝僧祐编《弘明集》。内容主要运用儒、道思想，为佛教解释、辩护，并强烈排斥道教，为研究早期佛教传入中国、对中国社会和文化造成的影响，以及儒佛文化融合的重要资料。

弘明集

佛教思想论集。南朝僧祐编，14卷。以"弘道明教"取名，内容收录从东汉末到南朝梁颂扬佛教的论著，但也收录部分反佛的论著。作者百人，其中僧19人。

广弘明集

佛教思想论集。唐道宣编，30卷。本书虽为《弘明集》的续编，但体例稍异，故不称"续"而称"广"。作者自南北朝至唐，共130余人。文体有书文、诗赋、诏敕、序疏、铭等。记述佛教从传入至唐初，历朝的兴废、佛道之争、义理讨论等。内容分为十类（篇）：归正、辨惑、佛德、法义、僧行、慈济、戒功、启福、悔罪、统归。每篇各有序。

辨正论

佛教思想论书。唐法琳著，8卷。高宗时（649—683），道士李仲卿（或作李少卿）撰《十异九迷论》，刘进喜撰《显正论》，攻击佛教"弃亲弃义，不仁不孝"。法琳即著此书，博引史书、佛典，加以反驳，宣扬佛教优于道教。

释迦谱

佛教史书。南朝梁僧祐著，5卷。广引佛教经律，撰述释迦族世系传说、释迦牟尼一生事迹，及其逝后至阿育王时期的佛教传布情形。为中国撰述佛传之始。据《开元释教录》载，此书有广、略两本，广本10卷。

❈ 释迦氏谱

佛教史书。唐道宣著，1卷。叙述释迦出世的时间（贤劫）、氏族的根源、创教的地域、传教经过和释迦逝后佛教的兴废等。

❈ 阿育王传、阿育王经

佛教传记。西晋安法钦译，7卷。记阿育王兴佛事迹，以及佛陀弟子摩诃迦叶至优波毱多的因缘传说，计11品。异译本有南朝僧伽婆罗译《阿育王经》10卷，为略译本。此传第1、2、5、10品，也与《杂阿含经》卷23、25属同本异译。

❈ 付法藏因缘传

佛教史书。北魏吉迦夜与昙曜合译，6卷。记释迦牟尼逝世后，其嫡传弟子摩诃迦叶、阿难、商那和修、优波毱多、提多迦、弥遮加、佛陀难提、佛陀蜜多、胁尊者、富那奢、马鸣、比罗、龙树、迦那提婆、罗睺罗、僧伽难提、僧伽耶舍、鸠摩罗驮、阇夜多、婆修盘陀、祖摩奴罗、鹤勒那、师子的传法世系。但此书不少内容与《阿育王经》相同，应当是参照《阿育王经》等编著，不是全据梵本译出。

此书对后来的天台宗、禅宗影响较大，智𫖮的《摩诃止观》所述天台宗西天二十四祖，即依据本书（加上旁系的摩田提）；道原的《景德传灯录》所述西天二十七祖中，有二十三祖取自本书。

❈ 高僧传即梁高僧传，续高僧传即唐高僧传，宋高僧传，明高僧传

佛教史书。中国历代有所谓"四朝高僧传"，包含《梁高僧传》《续高僧传》、《宋高僧传》《明高僧传》，体裁大致都依梁传。介绍如下：

1.《梁高僧传》：即通称的《高僧传》。南朝梁慧皎著，14卷。分为10门：译经、义解、神异、习禅、明律、亡身、诵经、兴福、经师、倡导。篇末另有《序录》。所载僧人共257人，附见200余人。

2.《续高僧传》：即《唐高僧传》。唐道宣著，30卷。继慧皎《高僧传》而作，止于唐高宗麟德二年（665）。分10科：译经、义解、习禅、明律、护法、感通、遗身、读诵、兴福、杂科。科毕，另有作者论述。自序称，正传340人（一作331人），附见160人。实际正传492人，附见215人。

3.《宋高僧传》：原名《大宋高僧传》，宋赞宁奉敕撰，30卷。继道宣《续高僧传》而作，止于宋太宗端拱元年（988）。分10科，名目同《续高僧传》。

正传532人，附见125人。其习禅篇，除云门宗创立者云门文偃外，于禅宗各派重要人物，皆有专传。禅宗内部法诤，亦不隐讳。对研究禅宗史有重要价值。

4.《明高僧传》：全名《大明高僧传》，明如惺撰，8卷。为南宋、元、明万历四十五年（1617）以前的部分僧人立传。分译经、解义、习禅三类。正传138人，附见71人。

❀ 比丘尼传

佛教传记。南朝梁大庄严寺释宝唱撰，4卷。内容根据碑颂记集、博闻古老，收录东晋孝宗升平（357）至梁武帝天监（519）年间65人传记。

❀ 神僧传

佛教传记。明成祖撰，9卷。全书采辑中国历代佛教史传中所载的"神僧"传记，自东汉摩腾至元代胆巴，共208人。

❀ 高僧法显传 亦称佛国记、历游天竺记

佛教传记。东晋僧法显撰，1卷。法显于东晋安帝义熙年间（405—418）与慧景、道整等，由长安西行，至天竺国寻求戒律，经30余国，并由海路归国。此书是他的游记。《隋书·经籍志》地理类载《佛国记》，注明"沙门法显撰"，即此书的别名。《四库全书总目提要》赞其叙述古雅，非后来行记所及。保存古印度诸国历史及宗教不少资料。

❀ 大唐西域求法高僧传 简称西域求法高僧传、求法高僧传

佛教传记、游记。唐义净撰，2卷。此书为唐代义净在印度求法过程中，取海路归国，途经印度尼西亚苏门答腊（时为室利佛逝国），所撰唐初至义净间到印度求法56人（实际为60余人）的事迹。其中的求法僧有不少是新罗人，最后为义净本人的自传。所记入印道路有经过西藏、尼泊尔者，是研究唐代对外交通和南亚历史文化的重要资料。

❀ 三藏法师传 原名大唐大慈恩寺三藏法师传

玄奘传记。唐慧立撰，原为5卷，武则天垂拱四年（688）彦悰笺，增衍为10卷。前5卷记唐僧玄奘出家及到印度求法经过，后5卷记回国后译经的情形。所记古印度、西域及以长安为中心的文化和宗教情况，是极为宝贵的资料。

❀ 华严经传记 简称华严传

华严史书。唐法藏撰,5卷。分10门:部类、隐显、传译、支流、论释、讲解、讽诵、转读、书写、杂述。部类门说此经有上、中、下三本;传译门对此经译者东晋佛陀跋陀罗、唐地婆诃罗及实叉难陀作简单的传略;支流门列此经的节选本或单行本共37种;论释门列举印度、中国论释此经的论书;讲解门为历代宣讲此经的僧人立传。本书对研究《华严经》在中国的流传,很有参考价值。

❀ 禅林僧宝传 简称僧宝传

禅宗传记。北宋惠洪撰,30卷。本书为禅宗僧传,主要为记事,与灯录、语录记言不同。计有81人。最初刊行的是宋徽宗宣和六年(1124)本,有侯延庆序,今存。现在通行的是嘉兴续藏本、南京刻本,均为30卷。

❀ 景德传灯录 简称传灯录

禅宗史书、语录。北宋道原著,杨忆等奉敕裁定30卷。景德为宋真宗年号,"灯"喻禅法能照人,故称。完成于真宗景德元年(1004)。全书共收禅宗传法人物52世1701人,其中900余人有目有文,700余人有目无文。传承始自西天二十七祖,至法眼文益禅师,叙述禅宗传法世系。

书成后,即奉敕颁入《开宝藏》,相当于官版。此后历代大藏经均予收录。是后世引用最多、影响较大的禅宗史书和语录。

❀ 续传灯录

禅宗史书、语录。明居顶编,36卷。此书继《景德传灯录》之后,收录慧能下十世汾阳善昭至二十世诺庵肇禅师的传法世系。主要为语录,鲜少事迹。共1203人,另有只存名者1907人。资料采自《五灯会元》、《佛祖慧命》、《僧宝传》、《禅门宗派图》及诸祖语录。

❀ 五灯会元

禅宗史书、语录。宋普济编,20卷。"五灯"指:《景德传灯录》、《天圣广灯录》、《建中靖国续灯录》、《联灯会要》、《嘉泰普灯录》。"五灯"各有30卷,普济删繁就简,合五为一,故称。内容以语录为主。

❀ 法喜志

佛教传记。明神宗万历十三年(1585)举人夏树芳著,4卷。自西汉东方朔至元代杨维祯,计208人。收录言行与禅宗相合者,不注出处,现有影印《续藏经》所收本。

净土圣贤录

净土宗传记。清彭希涑著,彭绍升(法名际清)勘定。内容介绍净土圣众(教主阿弥陀佛及诸菩萨,如观世音、大势至等)及历代宣扬净土法门的僧俗等事迹,并为之立传。传后皆注明所据原书出处。分10门,每门之后有总论赞辞。

居士传

佛教史传。清彭绍升(法名际清)撰,56卷。内容广采史传、诸家文集、诸经序文、杂说资料,记述中国东汉以来著名居士的传略,其中有不少政治家和文人。成书于清高宗乾隆四十年(1775),侧重与佛教有关的言行。

释老志 全称魏书·释老志

佛、道史书,《释老志》为《魏书》的篇名。北齐魏收著,中国宗教史志之始。全篇分为佛、道两部分,佛教占较大篇幅。因作者立场以北魏、东魏、北齐为正统,对大同、洛阳等地的佛教记载较详细,对以长安为中心的西魏、北周情况,则无记载。

内容对佛教传入中国的经过、在中国的发展,以及北魏朝廷与佛教的关系和佛教政策,均有详细的记载。尤其北魏时期的寺院经济,特别是关于僧祇户、佛图户的记载,是研究中国佛教史的宝贵资料。道教部分则叙述了道教的发展及寇谦之的改革。

释老传 全称元史·释老传

佛、道史书,《释老传》为《元史》的篇名。明代宋濂等著,记载元代佛教、道教的状况。前半部记载皇室崇信喇嘛教,奉八思巴为帝师,以及历朝的宗教政策、机构和佛教概况。后半部属道教部分。本书对元朝供佛耗费庞大、僧官贪婪横暴的情况,有不少揭露。

佛祖统纪

佛教史书。南宋天台宗志磐撰,54卷。以南宋景迁《宗源录》、宗鉴《释门正统》二书为基础,仿史书纪传体和编年体增编而成,成书于度宗咸淳五年(1269)。

"本纪"有释迦牟尼传和天台宗所奉西土(印度)二十四祖、东土(尊龙树为高祖)十七祖传。

"世家"载天台宗旁出诸师传。

"列传"载知礼法系诸师传。

"表"为天台宗传教年表、世系表。

"志"有9种：1.山家教典志，载天台宗著作；2.净土立教志，记净土僧俗传；3.诸宗立教志，载禅、华严、法相、密教、律诸宗简史；4.三世出兴志，记过去、现在、未来世界，成、住、坏、空演变；5.世界名体志，记佛教的宇宙观；6.法门光显志，载佛教的仪式及事相起源；7.法运通塞志，篇幅最大，按编年记载佛教史迹；8.名文光教志，载赞颂天台宗的志记碑文等；9.历代会要志，辑历代兴废佛教事迹，旁及道教。

本书虽以天台宗为正统，但采择史料面广，编选较精审，是研究中国佛教史较好的参考资料。

❀ 西藏王统世系明鉴，汉译名西藏王统记

西藏历史要籍。萨迦派索南坚参著，成书于明太祖洪武二十一年（1388）。内容着重叙述土蕃时期西藏王统的历史，兼及印度和汉地的佛教史。

❀ 布顿佛教史亦称善逝教法史

西藏佛教史书。西藏布顿·仁钦朱撰，成书于元英宗至治二年（1322），分前后两篇。前篇阐述佛教学说和印度佛教史，后篇阐述西藏佛教史，并附大藏经目录。是研究印度、西藏佛教史的重要史籍。

❀ 释迦方志

佛教方志。唐道宣著，2卷。内容叙述佛教产生的地域、传播的区域、中印佛教交流的路线、16位入印求法僧俗的传略、传说中须弥山和四洲的相状。内容除来自佛教经传外，还引用史书及道教经书。

❀ 洛阳伽蓝记

佛教寺志。北魏杨衒之（一作羊衒之）著，5卷。中国佛教史第一部有关寺院的专著，记载北魏时期洛阳佛教的情形，兼及京城洛阳的经济、文化、庶民生活由繁荣到衰败的情形。还有政治、人物、风俗、地理及掌故等，对研究历史、文学、经济、佛教等都很有参考价值。全书按洛阳城分为东、西、南、北及城内五卷。

❀ 古清凉传

佛教寺志。唐高宗（650—683）时慧祥撰，2卷。记述五台山的地理位置、

名胜,以及文殊菩萨的神话传说。因中国佛教徒一向认为山西五台山是文殊菩萨的道场,撰述不断。后续有宋延一撰《广清凉传》、张商英《续清凉传》,皆叙述五台山事迹。因慧祥所撰最古,故称《古清凉传》。

❀ 寺塔记

佛教寺志。唐段成式撰于会昌三年(843)至宣宗大中七年(853)之间,1卷。记长安靖恭坊大兴善寺、长乐坊安国寺等著名寺院的名胜古迹和神话传说。载有不少佛教兴盛时期的故事,如吴道子在长乐坊赵景恭寺所绘地狱变相,笔力劲怒,令人毛骨悚然。因此书撰于会昌法难前后,是研究唐代佛教的珍贵资料。

❀ 庐山记

佛教寺志。宋神宗熙宁五年(1072)陈舜俞著,5卷。记庐山地理形势、名胜古迹、佛寺道观、历史文物等。卷3为十八贤传,载东晋慧远、刘遗民等18人传略,为后世"白莲社"弘传净土信仰的根据。卷4为古人留题篇,载古人关于此地诗文。卷5为此地的碑文和古人题目。

❀ 大唐西域记 简称西域记,亦称西域行传

游记。唐玄奘述,辨机编,12卷,太宗贞观二十年成书。记录玄奘赴印求法所经历的110个(以及28个传闻中得知的)城邦、地区、国家情况。详细记录其地理位置、佛教古迹、历史传说、人物传记、佛教状况、风土习俗、交通道路、物产气候、政治文化等。

范围西达伊朗、地中海东岸;南至印度半岛、斯里兰卡;北抵中亚南部、阿富汗北部;东到中南半岛、印度尼西亚。为研究中亚和南亚历史、佛教,以及中西交通史的重要参考,同时是研究中国西北民族的重要文献。清代丁谦著有《大唐西域记考证》。近代出版了法、英译本,考古学者并根据此书,进行对王舍城遗址、鹿野苑古刹、阿旃陀石窟、那烂陀遗迹进行探查发掘。

❀ 出三藏记集 简称祐录

佛教经录。南朝梁僧祐著,15卷。出,译出之意。本书即记载东汉至梁所译佛教经、律、论目录,以及序记、译经人传记等。僧祐以前的经录多已散佚,此经录为现存最早者,其中还保存道安的经录原文(称安录)。

此书共录2162部5310卷,收经序及后记120篇,立传者32人。偏重南朝译经的记述。

❖ 历代三宝记亦称开皇三宝录，简称长房录、房录

佛教经录。隋高祖开皇十七年（597）费长房著，15卷。分四部分：

1. 帝年：3卷。佛教史大事记。

2. 代录：9卷，每卷依序为序论、经录，经录附译者传略。

3. 入藏录：2卷，分别为大小乘入藏目录，共收1076部3292卷。

4. 序目：1卷。

此书为研究中国佛教史提供不少资料，可惜考核不精确，伪烂甚多。

❖ 开元释教录简称开元录、智升录、开元释教录略出

佛教经录。《开元释教录》为唐玄宗开元十八年（730）智升著，20卷。前10卷为总录，以译者为主，记载东汉至唐开元年间所译经典目录和译者传记，最后附著作目录，共176人，经典2278部，7046卷。11—18卷为别录，以经为主，分七类：有译有本录、有译无本录、支派别行录、删略繁重录、补阙拾遗录、疑惑再详录、伪妄乱真录。最后两卷是大小乘入藏目录，入藏经典共1076部5048卷。

在"有译有本录"中，把大乘经分为般若、宝积、大集、华严、涅槃五大部并注明重译、单译情况，为以后大藏经编目所遵循。

后智升又把该书入藏目录以千字文编号，并增加部分经典，合1079部，编定《开元释教录略出》4卷，为北宋以后雕印《大藏经》所遵循。

❖ 阅藏知津

佛教经录。明智旭著，44卷。内容对《大藏经》所收1773部佛典一一作录目解题。分四部分：

1. 经藏：分大乘经、小乘经。大乘经按天台五时判教分华严、方等、般若、法华、涅槃五部。方等又分显说（显教）、密咒（密教）两部分。

2. 律藏：分大乘律、小乘律。

3. 论藏：分大乘论、小乘论。大乘论又分释经论、宗经论、诸论释三部；依作者区别为西土、此方。

4. 杂藏：包括经疏、论疏、纪传等。亦作西土、此方区别。

此书首次改变自唐智升《开元释教录》以来，佛典编目的分类方法。并为后来日本《缩刷藏经》、中国《频伽精舍校刊大藏经》遵循。

❀ 大藏经

佛教典籍的丛书。以经、律、论为主,及其他佛教撰述为附。南北朝以前称为"一切经",隋代以后才有此称呼。原指汉文的佛教典籍,现在泛指所有文字记载的佛教典籍丛书。有巴利文的《南传大藏经》,以及汉文、藏文、满文、蒙文、日文《大藏经》,另有残本西夏文《大藏经》。

❀ 汉文大藏经

汉文佛教典籍的总称,包含译作及著作。自东汉末年译经开始,逐年、逐代增加。北宋以前为手写,自北宋开始有雕印本。北宋以前著名的经录有:

1.东晋道安《综理众经目录》,载611部858卷。

2.南朝梁僧祐《出三藏记集》,载2162部4328卷。

3.隋法经《众经目录》,2257部5310卷。

自隋以后,有所谓钦订《入藏录》,分别为:

1.隋费长房《历代三宝记》,载1076部3292卷。

2.唐智升《开元释教录》,载1076部5048卷。

3.唐圆照《贞元新定释教目录》,载1258部5390卷。

4.北宋惟净《天圣释教总录》,载6197卷。

北宋以后,雕印本主要依《开元释教录》的《入藏录》编印。即经、律、论皆分大小乘,贤圣集(纪传等)分梵本翻译、此方撰集。宋以来有《宋藏》、《金藏》、《元藏》、《明藏》、《清藏》等,外国有朝鲜《高丽藏》,日本《黄檗藏》、《缩刷藏》、《卍字藏》、《大正藏》、《日本续藏经》等。

清末以来至现代,则有《频伽精舍校勘大藏经》《普慧大藏经》(未完成)、《中华大藏经》、《佛教大藏经》(台湾)、《佛光大藏经》(台湾)等。

❀ 三藏包括经藏、律藏、论藏

三藏为佛教典籍的总称。藏,原意为竹箧,多用来藏书,引申指佛教典籍,涵义近"全书"。共有三部分:素怛缆藏,旧译修多罗藏,意为经藏;毗奈耶藏,旧译毗尼藏,意为律藏;阿毗达磨藏,旧译阿毗昙藏,意为论藏。三藏皆分大、小乘,通晓三藏的僧人称为"三藏法师",如唐玄奘被称为"唐三藏"。

❀ 内典、外典

佛教称自己的典籍为内典,外道和世俗的为外典。如唐道宣称自己所著经录为《大唐内典录》。源于古印度诸教派即如此称呼,道安解释:"救形之教,教称为外；济神之典，典称为内。"

❋ 大唐内典录简称内典录

佛教经录。唐道宣著，10卷。录东汉至唐初经典2487部，8476卷，译者220人。创新体例，凡重译经典均标明一译、二译等；对许多同类的经典，举出最善通行本；列出历代经录，并评论其重要者。其《入藏录》及《圣贤集传》，共800部3361卷。

❋ 藏文大藏经包括甘珠尔、丹珠尔

西藏佛教经、律、论的总集，为世界研究佛学和古代各门科学重要的文献。

最早于14世纪初，在那塘寺由菊登日比热赤（世尊智剑）根据萨迦寺八思巴典藏编成，称为那塘大藏（手写本）。14世纪末叶，蔡巴噶举派的衮噶多吉编订"甘珠尔"，日喀则夏鲁寺的布顿·仁钦朱编订"丹珠尔"，构成藏文大藏经的两大组成部分。

甘珠尔意为佛语。分为七类：戒律、般若、华严、宝积、经集、涅槃、密乘。丹朱尔意为论部，包含经律的阐明和注疏、密教仪轨、五明杂著。分四大类：赞颂、咒释、经释、目录。

藏文大藏经的版本有：永乐版、万历版、里塘版、那塘新版（官版）、德格版、北京版、卓尼版、拉萨版等。根据德格版统计，共收4569种，除佛教书籍外，兼有文法、诗歌、美术、逻辑、天文、历算、工艺等。

❋ 宋藏

宋代刻印的藏经总称。有下列六种：

1. 蜀版，又称开宝藏，为官版之始。收佛典1076部。
2. 福州东禅等觉院版，收佛典1450部。
3. 福州开元寺版，收佛典1429部。
4. 湖州思溪圆觉禅院版，收佛典1453部。
5. 湖州思溪资福禅寺版，收佛典1459部。简称《思溪本》，现也通称《宋本》。
6. 平江碛砂（今江苏吴县）延圣禅院版，收佛典1532部。简称《碛砂藏》。

❋ 开宝藏全称北宋官版大藏经，亦称蜀版藏经

宋初官方刻印的大藏经。宋太祖开宝四年（971），命内官张从信到益州雕造《大藏经》版，经12年完成，雕版13万块运至开封印经院印刷，颁送各大寺院及邻国。

此藏按《开元释教录》的《入藏录》编选佛典，收大小乘佛典及《圣贤集传》1076部5048卷，装帧采卷子式。传入日本、朝鲜后，影响极为深远。真宗咸平二年又增印360部。

❀ 碛砂藏 全称碛砂版大藏经

宋元之间刻印的大藏经。南宋理宗绍定四年（1231）到元英宗至治二年（1322），由宏道、法尼二尼发愿，僧人法忠、清圭等人先后主持，在平江碛砂（今江苏吴县）延圣禅院刻印。装帧是梵夹本，共1532部6362卷。

1931年在西安卧龙寺、开元寺发现此藏经本，保存了八成。其后，又在山西太原崇善寺发现。1935年"上海影印碛砂版大藏经会"以方册影印本发行，共60函，593册（含目录2册）。缺失部分用《资福藏》《普宁藏》等补入，仍缺11卷。

❀ 金藏 全名金解州天宁寺大藏经，亦称金版大藏经、赵城藏、宋藏遗珍

金代刻印的大藏经，因该藏在赵城发现，又称《赵城藏》。金熙宗皇统八年（1148）至大定十三年（1173），在解州（今山西运城西南）天宁寺雕印，元初又有补刻。装帧采卷子式，共收佛典6900余卷。

1933年，于山西赵城广胜寺，发现此版藏经4957卷。两年后，由"上海影印宋版藏经会"和"北平三时学会"影印其中罕见的佛典49部，题为《宋藏遗珍》。原书经大陆专家揭裱修复，藏于北京图书馆（今中国国家图书馆）。

❀ 高丽藏 全称高丽大藏经

朝鲜高丽王朝显宗二年（1011），以宋《蜀版藏经》为底本，开始雕印藏经，至文宗末年（1082）完成。共5924卷，后经版毁于兵火。

高宗二十三至三十八年（1236—1251），用蜀版、契丹版、《高丽藏》初刻版对校，雕印藏经639函1521部6589卷。其中包含《开元释教录》、《贞元录》所录佛典，以及宋代以来新译佛典。近代以来，此藏一再影印出版，对研究佛教及校刊佛典很有价值。

❀ 元藏

元代刻印的大藏经。亦称《元本》、《普宁寺版》。元忽必烈至元十四年（1277）至二十七年（1290），在杭州余杭大普宁寺雕印，由住持白云宗道安主持。以宋代的思溪、福州二藏本校勘，装帧为梵夹本。计558函1422部6017卷。

❈ 明藏、初刻南藏、南藏、北藏、嘉兴藏

明藏为明代刻印的藏经总称。有下列四种。

1.初刻南藏：从洪武五年至三十一年（1372—1398），朝廷主持于南京雕印，收1600余部7000多卷。又称《洪武南藏》。

2.南藏：从成祖永乐十年至十五年（1412—1417），于南京刻印。为《洪武南藏》的重刻本，略有改动。收1625部6331卷。

3.北藏：从成祖永乐十九年至正统五年（1421—1440），于北京刻印。收1657部6361卷。又称《永乐北藏》。至神宗万历十二年（1584），又续刻41卷并入。

4.嘉兴藏：全称《明嘉兴楞严寺方册本大藏经》，又称《楞严寺版》、《明本》、《万历藏》、《径山藏》。分《正藏》、《续藏》、《又续藏》三部分。明万历十七年（1589），开雕于山西五台山，后移浙江余杭径山，由嘉兴楞严寺总其成。完成于清康熙年间。康熙十六年（1677），分别从《续藏》、《又续藏》中抽去钱谦益等人著作。现全藏共343函。

❈ 龙藏全称乾隆版大藏经，亦称清藏

清世宗雍正十三年（1735）到高宗乾隆三年（1738），在北京以明代《北藏》为底本增删刻印的敕版藏经，装帧采梵夹式。计718函，1662部7168卷。

❈ 缩刷藏经全称大日本校订缩刷大藏经，亦称缩藏、弘教藏

1880—1885年，日本岛田蕃根、福田行诫等在东京弘教书院编辑、出版。内容以《高丽藏》为底本，并与宋、元、明三本合校，增加日本刊行的密教仪轨、日本宗派初祖的若干著作。正文加标点断句，以五号活字印刷。

主要特点是按明僧智旭《阅藏知津》主张，经律论均以大乘居先，小乘居后；大乘佛经按天台宗五时判教次序，以华严、方等、般若、法华、涅槃五部分类。

❈ 频伽藏全称频伽精舍校刊大藏经

1913年上海频伽精舍以日本《缩刷藏经》为底本，删除部分日本撰述，改以活字印刷，装为40函，440册。有《总目》1册，分类因袭《缩刷藏经》。是目前中国较常用的藏经版本之一。

❈ 中华大藏经简称中华藏

中国现代编印的佛教大藏经。分汉文及藏文两部分。

汉文部分于1982年由国家成立中华大藏经编辑局编辑，任继愈主持。分正、续两编。正编以《赵城藏》为基础，纳入中国历代各种藏经正藏部分的全部典籍，并以《房山石经》等八种藏经校勘。历时13年，于1994年完成。共收典籍1937种，约10000卷，可谓规模空前。续编包括历代大藏经的续藏部分以及新编入藏的部分，尚在进行中。

藏文部分由中国藏学中心主持编纂，部分已出版，目前仍在进行中。

另，台湾亦编有同名大藏经，由蔡元辰于1956年起陆续刊行。分为正藏（拟收历代大藏经中佛典）、续藏（拟收历来未收入大藏经中的佛典）、译藏（拟收译为外文的佛典）、总目录四部分。目前尚未出齐。

❋ **卍字藏 全称日本藏经书院大藏经，亦称大日本校订训点大藏经**

1902—1904年，日本京都藏经书院滨田竹坡、宗田无静等主持编印。以《黄檗藏》为基础，加训点而成。收录佛典1600余部，铅字排印。印成未久，存书毁于火灾，流传不多。

❋ **卍字续藏 全称日本藏经书院续藏经，亦称续藏经、大日本续藏经**

1905—1912年，日本京都藏经书院前田惠云、中野达慧等主持编印，系《卍字藏》的续编。把以往由印度、中国、日本撰述而未收入《大藏经》的著作，收入此藏。作者共950余人，1756部7144卷，大部分是中国人。编目分印度、中国、日本撰述，其中不少著作在中国已失佚。

印成后，存书和《卍字藏》一同被焚。1923年商务印书馆曾影印出版。

❋ **大正藏 全称大正新修大藏经**

日本大正十三年（1924）至昭和九年（1934），由佛教学者高男顺次郎、渡边海旭、小野玄妙等人，在东京组织大正一切经刊行会编辑出版。

内容在弘教书院刊行的《缩刷藏经》及宋元明三本《大藏经》、《高丽藏》的对校基础上，参照正仓院藏经、敦煌古本、巴利文、梵文经典，对以往藏经重加校刊、编排。

体例改变过去按大小乘分类的方法，而以基本内容作分类。全藏分三部分：

1.《正篇》55卷，收佛典2184部，内分印度撰述、中国撰述（少部分为日本撰述）。

2.《续篇》30卷，收佛典736部，全部为日本撰述，附古逸（敦煌古遗文等）、疑似（疑伪书）。

3.《别卷》15卷（含图像12卷，收363部；《昭和法宝总目录》3卷，收77部。）。

全藏共100册，收佛典3360部，13520卷，为当前国际佛学界常用的汉文藏经版本之一。

❀ 佛教大藏经

台湾现代编印的汉文大藏经。广修主编，台湾佛教出版社于1977—1983年出版。分为正藏、续藏两部分，共收佛典2643部、11053卷。正藏以《频伽藏》为底本，参考各版本藏经及藏文、巴利文译出的佛典编成。续藏以《普慧藏》为底本，并收绝版的经论注疏等。

❀ 佛光大藏经

台湾现代编印的汉文大藏经。由星云监修，佛光大藏经编修委员会主编。1983年由佛光出版社陆续发行。全藏分16藏，含阿含、般若、禅、净土、法华、华严、唯识、秘密、声闻、律、本缘、史传、图像、仪志、艺文、杂藏等。底本、校本兼采各种大藏经，以现代标点和分段来编排、校勘、注释、解题。

现阶段已完成阿含、般若、禅、净土等藏，包含纸本与电子版。

❀ 大乘义章

佛教类书。隋净影寺慧远著，20卷。全书按教、义、染、净、杂五聚（类），解释大小乘的各种教义、术语。因引证广博，义旨明晰，是研究佛教义理、佛教史的重要参考资料。

❀ 法苑珠林

佛教类书。唐道世著，100卷，《嘉兴藏》作120卷。将佛教故事分类编排，共分100类（篇）。每篇以2字为题，篇下又分若干部，共668部。篇首大都有作者述意；篇末或部末多设"感应缘"，广引故事传说，证明所说不妄。此书所引典籍400余种，主要为佛教典籍，也有部分儒、道经书和笔记小说。所录资料均注明出处。

❀ 一切经音义、玄应音义、慧琳音义、慧苑音义、希麟音义

佛教辞书。《玄应音义》为唐玄应著（清代因避讳，多称"元应音义"），《大唐内典录》作《众经音义》，15卷；《开元释教录》作《一切经音义》，25卷。解释佛经音义均详注反切。

《慧琳音义》，唐慧琳著，100卷，亦名《大藏音义》。收录玄应、慧苑各家音义，编纂而成。内容广引古代韵书、字书及佛典，解释1300部5700余卷佛经的音义。中国曾失佚，日本有单行本，收入《大正藏》。

此外，唐慧苑撰《新译大方广佛华严音义》2卷，亦称《慧苑音义》，《开元释教录》有录；辽沙门希麟撰《续一切经音义》10卷，亦名《希麟音义》，为《慧苑音义》的补充。中国久佚，日本有单行本，收入《续藏经》和《频伽藏》中。

❀ 翻译名义集

佛教辞书。宋平江景德寺僧法云（1088—1158）编，7卷，64篇。此书和《释氏要览》、《教乘法数》并称，被称为"佛学三书"，广为初学者所用。

内容共收音译梵文2040余条，各条一一举出异译、出处、解释。引用书籍资料400余种，作者100余人。解释梵文译名除说明其意义外，对重要名相还以天台宗的观点详加论释。对历代重要译家，有专篇记载。

此书更保存了一些翻译理论。如卷首特载唐玄奘的五不翻：秘密、多义、此地无、顺古、生善（积极、正面）。唐代玄奘、义净的名相音译多和旧译不同，往往主观地认为旧译讹劣，此书则认为是时、地、风俗所致。

❀ 大宋僧史略简称僧史略

佛教史书名。宋右街僧录赞宁于太宗太平兴国（976—984）初，奉敕撰成，3卷。内容分59项，广引经传，记佛教东传以来，译经、讲经、出家，以及僧尼礼仪、僧官制度、佛教与政治关系等。

宋徽宗崇宁四年（1105），与《宋高僧传》同时获准入藏，对研究中国僧侣制度有一定参考价值。

❀ 释氏要览

佛教类书。北宋释道诚辑，3卷。针对一般僧尼了解佛教知识的需要而编。内容是关于佛教的基本概念、寺院仪则、规制、僧官制度等的辞义汇编，共27篇，679目。此书以宋初赞宁《大宋僧史略》为基础，加以充实，引证广博，保存了当时有关佛教的制度、风俗等资料。

❀ 佛学大辞典

佛教辞书。丁福保编，分33部，3万多条目，300多万字。此书的编辑历时8年（1912—1919），搜罗广博，佛教相关学说尽量收入，又仿康熙字典编有索引。

❊ 实用佛学辞典

佛教辞书。1934年上海佛学书局编印。内容以日本织田得能的《佛教大辞典》为蓝本，参考《翻译名义集》《一切经音义》《三藏法数》《教乘法数》、丁福保《佛学大辞典》而编。所收材料以实用为主，解释多用古文，且多直接用佛教义理解释。

❊ 贝叶经

用铁笔在贝多罗树叶上刻写的佛教经典。古印度佛教僧徒在1—11世纪间，远赴中亚、新疆、西藏、尼泊尔、中南半岛等地传教，而上述地区僧人前往印度求法时，将佛教各种典籍刻写在贝叶上，以方便携带。

11、12世纪，伊斯兰教入侵印度，佛教徒同样携经远离印度，带走大量贝叶经至上述地区，所以在上述地区发现大量梵文、巴利文贝叶经。中南半岛发现的贝叶经以南传的巴利文经典为主，内容除小乘经典外，还有许多传说、诗篇、历史记载。中国傣族地区甚至发现用傣文刻写的贝叶经。

❊ 梵夹亦称经箧

古代佛经用贝叶刻写成，夹以厚板，以绳穿结，称为梵箧或经箧。借用为佛典的别称。

❊ 悉昙亦译悉谈

意为吉祥、成就，指古印度的梵字。梵字相传为梵天所造，共12个元音，35个辅音。

❊ 石经、云居寺、房山石经

石经为镌刻在石上的佛经。一般指房山云居寺石经，为中国现存规模最大的石刻佛经，位在北京市房山县大房山中（一称白带山），距北京约70公里。

佛教徒认为末法时期佛法将灭，于是仿儒家镌刻经文于石上，希望能借此保存佛经。隋末唐初，净琬从隋炀帝大业（605—618）年间到唐太宗贞观（627—649）年间，建云居寺并刻石经收藏。净琬死后，其弟子玄导及后继弟子僧仪、慧暹、玄法，四代相继主持刻经。工程持续至清康熙十三年（1691）止。最盛时期是盛唐、辽、金，所刻数量最多，分别藏于石经山上9个石洞和云居寺西南的地穴中。

1956—1958年，中国佛教协会进行调查整理，共有大小经版15000余块，刻经1000余部，3400余卷。除少数残损外，大部分完整。此对研究中国古代这一地区的社会经济、佛教历史、书法演变、石刻艺术以及校勘木版藏经，是很好的依据。有些刻经题记中，保存了唐天宝至贞元年间北方某些州郡的行会名称，这对于研究当时工商业情况颇具参考价值。另发现纸本经卷22000卷，木刻经版77000块。

此外，该寺和石经山还保存唐代方形石塔8座，辽代八角密檐式砖塔1座，显示了这一时期建筑和雕刻艺术的成就。1961年被列为国家重点文物保护单位。

八 礼仪、节日

本章范围限于礼仪及节日，共收条目137条。至于礼仪中使用的法器、器物，因与教制关系较深，故列在下一章教制内容中。本章礼仪与下一章中的教制较难分别，因为两者在分类上较为模糊，也有较深的关联性。分类大致以纯制度作为标准，如含有修行的成分，则列入仪式。因此，出家、受戒、皈依、安居等均列在仪式中。

从仪式的条目可以看出，其充分受到印度佛教的影响，也显示出中国佛教的独特文化。例如夏安居，印度时期的夏安居本是配合当地气候，因为夏季是雨季，万物生发，为了避免伤及众生，所以僧尼要结夏安居不出门，在安居中修行。此仪式传到中国以后就变成了纯修行内涵，目的在于自恣，而非避免伤害众生。忏法则充分显示中国的独特性。中国的鬼神文化加上家族伦理，使佛教超度的元素得到充分发扬，建立了独特的水陆道场、慈悲水忏等。这些忏法还被民间信仰及道教全盘移植、发扬，用来超度家族先人、安慰现世的子孙。

另一个主题——节日，则充分表现文化的融合。如腊八粥以佛的成道为元素，加入中国的气候、节庆，形成冬季的年节食尚。盂兰盆会则从佛教的法会，演变为中国民间的节日活动。即使毫无信仰的中国人，在中元节这一天也会追思先祖，为祖先祈福，可谓全民运动！在西藏，由于佛教是全民信仰，其佛教节庆活动本来就属于全民，但也可看出许多苯教鬼神的影子，文化融合的痕迹处处可见。

❋ 归依 亦称皈依、三皈依

与信奉同义。佛教对于信仰佛教的特殊称呼，取其"归投依伏"之意。其内涵为归依佛、法、僧，又称为三皈，所谓"依佛为师，凭法为药，依僧为友"。

❋ 出家

指离开家庭到寺院做僧尼，古印度社会又称为林居者。原为古印度的遁世习俗，佛教引为制度，传入中国以后，又为道教借用。

❋ 披剃

按佛教戒律规定，出家众必须"披上袈裟，剃除发须"。披剃遂成为出家的代称。

❋ 落发染衣

出家的代称。意为剃除发须，穿上僧尼衣服。

❋ 剃度

出家的代称。剃指剃除发须，度指度越生死之河。

❋ 度僧

指举行佛教仪式，使俗家人出家为僧。度指离俗、出离生死。

❋ 南无

梵文音译。意为致敬、归敬、归命。表示一心归顺于佛。

❋ 发心

意为发愿求无上菩提之心。即发起求解脱苦难、生死之心，引申为佛教信徒志求某种与信仰相关的愿心。

❋ 受戒

指举行佛教仪式，使人接受佛教戒律。戒有五戒、八戒、十戒、具足戒等，僧俗受戒的仪式、内容各有不同。

❋ 传戒

佛教寺院召集自愿出家的教徒，举行授戒仪式，使之成为正式僧尼的仪式。

❋ 灌顶

梵文意译。原为古印度国王即位的仪式中，国师以"四大海之水"灌于国王头顶，表示祝福及统领四海之意。密宗在僧人任阿阇梨（教授师）位时，仿此设坛举行灌顶仪式。

❋ 安居 亦译夏安居、雨安居

古印度每年约5至8月期间为三个月的雨季，为避免伤害草木、小虫，佛教禁止僧尼外出。这段期间应在寺院内接受供养，坐禅修学，称为安居期。

在中国，安居期为阴历4月16日至7月15日，称为夏安居，简称夏坐或坐夏。开始的时候，称为结夏；结束时称为安居竟、解夏。南亚、东南亚称为雨安居。

❋ 一瓣香 亦称一炷香

原意为焚香礼敬。禅宗长老在开堂说法烧至第三炷香时，会讲：这"一瓣香"敬献给授我道法的某某法师。后来师承某人，也叫瓣香某人。

❋ 普请

原为禅宗指集结僧众从事共同劳动的活动用语。源自唐代百丈怀海禅师制定《百丈清规》，规定劳动为大小僧众共同的义务，并称之为普请。后演变为集合僧众也称为普请。

❋ 上堂

佛教规制，上法堂讲经说法、上僧堂吃粥饭，都可称为上堂。

❋ 托钵

乞食之意。僧人乞食时，必须以手托钵（食器），故名。寺院内，僧人吃饭时，持钵到僧堂，也叫托钵。

❋ 化缘

原意指佛陀教化世人的因缘，发展成僧尼向人请求布施的用语。释迦牟尼因教化世人的因缘而出世，此因缘尽时即去。

❋ 挂单 亦称挂锡

意指行脚僧投寺院暂住。单，为僧堂东西两序的名单，衣钵就挂在名单的下方，故称挂单，亦称挂锡（锡杖）。

❋ 茶毗、荼毗，亦译阇毗、阇维

正名为荼毗，古代写刻中，茶、荼易混，又名茶毗。指佛教僧人死后，将尸体火葬。为古印度葬法之一。

❈ 礼拜

致敬的意思。根据《大唐西域记》，在古印度共有9种礼敬方式：1.发言慰问；2.俯首示敬；3.举手高揖；4.合掌平拱；5.屈膝；6.长跪；7.手膝据地；8.五轮俱屈；9.五体投地。

❈ 合十亦称合掌

佛教徒的一般礼仪。左右合掌，十指并拢，置于胸前，表示虔诚。原为古印度的一般礼俗，佛教沿用之。

❈ 问讯

佛教礼仪。问候之意，除了言语之外，要合掌作揖。

❈ 互跪、长跪

佛教礼仪。互跪为左右脚交叉跪地。长跪为两膝一齐着地，两胫翘空，两足拄地，挺身。佛教规定比丘行互跪礼，比丘尼因身体较弱，行长跪礼。

❈ 顶礼

佛教礼仪。两膝、两肘着地，再用头顶礼（触）尊者之足，故名。向佛像行礼时，则两手伸展过头，承空，表示头触佛足。佛经中称为"顶礼佛足"、"头面礼足"。

❈ 五体投地

佛教礼仪。五体为两膝、两肘、头部，佛教徒行"顶礼"时，都要五体投地，为佛教的最高礼节。

❈ 绕佛亦作遶佛

佛教礼仪。围着佛右绕（顺时针）一圈、三圈、五圈、千百圈，表示对佛的尊敬。原为古印度的礼节，佛教沿用之。

❈ 功德

功，指做善事，有功用之意；德，指福报。在佛教的理论中，善有善报。善为良善的行为，一般指布施及念佛、诵经、禅坐等一切修行行为。

中国禅宗进一步将善事分为布施及修行的一切行为两类，并认为得到的报应也分为福德及功德两类。福德局限在"人天报应"，没有脱离轮回；只有修行能脱离轮回、再生，属功德的范畴。

❋ 供养亦称供施、供给

一般指以香花、灯明、饮食、衣服等供佛、菩萨及亡灵。引申为斋僧、供给其生活所需等。依其供养内容又可分为财供养（饮食等实物）、法供养（讲经说法）。

❋ 布施音译檀、檀那

梵文的意译，六波罗密之一。指施与他人财物、体力、智慧等，为他人造福，成就智慧。小乘认为布施的目的在于破除己身的吝啬和贪心，兼免除未来世的贫困。大乘的目的则在于实践大慈大悲，超度众生，对象更广。

瑜伽行派进一步将布施分为三类：财施、法施、无畏施。

❋ 结缘

一般指接触佛法，为将来得度创造条件（缘）。也广用在人与人之间接触的美言。

❋ 法会

佛教为说法、供佛、施僧而举行的仪式、集会活动。

❋ 默朗钦波俗称传大召

西藏佛教法会的一种，藏语音译，意为大祈愿会。明成祖永乐七年（1409）藏历正月，西藏佛教格鲁派创始人宗喀巴为纪念释迦牟尼，在拉萨举行了第一次发愿祈祷大会。宗喀巴死后，中断了19年。根敦嘉措时恢复举行，以后成为惯例，年年举行。

法会是从藏历正月初三至二十四日，三大寺僧众及卫藏、安多、康区等地区信众，人数多达数万，齐聚大昭寺进行各种宗教活动。正月十五日夜晚，拉萨八角街陈列酥油灯、酥油花，歌舞庆祝，俗称灯节。

达赖五世时开始在法会中举行辩经，考选拉然巴格西（西藏佛教的最高学位），形成制度。法会最后以送鬼仪式结束。

❋ 默朗道嘉

西藏佛教法会的一种，藏语音译。西藏拉萨每年正月举行的传大召结束后，于正月二十四日举行的大规模送鬼仪式。藏语"道嘉"意为除祟，故名。参加者有甘丹墀巴、布达拉宫朗杰札仓、哲蚌寺鄂巴札仓等僧众。由五百名僧众化装成蒙古古代骑士列队游行，燃烧草堆，火枪齐鸣，以示驱逐本年内所有灾祸。

❈ 充曲俗称传小召

西藏佛教法会名称,藏语音译,意为会供法会。达赖五世逝世后,第巴桑结嘉措由于匿丧不报,乃于忌日托名建此纪念日举行法会。嗣后于每年藏历2月下旬进行有关宗教活动,为期10天。法会期间三大寺僧侣在大昭寺参加辩经,选拔二等格西(曹仁巴格西)。由于规模小于传大召,故名传小召。

❈ 无遮大会

佛教法会名称,梵文意译,意为贤圣道俗无所差别,平等行财施、如法施的法会。据《大唐西域记》记载,当时戒日王在曲女城,每5年举行一次无遮大会。大会连续进行75天,分别向佛教、婆罗门教、耆那教徒以及乞丐布施。

中国的无遮大会,始于梁武帝中大通元年(529)。武帝当时于重云殿为百姓设救苦斋,又往同泰寺设四众无遮大会,剃发升座讲《涅槃经》。群臣再以一亿万钱奉赎,武帝设道俗大斋5万人。

❈ 四个法要

法要又称法用,是佛教法会上四种最重要的仪式,即:

1. 诵梵呗,法会开始时,咏赞叹佛德偈颂。
2. 散花,唱愿我在道场等偈颂。
3. 唱梵音,唱十方所有胜妙华等偈,以清净音供养佛。
4. 振锡杖,唱手执锡杖之偈,并振锡杖。

❈ 法事亦称佛事

一般指诵经、供佛、施僧、拜忏、为人追福等佛教仪式。修行佛法,利乐众生等亦可说是法事。

❈ 打静

在举行法事前,维那打椎让僧众安静下来,以便开始。

❈ 忏法

佛教念经拜佛,忏悔罪业的仪式。中国最早在南朝,梁武帝参阅佛经,制成《慈悲道场忏法》10卷,亦名《梁皇忏》,请僧人拜诵,为死者祈福超生。此后衍生出许多忏法。

❀ 忏悔

音与意的合译。忏，为梵音忏摩之略；悔，为意译。原意为对他人说出自己的过错，求容忍宽恕。佛教规制，出家人每半月一次集合举行诵戒，给犯戒者说悔改的机会。后来产生了忏悔文、忏仪一类的著作，遂成为专以脱罪祈福为目的的宗教仪式。

❀ 拜忏 亦称礼忏

意指依照忏法，礼佛诵念、忏悔罪业的做法。

❀ 自恣

梵文意译，意为自我检讨改过。佛教僧尼在每年安居期期满之日举行的集会中，尽情揭发自身的过失，好进行忏悔；同时也随别人意愿，尽情揭发己过，故亦译随意。

❀ 斋、持斋

古人在祭祀或举行典礼前，要清心洁身（沐浴斋戒），以表示庄敬之意。佛教对斋赋予新意，一方面过午不食称为斋，另一方面素食称为斋。现在一般的经验是素食为斋。

❀ 斋僧、斋会、斋僧法会

佛教施饭与僧称为斋僧，如是集会斋僧，则称为斋会。现今斯里兰卡保留了原始佛教严谨的斋僧仪式，称为斋僧法会。施主斋僧必须亲往寺庙延请至家，从僧受三皈五戒，然后将食物奉到僧人手中，添菜添饭。食毕，再送日用品。最后，由僧人向施主全家诵经祝福、说法，赞颂他们布施的功德，再由施主送其回寺。

❀ 斋日

佛教在家信徒按日持八斋戒，称为斋日或精进日。有四斋日、六斋日、十斋日、三斋月等不同规制，详见下列各条。

❀ 四斋日

佛教在家信徒以阴历每月的初一、初八、十五、二十三日为四斋日，受持八斋戒。

❀ 三长斋月 亦称三斋月

佛教在家信徒在阴历一、五、九月的初一至十五持八斋戒，遵守过午不食等戒律。始于隋开皇年间。

❋ 六斋日

佛教在家信徒以阴历每月的初八、十四、十五、二十三日、二十九日、三十日为六斋日，受持八斋戒。

❋ 十斋日

佛教在家信徒以阴历每月的初一、初八、十四、十五、十八、二十三、二十四、二十八、二十九日、三十日为十斋日，受持八斋戒。

❋ 朝山

佛教活动名称。指佛教徒到名山大寺进香、拜佛、礼菩萨。

❋ 修行

指佛教徒依据教义修习行持。内容基本包括戒、定、慧三方面，扩而为之，则有三十七道品，大乘概括为六度。广义言之，则遵守佛教教义皆为修行的作为。

❋ 参禅

禅宗的修行方法之一。参，为参究；禅，为禅道。参究禅宗修行之道，求得明心见性，谓之参禅。

❋ 参包括朝参、晚参

佛教禅宗修行仪式。参，指参见住持，以求开示。分为朝参、晚参，合称朝参夕聚。

朝参：早晨于早餐后，进堂听住持说法。

晚参：傍晚集会听住持说法或念诵。

❋ 打七分为禅七、佛七

佛教修行活动。禅宗与净土宗各有不同内容。

禅七：禅宗僧人于每年冬天进行的参禅活动。自阴历十月十五日起，至腊月八日止，共49天（7乘7）。

佛七：净土宗僧人进行的念佛活动。随时可以举行，在这49天中，只念"阿弥陀佛"，敲木鱼击磬，全名打念佛七。

❋ 禁语

意为禁止自己说话，佛教修行的一种。佛教认为一切众生的生死轮回，都由身、口、意三业引起，若消除三业，即可获得解脱。禁语就是要减少口业。僧人行禁语时，备一小木牌，上写"禁语"二字，遇人和自己说话时，即出示木牌。

✤ **闭关**

意为闭门不出，佛教修行的一种。指僧人在一段时间内，避居一室，一心诵经或坐禅。

✤ **四威仪**

佛教徒的行、住、坐、卧等行为，都有一定的规范，保持严肃和庄重，故称。

✤ **结跏趺坐略称跏趺**

源于释迦的坐法。趺为足背，结跏意为盘腿。佛教认为此种坐法最为安稳，故坐禅多采用之。有两种坐法：

1.全跏坐：俗称双盘。两足交叉，置于大腿上。其中若先以右足压左腿，再以左足压右腿，称为降魔坐。禅宗僧人多采用此坐。反之，称为吉祥坐，密宗称为莲花坐。

2.半跏坐：俗称单盘。单以右足押在左腿上，或单以左足押在右腿上。密宗称此为吉祥坐。

✤ **禅坐、打坐**

两者皆指静坐入定、思维等修行时的结跏趺坐。禅坐有时特指禅宗僧人之坐。

✤ **坐禅**

坐，指结跏趺坐；禅，指禅那（思维），即思维修。《摩诃止观》中说明禅坐方法：在一静室或远离尘嚣的空地，置一绳床（椅子），独自一人结跏趺坐，头正背直，更不能卧床睡眠，90天为一期。

✤ **传法**

广义为用各种方法传播佛教教义，如受持、看读、讽诵、解说、书写。狭义特指师对徒授法，即传法嗣。如禅宗强调以心传心，并以袈裟作信物，称为传衣（参见下二条传衣）。密宗则把传授密法的灌顶仪式称为传法灌顶。

✤ **嗣法**

指弟子继承其师所传之佛法。隋唐以后，寺院经济兴起，师父在传法嗣时，也把寺产交予嗣法弟子。

❋ **传衣**

指师父传佛法予弟子。源于禅宗自达摩以来，传法均以袈裟为信物，此袈裟又称信衣。传至六祖慧能时，不再传袈裟，但传法依然沿袭旧称，称为传衣。

❋ **传灯**

传法的别称，有时专指禅宗传法。因佛教认为佛法如灯，能照破幽暗，故以灯喻为佛法。

❋ **水忏亦称慈悲水忏、慈悲水忏法**

水忏为根据《慈悲水忏法》举行的一种忏悔法会。该书作者传为唐僧知玄，书中序文第二篇叙述水忏法的缘起。谓知玄于唐僖宗避黄巢之乱时，以国师身份随驾蜀地。乱平，返回九龙山途中，股间长一人面疮，甚为痛苦，幸遇异僧以水洗疮而愈。事后知道是汉代晁错和袁盎的累世冤仇引起，因作此忏法，藉以忏悔罪业。

《慈悲水忏法》一书，又简称《水忏》，3卷。内容说明如何归命诸佛菩萨，忏悔罪业。并宣传善恶报应，发愿信佛修行等。清代西宗撰有《慈悲道场水忏法科注》3卷。

❋ **超度**

佛、道教通用语。僧尼、道人透过诵经拜忏，帮人救度亡灵、超脱苦难的仪式。

❋ **追福亦称追荐**

佛、道教通用语。为死去亲友求冥间幸福，而举行的各种修善法会活动。如诵经、祭祀、布施、修造寺院等。

❋ **斋七亦称累七**

佛教于人死后，每七天设斋会追荐一次，累计7次，共49天，藉以超度亡灵。因佛教认为亡者在这49天内仍属中阴身期间，通过斋七法会，可以拯救亡灵，免受地狱业报。

❋ **水陆道场亦称水陆法会、水陆斋仪**

佛教法会的一种。梁武帝时始建，时间短则7天，长则49天。参加法会的僧人，少则数十，多则数百。诵经设斋，礼佛拜忏，追荐亡灵，供品以饮食为主。因追荐的亡灵为水陆一切鬼魂、六道四生，故称。

❈ 焰口亦称面燃、放焰口

焰口为佛经中饿鬼的别名，其形枯瘦，咽细如针，口吐火焰，食物到口即化为火炭。阿难夜见焰口饿鬼，为免自己堕饿鬼道，并使诸饿鬼解除痛苦，求佛陀帮助，佛陀因此为饿鬼诵经咒。

密宗有专对饿鬼施食的经咒及念诵仪轨，照此仪式举行叫放焰口。一般在黄昏时举行，供以饮食，以度饿鬼。亦为对亡魂追荐的法事之一。

❈ 仁王会亦称仁王斋

讲诵《仁王般若经》，以祈愿国泰民安、祛灾消难的佛教法会。始于南朝陈武帝永定三年（599），武帝敕大内设仁王大斋，讲《仁王般若经》，此后每年举行两次。至唐代，太宗等帝王陆续推行，后世遂成惯例。

❈ 涅槃节亦称涅槃会

佛教纪念释迦牟尼涅槃的节日。由于北传、南传对释迦牟尼涅槃的日期认定不同，各国纪念的日期也不同。中国、朝鲜、日本等大乘汉传佛教地区，一般在阴历二月十五日举行，日本在近代已改为公历。届时佛教寺院要举行佛涅槃法会，挂佛涅槃图像，诵《遗教经》等。

❈ 佛诞节亦称浴佛节

佛教纪念释迦牟尼诞生的节日。中国等大乘汉传佛教地区，一般在阴历四月八日举行。届时佛寺举行诵经法会，并根据佛陀诞生时龙喷香雨以浴佛身的记载，要以名香浸水灌洗佛像，供养各种花卉。还举行拜佛祭祖、施舍僧侣等庆祝活动。

❈ 盂兰盆会亦称盂兰盆节，另称中元节，俗称鬼节

每年阴历七月十五日，中国佛教徒为追荐祖先而举行的法会。"盂兰盆"为梵文音译，意为救倒悬。缘起于佛陀弟子目连，看到死去的母亲在地狱受苦，如处"倒悬"，求佛救度。佛陀要他在七月十五日夏安居终了之时，备百味饮食，供养十方僧众，可使母亲获得解脱。

自南朝梁武帝时（502—549），始设"盂兰盆斋"。节日期间，除施斋供僧外，寺院还举行诵经法会、水陆道场、放焰口、放水灯等活动。后演变为民间的中元节，内容除原有宗教活动外，还包括对孤魂野鬼的施食。

八 礼仪、节日 319

❀ **成道节亦称成道会，腊八粥**

纪念佛陀成道的节日。释迦牟尼出家以后，曾修苦行多年，饿得骨瘦如柴，所以决定放弃苦行。一日，遇见一位牧羊女，送他乳糜。食后精神大振，即端坐在菩提树下沉思，终于彻悟成佛。这一天正是农历十二月初八，佛教徒以这一天为佛成道日，举办各项节庆活动。中国佛教徒在这一天，以米和果物煮成粥供佛，称为腊八粥（腊月初八）。吃腊八粥遂逐渐演变为中国民间习俗。

❀ **吠舍佉节亦译卫塞节、世界佛陀日**

吠舍佉为梵文音译，意为梵历二月。原为佛陀涅槃的月份，南传佛教将佛陀诞生、成道、涅槃合并庆祝，称为吠舍佉节，时间约在公历四、五月间的月圆日。

1954年的"世界佛教徒联谊会"第三次大会，决议此日为"世界佛陀日"。在斯里兰卡、东南亚佛教国家，这一天是传统的国家节日。

❀ **赞林纪桑俗称林卡节**

西藏佛教祭神节日名。每年藏历5月15日至24日在拉萨市郊树林内举行。起源于土蕃王朝牟尼赞普（797—798）在位时创立的四大供养之一（即在大昭寺供养律藏，在昌珠寺供养论藏，在桑耶寺供养经藏和菩提）。传说5月15日诸神聚会，群众烧一种香树枝熏香缭绕，以示供养。从这天起，为此节开始。

❀ **竹巴慈希亦称六四转山会**

竹巴慈希为藏语音译，意为6月4日，为纪念佛陀初转四谛法轮的节日。在这个日子，信徒去各寺庙朝拜，礼佛进香。

❀ **萨噶达瓦**

藏语音译，意为"氐宿月"，即出现二十八宿之一氐宿的月份。每年藏历3月30日至4月15日，氐宿出现。相传释迦牟尼降生、出家、圆寂皆在藏历四月份。僧众在此期间举行宗教活动，信徒礼佛诵经。群众绕行拉萨转经路，至布达拉山后龙王潭泛舟游玩。其他藏族地区也举行同样的节庆活动。

❀ **驱鬼节**

每年传小召时，于藏历2月29日在拉萨鲁布广场举行驱鬼仪式。鬼名"路恭"（为一苯教徒，灭佛大臣），由喇嘛装扮成半黑半白的面貌，人们把他驱赶至郊外。扮鬼者须到桑耶寺住宿几天，再潜回拉萨。

局阿曲巴俗称灯节

原为西藏佛教的宗教活动节日，后演变为民间节庆。局阿曲巴为藏语音译，意为"十五供奉"（正月），俗称灯节。每年藏历正月十五夜里，在拉萨街上陈列酥油供品，如酥油花、酥油灯等，歌舞通宵，以纪念释迦牟尼示现神变、降服邪魔，是传大召期间最热闹的时刻。

丝邦节俗称供宝会

又名充曲丝邦。丝邦为藏语音译，意为喇嘛列队。每年藏历2月30日晨，传小召结束时，三大寺僧众从大昭寺出发，各自捧出珍藏的历史古物、祭器、乐器、旗幡等，列队绕行拉萨一圈，途经布达拉宫、小昭寺，返回大昭寺。目的在以宝贵的古物招引一切祥瑞。

跳神节

每年藏历12月29日，在拉萨布达拉宫和木鹿寺分别举行跳神驱鬼活动。在布达拉宫为宫内跳神，在木鹿寺为木鹿跳神。喇嘛扮成神佛鬼怪，绕行大昭寺。鸣枪呐喊驱祟，表示除旧岁迎新年。

息却、安却

西藏佛教为纪念绛青曲结和宗喀巴圆寂的节日。息却，是色拉寺的创建者绛青曲结（又名释迦益希，即大慈法王），于藏历10月24日圆寂。安却，是格鲁派创立者宗喀巴，于藏历10月25日夜圆寂。每年10月24、25日，信徒在室内、屋顶供灯，以示纪念。人们习惯把这两个节日放在一起。藏语"息"为4，"安"为5，分别代表24、25日。

拉巴堆钦

意为天降节。传说每年藏历9月22日，是佛陀于三十三天为生母说法以后，返回人间的日子。是日，西藏佛教的寺庙开放，信徒燃香礼佛。

白拉日珠

意为吉祥天女游行的日子。每年藏历10月15日，西藏佛教的僧众从大昭寺的吉祥天女殿抬出吉祥天女像，游行拉萨。

九 教制、教职、器物、称谓

本章收录的范围非常广泛，既有教内人与物的职称、称谓，也有教外对教内的称谓——包括官方赋予的职位、职称，以及通俗的称呼。全章共收条目327条。

这些条目有源自印度的，也有中国自创的；有梵文音译，也有意译。这些职位、称谓看似复杂，但通过介绍其中的意涵，就不难理解。由这些条目，也可以进一步看到佛教组织的整个轮廓。西藏部分有着政教合一的传统，故本章也对活佛转世制度以及各重要转世系统，作了较为详细的交代。

❋ 出家众、在家众、四众、五众、七众

佛教对于信徒的分类。佛教信徒基本分为出家众与在家众，两者又细分如下：

1.出家众：包含比丘、比丘尼、式叉摩那（学戒女）、沙弥、沙弥尼，又称五众。

2.在家众：优婆塞（男，又称居士男）、优婆夷（女，又称居士女）。

又有称为四众者，有时指比丘、比丘尼、沙弥、沙弥尼；有时四众又用指比丘、比丘尼、优婆塞、优婆夷。

七众为全体的合称。

❋ 沙门亦称桑门

对佛教僧侣的原始称谓，沙门那的简称。意为勤劳、净志，原为对古印度反婆罗门思潮的所有各派出家及修行人的尊称。佛教兴盛以后，用来专指佛教的出家人。

❋ 比丘亦译苾刍

意译乞士、乞士男。专指受过具足戒的男僧。有五种涵义：以乞食维生、出家、破烦恼、持净戒、怖魔。

❋ 和尚亦称和上

意译亲教师。在印度原意指师父，中国则是对佛教师长的尊称，演变为对僧侣的美称。

❋ 比丘尼亦译苾刍尼，俗称尼姑

意译乞士女、除女、熏女，也称沙门尼。专指受过具足戒的女尼。

❋ 式叉摩那意译学戒女

年满20岁的沙弥尼，在受具足戒前，要受六法2年，期间称为式叉摩那。

❋ 沙弥意译息慈、行慈

指7岁以上、20岁以下，受过十戒的出家男子。中国俗称小和尚。

❋ 沙弥尼意译勤策女

指7岁以上、20岁以下，受过十戒的出家女子。

❋ 喇嘛意译上师、札巴

喇嘛为西藏佛教对高僧的尊称，藏语音译。原指有地位、修养，能为人

师表、能领人修行的僧人。一般的僧人则称为"札巴"。但汉族常把蒙藏僧人统称为"喇嘛"。

❋ 活佛

藏音为"朱古",意为神佛化现的肉身。后被用于大喇嘛继承制度职称,通称根据转世制度,继承寺庙首领地位的继承人。

❋ 优婆塞亦称居士男

意为"清信士"、"近善男"。指亲近、皈依三宝,接受五戒的在家男居士。亦通称一切在家的男信众。

❋ 优婆夷亦称居士女

意为"清信女"、"近善女"。指亲近、皈依三宝,接受五戒的在家女居士。亦通称一切在家的女信众。

❋ 僧伽亦译僧法,略称僧

意译和合僧。僧团、僧众之意,一般须四人以上。比丘僧伽与比丘尼僧伽合称"两僧伽"或"二众"、"二部众"。广义上也包括在家众,即七众。构成僧伽有两个条件:

1. 理和:皆遵循佛教教义,以涅槃解脱为目标。
2. 事和:包括六个面向,即戒和同修、见和同解、身和同住、利和同均、口和无诤、意和同悦。

❋ 檀越亦译施主

音正译为陀那钵底,檀越非正译。"陀那"为施,"钵底"为主。指向寺院施舍财物的世俗信众,有藉此作法可度过贫穷之意。

❋ 贫道

"道"谓佛道,"贫"谓于此道浅薄。僧人自谦之词。

❋ 支郎

对佛教僧人的雅称。源于东汉末三国初,世人多称支谦为"支郎"。

❋ 高僧

对佛教德行高的僧人的尊称。源于南朝梁慧皎撰《高僧传》序文中,认为以往称"名僧"不足以表达正确的含意,因为德行高超的僧人,不见得有名声。此后各代皆沿用。

尊者亦译圣者

梵音"阿梨耶"的意译,指德智兼备的僧人。《行事钞》:"下座称上座为尊者,上座称下座为慧命。"后演变为上下彼此之间的美称。

上人

意为在人之上。一般指持戒严格、又精于义学的僧人。日本也用来特指隐居山林的僧人。中世纪以后,日本朝廷曾用来作为敕授高僧的名位。

法师

意指通晓佛教义理、善于讲解佛法,兼又致力修行、传法的僧人。一般也作为对僧人的美称、通称。

三藏法师

指精通经、律、论三藏的法师。中国古代把从事译经的高僧称为"译经三藏",例如唐玄奘被称为"三藏法师",俗称"唐三藏"。

经师

有二义:1.精通佛教经藏的人;2.善于诵读经文的僧人。

论师

指精通佛教论藏(阿毗昙、阿毗达磨),或长于论释佛教经义的僧人。

律师

指善于背诵、讲解律藏的僧人。

都讲

指讲经时负责提问的僧人。魏晋南北朝时,沿袭印度讲经的模式,采一问一答的方式,讲经时由都讲提出问题,然后由讲师就问题详加讲解阐发。

讲下

意为"讲席之下",用来作为对佛教知名法师的尊称。

尊宿

佛教称谓。"尊"谓德高,"宿"谓年长。合为对年长德高僧人的尊称。

大师

"师"谓师范,佛教原称释迦牟尼为大师。唐代以降,"大师"常作为朝廷敕封僧人的名位,对象为通晓佛教教义的僧人。现今藉以通称德高望重的僧人。

大德

梵文的意译,指有大德行的僧人。可以作为对长老、佛、菩萨的敬称,也用在对高僧的称呼。隋唐时曾作为统领僧人的僧官职称,现今则泛用于俗家的敬称。

宗师

宗,为佛心宗(禅宗)之谓,源于禅门对开宗禅僧的敬称。演变成对一代高僧的敬称。

空门子

佛教僧人自称。涅槃有三门:空门、无相门、无作门,僧人谓从空门走向涅槃,所以自称空门子。

禅和子

又称禅和者,禅宗用来称呼参禅的人。和子、和者,为亲如伙伴之意。

阿阇梨

原为梵语轨范师的音译,意谓教授弟子、端正弟子行为,故亦称"导师"。有5种:

1. 出家阿阇梨,出家授十戒之师,也称十戒阿阇梨。
2. 受戒阿阇梨,受具足戒时,教授羯磨之师,也称羯磨阿阇梨。
3. 教授阿阇梨,受具足戒时,教授威仪之师,也称威仪阿阇梨。
4. 授经阿阇梨,教授经论之师。
5. 依止阿阇梨,从受教、同起居之师。

密教也用来称呼通曼荼罗、诸尊印明(印契与真言的合称),并传法授灌顶者。

传戒和尚亦称传戒师、戒和尚

指对在家、出家的佛教徒授戒的僧人。所授的戒律有五戒、十戒、具足戒等。其中授具足戒需"三师七证",谓之"十师"。

三师七证、羯磨师、教授师,白四羯磨亦称一白三羯磨

佛教授具足戒的制度及职称。三师指戒和尚(授戒主师)、羯磨师、教授师;七证是仪式中七位作证的和尚,有时可以少于或多于七位。

羯磨意为"业",业行之意。羯磨师(羯磨阿阇梨)向僧众告白,某人

提出要求出家（一白），然后连问三次（三羯磨），合为"白四羯磨"，如果没有异议，则准予出家。此制又称为"一白三羯磨"。如果僧尼犯"僧残"罪，举行忏悔仪式时，也用此法听取僧众的意见。

教授师则负责教授受戒者威仪作法，又称为教授阿阇梨。

❈ 头陀

对佛教苦行僧的称呼。梵文的音译，意为精神抖擞，即去掉尘垢烦恼之意。头陀行为佛教的苦行之一，计有12项：

1. 着粪扫衣：穿着以被遗弃的破布缝制的衣服。
2. 着三衣：用三种非正色的布料缝制的袈裟。
3. 常乞食。
4. 不作余食：一天只吃午餐。
5. 一坐食：除午饭外，不吃零食。
6. 节量食：钵中只受一团饭。
7. 住阿兰若：住在远离人群的空旷处。
8. 冢间坐：坐坟地。
9. 树下坐。
10. 露地坐。
11. 随地坐：不拘地方坐。
12. 常坐不卧。

❈ 缁流亦称缁门、缁素

三者皆为对中国佛教信徒的泛称，前二者专称出家人，后者兼称在家众。缁为黑色，隋唐以后，一般僧人皆穿黑色僧衣，从衣得名。素为白色，为印度俗人常用服色，藉喻在家信徒。

❈ 戒名、法名

佛教徒受戒时，由授戒师所起的名字叫戒名，又称为法名。但法名不一定是戒名，出家时由师父所起的名字，也叫法名。

❈ 释子

意为释迦牟尼的弟子，泛指佛教出家信徒。汉魏出家人有的仍保留俗姓，或姓"竺"，或随师姓。东晋道安主张凡出家为僧，便是继承释迦种姓，故应改姓"释"。当时僧人不尽赞同，直至译出《增一阿含经》，经中佛陀举河水入海为例，主张各种姓剃发出家后，不再保持原有种姓，但言沙门释迦子。此后法名之前一般皆冠以"释"，释子、释迦子遂成出家信徒的通称。

❋ 法腊亦称戒腊、夏腊、法岁，简称腊

腊，原为岁末祭名，佛教引申为岁数单位，计算僧侣出家受戒后的年数。此戒为具足戒，以结夏安居结束的7月15日为岁末标准，7月16日即为新岁。

❋ 三宝、佛宝、法宝、僧宝

佛教称佛、法、僧为三宝。佛指释迦牟尼佛，也泛指其他佛；法指佛教教义、修行法；僧指继承、宣扬佛教教义的僧人。

❋ 三纲

指寺院中统辖僧众的三个职务。中国为上座、寺主、维那，或上座、维那、典座等，说法不尽一致。日本为上座、寺主、都维那。"纲"谓有德之僧立纲纪，以提挈僧众，故名。

❋ 上座

有三种不同用法：

1. 对法腊（出家年岁）高者的尊称。
2. 对有德行僧人的尊称。
3. 寺院三纲之一，位列全寺之长。

❋ 长老

有两种不同用法：

1. 对法腊（出家年岁）高者的尊称。
2. 对住持的尊称。

❋ 首座

席次在众僧之上，众僧席的首端，故名。有多种用法：

1. 唐代始敕封"三教首座"，后更敕封精于佛教经论的僧人为首座。
2. 寺院三纲之一"上座"的代词，也作"禅头"、"第一座"的代词。

❋ 维那旧称悦众，亦称都维那

维，纲维，意为统领僧众；那，梵文羯磨陀那的简化，意为授事。有两种用法：

1. 僧官名。始于后秦。北魏立沙门统为最高僧官，维那副之。隋朝因之。

2.寺院三纲之一,位于上座、寺主之下,统筹庶务及管理。

❈ **住持亦名方丈、堂头和尚**

原为久住护持佛法之义,禅宗兴起后,用为寺院主管僧之职称。《百丈清规》有住持章,指出"非崇其位,则师法不严",因而奉其师为住持,尊之曰长老,也称方丈。是中国寺庙住持之始。

方丈本为住持居所,借用维摩诘居士住所"一丈见方",而容量无限之义。也称丈室、函丈、正堂、堂头,非寝室之意。因此,禅院住持也称堂头和尚。

❈ **寺主**

指一寺之主。也用于寺院三纲之一,主管寺院的僧职。源于梁武帝任命法云为光宅寺寺主,唐以后称为监寺。

❈ **禅寺职位、两序、东序、西序、知事、头首**

中国佛教在后秦以后,逐渐形成寺院管理制度。上层有上座、寺主、维那三纲。到唐代禅宗兴起,管理制度更加繁复、完备。一寺主管称为住持、方丈、堂头和尚,下设多位执事僧。依《百丈清规》,大的禅宗寺院,置东序六知事、西序六头首。

知事选通晓世事者担任,执掌事务性工作。告香上堂时,在住持东侧,称东序。六知事为都寺、监寺、维那、副寺、典座、直岁。头首选学德兼修者担任。告香上堂时,在住持西侧,称西序。六头首为首座、书记、知藏、知客、知浴、知殿。

东、西序合称两序或两班,仿朝廷文武两班,一般小寺院则没有如此繁复的僧职。禅门此套规制,也为其他宗派所沿用,成为中国较大寺院的常规。

❈ **都寺亦称都总、都管**

寺院东序六知事之一,统管庶务。

❈ **监寺亦称监院、院主、主首**

寺院东序六知事之一,总管一寺事务,位在都寺之下。

❈ **副寺亦称库头、知库、柜头**

寺院东序六知事之一,掌钱财粮米进出。

❈ **典座**

寺院东序六知事之一,掌饮食、床座之事。

❋ **直岁**
　　寺院东序六知事之一，掌营缮、农作。

❋ **书记**
　　寺院西序六头首之一，掌管文书。

❋ **知藏 亦称藏主、藏司、经藏堂主**
　　寺院西序六头首之一，掌管佛教经籍。

❋ **知浴 亦称浴主**
　　寺院西序六头首之一，掌管浴室。

❋ **知殿 亦称殿主**
　　寺院西序六头首之一，掌佛殿法堂的香灯等物。

❋ **知客 亦称典客、典宾**
　　寺院西序六头首之一，负责接待宾客。

❋ **侍者**
　　为住持服务的执事僧，可分为：
　　1. 烧香侍者：住持上堂说法、做法事时，为住持烧香、记录法语等。
　　2. 书状侍者：代住持写书信文翰。
　　3. 请客侍者：为住持接待宾客。
　　4. 衣钵侍者：掌住持资材并担任顾问。
　　5. 汤药侍者：掌住持衣食。

❋ **参头 亦称参头和尚，副参、望参**
　　禅宗寺院教参学者礼乐仪规、率领参学者参加告香普说仪式的僧人。其辅助者称副参，候补者称望参。

❋ **寮元 亦称坐元、寮首座**
　　寺院管理众寮事务，如经文用品、茶汤柴炭、请给供需、洒扫浣濯者。其下有寮长、寮主、副寮、望寮等辅助僧职。

❋ **庄主**
　　寺院领地的管理者。副职称副庄。

九 教制、教职、器物、称谓　331

❈ **化主**
负责四处化募，以供寺用的僧职。

❈ **塔主**
禅宗寺院的守塔僧。

❈ **园主**
寺院中主管菜园的僧人。

❈ **净头**
寺院中从事杂务工作的僧人。此职往往由僧人自愿任职。

❈ **磨主**
寺院中担任舂米、磨粉等杂务劳动的僧人。

❈ **门头**
寺院的守门僧。

❈ **水头**
寺院中从事汲水、烧汤、供僧众洗涤等杂务劳动的僧人。

❈ **炭头**
寺院中负责供应柴炭的僧人。

❈ **行者**
有三种不同的用法：
1.在寺院中服杂役，而没有剃发出家的人。
2.指行脚参禅或乞食的僧人。
3.泛称佛教修行者。

❈ **行童**
为寺院服杂役的青少年。

❈ **童行亦称道者**
指进寺而尚未剃发出家的青少年。

❈ **云水僧亦称游方僧、行脚僧、云衲**
四者具同样的意涵，指到处云游，如"行云流水"的僧人。行脚僧则特指步行到处参禅的僧人。

❋ 钵阐布 亦称钵掣逋

西藏佛教僧人的官称。出现在土蕃执政后期，地位如同国师。

❋ 达赖喇嘛

西藏格鲁派活佛转世两大系统之一的称号，另一为班禅额尔德尼。"达赖"蒙语意为大海，意指达赖喇嘛的德智广深如大海，无所不纳。

明万历六年（1578），土默特蒙古汗尊格鲁派锁南嘉措为"圣识一切瓦齐尔达赖喇嘛"，为达赖喇嘛称号之始。后人因追认前二世，称锁南嘉措为达赖三世。至清顺治十年（1653），正式册封达赖五世阿旺罗桑嘉措为"西天大善自在佛所领天下释教普通瓦赤喇怛喇达赖喇嘛"。此后历世达赖喇嘛转世，由中央政府册封成为定制。历世转世活佛为：

一世，根敦朱巴（1391—1474）；二世，根敦嘉措（1475—1542）；三世，锁南嘉措（1543—1588）；四世，云丹嘉措（1589—1616）；五世，阿旺罗桑嘉措（1617—1682）；六世，根敦仓央嘉措（1683—1706）；七世，格桑嘉措（1708—1757）；八世，绛贝嘉措（1758—1804）；九世，隆多嘉措（1805—1815）；十世，楚臣嘉措（1816—1837）；十一世，凯珠嘉措（1838—1855）；十二世，成烈嘉措（1856—1875）；十三世，土登嘉措（1876—1933）；十四世，丹增嘉措（1934— ）。

❋ 班禅额尔德尼 简称班禅

西藏格鲁派活佛转世两大系统之一的称号，另一为达赖喇嘛。"班"为梵音班智达的略译，意为学者；"禅"藏语意为大。班禅意为大学者。

清顺治二年（1645），蒙古和硕特固始汗尊宗喀巴四传弟子罗桑却吉坚赞为班禅博克多，博克多为蒙语对睿智英武之人的尊称。并令其主持札什伦布寺，同时划分部分后藏地区归其管辖。后人因追认前三世，称罗桑却吉坚赞为班禅四世。至清圣祖康熙五十二年（1713）封班禅五世罗桑益西为"班禅额尔德尼"，满语额尔德尼意为珍宝，并赐金册、金印，确认班禅在格鲁派中的地位。此后历世班禅转世，由中央政府册封成为定制。历世转世活佛为：

一世，克主杰（1385—1438）；二世，索朗确朗（1439—1504）；三世，罗桑顿珠（1505—1566）；四世，罗桑却吉坚赞（1567—1662）；五世，罗桑益西（1663—1737）；六世，贝丹益喜（1738—1780）；七世，丹贝尼玛

（1781—1853）；八世，丹贝旺秋（1854—1882）；九世，却吉尼玛（1883—1937）；十世，却吉坚赞（1938—1989）；十一世，却吉杰布（1990— ）。

❋ 帕巴拉

西藏昌都地区格鲁派最大的活佛名称，意为圣天。明英宗正统二年（1437），宗喀巴弟子喜饶桑波建绛巴林寺于昌都，后传予弟子帕巴拉。此后，该寺寺主由帕巴拉转世承袭。六世帕巴拉活佛曾受清乾隆帝封为"阐讲黄教额尔德尼诺门汗"。

❋ 热振

清朝所封西藏佛教呼图克图之一。第一世赤金阿旺倾丹，任达赖喇嘛七世经师、热振寺堪布，为热振寺一系之祖。二世、三世均曾受封于清朝。五世在达赖十三世死后，担任摄政（1933），代行达赖职务。1941年被迫引退，1947年遭到杀害。

❋ 嘉木祥

西藏佛教格鲁派转世活佛之一，拉卜楞寺的最高座主，藏语意为"妙音笑金刚"。一世根钦嘉木祥协比多吉觉卧尊追协巴（1648—1721），甘肃夏河甘家滩人，在西藏学经，获"格西"学位。曾任哲蚌寺郭芒札仓堪布，清康熙帝敕封为"护法禅师额尔德尼诺门汗"。后返夏河建拉卜楞寺（黄教第六大寺），成为黄教在安木多地区最大的转世活佛系统。二世曾受乾隆帝封为"护法禅师呼图克图"。

❋ 甘丹墀巴亦称墀仁波且，亦译甘丹法王

宗喀巴在甘丹寺法座继承者的专称。在格鲁派中的地位，仅次于达赖和班禅。任期7年，常住甘丹寺。必须考取"拉然巴格西"，进密宗学院深造，在上下密院逐级升任法台后，才有资格被推选任此职。

❋ 墀巴

藏语音译，意为法台、座主。主持全寺的教务，西藏寺院的首席主持人。

❋ 译仓

藏语音译。原为西藏政府的秘书机关，设四品僧官，掌管除班禅系统以外的藏区宗教事务，负责达赖喇嘛的印信、文书，起草公文、命令、收发函件，并管理僧官的培养、任免、调动。

磋钦、喇吉

藏语音译。西藏佛教格鲁派寺院的全寺僧众大会,称为"磋钦"。其常设机构称为"喇吉",由大法台(磋钦赤巴)等组成,负责全寺的常务管理工作。

扎仓

西藏佛教僧众学习经典的学校,意为僧院。各寺院拥有的札仓数量不同,如色拉寺有3个、哲蚌寺有4个、拉卜楞寺有6个。按学经性质不同,分为:居巴札仓(密宗)、参尼札仓(宗教哲学)、丁科札仓(天文历算)、曼巴札仓(医学)。札仓组织札仓会议,由寺院堪布主持。

都康

西藏佛教寺院中,各个札仓的僧众集会的经堂。意为"大殿",元明之间译为"都纲"。

密院包括居堆、居麦

密院为西藏拉萨三大寺系统的密宗专业学院。分为上密院(居堆)和下密院(居麦)。入学僧人分两类:

1.已在三大寺取得格西者,称"左仁巴"。

2.有三大寺僧籍或其他寺院来附读者,称"吉仁巴"。

其修习重苦修,主要修习集密、胜乐、大威德三金刚和其他金刚、护法等密法。只有取得"拉然巴格西"学位的僧人,才能在密院中按年资升迁。

乃穷亦作乃琼

藏语音译。拉萨哲蚌寺前的护法神殿乃穷寺里,专司降神问卜的僧人。原西藏政府每遇重大决策,都请乃穷降神,预卜吉凶。在拉木寺、桑耶寺也都有专职乃穷。

堪布

原为西藏佛教中主持授戒者的称号。现指大寺院中札仓或者小寺院的主持人。原西藏政府的僧官系统中也有堪布一职,相当于僧统、僧正之类。如基巧堪布,为管理布达拉宫的僧官。

格西

藏语"格威喜联"的简称。意为善知识,在西藏为学衔。即按格鲁派的学制,必须循序修学五大论典后,始可取得。可作博士或教授理解。取得格西者，因卒业成绩的优劣，可分4个等级：1.拉然巴格西；2.曹然巴格西；3.林瑟格西；4.日（或译度）让巴格西。

❋ **翁则**

意为领经师。西藏佛教寺院僧众集体诵经时的起首者，分为磋钦翁则、札仓翁则。

❋ **格贵亦称铁棒喇嘛**

意为掌堂师。西藏佛教寺院里管理札仓僧众纪律的僧职。因集会时，手执镂花银色方形空心铁棒维持秩序，俗称"铁棒喇嘛"。

❋ **协敖亦称大铁棒喇嘛**

意为僧众总管。西藏佛教寺院内专管全寺僧众纪律的僧职，俗称"大铁棒喇嘛"。过去，西藏拉萨每年正月举办传召大会期间，均由哲蚌寺的大铁棒喇嘛负责全城治安。

❋ **强佐**

藏语音译，西藏佛教寺院内管理札仓行政事务、财产、属民，以及对外联系等的僧职。由札仓主持人堪布任命，同进退。

❋ **雄赖巴**

藏语音译，西藏佛教寺院管理札仓内学经事务的僧职。由札仓主持人堪布任命。

❋ **康村、吉根**

藏语音译，康村为西藏佛教格鲁派寺院下的一级组织。僧人按籍贯划分，组成僧团。如哲蚌寺中，青海来的僧人，入堪东康村。康村主持人为吉根，意为长老。康村拥有自己的财产。

❋ **密村**

藏语音译，意为"一户口"、"一户人"。康村下的最基层组织，一般由同一地区或部落的人组成一个居住单位，人数约10—20人。

❋ **欧涅**

藏语音译，西藏佛教格鲁派寺院中，康村的财务管理人。任期三年。

❀ **卡太格根**

藏语音译，西藏佛教格鲁派寺院中，康村的杂务主管。任期两年。

❀ **群则**

藏语音译，西藏佛教格鲁派寺院中，一种特殊的僧官。出家人在寺院中花钱捐纳，可以得到"群则"的官阶。有此资格，可以不经考试，担任寺中各种职务。

❀ **贝恰瓦**

藏语音译，意为读书人。西藏佛教寺院中，对初级学经人的称呼。

❀ **哲布尊丹巴**

西藏佛教在喀尔喀蒙古地区最大的转世活佛系统。起源于明神宗万历四十二年（1614），达赖四世遣觉囊派僧人多罗那他前往漠北传教，蒙古汗王尊他为"哲布尊丹巴"，意为尊圣。思宗崇祯七年（1634），多罗那他在库伦圆寂，喀尔喀土谢图汗衮布多尔吉适得一子，名札那巴札尔，被认定是多罗那他转世。后入藏学法，改宗格鲁派。清圣祖康熙三十年（1691）受封为呼图克图大喇嘛，管理外蒙古西藏佛教事务，是为哲布尊丹巴一世。直至哲布尊丹八世一度于1911年宣布独立，自称"大蒙古皇帝"，并于1924死亡，转世系统遂断绝。

❀ **章嘉呼图克图**

西藏佛教在内蒙古地区最大的转世活佛系统。源于青海互助佑宁寺系统，第一世名札巴悦色，生于青海互助红崖子张家，"章嘉"即"张家"，由此而得名。明思宗崇祯十五年（1642），第二世阿旺罗桑曲旦转生，曾入藏师事达赖五世，后任佑宁寺法台和多轮汇宗寺、善因寺札萨（总管）喇嘛。清圣祖康熙四十四年（1705）受封为"呼图克图"、"灌顶普善广慈大国师"，总管内蒙古西藏佛教事务。传至清末共六世。

❀ **呼图克图**

藏语"朱必古"的蒙语音译，意为化身。清朝以此封号授予藏、蒙地区上层的转世活佛，以示荣宠。名册载于理藩院档中，其下一世转世，必须经钦差主持的金瓶掣签仪式，报请朝廷封授。在西藏地方，地位仅次于达赖、班禅。如四大王寺（功德林、错姆林、策觉林、丁吉林）的活佛均有此封号，可以出任摄政。其他寺庙有此封号的活佛，也具崇高的地位。

九　教制、教职、器物、称谓

❋　**净人**

指在佛教寺院从事杂务的非出家人，意为其人在寺庙从事"净业"。源于印度，语出《十诵律》，记载瓶沙王赦五百盗贼，遣入祇园充"净人"。

❋　**僧祇户、佛图户**

僧祇户为北魏僧官所辖之民户，就是寺院的佃户；佛图户为寺院之奴隶，来源为重罪犯，即官奴。始设于北魏显祖皇兴末年到延兴年间（约470—475）。属僧曹统辖，僧祇户专务农事，属佃农性质；佛图户除农事外，亦担任寺内的杂务工作，属奴隶性质。两者共同构成北魏寺院经济的人力组成部分。北周武帝建德三年（574）灭佛，同时将其废除。

❋　**僧兵、山法师、奈良法师**

武装的僧侣集团，中国及日本均曾出现。唐初曾经发动少林寺僧入伍，但未形成正式的僧兵集团。日本中世纪时，寺院为保护领地财产或攻击异己宗派，曾组成足以与封建领主对抗的武装集团。如平安时期（794—1192），天台宗本山比叡山延历寺的武装僧团，称为山法师；法相宗本山兴福寺的武装僧团，称为奈良法师。

镰仓时期（1192—1333）以后，日本佛教大的宗派一般都拥有武装，其中净土真宗组织农民信徒，曾与当政者织田信长长期对抗，史称"一向宗起义"。

❋　**僧录**

最早为后秦的中国古代官职名。《梁高僧传》记载"法钦、慧斌掌僧录"，但职权不明。至唐代重置，掌全国寺院、僧籍、僧官补授等，并设置左、右街僧录，分属左右街功德使，但有时只任一僧掌管。宋代因袭此制，属鸿胪寺掌管，后改隶礼部。元代时置于地方州郡，至明清又恢复于中央设置，称为僧录司。

❋　**左右街功德使**

唐宋官制名。管理僧尼和修建官寺等事务的中央官署。

❋　**宣政院**

元代官制名。掌管全国佛教事务及藏族地区军政事务的机构，由帝师兼领。设院使、同知、副使等官，下辖藏族地区宣慰司、招讨司、万户府等地方机构。院使以下各级职官僧俗并用，兼管军政及民政。忽必烈至元元年

（1264）始设，初名总制院，院使秩正二品。至元二十五年（1288）改称宣政院，院使升从一品。重大军政事务，由宣政院与枢密院议处。遇地方有事，设行政院驻当地处理。

❀ 僧官、僧正、僧主

中国古代管理全国佛教事务的官职。最早于后秦设置僧正、悦众、僧录，以后历代因之。南北朝时期，南朝置僧正、僧主等职，北朝置沙门统（后改称昭玄统）。唐中叶以后设左右街僧录。以上皆以僧人任之。

僧正在唐以后为地方性僧官。僧主相当于僧正，有时也用在地方僧官的称呼，如齐和帝任慧球为"荆土僧正"。

❀ 僧统亦称沙门统、道人统、都统、昭玄统

中国古代官职名，掌全国僧尼事务。北魏拓跋珪皇始二年（397）任僧法果为沙门统，后改称道人统。和平元年（460）又改称昭玄沙门都统，此后一般称为昭玄统。唐以后以僧录代之。

❀ 法主

有多重意义及用法：

1.源于佛经中常称释迦牟尼为法主，意为"佛法之主"。
2.南北朝时期僧官的一种，一般指管理一寺事务者。
3.日本近代称佛教各宗派首领为法主或管长、门主。

❀ 法王、大宝法王、大慈法王、大乘法王

法王原为对释迦牟尼的尊称之一，元、明两朝用于对西藏佛教各宗派首领的封号。始于元世祖至元七年（1270）封萨迦派首领八思巴为"大宝法王"。明代则分别封各派首领：

1.大宝法王：明成祖永乐四年（1406）噶举派喇嘛哈立麻（本名却贝桑波）至北京朝觐，次年朝廷赐封"万行具足十方最胜圆觉妙智慧善普应佑国演教如来大宝法王西天自在佛"，简称"大宝法王"。哈立麻因此得名"银协巴"，即如来的藏语音译。

2.大乘法王：明成祖永乐十一年（1413），朝廷赐封萨迦派喇嘛昆泽思巴为"万行俱融妙法最胜真如智慧弘慈广济护国宣教至正觉大乘法西天上善金刚普应大光明佛"，简称"大乘法王"。

3.大慈法王：明宣宗宣德九年（1434），格鲁派喇嘛绛青曲结代宗喀巴进

京朝觐，朝廷赐封"万行妙明真如上胜清净般若宏愿普慧辅国显教至善大慈法西天正觉如来自在大圆通佛"，简称"大慈法王"。

三位明代册封的西藏法王，以大宝法王地位最高。

❊ 帝师

元代僧官名。元世祖忽必烈至元元年（1264），命萨迦派八思巴领总制院事，后改为宣政院。至元七年（1270）升号帝师。此后，嗣帝师位者，例领宣政院事，秩从一品，赐玉印。历代皇帝即位之时，例从西藏喇嘛受佛戒，终元之世皆设此职。

❊ 国师

国君对僧人的称号，起源于印度。中国封僧人为国师，始于北齐。隋代封天台宗智𫖮为国师，唐代禅宗则有多位禅师受封为国师，但以上均仅限于尊崇。至元、明、清三代，对西藏佛教上层赐封国师，则有政治意涵。元、明两代封为国师者甚多，清代仅在康熙四十五年（1706）封章嘉呼图克图为国师，掌管内蒙古西藏佛教事务。

❊ 僧籍

中国古代管理僧人数据的籍册。南北朝为管理僧尼，记录僧尼姓名、年龄、籍贯，由国家统一管理。一为避免人民藉此逃避赋役，二为避免良莠不齐。凡为避税及素行不良、假称入道者一律罢籍还俗。

南北朝时，由僧正或昭玄曹统管；隋代延袭北朝旧制；唐代由尚书省祠部和左右街僧录司管理。

❊ 试经度僧

中国古代管理僧籍的制度。始于唐代为控制僧尼人数，禁止私自出家而设。白衣为出家，必须由官方以诵经方式考评，合格者官给度牒，剃度为僧。诵经种类为佛教主要经典，如《法华经》、《维摩诘经》、《楞伽经》、《楞严经》。此制在唐代以后，时严时松。

❊ 鬻度、香水钱

唐代贩卖度牒的制度。唐代禁止佛教徒私度出家，必须经试经制度考核，由官方发给度牒，方许出家。安史之乱时，为筹措军需，肃宗开始敕令鬻度。凡欲出家者，向官方缴纳"香水钱"，即可领得合法度牒，出家受戒。

❈ 度牒亦称祠部牒

指官方发给出家受戒者的合法证明，始创于唐代。按《佛祖历代通载》记载，唐玄宗天宝五年（746），规定出家受戒的僧尼由尚书省祠部发给度牒，作为合法的身份证明，可免徭役。

❈ 戒牒

指出家受戒后，所发受戒证明书。始创于唐代，据《释氏稽古略》载，唐宣宗大中十年（856），令法师辨章为三教首座，主持出家僧尼发给戒牒制度。

日本则自天平胜宝年间（749—756）开始，发给由授戒的三师七证签字的戒牒。

❈ 赐紫全称赐紫衣

中国古代以紫色为贵，朝廷对臣下往往以赐紫衣表示荣宠。唐代对有功德的僧人，也仿此制，赏赐紫衣表彰其功德。僧法朗曾重译《大云经》，陈符命，武则天为此封法朗等人为"县公"，并赐紫袈裟。此为赐僧紫衣之始，日本也采此制。

❈ 僧制亦称僧禁

佛教僧团的规制。印度僧尼以戒律为生活及修行规范，传入中国以后，中国僧团除戒律外，还制定其他僧制或清规约束僧尼言行。最早见于东晋道安，后来官方也制定僧尼规范。南齐、北魏、隋、唐都先后制定相关规约，一方面由僧尼遵行，另一方面也作为官方检验的标准。规约内容采自佛教大小乘诸经论。

唐朝后期，禅门怀海禅师制定《百丈清规》，成为后代佛门（不仅禅门）的普遍规范。元代并由官方重修，成为寺院的基本规范。

❈ 丛林清规简称丛规

佛教传入中国以后，寺院的兴起成为中国佛教的特色之一。为了僧尼团体有共同遵守的生活规范，寺院纷纷制定相关规约，通称丛林清规。最著名的即为《百丈清规》。

❈ 转世、金瓶掣签

转世为西藏佛教宗派、寺院首领特殊的承袭制度。取佛教转世、乘愿再来之意。始于13世纪噶举派噶玛噶举的噶玛拔希。

格鲁派兴起后,由于严禁僧人娶妻,也采用转世制度解决宗教领袖继承问题。通称转世者为活佛,始于达赖三世锁南嘉措。凡活佛圆寂后,寺院依一定的程序,寻觅在活佛圆寂时同时出生的若干婴童,从中选定一位灵童,作为他的转世,迎入寺中继承他的地位。

清高宗乾隆五十七年(1792),制定一套"金瓶掣签"的方法,作为认定灵童转世的依据。由朝廷颁发两个金瓶,一置雍和宫,一置西藏大昭寺。凡在理藩院注册的大活佛,如章嘉呼图克图、哲布尊丹巴、达赖、班禅等转世时,须将寻得的若干灵童名字写在象牙签上,置于金瓶中,由理藩院尚书在雍和宫,或驻藏大臣在大昭寺监督抽签掣定。尔后此制并成为定制,其他中小寺院则可自行选定灵童。

❋ **法衣 亦称如法衣、应法衣**

佛教僧尼衣服的专称。一般称为法服、僧衣、僧服,意为符合佛法的衣服。原指释迦牟尼规定的三衣、五衣(参见以下各该条),传入中国以后,由于气候异于印度,范围较广,形式也较多样。凡僧尼所穿,被认为不违反戒律、佛法的衣服,都可称为法衣。

❋ **三衣、五衣**

三衣为佛教僧众穿的三种衣服,音译"支伐罗",源自印度:

1. 僧伽梨:新译"僧伽胝",意为大衣、重衣、杂碎衣、高胜衣、入王宫聚落衣等。进王宫和城镇、聚落时,穿用的衣服。用九条乃至二十五条布缝制而成,故又称九条衣或九品大衣。

2. 郁多罗僧:又译"优多罗僧",意为七条衣、上衣、中价衣、入众衣等。三衣中,此属中等价值,用七条布缝制而成,在听诵、听讲、布萨时穿着。

3. 安陀会:意为五条衣、内衣、中宿衣等。用五条布缝制而成,在日常作业和就寝时穿用。

缝制三衣,布条须纵横交错,拼作田字状。传入中国后,形式和制法变化很大。五衣则在三衣以外另有:

1. 僧祇支:略称祇支。覆左肩,掩两腋,左开右合,长裁过腰。比丘、比丘尼皆可穿。

2. 厥修罗:又译"俱苏罗",意为下裙。长方形缝上两边,成圆筒状。穿着时,伸入两腿,系上腰带。此衣唯比丘尼穿用。

❋ 二衣

佛教僧尼衣服的分类。包含：

1.制衣：僧众的三衣、尼众的五衣，传为佛陀所制，故称。

2.听衣：制衣以外的长衣、涅槃僧衣等，传为佛陀听许弟子穿着的衣服，故称。

❋ 袈裟

梵文音译。意为不正色、坏色，佛教用这些布来制作僧尼衣服，遂成僧衣的专用称呼。佛教戒律不许用青、黄、赤、白、黑五正色及绯、红、紫、绿、碧五间色制作僧衣，只许用青（铜青）、泥（皂）、木兰（赤而带黑）三色。原意如乞食般，在破除欲望。实际上，印度各部派的服色不尽一致，传至中国后，僧服颜色也有变化，如僧人说法、举行仪式时，多穿金襕衣（用金缕织成的袈裟）。

❋ 袈裟十二名

佛教根据僧人穿袈裟的十二种意义，提出的十二种名称。《释氏要览》说明：

1.离染服：远离世间情欲的染污。

2.出世服。

3.无垢衣。

4.忍辱铠。

5.莲花衣：不为世间情欲之泥所染。

6.幢相：不为邪恶屈服。

7.田相衣：不为见者产生邪念。

8.削瘦衣：穿此衣烦恼损消。

9.离尘服。

10.去秽衣。

11.振起。

12.袈裟。此外，还有无上衣、慈悲服、功德服、解脱服等名称。

❋ 袈裟五德

佛教赋予袈裟所具备的五种功德意涵。《释氏要览》说明：

1.佛教徒虽有邪见，但只要能真心敬重袈裟，便可以达到三乘（声闻、缘觉、菩萨）果位。

2.天、龙、人、鬼，只要敬重袈裟，在三乘解脱道上，就能不退转。

3.若鬼神、诸人，得袈裟乃至四寸，就可饮食充足。

4.众生若冲突，想到袈裟的神力，就可产生慈悲心。

5.如有袈裟一小块，也能恭敬尊重，常能得胜于人。

❁ **涅槃僧又译泥洹僧**

佛教僧服名，梵文音译。意为裙、下裙、内衣。佛教比丘所用的长方形布片，围在腰际，用纽带系紧。颜色红黄不同。

❁ **衲衣亦称百衲衣、粪扫衣**

佛教僧服名。按戒律规定，僧尼的衣服必须用别人遗弃的破碎布片缝衲而成，故名。意义在表示修行者不穿好衣。有时又称为粪扫衣，取其被遗弃、不值钱的意义。古俗今已不存。

❁ **三衣六物**

佛教僧尼个人用物的合称。三衣指僧伽梨、郁多罗僧、安陀会，加上铁多罗（钵）、尼师坛（坐具）、滤水囊（布制的滤水袋），称为六物。

❁ **十八物**

大乘僧人乞食游方时，携带的18种用品。1.杨枝（剔牙签），2.澡豆（洗手用的豆末），3.三衣，4.净水瓶，5.钵，6.坐具，7.锡杖，8.香炉，9.滤水囊，10.手巾，11.刀子，12.火燧（打火工具），13.镊子（拔鼻毛），14.绳床，15.经卷，16.律（梵网经），17.佛像，18.菩萨像（文殊、弥乐像）。

❁ **百一物亦称百一众具、长物**

僧尼三衣六物以外的生活、修行所需物品的统称。"百"喻其多，"一"限制每种物品只能有一件，以符合佛教精神。超出一件的东西，都称为长物。

❁ **坐具音译尼师坛**

僧尼坐时用具。布制，长4尺8寸，宽3尺6寸。也常作为礼拜时用具。

❁ **师子座亦作狮子座**

原指释迦牟尼的坐席。因释迦牟尼被喻为无畏的狮子，故名。后泛指寺院中佛、菩萨的台座，以及高僧说法时的坐席。

❈ 法器

两种不同的指涉，用于佛教称谓及用具名：

1.称具有传承佛法才能的人。

2.佛、道教举行宗教仪式时所用的引磬、木鱼、铙钹等器物。

❈ 三宝物

佛教以佛、法、僧为三宝，三宝物即为与佛、法、僧相关物品的统称。分为三类：

1.与供佛相关类：殿堂、佛像、装饰品等。

2.与经论相关类：经卷、纸笔、书函、巾帕等。

3.与僧人生活资材相关类：僧房、田园、衣钵、食品等。

❈ 七宝

佛教对宝物的惯称。佛经中惯称宝物为七宝，然各经有所差别，不外金、银、琉璃、砗磲、玛瑙、珍珠、琥珀、珊瑚、玻璃等物。

❈ 戒尺

受戒时专用的法器。由两块一定规格的长形木板制成，一仰一俯。以上击下，发出声响。

❈ 鼓、法鼓

佛教寺院作为僧尼作息等讯息传递的工具，也作为仪式进行的法器。击鼓有不同的方式，如《百丈清规》的规制：1.上堂三通，2.小参一通，3.普说五下，4.入室三下。皆当缓击。茶鼓长击一通，斋鼓三通，普请鼓长击一通，更鼓早晚平击三通。若新住持入院，则各种法器齐鸣。

法堂中的鼓又可分为法鼓、茶鼓。法堂东北角为法鼓，西北角为茶鼓。又可作说法的比喻，如《法华经》中有言："雨大法雨，吹大法螺，击大法鼓，演大法义。"

❈ 钟、梵钟

佛教寺院作法事时，召集僧众的工具。如《百丈清规》的规制："晓击则破长夜警睡眠，暮击则觉昏衢疏冥昧。"

"梵钟"专指寺院里的大钟。"梵"原意为清净，藉指佛教的器物意涵。

❖ **木鱼**

诵经时敲击，用来调整节奏的法器。材料为木制，外形如鱼，刻有鱼鳞，中空。另一种为长形，禅僧称之为梆，朝、中饭时敲击。相传鱼昼夜常醒（鱼无法闭眼），取其用以警醒之意。

❖ **引磬亦称小手磬**

为铜制的小钟，状如小碗，顶端有纽，附有手执木柄。敲击用来吸引僧众注意。

❖ **铃**

作法事时的一种乐器。金属制成，球形，有柄与舌，摇动即发声。另有悬于堂塔檐上的铃，称为风铃或金铎。还有称铜钵为铃的，取其形状像铃。

❖ **藏铃**

铜质，有握把的铃，多与金刚杵并用，合称铃杵。为西藏佛教密宗使用。

❖ **铙钹亦称铜钹、铜钹子**

作法事时的乐器。铙与钹原为两种，后来混而为一，故名。铜制，状如圆盘，两只，擦撞而鸣。

❖ **钲**

小铙的名称。形似钟而狭长，有长柄可执，敲击而鸣。作法事或念佛时，用以调节奏。

❖ **圆磬**

铜质，形状如钵，作法事时的乐器之一。

❖ **扁磬**

石质，形似云板，悬于寺院方丈室廊外。有客见，由知客僧鸣三下。

❖ **云鼓**

鼓的一种，上画云彩形状，寺院用于午斋时，击鼓通报。

❖ **云板亦称大板**

以铁铸成，上有云彩图案，寺院报时用的法器。

❖ **斋板**

佛教寺院库司前挂的大阪，僧人开饭时击之。

❋ 香炉

烧香用的器皿，金制称金香炉，土制称土香炉，二层的称火舍香炉，以上三者均供于佛像前。另有导师所持的带柄香炉，称柄香炉。

❋ 香亭

放置香炉的器具，形状如小亭子，四周围纱，前有"香亭"二字。

❋ 供具亦称供物

供养佛、菩萨的物品。有六种：花、涂香、水、烧香、饭食、灯明。依次代表布施、持戒、忍辱、精进、禅定、智慧等六度。

❋ 长明灯亦称续明灯、无尽灯

作为供品的灯具。置于佛像前，昼夜长明不熄。

❋ 蒲团

宗教用具。圆形的垫子，多用蒲草编成，佛教徒在跪拜和打坐时使用，道教徒也沿用。

❋ 禅板

僧人坐禅时用的木板。上端穿一小孔，或用作靠身，或用作安手。用作靠身时，用细绳穿过小孔，系于绳床上，使板面微斜；用作安手时，则把木板置于两膝上。

❋ 禅杖

僧人坐禅时巡行者的用物。用竹或苇制成，以软物包其上头。坐禅时，巡行者执遇昏睡者，用软的一头点醒。后泛指僧人所用的手杖。

❋ 衣钵、衣钵相传

衣为袈裟或三衣，钵为食器。僧尼受具足戒及到寺院挂单时，衣钵为必备物品，是佛教僧尼最贴身的两件物品，也代表僧尼所有的物品。僧人到寺院投宿，要把袈裟和钵袋挂在僧堂的东、西两序，称为挂单。

"衣钵相传"的故事，来自禅宗在菩提达摩东来传法时，为传二祖慧可法脉，以衣钵为信物，表示慧可继承法脉是获得达摩的认可。这个惯例一直到五祖弘忍要传法脉给六祖慧能时，还发生了争夺袈裟的事。因此有慧能躲在山中猎户，吃"锅边素"的各种传说。六祖以后便终止了这项传统。

但是传衣钵的用语却变成禅宗传法脉的代名，并扩及到佛教各宗派。民间师徒技艺相传,也藉用这句话。甚至在思想、学术、事业上的继承,都使用"衣钵相传"。

❀ **鐼子**

鐼（fén）子,小型的钵。参见上条衣钵。

❀ **锡杖亦译声杖、鸣杖**

手杖型,高与眉齐,上有锡环。原为僧人行路或行乞时,振环作声,并用来叩门,间作防牛、犬等的攻击。后来成为法器之一。

❀ **戒刀**

比丘所带的月头小刀,用来割三衣。

❀ **拂子**

以线、羊毛、树皮制成,用来驱赶蚊子等。但禁用牛尾、马尾等物。

❀ **护身符**

原为中国佛教、道教及民间信仰中用朱笔或笔墨在纸等物品上,画上佛、菩萨、鬼神的形象,或咒语、图像等,随身携带,以求辟邪消灾。中国古代僧尼的度牒,可免除赋税、劳役,当时也俗称护身符。后引申形容隐身在强横者背后的被庇护者。

❀ **幢、经幢、石幢**

源自印度,在佛像前置立柱,顶部安放宝珠,并以丝帛装饰。象征佛统率众生,制伏魔众。

石柱上往往刻着佛教经文,则称为经幢或石幢。

❀ **金幢**

佛殿里悬挂的庄严用的装饰品,以黄色锦缎或丝织品制成长筒状。

❀ **幡**

旌旗的总称。佛经上多与盖、幢并用,用来装饰及供奉佛菩萨等像,以示庄严。

❀ **幢幡**

幢与幡合称,多用来装饰和供奉佛、菩萨等像,以示庄严。参见本页幢、幡条。

❀ 荐亡幡亦称命过幡

佛教一般认为,人死后尚在中阴身时,因罪福未定,此时可为往生者制作荐亡黄幡,悬挂在寺塔"表刹"(幢杆)上,并为其诵经荐福。后民间引为通俗的荐亡仪式器具。

❀ 盖

有下述几种意义:

1.烦恼的别名:又称"覆盖",取其本心清净、遭到覆盖之意。

2.笠盖:比丘用来遮雨的用具。

3.宝盖:又称"天盖"。原为侍佛时,持立于佛上方,作防尘之用。后世在佛殿内多置此物于佛像的上方,成为庄严佛像的装饰品。

❀ 佛像

佛的造像。广义的佛像包括佛、菩萨、罗汉、诸天护法神等。早期佛教并没有佛像,因认为制作佛像是对佛的亵渎,同时亦反对偶像崇拜。公元纪元前后,才有佛像的出现,不少大乘经论甚至强调造像的功德。

从造像的材质上,有木刻、石刻、泥塑、金属铸造、蜡像、画像等。从姿态分,则有立像、卧像、坐像、倚像、飞像等等。佛如来一般作出家男相,菩萨作在家男女相,明王作忿怒相,诸天则有各种形象。

❀ 道场

佛、道教通用名词。一般指修行、说法的处所,供佛之地亦可称为道场。源自印度,称佛陀成道之地为道场,音译为"菩提曼拏罗"。隋炀帝大业九年(613)曾下诏,天下寺院改名道场,因此寺院也经常称为道场。

❀ 内道场

专指中国历朝皇帝于宫中所设置的供佛或讲道的场所。其体制仿民间的寺院,功用多在为皇室及国家祈福,由皇室供给所需。始于北魏,盛行于唐代。隋炀帝大业年间改天下寺院为道场时,宫中供佛之处,始称内道场。

❀ 曼荼罗亦译曼陀罗

梵文的音译,意译为坛场、轮圆具足。印度密教修密法时,为防止魔众侵入,在修法处划一圆圈或建土坛,有时还在上面绘佛、菩萨像,事毕像废。此称为曼荼罗。一般也称修法的地方或坛场为曼荼罗。

中国、日本等把佛、菩萨的像画在纸上，也称为曼荼罗。共有四种，合称"四曼荼罗"：

1. 大曼荼罗：描绘佛、菩萨的形象。
2. 三昧耶曼荼罗：描绘象征佛、菩萨的器杖，如刀、剑、莲华、印契等。
3. 法曼荼罗：亦称种子曼荼罗，表示是诸佛菩萨的种子。以梵字为表征，如大日如来的种子是"阿"。
4. 羯摩曼荼罗：描绘佛、菩萨的威仪，以及佛、菩萨的铸像、画像、捏像等。

以上又依佛、菩萨的多寡，分为：

1. 都会曼荼罗：诸尊都聚集一起。
2. 部会曼荼罗：部分诸尊。
3. 别尊曼荼罗：以一尊为中心。

❋ **祈祷壁**

西藏佛教僧人祈祷用的法器。在木板上刻六字箴言，挂于墙壁上，便于诵念祈祷，故名。

❋ **哈达**

西藏佛教礼敬用品。哈达为藏语音译，是用丝绸或绢纱等布料制成的长带。有白色和蓝色两种，依材质的精粗，划分为四等。藏族和部分蒙古族在遇有喜庆、丧葬时，用献哈达表示祝贺或哀悼之意。西藏佛教寺院的树上、佛像前，常有信徒献哈达，表达崇信之意。

❋ **曲工**

西藏佛教供灯的用具，藏语音译，意为"供灯器"。一般为铜质，另有石质、金质、银质等制成。有百盏灯供、千盏灯供等。

❋ **曲丁**

西藏佛教盛水的供器，藏语音译，意为"供水杯"。有铜质、金质、银质等材质，七个为一套。内盛净水，供于三宝前，每天换一次。另可用于盛花、果、粮等供品。

❋ **嘛呢旗**

西藏佛教法器，嘛呢为藏语音译，意为经幡。以白布或彩纸制成长条状小旗，上书六字真言或其他经文，扎制成串，以竿竖立在屋顶、山头嘛呢堆上，用来祈祷。

❀ 嘛呢堆

西藏佛教徒在石块上刻六字真言，置于道路旁，过路的信徒不断往上堆，日久形成的石堆。据说路人经过，只要顺时针绕行，便可积功德。

❀ 转经筒、嘛呢轮

西藏佛教法器。状为圆形直筒，贯以中轴，可旋转。内置经文，外刻六字真言，转动一圈表示念诵真言一遍。有风动、水动、手动、脚踏式，近年更有电动式，用来祈祷。

手执式转经筒以手转动，则称为"嘛呢轮"。

❀ 扎玛茹

即手鼓，藏语音译。西藏密宗修法时的必备法器，与藏铃、金刚杵合为修密法三法器。修法时手握中间凹处，摆动发声，材质有木质及象牙两种。

❀ 格乌

藏语音译，意为护身佛盒。为随身携带的金属小盒，常以白铁制成，也有银质、金质的。佛教徒用来装小佛像或护身符咒，僧俗皆可佩带。一般挂在胸前，也可斜挂肩上，或置于衣内。若戴在发髻中，是官位的象征，须四品以上的贵族方能配戴。

❀ 舍利

梵语的音译，亦译室利罗，意为身骨。相传释迦牟尼遗体火化后，烧出珠状物，称为舍利，后来也指高僧死后烧出的身骨。据说有三种颜色：白色为骨舍利、黑色为发舍利、赤色为肉舍利。又有全身舍利、碎身舍利、生身舍利、法身舍利（指佛教大、小乘全部经文）。

❀ 佛牙

佛教对释迦牟尼牙齿的专称。据说释迦牟尼遗体火化后，牙齿完整无损，又称佛牙舍利。

❀ 佛曲

佛教乐曲。以佛经经文配上乐曲，进行讽咏。中国在隋唐时已有佛曲，现存敦煌杂曲中还保存一部分佛曲作品。近年来以佛教为题材、用现代音乐手法创作的佛教乐曲，也通称为佛曲。

❈ 梵呗、转读

梵文音译的略称,含有止断、止息、赞叹之意。指佛教徒以短偈形式赞颂佛、菩萨,也可以有乐器伴奏。传入中国以后,咏经称为转读,歌赞称为梵音。三国时已有梵呗流传。

❈ 变文

唐代以来流行的说唱文学之一。佛教用来讲述佛经故事、宣传教义,表演时经常与展示图片相互配合。形式为韵文与散文兼用,也有全部采散文的形式。对后来的鼓词、弹词影响很大。清光绪年间(1875—1908),始在敦煌石室中发现,近人辑有《敦煌变文集》。

❈ 变相 简称变、经变

变相为唐代以来流行的绘画艺术之一。佛教用来描绘佛经故事,宣传教义。其中根据佛经内容绘成的图画,称为"经变相"或"经变"。或绘于帛纸上,或绘于壁上。著名的有吴道子所绘"地狱变相"。

❈ 唐喀 亦称唐卡、晒佛

藏语音译,西藏佛教的卷轴佛像。大小形制不同,一般为2至3尺之间,室内供奉之用。有彩绘、织锦、丝绣等,为西藏佛教艺术珍品。最大、最著名者,现存于布达拉宫,长达十余丈,每年展出一次,称为晒佛。

❈ 灯节佛供 包括酥油灯、酥油花

西藏佛教于藏历正月十五日灯节时,所供养的供品合称。包括酥油灯、酥油花两种:

1.酥油灯:在灯碗中,用酥油点燃的灯。

2.酥油花:在木架或牌坊上摆放用酥油塑造的各种山川、人物、花草、鸟兽或传奇故事的造型。

两者均于每年藏历正月十五日晚上,在拉萨、甘肃夏河拉卜楞寺和青海湟中塔尔寺举行的灯节上陈列供养。塔尔寺的酥油花、绘画、堆绣被誉为塔尔寺三绝。

十 成语、典故、杂语

成语与典故有着不可分割的关系，又与杂语、文字等构成文化的重要元素。文字、文句的使用更具体呈现了文化的内涵，两者有着不可分割的关系。佛教文化已经与汉文化交互融合，构成了汉文化的一部分。这个现象在文字及语汇的使用中，处处可以见到蛛丝马迹。本章共收条目113条。

❋ 半路出家

比喻中途改入某一行业，或改做一件事，特别是本身并不熟悉或擅长的事。佛教的出家，原有一定的程序，必须自幼在寺庙中做沙弥或沙弥尼，待成年后受具足戒，才可成为正式的僧尼。若成年后才离开家庭，削发即受具足戒，未经沙弥（尼）的阶段，就是所谓的半路出家。

❋ 大彻大悟

表示对某件事、道理或某个人彻底了解、明白。"彻悟"原是佛教表示对真理的透彻明白，不执迷于世俗、表象的道理。佛教教义中，一般将佛教所讲的真理归为"真谛"，将世俗所认定的真理归为"俗谛"。真谛最基本的是四谛，即苦、集、灭、道。是佛陀在最终悟道前，坐在菩提树下，经七昼夜悟出的真理。彻悟即捐弃俗谛，服膺真谛。

❋ 混世魔王

形容一个人专门为非作歹，有如魔王般扰乱这个世界。魔王的典故来自古印度神话，"魔"为梵音魔罗的略称。佛教撷取了印度神话中有关魔王波旬的故事，将扰乱人心、阻碍修行、夺人性命等恶事，都归罪于魔王波旬及其族类（佛经称为眷属），特别是对人心、观念的误导。

佛经初译为汉文时，汉字并无"魔"字，当时译为"摩罗"，梁武帝创"魔"字，取其如鬼魅一般之意。依佛经传说，魔王波旬住在他化自在天（夺他人所化），身边有种种的魔众，会变化成各种身形，专门进行迷惑人心的事情。武帝创"魔"字以后，随着佛经的流传，在汉文中借用非常广泛，如群魔乱舞、病魔缠身、妖魔鬼怪、邪魔外道等。

❋ 邪魔外道

泛指偏离正统思想观念或行为极不端正的人。"邪魔"请参考上条混世魔王。"外道"指古印度佛陀在世时社会上一群修道的人（称为沙门），即除佛教之外的修道人士。佛教信徒认为除了佛教教义是正道，其他的都是旁门左道，或不是真理，所以称其他的沙门都是"外道"。邪魔与外道两者合并，引申为邪恶的旁门左道。

❋ 顶礼膜拜、五体投地

"顶礼"是佛教的最高崇敬礼。方式为跪伏在地，以额头触及对方的脚。俗称五体投地，因为顶礼时双膝、两手肘也都着地，合为五体。"膜拜"是口称"南膜"而拜，"南膜"为梵音，意为皈依，后演变为"南无"。佛经中，经常说到"顶礼佛足"、"头面礼足"，即为此意。顶礼膜拜在成语中是极为崇敬之意，而五体投地往往形容极为佩服。

❀ 善男信女

原意指佛教的在家男女信众，衍生成泛指宗教的虔诚信徒，或心地善良、无邪念的人。基本上，佛教将其信徒分为在家众、出家众。在家众又分为男众、女众，男众称为居士，梵音优婆塞；女众称为居士女，梵音优婆夷。合起来俗称善男信女。出家众又细分为未成年男众（沙弥）、未成年女众（沙弥尼），及成年男众（僧或比丘）、成年女众（尼或比丘尼）。

❀ 沿门托钵

形容挨家挨户乞讨，或四处求助。"钵"为食器，梵文钵多罗的略称，佛教僧人平时用来盛食物、乞食时拿在手上的工具，呈扁圆形。原始佛教僧人并不从事劳动，乞食为僧人维生的方式，所以乞食跟托钵是同义词。

佛教传入中国以后，受到中国传统文化的影响，唐代的百丈怀海禅师主张"一日不作，一日不食"，尽弃佛教的乞食传统。因此，在汉传佛教当中，乞食并不多见。

"沿门托钵"用在成语中也有贬抑的涵义，表示落难或不能自立，四处求助。甚至形容厚着脸皮，求人施舍。

❀ 无事不登三宝殿

形容没事不会找上门，有事才出现。有时作为口头禅，表示有事相求。"三宝"指佛教的佛、法、僧，佛是佛陀，法是教义，僧是传播佛法的僧人，三者构成佛教度人的重要而基本的要素。"殿"是供奉佛像的地方，三宝殿则专指佛殿。一般人上佛殿拜佛，多有求于佛，故无事不登三宝殿，表示有求于人，才会登门拜访。

❀ 不看僧面看佛面

形容看在其主人或关系人的情面上，给予通融、协助，或者不予责罚之类。佛与僧有主从、师徒的关系，此句的涵意即在表示，即使看不起当事人，也要对当事人的主人留点情面。与"打狗看主人"的俚语，有着异曲同工之妙。

❀ 聚沙成塔

比喻积少成多，就可以完成规模可观的工作或事务。塔为源自印度的佛教建筑，梵音为"窣堵波"。早期功能是埋葬火化后的遗骨、舍利。形制也非常简单，仅以土堆覆盖成半圆形的覆钵状。随着佛教势力的逐渐扩大，文明不断提升，塔的体量与精致程度也不断提升。

有关这句成语的记载，最早出现在《法华经》，其中描述佛教甚为流行，有"乃至童子戏，聚沙成佛塔"的句子，形容连小孩子的游戏都以佛教为题材，可见佛教的盛况。

塔的建筑传入中国以后，有了极大发展，形成了中国建筑中不可缺少的元素。材料上，有土、石、砖及木构等；形制脱离了覆钵形的传统，有四角、五角、六角等多种样子；功能更是五花八门。

❈ **救人一命，胜造七级浮屠**

比喻救人性命有极大的功德。浮图为梵音，意为塔，塔是佛教的特殊建筑，这里用"浮图"作为塔的代词。在佛教的功德观中，造塔为极大的功德。要造一座七层高的佛塔，在古代工艺技术上又是极为困难的工作，其功德当然更大。但救人一命又比造一座七层塔还大，可想而知救人性命的功德量。

❈ **生老病死**

人生的四项必经过程，是造化之理，任谁也一样。佛教对人生最基本的观念便是苦，苦的内容十分多样，生、老、病、死又是苦的基本内容，所以用这四个字代表人生。这个观念传入中国以后，因为中国文化对人生另有积极的观念，久而久之，"生老病死"便逐渐淡化其佛教意涵，而认为其是人生必经之路。作为成语，即是形容人生有不可避免的过程。

❈ **指点迷津**

比喻指出错误或迷惑的根源和关键处。"津"是渡口，是由此岸到彼岸的关键处。在佛经里，常将人们迷惑于世间的种种欲求、欢乐比喻为此岸，觉悟真理、达到解脱称为彼岸。《大唐西域记》序言中就曾提及"启妙觉于迷津"。

❈ **苦海无边，回头是岸**

比喻原有的行为或观念是错误的，应该赶快下定决心改正，才能终止犯错带来的痛苦。佛教将众生的世俗生活、享乐认定是痛苦的根源，因为欲望、贪婪、愚痴等，必定带来无尽的烦恼。这无尽的烦恼，又被形容如大海一般。如《法华经》中描述："我见诸众生，没在苦海。"唯有捐弃世俗欲望，才能来到解脱彼岸。

"苦海无边"与"回头是岸"也可单独使用，意义一样。

❀ 一尘不染

形容环境洁净，也用于比喻人品及心性的纯净，不受一丝污染。"尘"为灰尘，梵语借用尘来比喻污染的元素和原因，形成梵、汉语文融合的典型。在梵文中，原来是说明修行者要能做到不受外境的一丝染垢，这外境包含色、声、香、味、触、法。但成语一尘不染则用于形容环境的洁净较多。

❀ 道高一尺，魔高一丈

比喻一种势力庞大，但还会出现更庞大的势力；或者在技能方面，也可如此比喻；有时又用在形容不要得意忘形。佛教警惕修行人，虽然修行的功夫增高了一层，但魔道所设下的魔障，就又高了10倍。要修行者不可自满，随时惕励自己。作为成语，与原意已有极大的不同。

❀ 百尺竿头，更进一步

鼓励人们虽然已经有不错的成就，但仍要继续努力，追求更高的成就。禅宗公案集《五灯会元》载，宋代景岑禅师有一首偈："百尺竿头不动人，虽然得入，未为真。百尺竿头须进步，十方世界是全身。"意思是虽然已经入道，达到佛的境界，但还不是真正的如来。必须更加精进，达到与十方世界相融，才是最高的成就（成佛）。

❀ 痴心妄想

形容一心期待不可能实现的事情。"痴"为佛教经常用到的语汇，指愚痴，"无明"的代名词，是导致轮回的根本原因。简单的说，无明就是对真理的不了解，是对世俗的一切错误认识，以苦为乐、以虚妄存在为永恒存在。

❀ 一生一世

形容一辈子、今生，代表长远的意思。在佛教的轮回观念中，则有短暂的意涵。因为轮回观中，透过轮回的众生生命，有过去世、现在世、未来世，现在世只是其中短暂的时间，而过去世及未来世则是无限长远。"一生一世"用世俗的观念判断，当然已是全部；而用佛教观念理解，又十分短暂。

❀ 三生有幸

形容十分幸运。传说，唐代有位名叫李源的人，与惠林寺的圆通和尚十分要好。一天，他们同游三峡，圆通指着一位正在汲水的妇人说："这就是我要投生的地方。12年后的中秋夜，我们在杭州天竺寺外面相见。"当天晚上，圆通和尚就去世了。

12年后的中秋夜，李源来到杭州天竺寺，在后山的一块大石旁，见到一位骑在牛背上的牧童。牧童口中唱着《竹枝词》："三生石上旧精魂，赏月吟风不要问。惭愧情人远相访，此身虽异性长存。"原来牧童就是圆通和尚的转生。

三生就是佛教三世（过去、现在、未来世）的代名词。知己能在隔世又逢，真的很不容易，所以"三生有幸"表示非常的幸运。

✤ **恍如隔世**

形容对人事巨大变化的感慨。佛教的三世说，即过去世、现在世、未来世，对中国文化影响极为巨大，"隔世"表示隔了一世。在文学上，"恍如隔世"于一定范围内，等同"人事全非"。

✤ **万劫不复**

形容永远不能恢复。"劫"是梵音劫波的节译，古印度的计时单位，又分为大、中、小劫。1小劫约1680万年，20小劫合1中劫，4中劫合1大劫，约为13亿4400万年。因此，万劫用来形容无限长远的时间。

✤ **在劫难逃**

表示命中注定的事无法避免，多用来比喻负面的事情，如灾难等。"劫"是古印度文化中的时间单位，佛教认为每一劫到来的时候，都以毁灭性的灾难告终（成、住、坏、空）。汉文化中，"劫"又成为灾难的代名词。

✤ **劫后余生**

形容历经重大的灾难、厄运，侥幸存活下来。参见上条"在劫难逃"。

✤ **十八层地狱**

比喻处在极为痛苦的环境中。"地狱"是佛教六道之一，在佛教教义中，人死后根据自己的业报各有受生处，即所谓的六道轮回，一说五道轮回。地狱受生是最为严重的恶报，其中又有八大地狱、十六小地狱等各种说法，愈下层受苦愈重。其中以无间地狱受苦最重，因受苦"无间"（没有间断）而得名。但佛经中并无十八层地狱之说，可能是讹传，久而久之遂成通说。

❋ 牛头马面

形容各种凶恶、丑恶的人，或各种鬼怪。牛头马面原为佛经描绘中的地狱狱卒，专司驱赶亡魂进入地狱。演变为形容作恶多端的人。

❋ 笑面夜叉

形容脸上经常带着笑容，却居心狠毒的人。夜叉本为古印度神话中的小精灵，意为勇健鬼、能啖鬼。佛经中把他说成是食人恶鬼，经收伏后，又是佛教的护法神之一，名列天龙八部之三。在汉地中，夜叉通常带有负面的涵义，例如称凶恶的女人为母夜叉。

北宋期间，陈次升在《弹蔡京第三状》中，痛斥蔡京在民间被称为"笑面夜叉"，意为表面上取悦君王，暗里却排除异己、鱼肉百姓。成语"笑面夜叉"就是来自当时民间的流传。

❋ 刀山火海、上刀山下油锅

"刀山火海"比喻极端危险的环境；"上刀山下油锅"表示不避艰难。刀山、火海原是佛教地狱之说中十分恐怖的地狱酷刑，借用形容极为艰困或者极为痛苦的环境。

❋ 善有善报，恶有恶报

形容做好事就有好结果，做坏事就有不好的下场。这是佛教因果报应教义在汉地最通俗的一句话，原义仅在于解释因果循环的铁律。佛教的因果律并不局限在今世，重点在透过轮回的来世果报。这句成语则较常用于现世报，往往带有讥讽、幸灾乐祸、天理昭彰的涵义。

❋ 如影随形

形容紧随不离，多用于两人之间有从属性质的紧密关系。《涅槃经》载："善恶之报,如影随形。三世因果,循环不失。"强调善业有善报、恶业有恶报。佛教的因果论主要表现在前世今生，一般人多因来世距今生太疏远，而感受不到报应，因而用这个比喻加以强调造下的业一定有果报。

❋ 种瓜得瓜，种豆得豆

多用在比喻对某件事下过工夫，就一定会得到结果，含有励志的意义，有时也作为对怠惰的警惕。原义则是讲佛教因果报应的不变法则。《涅槃经》载："种瓜得瓜，种李得李。"《佛说分别善恶所起经》又载："种稻得稻，种豆得豆。"到了《古今小说》里的《月明和尚度柳翠》则合并为"种瓜得瓜，种豆得豆"。综上，形成这条成语。

❋ 自作自受

警惕人们，自己做错事要自己承担后果，有时含有讥讽或幸灾乐祸的意思。《五灯会元》中，有一篇宋代的参禅公案《谷隐聪禅师法嗣·金山昙颖禅师》载，谷隐寺的住持和尚，法名达观。一次参禅的时候，僧人提问："120斤铁枷，教阿谁担？"和尚回答："自作自受。"表面上叫那制作铁枷的人自己承担，谁教他一般只做25斤的东西，偏要做120斤？但内里却有一番深意。

佛教罪福之报是轮回己受，在中国的观念中，则会"祸及子孙"、"福荫三代"，报应及于家族，罪福由子孙承担，这或许是受中国传统家族伦理的影响。

❋ 步步莲花

形容女子走路，体态婀娜多姿。莲花本是佛教中清净、不染尘的象征。佛经里描述释迦牟尼出生时，莲花自然托足。释迦坐时，也坐在莲花座上。现今佛教塑像中，无论菩萨还是佛像，或坐或立，都经常使用莲花作衬托。作为通俗的成语或者语汇，莲花与女性难脱关系，如"莲步轻移"、"三寸金莲"、"莲花指"。

❋ 唯我独尊

形容尊贵的地位，但多半带有自傲、自大的负面意义。"唯我独尊"原是佛经里描述释迦牟尼在世间的智慧和功德无人能及。

《长阿含经》等多部佛经记载，释迦牟尼诞生时自称："天上天下，唯我独尊。"在经书的本意，因为释迦牟尼预知自己将成佛，这个"我"是大我——佛，所以这句话就是"天上天下无如佛"的意思。后来作为成语，却是讽刺别人自大、目中无人的意思。

❋ 佛眼相看、佛眼相待

形容以善意对待彼此。佛教认为佛眼与凡人的肉眼是有区别的，佛眼具有肉眼无法比较的神秘功能。肉眼只能见远见近，佛眼则能看见三世（过去、现在、未来）的一切事物，即天眼通，属智慧面。其另一个意义是佛的慈悲，有时又用"佛眼相待"来形容。

❋ 神通广大

形容一个人具有别人难有的能力、办法，有时又形容一个人很会钻营，带有负面的评价。"神通"原是佛教描绘释迦牟尼具有神秘莫测的能力，无所不能。一般可分为五通或六通，较普遍的说法是天眼通、天耳通、他心通、宿命通、神足通（以上为五通）、漏尽通（参见P177五通、六通条）。类似的成语又有大显神通、各显神通等。

❀ **现身说法**

以亲身经历为例，对人们解说、劝导、印证。依据佛教的说法，佛陀能变化各种身形，所以往往根据不同的情况，以各种变化身向众生说法，使其能真正理解。这是现身说法的原义，演变成今天，则强调以亲身经历为证。

❀ **执迷不悟**

形容一个人不能认识到己身的错误，或不承认错误。在佛教的教义中，把对真理的真正认识称为悟，而对真理错误的认识称为迷或惑，无法跳脱迷就是执迷。又把迷比喻为此岸，悟为彼岸。真理的内容则有不同的标准。

在汉传佛教中，大致以世间万有（一切现象）为假有、即本质是空为标准，人们因为执著一切现象为实有而想要拥有所带来的一切痛苦，便是执迷。一切修行就是要从中获取佛的智慧，才能转迷为悟，登上彼岸。

❀ **醍醐灌顶**

比喻受到极大的启发，一时之间觉醒过来，身心畅快。也用来形容清凉畅快的感觉。醍醐是从牛奶中经过数次发酵、提炼出来的菁华，又称为酥油，常用来比喻佛法中最为精妙者。灌顶则来自古印度传统，国王登位及立太子的时候，在头顶上洒下四大海之水，象征富有四海、统驭天下，称为灌顶。密教借用此仪式，接受新教徒或阿阇梨（教授师）嗣位时，都要行灌顶仪式。

❀ **与人方便，自己方便**

表示给别人方便，自己也方便。"方便"一词原是佛教发展至大乘时期，为了普度众生的理想形成的新观念。

佛教教义从基础的认识论到复杂的逻辑观念，一路随着流行与扩大，愈来愈艰深，于是另类的简易修持法逐渐被推行。汉地有净土宗的念佛法门，密宗则有即身成佛之说。两者都是世俗化的代表，希望藉此广度众生。事实证明，信徒在广开"方便"之门下虽有所增加，但也逐渐扬弃了原有"智慧解脱"所带来的严谨教义。

方便的另一个内涵则是，佛为了度化众生，除了演说不同外佛法，也经常变化各种身形。"与人方便"在成语中，则仍以佛教慈悲、与人为善的意涵为主，强调不为难他人。

✤ 佛要金妆，人要衣妆

形容人要靠外表装饰，提升形象。佛教在释迦牟尼刚去世时，本来是禁止偶像崇拜的，所以仅以佛的足迹代表佛。到了阿育王时代，已有佛陀塑像。随着佛教的发展，佛陀的塑像愈来愈精致。传到汉地以后，沿袭了这项工艺，以金碧辉煌为造型的基本要求，目的在于求塑像的庄严。后人就以"佛要金妆，人要衣妆"来形容外表的装饰对人们形象庄严的重要性。

✤ 拨云见日

比喻远离黑暗，见到光明；消除疑团，豁然明白。东汉时代问世的佛教教义论书《牟子理惑论》中有一段话："吾自闻道已来，如开云见日，炬火入暗室焉。"说明佛教教义中的道理，让他心中豁然解疑。成语"拨云见日"就是由此而来。

✤ 不拘小节

表示做大事不必拘泥于细微末节，也用来形容一个人的行为不拘泥于道德礼仪的外表形式。佛教传入中国以后，因为沙门剃度的规制与传统文化中"身体发肤，受之父母，不敢毁伤"相抵触，几经论辩。《牟子理惑论》提出两个例子，说明"由是观之，苟有大德，不拘于小"，后世遂有"不拘小节"的成语。

书中举一个寓言作第一个例子。从前齐国有一对父子乘船渡江，父亲不慎落水。儿子好不容易将他捞起，但已昏死过去，儿子便头下脚上地把父亲倒抓起来，终于使水从口中流出，救回一命。按理，将父亲倒抓是极为不孝的，可是救回父亲一命，成就了大孝。

第二个例子是历史故事。周代的泰伯是周太王的长子，为了让位于季厉（后为文王），与二弟仲雍避居吴越，并随当地习俗"断发文身"。按华夏传统"身体发肤受之父母，不可毁伤"的孝道标准，是极为不孝，但这却成就了周朝的历史功业。

✤ 一手遮天

比喻利用权势玩弄手段，蒙蔽他人，掩盖真相或真理。《牟子理惑论》对于当时非难佛教义理的论点，提出"侧一掌以翳日光"加以反驳，到后世演绎成"一手遮天"。

❋ 看破红尘

形容看透了世情，对一切持超然的态度。这句成语含有积极与消极两面，但使用的情境往往含有消极意义。"红尘"原是中国传统词汇，尘埃在日光的照射下会产生各种不同颜色，用来形容多样的繁华世界。

在佛教的看法中，这多样的现实世界是虚假而不是本来真实的世界。真实的世界是空，空是一切现象的本质、真实相貌。这就是佛教般若学"自性空"的理论基础。能够认识到这一层，便是"看破红尘"。就佛门而言，这是智慧，是认识佛教真理的重要阶段。

❋ 凡夫俗子

形容平庸的人，也用来作为自谦的称谓，是梵汉文化融合的成语。在佛教理论中，将人划分为凡夫（六道众生）和圣者（独觉、缘觉、菩萨、佛）两大类，一称六凡四圣。已经"断惑证果"的人称为圣者，未能"断惑证果"的人则属凡夫。断惑证果指断灭对一切现象错误的认知，获得阿罗汉以上的修行果位。"俗子"则源自魏晋时代，名门士族称为"名士"，名门士族以外称为"俗士"。

❋ 镜花水月

用来形容一切虚幻的景象含有空灵之美，却不可捉摸，也用来指世上的一切现象都虚幻不实。后者是佛教的原意。晋慧远（净土宗始祖）在形容大译经家鸠摩罗什所说的性空义时，说了一段话："如镜中像，水中月。"成语就是由这句话逐渐演变的。

在佛教的认识论里，世间的无常是一切苦的来源。但深究下去，无常之所以是苦的最直接原因，在于人们的执著、占有心。性空用白话说，就是这世界一切现象（法）的本质（性）是空，能够认知这个道理，才是解脱的根本。

❋ 顽石点头

东晋的一代高僧道生，在《涅槃经》译出初分时，就肯定一阐提（断了善根的人）也具有佛性（成佛的本质）。但他的观点受到其他众僧的反对，认为是邪说，并将他逐出僧团。于是他独自来到苏州虎丘山，结茅舍而居。对着石头说法，并问石头："一阐提也有佛性，对吗？"石头纷纷点头。

后来，全本《涅槃经》译出，传到南京后，大众才佩服他的卓见，"顽石点头"的故事也因此传遍大众。这句成语一方面表示一个人对事理了解透彻，说理明白；一方面也用来形容教化用心，使顽劣的人也能悔悟。至今苏州虎丘山还保存着当年的"生公说法台"和"点头石"。

❊ 放下屠刀立地成佛

形容一个人只要一念从善，立刻可以成为好人。《涅槃经》记载一个故事，波罗奈国有个名叫广额的屠夫，日日以宰羊为业。后见到佛陀的弟子舍利弗，即受八戒。经一日一夜忏悔，命终时转生天上，成为北方毗沙门天王的儿子。

后来禅宗藉用这个故事，说明顿悟学说。《五灯会元》载：广额正是个杀人不眨眼的人，扬下屠刀，立地成佛。北宋以后，佛教各宗普遍用来劝人为善、改过自新。

❊ 超凡入圣

用来形容一个人品德极高，或者技艺超群。梁武帝崇信佛教，在他决定舍道（道家）事佛时，曾说过："唯佛一道，是于正道……只是世间之善，不能革凡成圣。"这"革凡成圣"就是超凡入圣的原始。

在佛教的价值观中，所谓圣者，基本上要能修到出世间的境界。佛教有所谓六凡四圣，世间的凡夫包括地狱、饿鬼、畜生、阿修罗、人、天众生。超越世间众生就是圣者，包括声闻、缘觉、菩萨、佛，即所谓的出世间。武帝原意是在老庄、孔孟的教化中，人依旧是人，在佛教的标准中是凡。只有修习佛道，才能脱离轮回，成就圣道。

❊ 暮鼓晨钟

形容能够使人警醒的话。唐代诗人李咸用，有一首《山中》诗写道："朝钟暮鼓不到耳，明月孤云长挂情。"钟、鼓本来是佛教寺院里用来报时及传递讯息的工具，每天清晨，僧人们依着鼓声开始作早参，傍晚也依着鼓声作晚参。僧人的主要工作就是修行，早参、晚参是每天固定且紧要的工作。暮鼓晨钟就被藉用来作提醒之意。

❊ 金刚怒目、菩萨低眉

佛教寺院中的画像或塑像中，佛的侍从、也是佛教的护法神，总是作怒目圆睁的造型，手持金刚杵。而菩萨的造型，多是慈眉善目。原因是护法神要斩妖除魔，让妖魔惧怕，不敢来骚扰。而悲心的菩萨在六道中接引众生，当然要慈眉善目，才能让众生欢喜亲近。演变为成语，金刚怒目用来形容一个人面貌凶恶,菩萨低眉则用来形容一个人慈祥善良的样子。

❋ 开山祖师

中国多山,佛教喜欢选择在幽静的山区建寺。开山祖师,意为在某座山上首先建立佛教寺院,例如佛光山开山长老为星云。中国有所谓的佛教四大名山,山中寺院无数。狭义的说,只有第一座寺院的创立者,才能称为开山祖师。广义的说,每一座寺院的始建者,都可以说是开山祖师。演变到今天,任何行业或任何事业的开创者,都可以说是该行业或事业的开山祖师。

❋ 大吹法螺

佛教把一切佛教的仪式活动,包括诵经、说法、荐福等,都称为法事。在从事这些活动的时候,通常会吟诵"梵呗",即佛教的特殊唱诵音乐。这时候会用各种乐器伴奏,法螺就是其中的一种。法螺以海中的梭尾螺制成,吹起来呜呜作响。由于是佛教做法事时的工具,所以称为法螺。

佛教声称这些法事有种种的福德、功德,但信者恒信,不信者恒不信,很难得到具体的验证。演变到后来,"大吹法螺"就含有了负面的评价,专用来比喻爱说大话。

❋ 得其三昧

"三昧"本是梵语音译,指心念专注于一境,处于不昏沉、不散乱的入定状况。这是禅定的一个理想境界,一般人很难到达这个状态。现代台湾僧人广钦老和尚,曾经入定数月,旁人还以为和尚已经圆寂。由于其境界难以达到,"得其三昧"就被比喻为理解和掌握了某件技艺或道理的精髓和要诀。

❋ 心心相印

"印"为印证之意。以印章盖出来的图像,每一个都相同。中国禅宗传法的最大特色,就是"传佛心印",不立文字,以心传心。徒弟对佛法的体悟,必须由师父以心印可。称为传佛心印的原因,就是说明师徒之间对佛法的理解、认知恰如每个印章盖出来的图像,都一模一样,没有差别,而且上承佛陀。

"心心相印"取其心与心如印般完全一致,形容两心契合无间,多用来比喻两性之间的感情。

❋ 立雪求道、断臂求法

这是一个典故,也是成语。传说南朝时菩提达摩由南印度远来中国,首先在建康见到了梁武帝,由于两人于佛法不契,达摩继续北上嵩山,后来落脚少林寺，在寺后山洞禅坐修"壁观"而声名远播。

当时一位法名神光的僧人一心求道，也听闻了这个消息，于是来到少林寺，拜见达摩，想向达摩学习禅法。然而达摩只是面壁端坐，并不理睬他。神光为了表示自己的诚心，一直伫立洞口。一夜，大雪淹没了膝盖，直到清晨，依旧伫立不动。

达摩终于开口表示，学习禅法必须要能"难行而行，非忍而忍"。于是神光抽刀断臂，以示自己的决心。终于得到达摩的首肯，收为弟子。传授其《楞伽经》以及"壁观"的禅法，并为神光改名"慧可"。这便是禅宗二祖慧可求法的故事。"立雪求道"、"断臂求法"都在说明追求学问及技艺，必须要有决心、诚心及毅力。

❈ **头上安头**

禅宗临济宗元安禅师有一段公案："若道这个是，即头上安头；若道不是，即斩头求活。"元安的意思是，回答或心中认定是与不是，都是错误的答案及认识。世上的一切不应靠主观去判断，否则便与解脱道相违。头上安头，是多此一举；斩头求活，更是不可能。

"头上安头"用在成语上，比喻多此一举，无论语言或行事都可如此形容。

❈ **解铃还须系铃人**

禅宗法眼宗开宗禅师法眼文益，有一天上堂说法，开头便提了一个公案："一只老虎，脖子上系了一个铃，什么人能把它解下来？"僧众谁也无法回答。恰巧法灯来到这里，文益便请法灯回答这个问题。法灯说："系者解之。"意思就是请那个把铃系上的人来解开。

这个故事后来便形成"解铃还须系铃人"的成语。意思是谁惹的麻烦，就应该由谁去解决。但其实公案的本意，应该是系铃的人才最有能力去解铃。老虎如此凶猛，既然能去系上铃，就有办法解开铃子。公案本意在告诉习禅的人："自己的烦恼，自己最了解，自己要能解脱，不必依靠外力。"

❈ **六根清净**

六根是佛教对人身上外境六个感知器官的称呼，包括眼、耳、鼻、舌、身、意，分别认识色、声、香、味、触、法。在基本观念上，佛教认为这六个感知器官是受染污的根源。到唯识学派兴起后，进一步探究人的心识，指出第八意识中涵藏着清净、染污的双重种子。受染污的原因，是因为本身染污的种子不净，所以认识也不净。

《圆觉经》指出："心清净故，见尘清净；见清净故，眼根清净；根清净故，眼识清净。"一切的染污都以心识为根源。相对的，见物清净，也都回馈给心识清净。修行就是在修六根清净，达到六根清净的境界，见一切现象都清净。

成语"六根清净"就是形容一个人已到达无欲的境界，不受一切外在的环境染污。

❀ 指雁为羹

玄奘所著的《大唐西域记》中记载了一个传说。印度王舍城有一所伽蓝（寺院或道场），一天，一群大雁正飞过伽蓝的上空，僧人们见到，便笑说："这几天我们正缺食物，这群雁给我们送肉羹来了。"话一说完，空中立即掉下一只雁，来布施僧人们。又传说此雁为菩萨化身。

但这只雁是为了僧人们的话而舍身布施，不合乎印度佛教食"三净肉"的要求，僧人们于是将雁埋入土中，建塔取名"雁塔"以纪念。这就是佛教关于雁塔的典故。这个典故后来发展为"指雁为羹"的成语，形容空想、自我安慰，类似"画饼充饥"。

❀ 野狐禅、血口喷人

禅宗《古尊宿语录》记载了唐代著名禅师百丈怀海所说的一件公案。有一只千年野狐，经常化作人身，来听怀海说法。某天，在怀海的追问下，他终于告诉怀海："我在迦叶佛的时代里，曾经住在此山。因一次，一位学人来问：大修行人还会落在因果轮回里吗？我回答：不落因果。落得我五百世野狐身。请大和尚为我解迷，大修行人还会落在因果轮回里吗？"怀海回答："不昧因果。"

这"昧"字表明不要执著于两边，不要被因果说所迷。怀海是要野狐破除对两边的执著，把握禅思的要领。宋僧晓莹却有不同的看法，他引述僧人觉空批评怀海，这是"血口噀人"。噀即喷，演变为今天的成语"血口喷人"，表示无中造假，污蔑别人。说错一句话就要落得五百世野狐身，那么制定"百丈清规"桎梏僧人的怀海，岂不成了"百丈野狐"了？这个评价也说明，不要相信权威的说法，要恢复原有活泼的思想。

❀ 做一天和尚敲一天钟

形容一个人做事敷衍，得过且过。钟本来是寺院里的报时器，有专人司其事，很重要。无论早参、晚参、上堂、有事集合，都要撞钟示意。但因为大部分撞钟的原因都是例行的工作，故演变成人们敷衍了事的内涵。

❋ 僧多粥少、粥饭僧

"僧多粥少"比喻人多东西少、人多工作少等。只要是资源不够分配的现象，都可藉用这句成语表述。印度佛教的出家人，本来奉行乞食的饮食规制，自己不起伙，靠乞食维生，甚至过午不食。到了中国，由于文化的不同，改变了乞食的制度。

但因为苦修的内涵不变，僧人们常常以粥为食，所以僧人又被称为"粥饭僧"，但常常含有负面的意思。"粥饭僧"三字本来是对只吃饭不修行的僧人揶揄的话，或自谦修行无成就。反映在世俗，就经常被用来形容只吃饭不做事的人。

❋ 森罗万象

语出《法句经》。森为森林，形容一切现象的多样化像森林一样，罗列眼前。南北朝时代著名道士陶弘景曾说："夫万象森罗，不离两仪所育。"唐代禅僧马祖道一则说："三界唯心，森罗万象，一法之所印。凡所见色，皆是见心。"道家认定现象都是同一来源所衍化，但还是肯定现象的实存。佛家则认为现象都是一心所变现（尤其是唯识学派），没有独立的实体。

"森罗万象"往往用在形容这个红尘世界充满着各种现象，且千差万别，不是人可以想象的。

❋ 空中楼阁

语出《百喻经》。此经因为以100个譬喻故事说明佛教及世俗义理而得名（实际为98个），空中楼阁为其中之一。经中说了一个寓言，有个富人梦到一座漂亮的楼房，其中尤以第三层最为富人所欣赏。于是他找了工匠，依所梦样式，要工匠打造。工匠从第一层造起，富人觉得太麻烦，就要求工匠："我只要最漂亮的第三层，你就直接给我造第三层吧。"

"空中楼阁"用来比喻脱离现实的人或事只是幻想而已，不可能实现。

❋ 悬驼就石

语出《百喻经》。此经因为以100个譬喻故事说明佛教及世俗义理而得名（实际为98个），悬驼就石为其中之一，驼为骆驼，石为磨刀石。有个穷苦人家为国王驾车，身体很瘦弱。一天，国王就把一头死骆驼赏赐给他。穷人回到家里，取刀剥骆驼皮。刀子钝了，便上楼就石磨刀。如此来来回回，这汉子嫌麻烦，便想出一个自认为聪明的办法——扛着骆驼上楼剥皮，免得来回上下楼。

这句成语适用于人们自以为聪明、实际是笨拙愚昧的方法，特别用于出力多而收效少的工作方法。

❋ 石沉大海

语出《百喻经》。此经因为以100个譬喻故事说明佛教及世俗义理而得名（实际为98个），石沉大海为其中之一。经中有一段话："吾不往度，如石沉渊。"意思是如果我不由生死此岸渡到涅槃彼岸，便犹如大石沉在深渊里。

经文原意是如大石沉在苦海，永世不得解脱。如今多用来比喻无踪无影，或没有音讯。有时也用来形容真相不白。

❋ 天花乱坠

古印度文化中，喜欢将难得的好东西，都冠上"天"字，如天花、天香、天女等。佛教更喜欢用天花来形容供养佛、菩萨的庄严，如天女散花。《梁高僧传》里面形容云光法师讲经精辟、生动，至于出现"天花乱坠"的景象。这句成语遂成为口才好、说话动听的形容词。演变到现在，又变成负面的形容词，用来指夸大口、不切实际，甚至是意图欺蒙他人的言语。

❋ 不即不离、若即若离

佛教中观学派一个很重要的观念，就是不取两边，讲究中道精神。《圆觉经》有句话："不即不离，无缚无脱。"意思是，不即是、不相违，没有缠缚、没有解脱。有缠缚的人才要寻求解脱，对事物有相背驰的看法，才需要寻求一致的观点。因此，只要从源头断掉缠缚、相违，就不必刻意去寻求解脱或相合（即）。这是中道的精神。

"不即不离"运用在成语上，意思是既不接近，也不远离。形容人与人、人与事之间的关系。另一个意思接近的成语"若即若离"，意思是好像接近，又好像远离。形容对人的态度令人难以捉摸，多用在男女感情上。

❋ 如梦如幻、梦幻泡影

《金刚经》在篇末有一首偈语："一切有为法，如梦幻泡影，如露亦如电，应作如是观。"意思是一切由因缘和合的现象，有如梦幻泡影般，又好像朝露、电光。这里用了六个现象作喻，分别是梦境、幻术、水泡、影子、朝露、电光。这六个现象的共同特质是瞬间产生又消失。佛教对因缘所成的现象（有为法），基本上就是抱持这个观点。教人不要去执著，否则就成为痛苦的源头。

"如梦如幻"用作成语,形容美好又容易破灭的事物;"梦幻泡影"则较强调其瞬间即逝。

❖ 皆大欢喜

佛经在每一经结束的时候,多喜用"闻是经已,皆大欢喜,信受奉行"来表现听法者听完经法以后的情形。后来变成一句口头禅,形容大家都十分高兴。

❖ 心无挂碍

这是大家耳熟能详的《心经》里的一句经文。原文是:"依般若波罗蜜多故,心无挂碍;无挂碍故,无有恐怖,远离颠倒梦想,究竟涅槃。"意思是依智慧解脱的人,由于彻底了解事物(现象)的空性本质,心中没有任何挂碍;因为没有任何挂碍,心中对生命不会有任何恐慌,不会追求任何与真理相违背的梦想,以达到涅槃寂静的境界。成语"心无挂碍"则形容心中毫无牵挂,没有丝毫的忧虑、烦恼。

❖ 苦中作乐

佛教基本上把人生看作是苦海,《大宝积经》说"心如吞钩,苦中作乐想故",意思是人生本是苦海,在苦海中却以为欢乐无限,终将造成更大的痛苦。成语"苦中作乐",形容在困苦中的环境,勉强寻求一点欢乐,有无奈的意涵。

❖ 盲人摸象、瞎子摸象

《涅槃经》载,有一位国王让众盲人摸象,"触其牙者,即言:象形如萝菔(萝卜)根。触其耳者言:象如箕。触其头者言:象如石。触其脚者言:象如臼。触其脊者言:象如床。触其腹者言:象如瓮。触其尾者言:象如绳。"

经说的本意是,每个人对事物的了解往往只是片面、局部的,不能看到全面的真理,却用自己的认知来判断真理的内涵。现在多用来比喻无知之人的妄说。

❖ 不可思议

佛经中经常使用的一句术语,表达某种境界、现象不是思维所及,更非言语所能阐述。成语"不可思议"则除了原意以外,多取用表层的语意,形容事情离谱得让人无法想象、难以理解。

❋ 不二法门

佛经中经常使用的一句术语，表达思维应不执著两边，不执意寻求是与非的价值判断，而要保持中道的观念。《大乘义章》："亡于彼此，故名不二。"但作为成语则是在形容绝对的、独一无二的方法。

❋ 大慈大悲、大发慈悲

大慈大悲原是表达菩萨的精神和对众生的态度。具体言之，内涵是"无缘大慈，同体大悲"。意思是对于不具特殊缘分的人也能慈悲，对众生的遭遇感同身受。例如男女之间因为爱的基础对她好，是有缘之爱，属小爱小慈；对对方痛苦的遭遇能感同身受，也只是小悲。要能对无特殊缘分的众生同行博爱、同体感知，才是菩萨的大慈大悲。

但用在成语上，除了正面形容一个人善良、具同情心之外也经常用在负面评价上，讥讽一个人的慈悲另有所图，尤其用"大发慈悲"来讥讽平时坏事干尽、偶尔行善的人。

❋ 认贼为子

《圆觉经》里有一段话："譬如有人，认贼为子，其家财宝，终不成就。"比喻一个人如果把这虚幻的世界当成实际存在，终究不能修成佛道。盗贼会耗尽家财，错误的认知也会引导人走向错误的方向。

"认贼为子"作为成语，形容观念错误。另一个相近的成语"认贼作父"，则是把坏人当成了好人或恩人。

❋ 想入非非

佛教有个名相，叫做非想非非想处，是三界的最高处，禅定的最高境界。用"非非想"来否定"非想"，表达这一处所绝对不是能想象或人类思维所能及的，而是一个完全寂静的地方，应该说连"地方"都称不上。

"想入非非"在语意上，就是思维进入想象那个完全不是想象能及的地方。其结果当然是空幻不实，所以成语"想入非非"是形容一个人脱离实际地胡思乱想。

❋ 味同嚼蜡

《楞严经》有一段话："我无欲心，应汝行事，于横陈时，味同嚼蜡。"意思是，我没有做爱的欲望，只是随应你的意思行房，我横躺着的时候，没有一点兴味。

成语"味同嚼蜡"可用来形容食物、心境、诗文、交往等平淡无奇、索然无味。

❋ 一丝不挂

《楞严经》有一段话:"竿木随身,一丝不挂。"意思是钓鱼的用具都带在身边,鱼线上却连条鱼也没有。表达虽然有五蕴身,却一点欲望也没有。禅宗也经常使用这句成语来形容已经到了无欲的境界。

作为俗世的成语,一方面可用来表达毫无牵挂,现代人则更常使用在形容赤身裸体。

❋ 掌上明珠

《楞严经》有一段话:"掌上明珠,光摄大千世界。"意思是,每个人都具备成佛(觉悟)的本性,如同明珠握在手掌中,不必外求。这段话以明珠形容成佛的本性,这个本性,各经有不同的说法。真如、佛性、法性,其实都是同一内涵的名词。演变到后来,成语"掌上明珠"只取其珍贵、十分珍爱的意义,形容自己的女儿。

❋ 打草惊蛇

禅宗语录《祖堂集》里有一段公案。雪峰禅师在参禅的时候,自己打了一下嘴巴,在旁一僧评论说:"打草惊蛇。"意思是藉这一巴掌警醒别人。后世的成语"打草惊蛇"却有不同的比喻:行事不秘,惊动了旁人。亦或惩罚或攻击敌人,惊动了其他同类的人。

❋ 一动不如一静

杭州灵隐寺有个飞来峰,传说东晋时有位印度来华僧人慧理,看到这座山非常像印度的佛教圣地——灵鹫山,好像从印度飞来般。就为他取名"飞来峰"。宋孝宗游灵隐寺时,问住持辉僧人:"既是飞来,何不飞去?"僧人回答:"一动不如一静。"

成语"一动不如一静"就是由此产生,比喻多一事不如少一事。

❋ 求人不如求己

宋孝宗游灵隐寺时,看见观音菩萨手持念珠。便问住持辉僧人:"手持念珠则什?"僧人回答:"求人不如求己。"成语"求人不如求己"就是由此产生。比喻有事自己做,胜过求别人。

❀ 心花怒放

佛教经常以莲花喻心念,取其清净之意。《圆觉经》有云:"成就正觉,心花发明,照十方刹。"后来成语"心花怒放"用来形容心情十分愉悦。

❀ 心猿意马

佛教喜欢将妄动、攀缘、不能专注一境的心比喻为猿猴。《大日经》更将60种心相之一的燥动散乱心说为猿猴心。意则犹如奔马,表达意念变动的迅速。心猿意马在佛教看来,是修禅定的最大障碍。用作成语,也同样表示心意捉摸不定,无法把握。

❀ 投身饲虎

《菩萨本生鬘论》等记载,大车国国王有一天率三位王子出游,途遇饿虎,奄奄一息。小王子萨埵(有情之意)发愿牺牲自己来救饿虎,于是借口催两位王兄回宫,自己刺颈投虎。表现菩萨慈悲拯救众生的情怀,此即菩萨本生故事而菩萨即菩提萨埵的简称。

❀ 目连救母

目连即佛陀的十大弟子之一目犍连。据《盂兰盆经》,目连历经艰辛,遍游地狱寻找亡母青提夫人,盛饭喂母。母因业障故,身为饿鬼,饭食到口化为炭火,无法下咽。后目连依仗佛力,设盂兰盆供,终于救出母亲。此即盂兰盆节的来源,后来演变为中国民间的中元节。

❀ 一苇渡江

传说,禅宗初祖菩提达摩自印度东来以后,先到金陵。因与梁武帝言语不契,再度北行。渡长江时,忽有一队人马追来,于是随手折了一枝芦苇,掷于江中。然后脚踏芦苇,飘然而去。后至河南嵩山少林寺,传中国禅宗一系。

❀ 只履西归

传说,禅宗初祖菩提达摩于北魏孝文帝太和十九年(495)去世,弟子们将其遗体葬于熊耳山(在今河南宜阳)。三年后,北魏宋云奉命出使西域。回途中,在葱岭遇见达摩,只见他手携只履,翩翩独行。宋云问他:"大师何处去?"答道:"西天去。"

后来,孝庄帝命人掘开坟茔,棺内只剩一履。诏令取其一履供养于少林寺。

❈ 菩提树

树名,原生于印度,原名毕钵罗树,旧译贝多树、阿输陀树等。常绿乔木,树子可做念珠。佛教相传释迦牟尼在毕钵罗树下证得菩提(觉悟),故称毕钵罗树为菩提树、觉树。据传,南朝时梁僧智药自天竺移植此树至中国,现多产于广东。南方佛教国家常焚香散花,绕树作礼。

❈ 坐化

亦称坐脱、跏趺而化。指僧人临终时,端坐而逝。

❈ 外道

佛教用来称呼佛教以外的其他宗教、哲学派别。外道种类说法不一,主要指释迦牟尼在世时的六师外道,以及其分支九十六种外道。其思想与佛教最大的不同,即在不信因果。

❈ 梵志

佛教用来称呼佛教以外的修行者或出家者,主要指婆罗门及外道出家者。

❈ 魔事

"魔"为印度的特殊用语,中国并无相对的文字。佛教用来泛指障碍、偏离佛道的思想行为和精神状态。

十一 道场、寺院、古迹、塔

这一章的条目共181条，属性比较多样化。原因是本章虽以寺院为主题，但寺院除了供佛之外，又具备其他功能。最基本的有弘法及提供僧尼生活所需的住处，而多数寺院建筑又具有悠久的历史，本身即是古迹。中国很早就从印度接受了塔的文化，常常建塔以作为藏经和安置僧尼遗骨，以及供养的场所，后来甚至发展出供佛及镇邪的功能，而塔本身往往也是古迹。所以本章条目实际上是以寺院的功能为主题，将相关条目纳入，包括道场、寺院、古迹、塔。

在印度方面，仅条列佛教重要的古迹，如佛教圣地古城迦毗罗卫、佛陀出生地蓝毗尼等。而作为主题的中国部分，由于自古以来寺塔建筑本来就很发达，留传的寺院古迹非常丰富，不可能作全面性的介绍，所以仅作选择性的收录。选取的原则是：寺院必须具有特色，例如玄中寺是净土宗的发源地，也是日本净土宗的祖庭；或者在现今具备重要地位及功能的道场、寺院，如札什伦布寺；又或者在佛教史上具有代表性的，如台湾日治时代的四大道场。

本章另一特色是对台湾佛教的现况透过条目作简单的介绍。有本土的，也有日治时期的，更有1949年以后大陆来台僧人对台湾佛教所作的贡献。台湾的许多社会发展情况都受到上述三种条件影响，佛教的发展当然不能例外。尤其"人间佛教"的种子，事实上左右了台湾现代佛教的主流发展。要特别一提的是，"慈济基金会"等在形式上应属组织的条目，但因考虑其弘法的功能重于组织功能，故列在本章之中。

❋ **迦毗罗卫**

意译妙德城，古印度国名。在今尼泊尔南部，释迦族的集居处，为城邦国。因系释迦牟尼的祖国，而成为佛教圣地。佛陀晚年时，该国为拘萨罗国琉璃王所灭。

❋ **蓝毗尼**

印度佛教圣地，现属尼泊尔。释迦牟尼的出生地，地处古拘利国和迦毗罗卫国之间。是拘利国善觉王为其夫人蓝毗尼建造的花园，故名。释迦牟尼的母亲摩耶夫人为拘利国公主，依习俗返娘家产子时，在蓝毗尼沙罗树下产下释迦牟尼。近年，尼泊尔政府已将该园修复。

❋ **菩提伽耶亦称菩提道场**

印度佛教圣地，为佛陀悟道处。在古印度摩揭陀国尼连禅河西岸，今印度称法尔古河。相传佛陀在此处菩提树下悟十二因缘及四谛。为纪念佛陀在此成道，公元前3世纪阿育王曾在此围绕菩提树建大精舍，现存一座高52米的大塔，其曾于1870年经伊斯兰教徒改建。中国古代高僧法显、玄奘都曾到此游历。此处曾发现5方汉文碑刻，均为北宋前期到此游历的汉僧所立。

❋ **鹿野苑**

印度佛教圣地，意为仙人住处。在古代中印度波罗奈国，今瓦腊纳西城西北约10公里处。相传佛陀成道后，在此对5侍者初转法轮（第一次说法），使他们成为佛教的第一批信徒。

❋ **拘尸那迦亦译俱尸那**

印度佛教圣地，佛陀涅槃处。古印度末罗国都城，约当今印度联合邦的迦夏城。佛陀80岁时在此城郊的沙罗树下涅槃。

❋ **王舍城亦译罗阅祇**

古印度摩揭陀国都城。在今比哈尔的底赖雅附近，是佛陀传教的中心地之一，周围有灵鹫山等五山。当时建有竹林精舍，为佛陀居住地。7世纪玄奘留学印度时，该城已荒废，但仍有许多佛教古迹。据载，佛教第一次结集就在此城举行。

❋ **舍卫国亦译室罗伐**

古印度国名。原称憍萨罗国，因与南印度另一憍萨罗国同名，为方便区分，遂以其都城"舍卫城"为国名。在今印度西北部拉普地河南岸。崇信佛教的波斯匿王曾居此地，城内有给孤独长者施舍的祇园精舍，今遗址尚存（参见下三条祇园）。7世纪玄奘留学印度时，该城已荒废。

❈ 华氏城

古印度摩揭陀国阿阇世王所建的城，以树名为城名。阿育王迁都于此，唐名香花宫城。位于恒河和桑河的汇集处，即今印度比哈尔首府巴特那。佛教在此举行第3次结集。7世纪玄奘留学印度时，该城"荒芜虽久，基址尚存"。

❈ 耆阇崛山 意译灵鹫山

印度佛教圣地。耆阇，名鹫；崛，名头。因山顶似鹫头而得名。在古印度摩揭陀国王舍城东北部（今比哈尔的底赖雅附近）。相传佛陀曾在此居住和说法多年。4世纪时，东晋法显曾登此山，见到当年佛陀、阿难、阿罗汉等数百人坐禅处，当时法堂已损坏，只剩断垣残壁。

❈ 祇园 全称祇树给孤独园

印度佛教圣地。位在古印度憍萨罗国舍卫城郊，大约现今的塞特马赫特地方。相传当年舍卫城的富商给孤独长者（经常救济孤独者的长者，因此得名）为了建精舍供佛陀说法、居住之用，花了大量的金钱，向波斯匿王王子祇陀（亦称逝多）购买城南花园。祇陀只卖土地，地上的树木全部奉献给佛陀，因此精舍以两人名字命名。佛陀在此居住、说法25年。此园与王舍城的竹林精舍，并称两大精舍。7世纪玄奘留学印度时，精舍已毁。

❈ 竹林精舍 全称迦兰陀竹园

印度佛教圣地。位在古印度摩揭陀国王舍城郊，大约现今的比哈尔底赖雅附近。相传当年的迦兰陀长者为了供佛陀说法、居住之用，献出竹园，由摩揭陀国频婆娑罗王修建精舍，故名。此园与舍卫城祇园精舍，并称两大精舍。

❈ 那烂陀寺

古印度摩揭陀国王舍城东的著名寺院，在今印度比哈尔腊贡地方。相传原是帝日王创建，经觉护王、幻日王等历代国王扩建，成为古印度规模宏大的佛教寺院和最高学府。

全寺分八个大院，壮丽崇高。盛时，主、客僧常达万人。学习大乘、小乘、吠陀、因明、声明、医方明等。大乘则兼讲空、有二宗，偏重有宗。一些有宗著名论师，如护法、月护、胜友、戒贤等，都曾在这里讲学或担任住持。

中国的玄奘、义净等人也曾来此留学多年。12世纪时被毁。

❋ **僧伽蓝亦称僧伽摩罗，略称伽蓝**

梵文音译，僧园、僧院之意。原指修建僧舍的地方，延伸为寺院的通称。

❋ **梵刹**

"梵"意为清净，"刹"指佛国、佛土，全意为清净的佛土。后转化为对伽蓝（寺庙、修行之处）的美称。

❋ **兰若亦称阿兰若**

梵文音译，原意为寂静、空闲处。原指比丘修行处，后泛指一般佛寺。

❋ **寺**

原为中国古代官署的名称，如鸿胪寺、太常寺等。佛教用来称呼僧众供佛和聚居修行的处所，与印度的僧伽蓝同义。

❋ **庵、尼庵**

庵，原指隐世修行者所居的茅屋，后用于专指比丘尼众聚居修行处，称为尼庵、尼姑庵。

❋ **丛林**

寺院的别称。意指佛教僧尼聚集处，有如树木丛聚为林，源自禅宗对寺庙的称呼。后来道教也沿用。

❋ **大雄宝殿、金堂**

佛教寺院中的正殿。大雄，为佛陀的德号，意谓佛有大力，能伏四魔：五阴魔、烦恼魔、死魔、天子魔。一般正殿供奉释迦牟尼佛像，日本称之为金堂。

❋ **山门亦称三门**

佛教寺院的外门。佛教寺院多在山林之处，故名。一般有三个门，也称为三门。象征三解脱门：空门、无相门、无作门。有的寺院只有一个门。

❋ **悲田院亦称养济院**

佛教寺院经营的生财事业体，用来抚养鳏寡孤独之所。佛教认为布施"敬田"（指供养佛、法、僧）不如布施"悲田"（救济贫穷孤老），悲田最胜。因此，隋唐时代一些寺院多设立了悲田院。武则天时代朝廷甚至设"使"管理悲田、养病坊。唐武宗灭佛，还特地由官方接济原属寺院的悲田院。

四大道场亦称四大名山

中国佛教相传四位菩萨示现说法的四个道场。分别是：

1. 山西五台山：传为文殊师利菩萨的道场。
2. 浙江普陀山：传为观音菩萨的道场。
3. 四川峨眉山：传为普贤菩萨的道场。
4. 安徽九华山：传为地藏菩萨的道场。

因四座山皆为中国佛教胜地，故又名四大名山。详见以下各该条。

五台山

中国佛教四大名山之一，传为文殊师利菩萨示现说法的道场。分布在山西省东北五台、繁峙二县。以五台县台怀为中心，五峰环绕，周围500里。最高峰北台海拔3058米，终年无夏，亦称清凉山。北魏时即建有佛寺，北齐时达到200余座。

隋文帝时下诏，五顶各建一寺，并遣使在山顶设斋立碑。唐代有狮子国、罽宾、南天竺、日本等国僧人前来巡礼朝拜。至唐开元时期达到鼎盛，其中有大寺12所（一说10所）。敦煌石窟现存《五台山图》，是五代时期五台山的写照。

此后，宋、元、明、清历朝皇帝均曾敕建寺院，至清嘉庆（1796—1820）中叶以后，逐渐衰颓。据20世纪50年代统计，台内、台外（山下）尚有寺庙百余处，其中许多具有极高的历史价值，例如唐建南禅寺（大殿）和佛光寺、金建延庆寺、元建广济寺等。还有许多雕像、碑刻、墓塔、佛经等历史文物。

普陀山

中国佛教四大名山之一，传为观音菩萨示现说法的道场。位在浙江普陀县，为舟山群岛之一。面积12.8平方公里，包括10座山峰，最高峰白华海拔仅291米，多平岗幽洞。

唐宣宗大中（847—880）年间，有一印僧来此自燃十指，传说亲睹观世音现身说法，授以七色宝石，遂传此地为观音示现处。佛教有观音菩萨住南印度普陀洛伽山之说，故称此地为普陀山。

五代后梁末帝贞明二年（916），日僧慧锷自五台山得观音像，乘船回国，至此触礁，遂留像创寺未归。北宋以后，寺院渐增，僧众云集。现今著名寺院有普济、法雨、慧济诸寺,以及梵音洞、潮音洞、磐陀石、多宝塔诸名胜。古代往来朝鲜、日本行旅,常停此候风、拜观音,祈求航途平安。

❋ 峨眉山

中国佛教四大名山之一,传为普贤菩萨示现说法的道场。位在四川峨嵋县西南。因经年山岚美而艳,细长如眉,故名。佛教称此山为光明山,道教称虚灵洞天、灵陵太妙天。属于邛崃山脉,主峰万佛顶海拔3099米。

周围千里有石龛百余,大小洞40个。著名寺院有仙峰寺、万年寺、报国寺、九老洞、华严顶、卧云庵等,以及峨嵋宝光、舍身崖、洗象池、龙门洞等名胜。

山顶光相寺,传为普贤菩萨示现的地方。山上保存许多佛教文物,如万年寺铜铁佛像,造型优美,铸造精良。

❋ 九华山

中国佛教四大名山之一,传为地藏菩萨示现说法的道场。位在安徽青阳西南20公里,有十王、钵盂等99峰。主峰十王峰,海拔1342米。周围100公里,旧称九子山,传说李白以山有九峰如莲花,改名九华山。

佛教传说释迦逝后1500年,地藏菩萨降生于新罗国王室,姓金,号乔觉。于唐高宗永徽四年(653)渡海至此,玄宗开元十六年(728)圆寂。山上化城寺传为金乔觉成道处,月(肉)身殿为其塔院。名胜有东岩、回香阁等。

❋ 天童山亦称太白山

位于浙江鄞县东,山形高秀,有玲珑岩、龙隐潭、天童寺等名胜。传说西晋僧人义兴始于此山结茅修行,因感太白星幻化为童子,供其薪水,遂以太白为山名。唐代僧人法璿(太白禅师)于此山东麓建太白精舍(古天童寺),日诵《法华经》,感天童进供,故以天童为山名。

唐肃宗至德二年(757)时,移寺至今址。后又扩建,至北宋更名景德禅寺,为禅宗著名道场。明代改称天童寺,明太祖洪武二十五年(1392),册封此寺为天下禅宗五山之第二山。清代赐号弘法寺,后称天童弘法寺。

宋代曹洞宗僧人正觉(宏智禅师)在此住30年,著《颂古百则》,以不用公案的"默照禅"著称。后洞山良价第十三代门徒如净住山,日僧道元从受禅法,回国创立日本曹洞宗。

❋ 天台山

位于浙江天台县城北2公里处。东晋陶弘景《真诰》云:当斗牛之分,上应台宿，故名天台。由赤城、瀑布、佛陇、香炉、华顶、桐柏诸山组成。最高峰华顶海拔1136米。据传，三国吴孙权赤乌（238—251）年间已有佛寺。东晋以来，支遁、昙光、竺昙猷等曾居此。

南朝陈太建七年（575），智𫖮率弟子20余人居山10年，对于佛教教义和观行提出一家的教法，创立天台宗。隋文帝开皇十七年（597）智𫖮去世，后人在佛陇山为其建塔，在今真觉寺内。十八年，晋王杨广承智𫖮遗愿，在山麓建寺。炀帝（原晋王）大业元年（605）赐寺名"国清寺"，成为天台宗根本道场。

日僧最澄于唐德宗贞元二十年（804）来此从道邃、行满习天台宗教法，回国创立日本佛教天台宗。此后，日本天台宗僧众经常来此巡礼。现存佛寺除国清寺、真觉寺外，还有华顶寺、高明寺、方广寺等。

道教以天台山为南岳衡山之佐理，赤城山玉京洞为十大洞天之一，桐柏山为72福地之一。

❈ 栖霞山

位在江苏南京东北约20公里处，因有栖霞寺而得名。此山多产药材，可以摄养身体，故又名摄山。为钟阜支脉，海拔约313米，周围20公里，主峰凤翔峰。

栖霞寺位在群峰环抱的中峰西麓，为江南著名古刹。南朝齐高帝建元年间（479—482），居士明僧绍（明征君）隐居摄山，后舍舍为栖霞精舍，请僧法度主持。

唐高祖增建梵宇49所，改名功德寺，与山东灵岩、天台国清、荆州玉泉并称为"四大丛林"。高宗制《明征君碑》，改名"隐君栖霞寺"，并亲书碑额。碑文为唐代书法名家高正臣所写，为江南古碑之一。清文宗咸丰五年（1855）遭兵燹，1908年由寺僧重建，稍复旧观。

山上千佛崖石窟，是中国目前已知的、南朝唯一的石窟。传为明僧绍之子主持，僧祐设计，凿出无量寿石佛，高3丈2尺，为千佛崖第一窟。其余石窟、佛龛共200余个，造像700余尊，大多为唐代开凿。石舍利塔为八角五层石塔，隋文帝仁寿元年（601）初建，后唐时再建，1988年被列为全国重点文物保护单位。石窟中于2000年发现"栖霞飞天"壁画，是目前发现的该石窟唯一保存完好的壁画。

❀ 虎丘山亦名海涌山

位在江苏苏州阊门外山塘街,距城约3.5公里,高30余米。相传春秋时代末期(公元前6世纪),吴王阖闾葬此,葬后3天,有白虎踞其上,故名虎丘。一说丘如蹲虎,以形名。此地有虎丘塔(又名云岩寺塔)、云岩寺、剑池、千人石等名胜古迹。

始于晋司徒王珣、司空王珉兄弟建宅于此,后舍宅为寺,名虎丘寺。唐代因避高祖李渊祖父李虎之讳,改名"武丘报恩寺"。北宋太宗至道年间(995—997)重建,改名"云岩寺"。

东晋竺道生、南朝宋昙谛等僧,相继入山讲经。宋以后常为禅僧挂锡之所,众僧云集,形成一派,世称虎丘派,推宋代禅僧绍隆(1077—1136)为祖师。

塔始建于五代周世宗显德六年(959),是一座7级8面的砖塔。塔内曾发现五代、宋初时期的石函、经卷、瓷器、佛像等文物。另有真娘墓等古迹景点多处,2001年被评为国家5A级风景区。

❀ 潭柘寺

位在北京城西北约8公里的潭柘峰上。因寺后有龙潭,山上有柘树而得名。晋代已有嘉福寺,唐代成为规模较大的讲经处,武则天时代改名龙泉寺。后唐时从实禅师率徒千余人在此讲经。金熙宗皇统(1141—1149)年间重修,称大万寿寺。

传说元世祖忽必烈的女儿妙严公主,曾在此剃度出家。明代曾重修主要建筑,先后称为嘉福寺、龙泉寺。清圣祖康熙三十一年(1692)又改名岫云寺。

建筑以中轴在线的殿堂(包括天王殿、大雄宝殿、斋堂、毗卢殿)为主,东西配殿相辅的局势布局,古朴奇雄。寺院前方的僧塔共72座,集辽、金、元、明、清各代之大观。现存建筑为明清两代遗物。

❀ 卧佛寺

位在北京西郊香山。始建于唐太宗贞观(627—649)年间,初名兜率寺。并有一尊檀香木雕成的卧佛,今已不存。元英宗至治元年(1321),在原址扩建,并铸造了一尊巨大的铜制释迦牟尼卧佛。因此,主殿即称卧佛殿,并改名为昭孝寺,又称洪庆寺。到了元文宗至顺二年(1331),又大兴土木,佛寺建筑盛况空前,并改名大昭孝寺。明宣宗宣德、英宗正统年间(15世纪中叶),重修时改名寿安禅林。思宗崇祯年间(1628—1644),又改为永安寺。清世宗雍正十二年（1734）重修，又改名十方普觉寺，现今寺门上仍保有此题额。

建筑有四进殿院，前有琉璃彩坊、水池、石桥等，后有寿安山。主殿卧佛殿，卧佛身长5米余，卧右胁。三面环立泥塑的12弟子，表现释迦牟尼涅槃前对弟子们的交代。

❈ 法源寺

位在北京宣武门外。始建于唐太宗贞观十九年（645），目的为悼念征辽死亡战士，名悯忠寺。安史之乱时，史思明改为顺天寺。明英宗正统七年（1442）重修，改名崇福寺。

至清世宗雍正十一年（1733），由朝廷资助大修，迎请南京宝华山文海法聚至京传戒，赐额"法源寺"。寺有山门、钟鼓楼、天王殿、大雄宝殿、悯忠台、大遍觉堂、藏经阁等七进六院。

寺中有唐代以来历代碑刻。藏经阁堪称一座文物宝库，尤其一尊长达7.4米的木雕卧佛，极为珍贵。上层珍藏着《明藏》等各种版本的佛教典籍，为中国历史名刹。1956年设立中国佛学院，1979年设有中国佛教图书文物馆，2001年被列为全国重点文物保护单位。

❈ 碧云寺

位在北京西郊香山东麓。始建于元宁宗至顺二年（1331），原名碧云庵。明正德、天启年间先后扩建，改现名。清高宗乾隆十三年（1748）又扩建，成为现在的规模。

全寺纵贯东西轴线的主体建筑共分六进院落，各殿宇依山势建筑，层层升高，严谨壮观。后方金刚宝座塔系仿印度建筑式样，又融合中国传统建筑手法建成。天王殿内弥勒铜像铸于明代，罗汉堂内508尊罗汉像塑于清康熙十三年（1647）。

1925年孙中山先生逝世后，一度停灵于此，后建有中山纪念堂及衣冠塚。

❈ 隆兴寺俗称正定大佛寺

位在河北正定县城东石家庄，是一座布局规整、重楼高阁的古建筑群。始建于隋文帝开皇六年（586），初名龙藏寺。宋太祖开宝四年（971），敕命在寺内铸造一尊菩萨大铜像，并大事扩建，改名龙兴寺，奠定现在的布局和规模。其后虽经元、明、清几代重修，仍保存宋代的形制和风格。清初改名隆兴寺。

现存的宋代建筑为摩尼殿、转轮藏殿、大悲阁（1944年重修）、天王殿等。大悲阁为寺中主阁，高33米，5檐3层，阁内矗立一座高22米的前述宋铸千手千眼观音像，为中国古代铜铸艺术的杰作。隋代"龙藏寺"碑，为中国古代著名碑刻。1961年被列为国家重点文物保护单位，为河北著名的旅游景点。

❋ 独乐寺

位在天津蓟县城内。始建于唐代，辽圣宗统合二年重建，现存主体建筑有歇山式屋顶的观音阁和庑殿顶的山门。观音阁高23米，面阔5间，进深4间，上下共3层，为中国现存最古老的木结构高层楼阁建筑，集斗拱之大成。

阁中矗立一座高16余米的11面观世音菩萨像，为中国现存最大的泥塑之一。1971年在阁下四壁剥出明代重描，明以前十六罗汉和二天王壁画，为现存古代绘画珍品。宋辽以来虽屡经强烈地震，迄今高阁仍保存良好。1961年被列为国家重点文物保护单位。

❋ 白马寺

位在河南洛阳东方12公里处，始建于东汉明帝永平七年（64），为中国最早的寺院之一。寺名"白马"有二说：一说外国入侵曾毁诸寺，唯招提寺未毁坏。一夜白马绕塔悲鸣，国王因而停坏诸寺，改招提为白马。一说汉明帝遣史西域求法，以白马负经而来，遂以白马为寺名。

据传，此寺仿印度祇园精舍，中有塔，殿内有壁画。当年随使来华僧人摄摩腾，在此译出《四十二章经》。寺门旁传说有摄摩腾、竺法兰二僧的墓。现存建筑、雕塑、碑刻等多为明、清遗物，寺东舍利砖塔建于金世宗大定十五年（1175）。1961年被列为国家重点文物保护单位，面积1300亩，为全国占地面积最大的寺院。现设有白马寺汉魏故城文物保管所。

另一著名的白马寺位于台湾云林县林内乡，1997年落成启用，由明珠仁波切创建。建筑外观为西藏传统佛寺、印度钟塔、中国宫殿建筑的融合。该寺从事佛学、慈善、文化推广事业，其佛学显密并重，为台湾最大的藏传寺院。

❋ 少林寺

位在河南登封西北13公里，少室山北的五乳峰下。据传是佛教禅宗和少林派拳术的发源地。相传北魏孝文帝太和十九年（495），为印度僧人跋陀（一称佛陀）居此传法而建。禅宗初祖菩提达摩面壁及二祖慧可断臂，均在此寺。

北周武帝废佛时寺被毁，后重建改名"陟岵寺"。隋文帝在位时（581—

604）敕复原寺名。唐初，因少林寺僧助战有功，受到太宗、武则天等的崇敬。唐末、五代逐渐衰颓，南宋又复兴。

清雍正十三年（1735）重修。规模宏大，包括山门、天王殿、大雄宝殿、达摩亭、毗卢殿等建筑。加上寺外的初祖庵、二祖庵、达摩洞、塔林等，总称为少林寺。

民国初年，军阀割据，1928年军阀石友三火烧少林寺，大火延续四十余天，寺内建筑文物严重毁损。中华人民共和国成立后重建，现存建筑当中著名的大雄宝殿、达摩面壁石等均为新建仿古建筑；但一些如古代练武场、塔林及部分石刻，仍属原物遗存。

1997年，河南少林寺实业发展有限公司正式成立。2010年，联合国教科文组织通过，将中国登封的"天地之中"历史建筑群，包括少林寺常住院、塔林和初祖庵在内的8处11项，列为世界文化遗产。

❈ 玄中寺

位在山西交城西北10公里的石壁谷中，中国净土宗发源地之一，被视为净土祖庭。始建于北魏孝文帝延兴二年（472），名石壁玄中寺。净土宗昙鸾住此弘布净土信仰。隋末道绰、唐善导相继住持此寺，奠定净土宗系统。唐太宗时赐名永宁禅寺。

明、清曾修建，后部分毁于兵燹。现存明、清建筑和北魏以来的历代碑刻，都具有相当的文物价值。日本佛教史家于近代来华考察才发现，日本净土宗和净土真宗因奉昙鸾、道绰、善导为净土三祖，也视此寺为祖庭，近数十年来，前来参拜者络绎于途。

❈ 佛光寺

位在山西五台县东北佛光山山腰。相传建于北魏孝文帝时期（471—499），隋、唐时已是名寺。中唐后，寺内曾有一座3层7间、高95尺（约32米）的弥勒大阁。唐武宗灭佛，全寺被毁。

唐宣宗大中十一年（857），由僧人愿诚主持，女弟子宁公遇出资重建木结构大殿，称东大殿，位居最后，为全寺之冠。殿内有唐代彩塑佛像35尊和愿诚、宁公遇真容塑像，以及书墨题记等。配殿文殊殿建于金太宗天会十五年（1137）。寺中还有精美石雕、墓塔、石经幢等珍贵文物。然此寺长期湮没无闻。

1937年由中国传统建筑学家梁思成发现，此寺东大殿与唐代鉴真在日本奈良创建的"唐招提寺"金堂（大雄宝殿），在建筑结构和风格上十分相似。现被列为世界遗产名录五台山项下，亦为全国重点文物保护单位。

❀ 善化寺

位在山西大同城南，俗称南寺。始建于唐开元年间（713—741），初名开元寺。五代后晋时改名大普恩寺。辽末大部分建筑毁于兵燹，金太宗天会六年（1128）重建，历时15年完成。明英宗正统十年（1445），整修后改今名。

整体建筑采中轴线布局，坐北朝南。主要建筑有山门、三圣殿、普贤阁、大雄宝殿，皆为辽金时代建筑，是现今保存最完整、规模最大的辽金建筑。寺中同时保存了辽金时代的碑刻、塑像等文物，尤以大雄宝殿内诸天塑像以现实生活为题材而创作，更是金代塑像的精品。1961年列为全国重点文物保护单位。

❀ 广胜寺

位在山西洪洞县东北约17公里的霍山南麓。分为上、下两寺和水神庙3处。上、下寺为佛寺，始建于唐代宗大历年（766）以前，现存主要建筑多为元代所建。

❀ 南禅寺

位在山西五台县东冶镇。始建于唐德宗建中三年（782）。殿身面宽与进深均三间，略成正方形，单檐歇山顶，是研究唐代建筑发展的重要实体。殿内17尊彩塑，基本上未经后代更动，是中原地区少数遗存的唐代彩塑艺术代表。1949年以后政府曾大力整修此寺，1961年列为全国重点文物保护单位。

❀ 华严寺

位在山西大同城区西南隅，分上、下两寺建筑群，为辽金木构建筑，形制古朴，气势雄浑，是古代木建筑中的稀品。上寺大雄宝殿始建于辽，辽末毁于兵燹，金熙宗天眷三年（1140）重建。殿身面宽9间，进深5间，单檐5脊顶，面东，与契丹族以东为上首有关。殿内置有辽代诸帝铜像、石像，有辽皇室祖庙性质。

下寺薄伽（薄伽梵之略）教藏殿建于辽兴宗重熙七年（1038）。殿身面宽5间，进深4间，单檐9脊顶，结构精巧。殿内31尊辽代彩塑，体态自然，表情生动，保存完整。并依壁设置重楼式藏经柜38座。后窗上悬天宫楼阁5间，以拱桥与左右藏经柜上层连接。是仅存的辽代建筑典型，今已整修一新。中国传统建筑学家梁思成对其木构建筑进行评价，认为是海内孤品。其彩塑之价值亦属独步，已列入全国重点文物保护单位。

❀ 草堂寺

位在陕西鄠县东南15公里，南对终南山圭峰。后秦姚兴于弘始三年（401）迎请名僧鸠摩罗什，初住长安逍遥园，后移此盖一草堂居住译经，此寺因名草堂。

北周初年分为四寺，其后被毁。唐昭宗时重建（888—904在位），宋代以后又有多次重修。现存大殿3间，东西配殿各2间。另有鸠摩罗什舍利塔、碑石20块，以"圭峰定慧禅师碑"最著名。列汉族地区佛教重点寺院。

❀ 青龙寺

位在陕西西安西南的祭台村，是唐代密宗的根本道场，日本真言宗的发源地。隋文帝开皇元年（581）迁都大兴城（今西安），多掘城中陵塚，因建此寺追荐亡灵，取名"灵感寺"。唐高祖武德四年（621）废毁。高宗时，城阳公主有疾，请僧诵《观音经》治愈，故于龙朔二年（662）再建，改名"观音寺"。中宗景云二年（711）改称"青龙寺"。武宗灭佛，会昌五年被废毁，翌年重建，改名"护国寺"。宣宗大中九年（855），复名"青龙寺"。

此寺于明神宗万历（1573—1620）以前已毁，近年根据文献记载寺居长安新昌坊，近年发掘出该寺遗址。

唐德宗至穆宗时，惠果、义操、法全等住此寺，弘扬密宗。日本学僧空海亦在此寺学法，将密宗传入日本，创立日本真言宗。此外，日本天台宗圆仁、圆珍等亦曾在此从法全学习密教。现今建有惠果、空海纪念馆，1961年列为全国重点文物保护单位。

❀ 建初寺

此寺相传为三国吴孙权于赤乌十年（247），在建业（今南京）为康僧会所建，为江南佛寺之始，故名建初寺。康僧会曾在此寺编译《六度集经》，并注《安般守意》、《法镜》、《道树》三经。龟兹（在今新疆）僧尸梨蜜多罗于西晋怀帝永嘉年间（307—313）在寺译《大孔雀王神咒经》、《孔雀王杂神咒经》等密教经典，为密教传入中国之始。南朝律僧僧祐于齐明帝建武年间（494—498），在此寺编成《出三藏记集》。此寺今已不存。

✤ 金山寺

位在江苏镇江西北金山上。始建于东晋，原名泽心寺。梁武帝天监四年（505），开始于此寺建立水陆道场。自唐代起，通称为金山寺。宋曾改名为龙游寺，清初改为江天寺。殿宇楼台倚山而建，向为禅宗名寺。重要建筑物有楞伽台、观音阁、慈寿塔、留云亭、法海洞等。民间传说的《白蛇传》中的金山寺，即为此寺。现为国家4A级风景区。

✤ 大明寺

位在江苏扬州新北门外的蜀岗上。唐代律僧鉴真东渡日本前，所住持的佛寺。始建于南朝宋世祖大明年间（457—464），故名。隋文帝下诏在全国建塔30座，供养佛骨，此寺也建有一座栖灵塔，因而改名栖灵寺。塔焚于唐武宗会昌三年（843）。

鉴真率弟子东渡以后，寺几经兴废。清乾隆帝巡幸扬州，去"大明"之名，改题"法净寺"。

寺内现存天王殿、大雄宝殿等主要建筑。两侧有平山堂，为北宋欧阳修任扬州太守时所建；另侧谷林堂，为苏东坡任扬州太守时所建。大雄宝殿东侧于1973年新建鉴真纪念堂，由碑亭、陈列室和正殿组成，为中国传统建筑家梁思成参照唐代建筑风格设计。堂内有鉴真楠木雕像，是仿照日本招提寺鉴真干漆夹纻像雕成的。现列汉族地区佛教重点寺院。

✤ 寒山寺

位在江苏苏州市西枫桥镇。始建于南朝梁代，原名妙利普明塔院。相传寒山、拾得两僧曾居此，故名。寺内有两僧和丰干和尚画像石刻。唐张继题《枫桥夜泊》诗："月落乌啼霜满天，江枫渔火对愁眠。姑苏城外寒山寺，夜半钟声到客船。"从此，此寺闻名于世。

✤ 龙华寺

位在上海市上海县龙华镇。相传此寺建于三国吴孙权赤乌五年（242），寺前有塔，建于赤乌十年，历经兴废。史载，此寺圆通宝殿建成于唐垂拱三年（687），唐、五代所建殿宇，今皆不存。

现存建筑多为清光绪元年（1875）所建，中轴线上有弥勒殿、天王殿、大雄宝殿、三圣殿、方丈室五进殿院。两侧建有三层重楼的钟楼、鼓楼、偏殿。寺南有一座七层八角宋代木塔，建于太平兴国二年（977），与古刹、桃花构成三绝。

因传说布袋和尚为弥勒化身，每年三月初三布袋和尚圆寂纪念日，此寺都要举行龙华庙会，形成一大特色。此寺保存相关传说的文物较多，亦为特色之一。

静安寺

位在上海市内。原名沪渎重玄寺，在吴淞江滨。相传始建于三国吴孙权赤乌十年（247）。宋真宗大中祥符元年（1008）改静安寺，宁宗嘉定九年（1216）移今址。清德宗光绪六年（1880）重建。

玉佛寺

位于上海安远路。1882年，有普陀山僧人慧根赴印度礼佛，在缅甸请得玉雕释迦牟尼像5尊。回国途经上海，留下坐、卧佛各一尊，在江湾建玉佛寺。后该寺毁于兵燹。

1918年，临济宗僧人可成在今址建新寺，1928年建成，改名玉佛禅寺。寺内殿宇仿宋代建筑，在中轴在线建有天王殿、大雄宝殿、玉佛楼三进殿。东西配建卧佛堂、弥陀堂、观音堂、禅堂等。结构精巧，布局整齐壮观。

玉佛楼供坐像玉佛，高1.9米，用整块玉雕成。卧佛供于卧佛堂。寺内藏有《清藏》、《大正藏》、《续藏》、《频伽藏》、《藏文藏经》5部大藏经等，另藏有历代佛像、唐人写经等历史文物。1942年曾开办佛学院，颇受好评，1949年停办。为上海名刹之一。

保国寺

位在浙江宁波西方15公里的灵山山腰。始建于唐代，初名灵山寺。武宗灭佛，会昌五年寺被废。僖宗广明元年（880）复建，赐额"保国寺"。宋代曾改名精进院，后又复称保国寺。

现存中轴线上有天王殿、大殿、观音殿、后殿、藏经楼。大殿面宽、进深各3间，建于北宋真宗大中祥符年间（1008—1016）。目前仍保留北宋木构建筑，为江南第二大古寺。1961年列为全国重点文物保护单位。

灵隐寺

位在浙江杭州市西湖西北武林山（即灵隐山）麓飞来峰前。东晋成帝咸和三年（328），印度僧人慧理至此，见飞来峰，惊为印度灵鹫山一小峰飞来，遂面山建寺，名灵隐。

唐代宗大历六年（771）曾整修。武宗灭佛，会昌年间寺毁。至五代吴越国时重建，属临济宗。此后时毁时建，至清世祖顺治六年（1649）始全面重建，圣祖康熙元年赐名云林禅寺。1956、1970年曾两次大修。

现存大殿是清代遗构，内有释迦牟尼坐像，高9.1米，系用24块香樟木拼接雕成。大雄宝殿前的两座八面九层石塔、天王殿前的两座石经幢，都是五代吴越国时遗物。飞来峰崖壁和石洞内外，有五代、宋、元时期的石刻佛教造像338尊。以元代造像最多，且多作密宗造型。寺内华严殿供奉华严三圣——毗卢遮那佛、文殊菩萨、普贤菩萨。现列汉族地区佛教重点寺院。

❀ 南普陀寺、闽南佛学院

南普陀寺位在福建厦门五老峰麓。闽南佛教圣地之一，以供奉观音菩萨为主。因在素有观音道场之称的普陀山之南，故称。相传始建于唐代，初名普照寺。经五代、宋先后修建。五代名泗洲寺，宋初称无尽岩。宋英宗治平年间（1064—1067），改名普照院。

元顺帝至正年间（1341—1368）被毁，明太祖洪武年间（1368—1398）僧觉光重建，供奉观音菩萨和释迦牟尼佛，后又毁于兵燹。清圣祖康熙年间（1662—1722），由靖海将军施琅重建，改名南普陀。寺内主要建筑有放生池、天王殿、大雄宝殿、大悲殿、藏经阁、鼓楼、钟楼等。

1925年僧会泉任住持时，创建闽南佛学院，兼任院长。该院章程规定，院长由住持兼任。1927年由近代名僧太虚接任住持，增设锡兰留学团于漳州南山寺，并改南山寺为二院。1930年增设研究部，1934年弘一又增设佛教养正院。

抗日期间只招收学生二次，战后停办。至1986年正式复办，并增设女院部于万石莲寺。1989年出版《闽南佛学院报》。因闽南佛学院设于此寺，是一间对东南亚颇具影响力的寺院。

❀ 光孝寺

位在广东广州市。广州一带谚语有谓："未有羊城（广州），先有光孝。"为广州现存最早的寺院。原址为西汉南越王后代赵建德家宅，三国时余姚虞翻辟为园林，聚徒讲学，世称"虞苑"。虞翻后人施为寺院，名制止寺。

东晋安帝隆安元年（397）至隆安五年，罽宾僧人昙摩耶舍到广州传法，建大殿，改名王苑延寺，又称王园寺。南朝时许多印僧由海路到广州传法，与本寺有关的重要记事如下：

1. 宋武帝永初元年（420），求那跋陀罗到寺中创建戒坛。

2. 梁武帝天监元年（502），智药从印度携来一棵菩提树，种于戒坛前。

3. 普通七年（526）至大通元年（527），印度王子菩提达摩带释迦衣钵到寺传法。

4. 陈武帝永定元年（557），西印度优禅尼国僧人波罗末陀来寺译经。

到唐代，太宗贞观年间曾重修殿宇，改名为乾明法性寺。禅宗六祖慧能于高宗仪凤元年（676）来到此寺，在菩提树下剃发受戒。南宋绍兴二十一年（1151）改今名。

现存有华南独特建筑风格的六祖殿、大雄宝殿（建于南宋时期）等。此外，还有五代南汉时期所铸的东、西铁塔两座，是全国保存最古老的铁塔。1961年列为全国重点文物保护单位。

✽ 开元寺 [1]

位在福建泉州市西街。始建于武则天垂拱二年（686），初名白莲道场，后易名莲华寺，唐玄宗开元二十六年（738）改名开元寺。元末文宗至正年间（1341—1368）遭火灾，明太祖洪武（1368—1398）、成祖永乐（1403—1424）年间次第重建。

现存大雄宝殿系明末由郑芝龙（？—1661）等增建。大殿石台腰部嵌有22幅人面狮身青石浮雕像。殿中梁柱上有24尊人身鸟首的妙音鸟。寺中戒坛第五层供奉卢舍那佛，坐在莲花台上，每一莲花瓣上都刻有一尊佛像，共一千尊，名千佛莲座。藏经楼藏有藏经37000卷，还有相传从印度移植来的菩提树。

近代名僧弘一法师曾在此寺写经、研习，并在此圆寂。1982年被列为全国重点文物保护单位。

✽ 桑耶寺

位在西藏山南地区札囊县境雅鲁藏布江北岸。8世纪中叶土蕃赞普赤松德赞时，仿照印度飞行寺的形制，糅合西藏、中国的建筑风格所兴建，故又称为三样寺。其形制，中为须弥山、四大八小十二洲、日月二轮，外有垣墙围绕，四角建舍利塔，四门立四碑。赤松德赞的三位王妃又各自建一殿。一般认为是唐代宗大历二年（767）奠基，德宗贞元十五年（799）落成。

此寺落成后，赤松德赞命在此剃度第一批藏人出家，号称"七觉寺"，为西藏第一座佛、法、僧齐全的佛教寺院。几度遭火灾均修复，11世纪以后，成为宁玛派的根本道场之一。萨迦派掌政期间，曾派该派僧人进驻，因此形成两派共处现象。现为国家重点文物保护单位之一。

❈ **大昭寺**

位在西藏拉萨市中心。约建于7世纪中叶。由唐文成公主相地设计，尼泊尔公主墀尊（赤尊）兴建，历代均有扩建。建筑具唐代风格，有高4层的铜质鎏金楼阁5座，殿堂数十间。正殿供奉由文成公主从长安带去的释迦牟尼像。各殿有松赞干布、文成公主、墀尊公主塑像及佛像、祖师塑像，还有众多的壁画。珍藏7世纪以来历代文物。明清以来，拉萨的正月传召法会均在此举行。

寺门外有建于唐穆宗长庆三年（823）的"唐蕃会盟碑"，镌刻藏汉两种文字。碑侧古柳一株，相传为文成公主所植，称为唐柳。现与布达拉宫被联合国教科文组织列为世界文化遗产。

❈ **小昭寺**

位在西藏拉萨城北。唐代文成公主入藏后所建。小，为汉文名，用来与大昭对比；昭，为藏音，意为觉卧，指佛。正殿中供奉不动金刚佛像，殿高3层，上建金顶，为上密院所在。寺内供有一尊释迦牟尼8岁时塑像。现为国家重点文物保护单位之一。

❈ **三大寺、四大寺、六大寺**

三大寺为西藏佛教格鲁派位在拉萨的三大寺。即甘丹寺、色拉寺、哲蚌寺。如加上札什伦布寺则为四大寺，再加上塔尔寺、拉卜楞寺为六大寺。分见以下各该条。

❈ **甘丹寺**

位在西藏拉萨东方70公里拉萨河南岸汪古日山上，为西藏佛教格鲁派在拉萨的三大寺之一。甘丹，藏语意为兜率天，清世宗（1722—1735）曾赐名"永寿寺"。明成祖永乐七年（1409），格鲁派祖师宗喀巴所创建，为格鲁派祖庭。

该寺法台甘丹墀巴，即为宗喀巴法座继承人。寺内有宗喀巴肉身灵塔及宗教、历史文物。历代曾经扩建，规模宏大。为西藏自治区重点文物保护单位。

色拉寺

位在西藏拉萨北郊，为西藏佛教格鲁派在拉萨的三大寺之一。明永乐七年（1409），宗喀巴弟子降青曲结代表宗喀巴进京，后受封为大慈法王。回藏后，为供奉皇帝所赐佛像及佛经等，于永乐十七年（1419）兴建此寺。后经多次增修，建筑宏伟华丽，雕塑及壁画精巧细致。此寺以措钦大殿为中心，周围有三个札仓（学院）、三十多个康村（学僧舍）。

措钦大殿中的罗汉堂收藏有明代御赐的十八罗汉。结巴札仓中的马头金刚的各种造像最具特色。寺中颇多珍贵文物，其中最珍贵的是明代降青曲结受封为大慈法王时，朝廷为他制作的缂丝轴像。为西藏自治区重点文物保护单位。

哲蚌寺

位在西藏拉萨西郊，为西藏佛教格鲁派在拉萨三大寺之一。明永乐十四年（1416），宗喀巴的弟子嘉样曲结所建。达赖二、三、四世均在此坐床，寺中曾建甘丹颇章（宫）。

寺内原有七个札仓（学院），后合并为四大札仓，拉萨学经的僧人多入此寺果莽札仓。寺庙规模宏大，曾有僧侣近万人，保存有大量藏族古代历史文献和经籍。为西藏自治区重点文物保护单位。

布达拉宫

位在西藏拉萨西北角布达拉山上。相传7世纪时，吐蕃赞普松赞干布始建，后世屡有增建。至清顺治二年（1645），达赖五世大加扩建，达到今天的规模。从达赖五世起，西藏的重大宗教、政治仪式都在此举行。

建筑依山垒砌，高13层，东西长420米，南北宽300米。房屋近万间，有宫殿、灵塔、佛殿、经堂、僧舍、庭园、平台等。五座宫殿屋顶覆盖鎏金瓦，群楼高耸，气势宏伟。

宫内珍藏大量雕塑、壁画，和明清两代的敕书、印鉴、礼品、匾额及佛教典籍等文物。达赖五世和十三世的灵塔最高，达14米，全用金箔包裹。整座宫就是一个博物馆，现被联合国教科文组织列为世界文化遗产。

扎什伦布寺

位在西藏日喀则尼色日山下，后藏地区最大的佛教寺庙。扎什伦布，藏语意为吉祥须弥寺。明英宗正统十二年（1447），宗喀巴弟子根敦朱巴（后被追认为达赖一世）创建，至班禅四世罗桑却吉坚赞时，大规模扩建。从清初起，即为历世班禅驻锡之地。建筑面积30万平方米，大小金顶14个，规模宏伟，保存古代文物甚多。弥勒大殿中，有高26.8米的鎏金铜制弥勒像。寺内有显宗札仓（学院）三个、密宗札仓一个。

❈ **托林寺**

位于西藏阿里地区札达县。11世纪初阿里王益希微为大译师仁钦桑波而建，当年阿底峡率24名弟子自印度入藏传播佛教，即驻锡于此。寺仿桑耶寺形制而建。

❈ **粗朴寺**

位于西藏拉萨西北堆垄粗朴地区。南宋孝宗淳熙十四年（1187），达波拉结弟子噶玛巴·都松钦巴所建。为噶举派噶玛噶举支派的祖寺。

❈ **雍布拉岗**

位在西藏乃东县东南5公里处。传说在5世纪古藏王拉脱脱日聂赞时，天降佛经等佛教信物于雍布拉岗王宫，是西藏有佛教之始，故被认为是西藏最古的佛教建筑。后来的建筑是清康熙年间第巴桑结嘉措时修建。已毁。

❈ **萨迦寺**

位在西藏日喀则萨迦县境。北宋神宗熙宁六年（1073）由贡却结波所建，为西藏佛教萨迦派的祖寺。元代为西藏的政治中心。分南寺和北寺两部分，南寺为萨迦五祖八思巴所扩建。保存有大量珍贵文物、档案、经籍等，颇具特色。北寺已毁，南寺犹存。现列为全国重点文物保护单位。

❈ **热振寺**

位在西藏拉萨东北热振地方。北宋仁宗嘉祐元年（1065），由阿底峡弟子仲敦巴创建，为噶当派祖寺。

❈ **敏珠林**

位在西藏札曩县。清圣祖康熙十年（1671），由跌达林巴创建。寺内着重藏族文化、历史、历法、卜算、医药等教学，为西藏佛教宁玛派主要寺院之一。

❈ **竹庆寺**

意译大圆满寺。位在四川德格县。清圣祖康熙二十四年（1685），由西藏佛教宁玛派僧人白玛仁真，在德格土司阿旺札喜资助下兴建，为该土司五大家庙之一。

白玛仁真逝世后被奉为第一代活佛。第三代创立讲经院，盛时有僧侣1300余人，属寺100多座，聚集许多知名学者。除佛学外，其在天文、医学、文学等均甚有成就，绘画艺术更名扬藏区。汉僧及印度、尼泊尔、不丹多有来求学者。第五代活佛获不丹捐献，成立基金开办高级讲经学院，为深造者提供食宿。此寺为四川藏区宁玛派主寺之一。

❀ 更庆寺

位在四川德格县城。为德格土司五大家庙之一。原属宁玛派寺院，清康熙年间（1662—1722）改属萨迦派，为萨迦派在康区的主要寺院。寺内有著名的"德格印经院"，为康区藏族文化中心。

❀ 塔尔寺

藏语意为"十万佛像"，位在青海湟中县鲁沙尔镇。此地为西藏佛教格鲁派创始人宗喀巴诞生地，明世宗嘉靖三十九年（1560），为纪念他而建寺。历时400年增建，而达到现在的规模。为格鲁派在青海的主要寺院。

寺院建筑融合汉藏风格，气势宏伟，其中大小金殿屋瓦镀金，光彩夺目。寺内的绘画、堆绣、酥油花，被誉为"三绝"。每年藏历正月十五的灯节，展览酥油花雕，吸引藏蒙各地大量信徒参观。寺内珍藏有各种佛经及历史文献。

❀ 拉卜楞寺

位在甘肃夏河县。清圣祖康熙四十九年（1710），嘉木祥协巴在青海蒙古河南亲王的资助下兴建。寺内设闻思、上密、下密、时轮、喜金刚、曼巴等六个札仓（学院），为西藏佛教格鲁派在甘肃、青海、川边地区的主要寺院，是六大寺院之一。

寺院建筑宏伟，保存有大量藏族历史文献和经籍。以修持严谨、教学发达、戒律整饬著称。嘉木祥协巴的五部大论，至今还被许多寺院用为教材。各地寺院有60余所奉此寺为母寺，由其派人传经或管理。此寺现今建有图书馆，为现存典藏藏文典籍文献最多的单位之一，被列为全国重点文物保护单位。

❀ 雍和宫

位在北京安定门内，中国内地最大的藏传佛教寺庙。建筑原为清世宗即位前住的潜邸，即位后于雍正三年（1725）改为雍和宫。高宗乾隆九年（1744），改为西藏佛教寺庙。

主要建筑有天王殿、雍和宫、法轮殿、万福阁（万佛楼）、绥成殿。内有旃坛木雕成高达26米的弥勒像和宗喀巴铜像等西藏佛教文物。寺前有乾隆帝所撰，以汉、满、蒙、藏4种文字合刻的《喇嘛说》石碑一座。

过去每年正月，由喇嘛化妆举行的驱鬼舞蹈颇具西藏佛教特色，北京居民俗称为"雍和宫打鬼"。

❖ 黄寺亦称西黄寺

位在北京安定门外。清世祖顺治九年（1652），达赖五世进京朝觐，顺治特建此寺供其居住。高宗乾隆四十五年（1780），班禅额尔德尼六世班登益希到承德为乾隆祝寿后，随驾进京，亦驻锡此处。同年圆寂于此。尔后，清代西藏历次进京的官员和喇嘛，照例也在此处居住。

❖ 外八庙

河北承德避暑山庄（热河行宫）东面和北面环布的西藏佛寺的总称。因为承德在长城以外，故称外八庙，山庄内还有内八庙。从清圣祖康熙五十二年（1713）到高宗乾隆四十五年（1780）陆续兴建。其中罗汉堂已毁，现存七座：

溥仁寺：1713年建。

普宁寺：1755年建。仿西藏桑耶寺。

安远庙：1764年建。仿新疆伊犁固尔札庙。

普乐寺：1766年建。

普陀宗乘庙：1771年建。仿西藏拉萨布达拉宫。

殊象寺：1774年建。

须弥福寿庙：1780年建，仿日喀则札什伦布寺。

建筑形式及塑像、壁画都融汇了藏、蒙、汉等民族的艺术风格。清代诸帝常在此接待蒙藏的领袖人物。

❖ 罗布尔卡

位于西藏拉萨西郊拉萨河北岸。罗布，藏语意为宝贝；林卡，意为园林。罗布尔卡意译为珍珠苑，历世达赖喇嘛的夏宫。清高宗乾隆二十年（1755），达赖七世格桑嘉措在此兴建格桑颇章（宫），作为夏季休憩之用。后迭经扩建，成为现今的规模。

❈ 兴福寺

位在日本奈良市法莲寺町,日本佛教法相宗的大本山之一。元明天皇和铜三年(710)藤原家族创建,作为藤原氏族寺。时光明皇后(藤原光明子)在寺内设施药院、悲田院。是奈良时期讲习法相、俱舍宗义的中心。

因藤原氏声势显赫,此寺长期拥有大量田产,并自组武装僧兵,称"奈良法师"。与天台宗僧兵"山法师"相同,对幕府政治具相当的影响力。德川时期(1717),寺因火灾被毁大半,后修复。

❈ 法隆寺

位在日本奈良县,日本现存最古的木结构佛教建筑之一。始建于7世纪初,主要建筑有金堂(大殿)、五重塔及中门、回廊等。其布局、结构、形式,受中国南北朝建筑的影响。

❈ 东大寺亦称大华严寺

位在日本奈良市杂司町,日本佛教华严宗大本山。由日本圣武天皇于天平十年(738)敕建,与兴福寺并称南部奈良两大名寺。几经兵火重建。其大佛殿为有名的木构建筑,卢舍那佛像用金铜铸造。

天平胜宝六年(754),唐鉴真到达日本弘传律宗,即被迎入此寺,在大佛殿西特别建戒坛院,作为传戒授法之所。寺图书馆藏有《东大寺要录》及珍贵的古文书、古写经。

❈ 唐招提寺简称招提寺

位在奈良市西,日本佛教律宗总本山。依据日本圣武、孝谦天皇敕愿,由唐鉴真主持,于天平宝字三年(759)建成。与东大寺戒坛院并为日本传布和研究律学的两大道场,盛极一时。至天台宗比叡山兴建大乘戒坛以后,逐渐衰微。镰仓时期(13世纪)曾一度复兴,后又衰微。

现仍保存创建初期的金堂、讲堂、礼堂。所藏文物甚多,其中著名的有鉴真和尚夹纻坐像、药师如来木雕像等。

❈ 延历寺亦称比叡山寺

位在京都府滋贺县的比叡山,日本佛教天台宗总本山。桓武天皇天应元年(781),日本天台宗初祖最澄在此结草庵修行,后创建一乘止观学院。延历二十三年(804),最澄入唐求法,回国后在此传布天台教义。弘仁十三年(822)最澄死,翌年敕许建大乘戒坛,赐额"延历寺"。

后经历代宗祖扩建，堂宇完备。盛时有3塔、16溪、3000余坊（僧房）。元龟二年（1571），因僧兵与织田信长冲突，织田信长烧毁全山。后在丰臣秀吉、德川家康支持下重建，大致恢复旧观。寺内有三塔：

东塔：有一乘止观院、大讲堂、戒坛院和最澄、圆仁的庙堂、住室等。

西塔：有释迦堂、法华堂、常行堂等。

横川：有首楞严院等。藏有最澄自唐带回的手笔书目和著作等典籍。

❉ 金刚峰寺

位在日本和歌县伊都郡高野山，为日本佛教真言宗高野山派总本山。日本真言宗初祖空海年轻时，在入唐求法前，曾在此山修行。弘仁八年（817），奏请朝廷于此山创建寺院，并建金堂、大塔。其后弟子真然继续扩建，曾一度败落，后又复兴。丰臣秀吉（1536—1598）时代曾得到保护，获赠寺田。至明治维新后，虽复旧寺号，但已废败。

僧房在全盛时期达7700所，现存120余所。有坛场、金堂、根本大塔、宗祖御影堂、青岩寺、金刚三昧院等。灵宝馆陈列颇多文物，包含古写经等。

❉ 教王护国寺俗称东寺

全名"金光明教王护国寺秘密传法院"。位在京都市南区，为日本真言宗东寺派总本山。始建于桓武天皇延历十五年（796），嵯峨天皇弘仁十四年敕赐从唐归国的空海，作为传布真言宗的道场，并赐今名。12世纪毁于京都大火，后虽再兴，室町时期（1486）又毁于火灾。到16世纪中，丰臣秀吉、德川家康时又复建。

寺内有不同时期建成的大师堂（宗祖御影堂）、金堂、五重塔、讲堂、南大门、莲华门、庆贺门等。文物有平安（794—1192）初期和唐代作品，如真言七祖像（龙猛、龙智、金刚智、善无畏、不空、一行、惠果）7幅，平安初雕像、五大明王像5尊，五大菩萨坐像4尊，梵天像、帝释天像等。此外，还有空海手书《风信帖》、最澄《空海请来目录》、圆仁《入唐求法巡礼行记》、《东宝记》、《三宝绘词》、《西昙藏》等。

❉ 知恩院别称吉水禅房

位于日本京都市东山区，日本佛教净土宗总本山。日本净土宗初祖法然在此建草庵为念佛道场，后其弟子重建寺宇。曾被天台宗僧众烧毁，室町（1333—1573）末期重建。德川家康（1542—1616）以此地为母亲祈愿的地方，扩建寺院。

寺内藏有珍贵的宋版藏经及"敕修宗祖传绘图"48卷、《早来迎图》、《观经曼荼罗》佛画、中国宋代花鸟图等。

❀ 总持寺

位在日本横滨市鹤见区，日本禅宗曹洞宗二大本山之一。奈良时期（710—794）僧人行基在能登（今石川县）凤至郡建诸岳院，为律寺。元亨六年（1321）该寺住持皈依曹洞宗，改为曹洞宗道场。后醍醐天皇（1318—1339在位）敕为官寺，并扩建。明治三十一年（1898）遭焚毁，后移建今址。内有佛殿、待凤馆、紫云台等。

❀ 永平寺

位在日本福井县吉田郡，日本禅宗曹洞宗二大本山之一。镰仓时期宽元二年（1244），日本曹洞宗初祖道元为避天台宗僧徒迫害，在信徒波多野义重的领地上建"伞松大佛寺"，其五世弟子把此寺移今址。

德川时期（1603—1867）制定"永平寺法度"，规定此寺与总持寺并为曹洞宗本山。寺中著名文物有道元手写的《普劝坐禅仪》、《撰述记》，以及孤云怀奘（1198—1280）手写的《正法眼藏佛性第三》等。

❀ 妙心寺

位在日本京都市右京区，为日本禅宗临济宗妙心寺派大本山。原为花园天皇离宫，退位后皈依禅宗，在此建寺，请临济宗关山慧玄（1277—1360）为寺初祖。

后经扩建，是室町幕府足利义满（1358—1408）的祈愿所。曾并入南禅寺，第七祖日峰宗舜（1368—1448）又独立复兴。在丰臣秀吉（1536—1598）时，恢复旧观。文物有日本最大的铜钟、海北派的水墨画等。

❀ 久远寺

位在日本山梨县南巨摩郡，为日本日莲正宗总本山。日莲宗初祖日莲被流放佐度后来此，在领主南部实长协力下建寺传法。手写宗教著作多在此完成。

1474年改建为官寺，德川时期（1603—1867）受到保护。明治八年（1875）全部毁于火灾，现已恢复旧观。寺中宝物馆有传为胡直夫《夏景山水图》、狩野原信《农夫耕作图》4幅、《释迦文殊普贤像》3幅、宋版残本《礼记正义》2册。

大石寺

位在日本静冈县富士宫市，为日本日莲正宗本山。日莲死后，弟子日兴来此传法，自创一派，当地领主为建此寺。第二次世界大战后，日莲正宗创价学会发展迅速，因奉日莲正宗为法统，故常在此举行宗教活动，建有"正本堂"。

万福寺

位于日本京都宇治市，为日本禅宗黄檗宗大本山。德川家纲（1651—1680）时，中国明代僧人隐元创立，作为传布黄檗宗的基本道场。建筑和寺院皆依明代规制。寺内藏有颇多珍贵字画，还有《黄檗版大藏经》经版。

海印寺

位在朝鲜庆尚南道陕川郡伽耶山，始建于新罗哀庄王四年（803），受历朝尊崇，规模很大，藏有来自中国的佛经。高丽王朝11、12世纪时，曾两度雕印《大藏经》，称为《高丽藏》。第一版毁于战火，第二版的经版现存于此寺。

塔全称佛塔

起源于印度，原用于藏舍利和经卷。平面以方形、八角形为多。层数一般为单数，材料有木构及砖、石造等。

中国现存塔的类型有：

1.楼阁式塔：如山西应县木塔、河北定县开元寺砖塔、河南开封祐国寺琉璃塔、福建泉州开元寺双石塔。

2.密檐塔：如河南登封嵩岳寺塔、北京天宁寺塔。

3.喇嘛塔：如北京妙应寺白塔。

4.金刚宝座塔：如北京真觉寺塔。

5.墓塔：如河南登封净藏禅师塔。

刹

原为佛塔顶部的装饰，即相轮，亦指寺前幡杆。因此，佛寺亦称寺刹、梵刹、僧刹。

嵩岳寺塔

位在河南登封县西北嵩山南麓。建于北魏正光（520—525）年间，外部以密檐分作15层，内部以内檐分作10层，平面作等边12角形，是中国现存最早的密檐式砖塔。

塔所在之寺，初名闲居寺，原为北魏皇室离宫，后改为佛寺。塔周建有千间堂宇。隋、唐两代对该寺又进行大规模的扩建，宋、金以后衰败。

❀ 小雁塔

位在陕西西安南门外，原为唐代荐福寺佛塔，是一座密檐式砖塔。寺建于睿宗文明元年（684）。为高宗死后百日，宗室贵族为他"献福"而建，原名献福寺。塔建于中宗景龙年间（707—710），高15层，塔顶已毁，现高43米。下为砖砌基座，平面呈方形，底部四周装饰精美砖雕。

一千多年来，经历70余次地震。据塔上明代题字，明宪宗成化二十三年（1487），长安地震中，"自顶中至足中裂尺许"。复经武宗正德十六年（1521）再震，一夜之间竟震合。被列为全国重点文物保护单位。

❀ 大雁塔亦称慈恩寺塔

位在陕西西安和平门外，座落在慈恩寺内，初名慈恩寺塔。寺是唐太宗太子李治为追念其母文德皇后而建。高宗永徽三年（652），玄奘为存放从印度携回的佛经，向朝廷建议建造此塔。

塔名来自印度佛教典故。传说有一位菩萨，化身为雁，舍身布施，后人建塔以葬，故名雁塔。原仅5层，武则天长安年间（701—704），增为10层。后经兵燹，只存7层。五代后唐明宗长兴年间（930—933），重予修缮。

现存塔高64米，总体呈方形角锥状，是一座典型的楼阁式方形砖塔，有显著的民族风格和时代特点。塔的底层南门两侧，嵌有唐太宗撰文《大唐三藏圣教序碑》和高宗所撰序文，由唐代书法家褚遂良书写，是中国书法精品。塔的门楣有石刻浮雕和线刻佛像殿堂图，是研究唐代建筑、雕刻艺术的重要文物。塔壁还有杜甫、高适、岑参等人的题名。

2002年至2003年，政府对塔的周围环境进行了改造，修建大雁塔北广场，和号称亚洲最大的音乐喷泉。被列为全国重点文物保护单位。

❀ 玄奘塔即玄墓塔

位在陕西长安县兴教寺内，东西两侧为窥基和圆测墓塔。始建于唐高宗总章二年（669），文宗大和二年（828）对塔身加以重建。清穆宗同治年间（1862—1874），寺院除塔外全部被烧毁。

❀ 五塔寺

位在内蒙古呼和浩特市，原名慈灯寺，以寺后有五塔得名。建于清世宗雍正五年至十年（1727—1732）。现仅存最北的一座"金刚座舍利宝塔"，俗称五塔，蒙语"塔本·骚布日格"，建于清高宗乾隆年间（1736—1795），塔座为拱门方形高台，高7.85米，上有5个方形小塔。塔为砖石结构，塔表为雕刻涂釉的琉璃砖砌成的梵文佛像和七珍八宝图案，并刻有梵、藏、蒙3种文字的经文。塔门上方有蒙、汉、藏3种文字的"金刚座舍利宝塔"匾额。

五塔结构独特，造型优美，雕刻精巧，对研究中国建筑有很高的价值。金刚座后，墙南面嵌雕三幅图：六道轮回图、须弥山分布图、天文图。此天文图是国内唯一的蒙文刻成的天文图，1982年成立五塔文物保管所。被列为全国重点文物保护单位。

❈ 四门塔

位在山东济南东南青龙山山麓，是中国现存最古老的石塔。建于隋炀帝大业七年（611），历代未经重修。塔高15米，单层，全部用大块青石砌成。四面各有一个半圆形拱门，故称四门塔。塔体简洁朴素，浑厚大方，是单层塔的早期范例。被列为全国重点文物保护单位。

❈ 六和塔

位在浙江杭州市南高峰下。其地为六和寺所在，塔从寺名。宋太祖开宝三年（970），建塔以镇江潮（钱塘江）。太宗太平兴国年间（976—984）改寺名为开化寺，塔名沿传至今。被列为全国重点文物保护单位。

❈ 应县木塔亦称佛宫寺释迦塔

位在山西应县城内佛宫寺中。始建于辽道宗清宁二年（1056），金章宗明昌六年（1195）增修，其后历代均有小规模修整。底层直径30米，八角五层六檐，内部加上暗层实为九层。顶端有铁刹，各层内外共有斗栱50多种，高约67米。是中国现存最大、最高的木结构楼阁式佛塔。结构复杂，规模宏大，历经多次地震而巍然耸立。

近年陆续发现一批辽代雕印的契丹藏佛经刻本，是研究辽代佛教历史和文化的珍贵资料。被列为全国重点文物保护单位。

❈ 佛牙舍利塔

位在北京八大处的第二处灵光寺旧址。相传佛陀涅槃后，有两颗佛牙舍利留下。一颗传到狮子国（今斯里兰卡），一颗辗转传到于阗（今新疆和阗）。东晋时，僧人法显西游至于阗，将之携回建康（南京）。隋时，佛牙又被送至长安。五代时，中原战乱，佛牙辗转来到辽燕京（北京）。辽道宗咸雍七年（1071）八月，佛牙舍利被安置在灵光寺招仙塔。

清德宗光绪二十六年（1900），寺塔毁于八国联军。后僧人收拾残局时，在塔基中发现珍藏佛牙舍利的石函，函内有一沉香木盒，上有"释迦牟尼佛灵牙舍利，天会七年四月二十二日记。善慧书"。天会是北汉刘钧的年号，七年是公元963年。

1964年，中国佛教界在寺塔旧址建塔珍藏佛牙。塔高51米，八角十三层密檐式砖塔，保持了中国古代佛塔的传统造型。现已成为八大处标志。

❀ **古印度早期佛教艺术**

时代约在公元前3世纪，古印度孔雀王朝阿育王时代至公元前后的佛教艺术。典型为阿育王时代所立的石柱，现存有10处，柱顶有狮子、象、牛、马、宝轮等雕刻，华美庄严，以鹿野苑的狮子柱头最著名。

当时曾建立许多石塔用来供养佛舍利，塔外有石栏围绕，皆有浮雕图案。今尚存者以北印度山奇大塔较完整，包括三座石塔以及祠堂、僧院等。塔的各门，雕有佛本生故事。菩提伽耶大塔近代已重建，外绕的石栏还是古代雕刻的旧物。巴尔胡特有另一处大塔，除东面的塔门外，均已残破，残余的石栏保存在加尔各答的博物馆中。

阿育王以后，巽伽王朝时期（前187—前75），早期佛教艺术在巴雅、贝德萨、巴尔胡特、山奇等地达到更高成就，主要表现在塔、庙、窟殿中。

古印度早期佛教艺术的宗教特征是，凡代表佛的都没有佛的形像，而是用塔、圣树、佛座、法轮、佛足迹等作代表。往往以象代表佛诞生、马代表出家、座代表降魔、菩提树代表成道、法轮代表说法、塔代表涅槃等。当时的佛教认为佛是超人化的，一说是早期佛教禁止偶像崇拜，不可具体表现其相貌。

❀ **犍陀罗佛教艺术**

以古印度犍陀罗王国地区为范围（约当今巴基斯坦的白沙瓦、阿富汗东部一带）、以佛教为主题、以雕塑为表现方法的艺术。其兴盛时期约当公元1—5世纪。由于此一地区位在南亚、中亚、西亚的交会点，受到各种文化的影响。主要有：

1. 4世纪末，马其顿王国入侵，带来希腊文化艺术。
2. 3世纪，阿育王遣僧来此传布佛教。

3. 1世纪时，大月氏自中亚入主犍陀罗、迦湿弥罗、中印度的秣菟罗等国，建立版图广大的贵霜王朝。

贵霜王朝迦腻色迦王提倡佛教，犍陀罗的艺术家汲取古希腊、罗马艺术的精华，创造出释迦的各种形象，形成新的艺术风格——犍陀罗艺术。

近几十年，在今巴基斯坦白沙瓦、伊斯兰堡西北地区，发现一批1—2世纪的雕塑品。其艺术特征是姿态生动，线条简练，衣纹质感强。这一佛教艺术曾随佛教向东传播。

后期又受到波斯萨珊王朝（226—651）、印度笈多王朝（约4世纪前半叶—6世纪初）秣菟罗派的影响。5世纪初，由于俺达人入侵，逐渐衰落。自5世纪末叶以后，逐渐融合于传统艺术中。

❋ 秣菟罗佛教艺术

以古代中印度阎牟那河（今朱木那河）流域的秣菟罗国为代表的佛教雕塑艺术。公元340年，印度笈多王朝的旃摩多罗领有大部分印度版图，奖励固有的文学、艺术、宗教，吸收犍陀罗佛教艺术，形成新的艺术风格。佛像雕刻呈现薄衣透体，衣纹细密而匀称，被称为秣菟罗佛教艺术。

❋ 敦煌石窟

古代敦煌一带石窟的总称。包含莫高窟、西千佛洞、榆林窟、小千佛洞，一般狭义指莫高窟。

❋ 莫高窟亦称千佛洞

位在今甘肃敦煌东南鸣沙山的断崖上，为世界现存最大规模的佛教艺术宝库。与龙门石窟、云冈石窟并称中国佛教艺术三大宝窟。相传始于前秦建元二年（366），现存最早的石窟，开凿年代应为5世纪初北凉时期。此后，历经各代至西夏，佛窟的建造始终振兴不替，保存至今的有492个。是由建筑、绘画、雕塑组成的综合体。现存壁画总面积达45000多平方米，彩塑达2400多身。

壁画分为佛经故事、佛像两大类。隋代以前的北朝壁画，主要描绘释迦牟尼本生故事，宣扬忍辱和自我牺牲。隋唐时期经变成为主体，以宣扬西方极乐世界的"净土变"最为典型。此外，还有弥勒经变、华严经变、法华经变、维摩诘经变、金光明经变等。各种单纯的绘画，则有说法图、菩萨、罗汉、天龙八部、千手千眼观音等形象。

除佛教内容外，还绘出出资修造石窟的供养人人像，以及耕作、狩猎、捕鱼、婚丧、歌舞、杂技、旅行、医卜、屠宰等各种生活场景。反映了当时中国社会部分的生活实况，以及历代造型艺术的发展情形。

19世纪上半叶以来，中国学者开始注意此石窟的艺术和历史，并研究和纪录。1900年（清德宗光绪二十六年），发现石窟的藏经洞出土大批的古代写本和文物。其中书本总数约4万余册，大部分为佛教类，也有道教及儒家经籍。由于清末政府腐败，英、法、俄、日等国借口探险，进行劫掠。1943年设立敦煌艺术研究所，1949年以后，改名为敦煌文物研究所。现被列世界文化遗产。

❈ 榆林窟

位在甘肃安西县西南榆林河两岸崖壁上，俗名万佛峡，为莫高窟艺术的一个分支。现存石窟41个，分布在东（30个）、西（11个）两崖上。开凿年代晚于莫高窟，约在北朝时代，其中五代、宋初占一半以上。内容以壁画为主，第25号窟（中唐）的西方净土变和弥勒经变尤为精美。

❈ 云冈石窟

位在山西大同西郊武周山（一名云冈）南麓。与莫高窟、龙门石窟并称中国佛教艺术三大宝窟，为中国第一个官方开凿的石窟。石窟依山开凿，东西绵延1公里。现存石窟53个，石雕佛像、飞天等51000多尊，最大的高达17米，是中国古代最大的石窟群之一。

始凿于北魏文成帝和平元年（460），主要石窟完成于太和十八年（494）。首由凉州僧人昙曜主持，开窟5所，刻佛像各一尊，据载"高者70尺，次60尺"。此即北魏开国后5个皇帝祈福用的昙曜5窟（帝16—20窟）。

早期5窟平面作椭圆形，没有后室，全部以造像为主题，佛像高大。稍后的中部各窟，平面大多作长方形，有后室，中央雕凿大佛像，四壁、拱门、窟顶雕刻许多小佛像、飞天、佛经故事及其他建筑图案，精细优美。

石窟内的题材，为三世佛、千佛、弥勒菩萨、多宝佛和佛教故事、佛本生故事等。雕刻风格承袭汉代石刻艺术，并吸收外来影响而形成。现被列为世界文化遗产。

❈ 龙门石窟亦称伊阙石窟

位在河南洛阳南郊伊河两岸的龙门山（西山）和香山（东山）。与莫高窟、云冈石窟并称中国佛教艺术三大宝窟。始凿于北魏太和十八年（494）孝文帝迁都洛阳前后，历代直至清末持续开凿，1000多年间先后开凿的窟龛分布在东西两山的崖壁上。现存窟龛2100余，造像10万余尊，题记碑碣2700多块，佛塔40多座。

以唐开元（713—741）前，特别是武则天时期开凿最多。多数石窟的开凿，与帝王的祈福有关。奉先寺为唐代具代表性的石窟，规模最大，最为精美。其卢舍那佛为龙门石窟最大的佛像。

石窟的特色是窟形单纯，变化小，题材趋向简明集中，主题突出。北朝石窟的佛像，主要是释迦牟尼、弥勒菩萨、多宝佛、三世佛、过去七佛。隋唐时期的主像大多是阿弥陀佛、弥勒菩萨，也有卢舍那佛、药师佛等。说明唐代净土宗的兴起和石窟造像的世俗化。

分散在各窟洞中的大量碑碣石铭是研究中国书体演变的实物资料，也是一部石窟艺术的编年史。近代因各国的破坏，较小的佛像几乎都失去了头部。著名的宾阳洞中，两块"帝后礼佛图"浮雕也被窃走。现被列为世界文化遗产。

❀ 麦积山石窟

位于甘肃天水东南麦积山上。始凿于十六国晚期，北魏、西魏、北周间有大规模开凿。现存最早的石刻题记为北魏宣武帝景明三年（502）。现存窟龛、摩崖石刻共194处，分布在东西两崖上。各种造像7000余尊，其中1米以上的约有1000尊。因山石不宜雕刻，故造像多为泥塑。风格清新秀丽，富有生活气息。历代均有修龛塑像之举。壁画大部分剥落，但尚可看出中原画风。

窟内还有7座北朝"崖阁"，为研究中国古代建筑艺术的重要资料。此外，北周庾信（513—581）撰"秦州天水郡麦积山佛龛铭"等碑刻，极具历史价值。

❀ 响堂山石窟亦称响堂寺

位在河北邯郸市峰峰矿区内。主要由北响堂、南响堂组成，另有小响堂。南、北二响堂共有石窟16座，造像4300余尊。始建于北齐文宣帝在位时（550—559），初名石窟寺，后改名智力寺、常乐寺，历代续有开凿。

北响堂山有9窟，主要为北齐帝王的石窟，也有各代遗物。其中最大的大佛洞，深12.5米，宽13.3米，高8米。南响堂山有7窟，分上下两层。

石窟是北齐佛教的艺术代表。其中第二窟壁上所刻"十二部经名"、"大圣十号"，是研究北齐地论宗的珍贵史料。第三窟的《无量义经》《维摩经》《无量寿经优波提舍偈文》《弥勒成佛经》等,是研究当时北方净土信仰的实物资料。

❋ 克孜尔千佛洞亦称赫色尔石窟

位于新疆维吾尔自治区拜城县克孜尔镇东南,木札特河谷北岸的悬崖上,共236窟,其中74窟较完整,保存了部分壁面。窟群的开凿年代,约在南北朝至晚唐时。建筑、壁画、塑像等的艺术风格和手法,具有明显的民族风格。有不少的龟兹文题记,说明是中国古代少数民族的艺术创作。

石窟形制主要有礼拜窟、讲堂、僧房。题材内容属小乘说一切有部佛教艺术,崇拜释迦牟尼和弥勒佛。晚期受到大乘佛教艺术的影响,出现千佛、一佛二菩萨等题材。在布局上,前室左右壁多绘说法图,正壁塑坐佛于龛内,或大立像,券顶多于菱形格内绘佛本生或本缘故事。后室则绘或塑佛涅槃像、相关佛传故事、供养人像。

在绘画技法上,着重光暗对比,晕染突出,注意人体结构,富于装饰效果。早期受巴米羊石窟艺术的影响(位于今阿富汗),晚期则汲取敦煌石窟等不少的元素。

石窟于近代曾遭受外国盗窃者的劫掠和破坏,致使许多精美的壁画和塑像被盗运国外。至今壁画多已残破,完整彩塑无一幸存。

❋ 库木土喇千佛洞亦称库木土喇石窟

位于新疆维吾尔自治区库车县西南渭干河出山口的东岸。开凿年代约为唐初至五代、宋初,共99窟。窟内塑像大部分已被毁,只有31窟的壁画保持完整,主要是盛唐时期的作品。

石窟存有汉文及龟兹文题记。壁画内容有西方阿弥陀佛净土、东方药师佛净土、流水长者经变等大乘佛教故事,以及除释迦牟尼、弥勒以外的其他佛、菩萨像。石窟或分别具有汉与龟兹两种风格,或一窟内同具两种风格。

❋ 皇泽寺摩崖造像

位于四川广元县城西郊嘉陵江西岸。皇泽寺原为武则天祀庙,寺后有大小窟龛40多个,北周、隋、唐等时期的摩崖造像1000余尊,第10号造像最大,主像高约5米。造像精美,形式多样,主要为唐代作品。

❋ 广元千佛崖摩崖造像

位在四川广元县城北郊。是四川境内规模最宏伟的石窟群。始凿于南北朝，以唐代开凿最多，宋代续有增建。窟龛密集，最多处迭至13层，高达40米，绵亘长达半里以上，然佛像多被破坏。

现存龛洞400多个，造像7000余尊，其中以千佛洞最大、最古，内凿一佛二弟子二菩萨，高达4米。

❀ **大足石窟**

位在四川大足县境，分部于县境西南、西北、东北的山区。始建于唐高宗永徽元年（650），名列中国第四大石窟。主要为唐、五代、宋时凿造，明、清两代亦续有开凿。大小共23处，较集中的有北山、宝顶山摩崖造像等19处。为中国南方最大石窟，代表唐末至两宋的艺术成就，题材包含儒、释、道三方面。现被列为世界文化遗产。

❀ **北山摩崖造像亦称北山石刻**

位在四川大足县城北郊，北山上。由石刻和造像群组成，现存窟龛290个，造像3600余尊。唐末，割据东川的昌州刺史韦君靖，于唐昭宗景福元年开始建寨开凿，此后持续了250年，至宋代始完成现在的规模，其中以佛湾规模最大。

南、北段集中了唐末和五代的造像约170龛，中段则集中了宋代的作品。北山石窟以造像精美、雕刻细腻、艺精技绝著称于世。1961年被列为首批全国重点文物保护单位，范围包括佛湾、观音坡、佛耳峰、营盘山。

❀ **宝顶山摩崖造像**

位在四川大足县城东北，宝顶山腰，凿出造像13处。由两川地区传播密宗的赵智凤，始建于南宋孝宗淳熙六年（1179）至理宗淳祐九年（1249），明、清两代续有开凿。造像承袭唐金刚智传下来的金刚顶瑜伽部密教，故大部分属密宗供养像。

此外，还有禅宗造像，是早期禅宗与密宗结合的重要地区。至于经变，如父母恩重经变、大方便佛报恩经变等与儒家思想相结合的思想，以及观无量寿经变、十地与地狱变，和以31米涅槃佛为中心的佛教故事的雕刻等，是佛教艺术进一步中国化、与深入下层社会的具体表现，也是国内少见的佛教造像。石窟中也有道教和儒教的造像。

❀ **石钟山石窟**

位于云南大理白族自治州剑川县西南的石钟山。石窟分石钟寺（8窟）、狮子关（3处）、沙登村等3区，依山凿龛造像。造像主要内容，为王者、后妃、文吏、侍从和佛、菩萨等。从造像及题记推断，应始凿于8世纪末。是中国古代白族的艺术遗产，也是研究云南少数民族宗教、文化的重要实物资料。

❀ 开元寺［2］

位于台湾台南市北门外。原为郑成功之子郑经为其母董太妃颐养天年而建的北园别馆。清圣祖康熙二十五年（1686）扩建为佛寺，初名海会寺。仁宗嘉庆元年（1796）重建，改今名。

寺内建筑有天王殿、大雄宝殿、前后殿堂、左右祠、集英堂、慕贞堂、南山堂等。寺内除供奉释迦牟尼外，还祀奉延平郡王（郑成功）牌位。

寺内保存的郑氏文物，是研究郑氏来台及明清之际台湾状况难得的史料。寺内庭园建筑亦是台湾园林的精品，更是台湾第一座官方佛教寺院。

❀ 龙山寺

位于台湾省台北市万华区（艋舺）。相传古时有一船夫，去景尾（台北景美）买藤木，经过艋舺时休息，临走遗下香火，系于竹林上，上书"龙山寺观音佛祖"。时人取香火供奉，清圣祖康熙三年（1664）在此建寺。仁宗嘉庆二十年（1815），寺因遭白蚁蚀坏，重又扩建。寺中正殿供奉观音及文殊、普贤菩萨等，后殿奉祀妈祖。

❀ 光德寺

位于台湾高雄市阿莲区。1927年由当地卢宋居士创建，玄宗任第一任住持。1963年由净心接任第三任住持至今。1965年起，陆续扩建讲堂、众寮、大厨房、山门等，历十年完成。1982年再度大规模改建，1996年举行重建落成典礼，至此，寺内建筑物已全部修建完成。

净心还创办了幼儿园、托儿所，从事佛教电视弘法，创办《净觉佛教》月刊，创建净觉佛学院，并在佛学营、儿童夏令营等处任教师，为台湾佛教弘法现代化的先驱。

❀ 圆光禅寺、圆光佛学院

位于台湾桃园县中坜市月眉山。由开山妙果老和尚于1919年创建。妙果和尚曾获日本永年寺及总持寺赠送的金烂袈裟，更受日皇迎入内廷供养，赠袈裟、如意、卧具、拂尘、折扇等，现保存于圆光寺内妙果图书馆。老和尚除创建法云、圆光两大禅寺外，更致力于青年僧的教育事业。1945年成立"南瀛佛教养成所",1949年在本寺创立台湾第一个"台湾佛学院"。现任住持如悟法师于1982年更名为"圆光佛学院",公开对外招生。1988年,成立圆光佛学研究所,1991年更改学制,全面现代化。对台湾僧尼的培养及弘法,具巨大影响力。

❈ **福严精舍、福严佛学院**

位于台湾新竹市青草湖。1953年由印顺开山创建,初名"福严精舍"。长期以来,以培养青年僧人为目标,不务外缘,形成朴实纯净的学风。1969年改名福严佛学院,1986年真华法师开始重建工程,历时五年完成。

福严对台湾佛教界的影响,主要在僧才的培养。1949年以后,由于大陆来台的僧人,如印顺等人延续太虚人间佛教思想,并特重僧才的培养,使台湾佛教产生了质的蜕变。现今许多在海内外弘法的僧人,有许多也出自福严。

❈ **元亨寺**

位于高雄市鼓山区。据《高雄市志》载,此寺由福建漳州经元法师创建于清乾隆八年(1743),初名元兴寺。1973年曾于旧寺址挖出乾隆三十七年(1772)石碑一块。据此,则此寺已有270年历史。光绪十七年(1891),该寺毁于大火。后经多次变迁,由寿山山麓移至现址,改名元亨寺。1926年曾经改建,题额"打鼓岩"。

1964年菩妙接任住持。现有建筑体,即是菩妙于1973年开始兴建的。菩妙深入社会弘法,成立慈仁文教基金会;重视佛学推广教育,先后成立元亨佛学院、夜间佛学院、假日儿童班、暑期学生班等;慈悲众生,经常举办义诊、救济等,深入乡间。多次获得政府褒扬,为台湾本土佛教现代化的表率。

❈ **台湾佛教四大道场** [1]

指日治时期台湾佛教的四大传承之本山。分别是基隆月眉山灵泉禅寺、新北市五股凌云禅寺、苗栗县大湖乡法云寺、高雄市阿莲区超峰寺。参见以下各该条。

❈ **灵泉禅寺**

位于台湾基隆市月眉山,台湾佛教曹洞宗重要丛林,日治时期台湾佛教四大道场之一。由福建鼓山涌泉禅寺(临济宗)来台的善智、妙密禅师创立于1898年(日治明治三十一年),传承涌泉禅寺一脉。日治时期举行过五届传戒大会,培养僧侣人才。

善智、妙密禅师未几圆寂。师弟善慧法师主持寺务,得辜显荣资助,建开山堂、佛殿等。善慧禅师弘法甚力,举办佛法讲习会、传戒大会、全岛僧侣坐禅大会等。并前往印度、缅甸迎回佛身舍利、仰光佛像等,建舍利殿。

1916年善慧等人与日本佛教曹洞宗别院大石坚童法师共同筹设"私立台湾佛教中学林",培养僧侣与斋教弟子,为今台北市泰北中学前身。1922年改名台湾佛教曹洞宗中学林。

该寺现设有正觉佛学院、华文佛教学院。历史建筑物有开山堂,为两层砖造洋式建筑,采中西混合南洋形式。完工于1920年,现由台湾基隆市文化局列为历史建物。灵泉三塔位于开山堂之后,由东宝座、西莲台、正方宝塔共同构成,约有百年历史。

❋ 凌云禅寺

位于台湾新北市五股观音山,日治时期台湾佛教四大道场之一。分为两部分,前为凌云古寺,后为凌云禅寺。凌云古刹始建于清乾隆四年(1739),俗称"内岩寺"。光绪年间,地方不安宁,被匪徒潜匿作窟,刘铭传派兵剿匪,并且焚毁寺庙。近年来,地方人士在原来的地方重建庙宇,仍称"凌云古寺"。

清宣统年间,仕绅刘金波、林清敦等倡建新刹,选择原址后方数百步之处,近悬崖而建,称为"凌云禅寺",敦请宝海法师为开山住持。凌云禅寺在日据时代传承日本临济宗妙心派。住持本圆改革了原本墨守成规、闭关自守的作风,印赠经典、杂志,举办坐禅会、授戒会等。1925年代表台湾佛教访问日本佛教联合会,20年间遍访马来西亚、缅甸、印度等地佛迹,促使凌云寺在台湾佛教史上占有重要的一席之地。

❋ 法云寺

全称法云禅寺,日治时期台湾四大道场之一,位于台湾苗栗大湖观音山,属临济宗。寺内大雄宝殿供奉白玉大佛,高达9尺(约3米),为新加坡弘宗法师于缅甸雕刻,1954年捐赠。

法云寺由开拓大湖的垦户吴定新及吴定连兄弟于1912年创建,次年冬落成,觉力法师任开山住持。福建涌泉寺妙果法师任第二任住持。1925年毁于关刀山地震,光复后由妙果主持重建。建筑为少见的日式寺院结构,颇有大唐古风,绿色琉璃瓦配上雪白墙身,庭园中遍植樱花,周遭古道环绕。大殿右后方,竖立有大湖开发纪念碑,纪念吴氏兄弟开垦大湖。

❀ 超峰寺

位于台湾高雄市阿莲区大冈山，日治时期台湾四大道场之一。大冈山素有"台湾佛山"之称，又有"诗满超峰，景冠台湾"之雅称。始建于清世宗雍正年间，初名"超峰岩观音亭"。高宗乾隆二十八年（1763），知府蒋允焄改建，更名超峰寺）。建筑主体为观音殿（独立）与三圣殿，及两侧禅房。观音殿供奉木雕观音，古色古香。分新、旧两寺，此为旧超峰寺。

新寺建于日治时期，因日本政府于当地设置军事要塞，被迫迁移于山下建新超峰寺。

❀ 台湾佛教四大道场 [2]

台湾现代佛教四大道场组织的合称。主要指台湾在现代化过程中，发展出的佛教现代化组织。这些组织主要奉持人间佛教的理念。包含法鼓山、慈济基金会、中台禅寺、佛光山。参见以下各该条。

❀ 法鼓山

法鼓山农禅寺初建于1975年，由中华佛教文化馆的开山东初老和尚初建，圣严法师扩建。文化馆于1985年重建，便将各项弘法活动移到下院的农禅寺。农禅寺以禅七、佛七及各种讲经活动闻名，信徒普遍知识水平较高。

东初老人自1949年创办《人生月刊》，又于1965年到1974年之间发行《佛教文化》季刊。1985年重建中华佛教文化馆，改为中华佛学研究所。1989年新任住持圣严创刊《法鼓》杂志，于当年在台北县金山乡（今新北市金山区）创设法鼓山，并有法鼓山朝山的活动，奠定了法鼓山的基业。

近年来，圣严推动环境保护的活动不遗余力，圆寂后树葬，身体力行，不留任何遗物。

❀ 佛光山

总本山位在台湾高雄市大树区，已在全世界设有多处分院。佛光山由开山宗长星云于1967年创办，目前已经成为全台第一大佛教寺院，组织绵密。星云提倡"人间佛教"，为临济宗法脉，主张禅净双修。

其事业体包括教育、文化、慈善、医疗、出版、美术馆等，各道场、分院更遍及全球各大洲，并有全球最大的华人社团——国际佛光会。被誉为佛教界的"经营之神"。1997—2000年曾经短暂封山。

❀ 慈济基金会、慈济功德会

1966年，释证严于台湾花莲创立慈济功德会。初期有六位同修弟子，每人每天增产一双婴儿鞋，三十位家庭主妇每天省下五角钱，投入竹筒里。起初的工作为慈善济贫，后以医疗为主要目标。

至2011年，慈济的志业已包含慈善、医疗、教育、环境保护、人文等。区域扩展至全球五大洲，于47个国家设有分支会或联络处，援助过71个国家和地区。慈济的志业创造了现代佛教的奇迹，获得了世界各国的普遍肯定。2003年以"台湾佛教慈济基金会"的名义，成为联合国非政府组织的一员。

❀ 中台禅寺亦称中台山

位于台湾南投埔里。其前身为台北县（今新北市）万里乡灵泉寺，该寺以修禅闻名。1990年住持惟觉开始规划南投中台山，2001年落成，建筑高达37层。是当前世界最高、最大的寺庙建筑。由名建筑师李祖原设计，曾获得2002年台湾建筑设计奖、2003年灯光设计奖。

内部除大殿外，包括知客室、图书馆、五观堂（餐厅）、大寮、信息中心、圆明殿、禅悦苑等现代化处所。周围庭园取材佛教故事，正殿前为菩提公园。

弘法工作沿袭了灵泉寺修禅为主的传统，设有中台佛教学院，分男、女众，强调解行并重。并设置普台中小学，从事教育工作。图书馆除供大众阅览外，典藏各种版本的大藏经有15种之多，堪称完备。

索 引

一 画

一切经音义	303
一切种智	217
一切智	217
一手遮天	363
一心三观	226
一心三智	226
一白三羯磨	326
一宁	133
一生一世	358
一丝不挂	373
一尘不染	358
一动不如一静	373
一行	112
一行三昧	256
一来	24
一苇渡江	374
一法印	261
一念三千	225
一实相印	261
一炷香	310
一乘	181
一阐提	208
一瓣香	310

二 画

八十种好	182
八大人觉	186
八不中道	212
八不正观	212
八不缘起	212
八中洲	9
八圣道	173
八正道	173
八关斋戒	223
八戒	223
八识	232
八识规矩颂	287
八苦	169
八背舍	176
八迷	213
八胜处	177
八思巴	133
八指头陀	143
八部众	28
八部鬼众	28
八教	210
八寒地狱	10
八解脱	176

卜思端	134
刀山火海	360
丁福保	147
二十八祖	110
二十天	26
二十唯识论	282
二十犍度	222
二门	212
二分	235
二业	170
二衣	342
二苦	169
二乘	181
二谛	214
二道	212
二障	237
二藏三法轮	46
九华山	383
了观	55
了观禅派	55
乃穷	334
乃琼	334
七大	5
七方便	190

七方便位	190	十号	15	大方广佛华严经疏	286
七加行位	190	十四无记	183	大方广圆觉修多罗	
七众	323	十玄门	229	了义经	275
七佛	17	十玄缘起	229	大日本校订训点	
七佛通戒偈	220	十地	239	大藏经	302
七宝	344	十地经论	282	大日本校订缩刷	
七贤位	190	十如	225	大藏经	301
七转识	235	十如是	225	大日本续藏经	302
七觉支	172	十因	200	大日如来	19
七菩提分	172	十戒	223	大日经	275
人无我	202	十住	239	大手印	263
人间佛教	165	十波罗蜜	202	大天	72
人我执	202	十净	162	大无量寿经	271
十一面观音	21	十苦	169	大发慈悲	372
十八层地狱	359	十事	162	大石寺	403
十八罗汉	25	十事非法	162	大正新修大藏经	302
十八界	193	十宗	211	大正藏	302
十八部论	280	十界	7	大地法	243
十八物	343	十诵律	277	大华严寺	400
十二入	193	十重戒	224	大师	325
十二分教	260	十恶	225	大众律	277
十二处	193	十斋日	315	大众部	37
十二因缘	194	十斋日佛	19	大彻大悟	335
十二部经	260	十善	225	大吹法螺	366
十力	182	十殿阎王	28	大佛顶经	275
十七地论	281			大佛顶首楞严经	275
十大弟子	69	**三 画**		大戒	223
十不善道	225			大宋僧史略	304
十六小地狱	9	大千世界	8	大足石窟	411
十六心	189	大不善地法	246	大板	345
十六罗汉	25	大方等大集经	272	大宝法王	338
十王	28	大方广佛华严经	272	大宝积经	271

大迦叶…………… 69	大索尔…………… 127	马头观音………… 21
大经……………… 271	大唐大慈恩寺	马头金刚………… 30
大明寺…………… 391	三藏法师传…… 292	马头明王………… 21
大势……………… 23	大唐内典录……… 299	马郎妇观音……… 22
大势至…………… 26	大唐西域求法	马鸣……………… 73
大毗婆沙论……… 279	高僧传………… 292	马祖……………… 115
大毗卢遮那成佛神变	大唐西域记……… 296	马祖道一………… 115
加持经………… 275	大铁棒喇嘛……… 335	千手千眼大悲心咒
大品……………… 270	大圆满法………… 262	行法…………… 278
大品般若………… 270	大悲忏法………… 278	千手千眼观音…… 21
大品经…………… 270	大悲心咒忏法…… 278	千手观音………… 21
大威德…………… 29	大黑天…………… 30	千佛洞…………… 407
大昭寺…………… 395	大集经…………… 272	三十二相………… 182
大般若波罗蜜多经… 270	大善地法………… 244	三十七道品……… 171
大般若经………… 270	大雄宝殿………… 381	三十七觉支……… 171
大般涅槃经……… 273	大雁塔…………… 404	三十七菩提分…… 171
大乘……………… 37	大智度论………… 281	三十三观音……… 20
大乘义章………… 303	大慈大悲………… 372	三十三天………… 7
大乘五蕴论……… 284	大慈法王………… 338	三十三身………… 20
大乘百法明门论	大德……………… 326	三大寺…………… 395
略录…………… 282	大藏经…………… 298	三门……………… 381
大乘有宗………… 39	凡夫俗子………… 364	三千大千世界…… 8
大乘庄严经论…… 282	工巧无记………… 183	三三昧…………… 176
大乘法王………… 338	广元千佛崖摩崖	三不善根………… 171
大乘法苑义林章… 287	造像…………… 410	三分……………… 235
大乘和尚………… 115	广弘明集………… 290	三长斋月………… 314
大乘空宗………… 38	广律……………… 223	三火……………… 171
大乘基…………… 105	广钦……………… 152	三世……………… 197
大乘起信论……… 280	广胜寺…………… 389	三世佛…………… 18
大烦恼地法……… 245	久远寺…………… 402	三世实有………… 197
大教王经………… 276	门头……………… 331	三无性…………… 236
大朗……………… 85	马头大士………… 21	三无为…………… 253

三支	74	三垢	171	山王院	121
三生	197	三皈依	309	山法师	337
三生有幸	358	三界	5	山家大师	118
三业	169	三界唯心	232	上刀山，下油锅	360
三达	178	三科	191	上人	325
三阶宗	47	三昧	175	上乐金刚	29
三阶教	47	三是偈	213	上生经	272
三论	281	三乘	181	上师	323
三论玄义	284	三乘十地	239	上座	328
三论宗	46	三恶道	6	上座部	37
三师七证	326	三恶趣	6	上堂	310
三衣	341	三能变	232	上路弘法	164
三衣六物	343	三斋月	314	尸弃佛	17
三自性	236	三谛偈	213	尸罗跋陀罗	93
三纲	328	三谛圆融	226	尸梨蜜	76
三际	197	三教	210	士用果	200
三身	16	三密加持	179	万劫不复	359
三时	261	三道	188	万法唯识	232
三时教	210	三善道	6	万松老人	131
三宝	328	三善趣	6	万福寺	403
三宝物	344	三智	217	卫塞节	319
三毒	171	三智一心	226	下生经	272
三法印	261	三解脱	176	下路弘法	164
三空	176	三解脱门	176	小无量寿经	271
三明	178	三障	184	小手磬	345
三武一宗	163	三聚净戒	224	小经	271
三贤位	186	三摩地	175	小品	270
三性一际	231	三藏	298	小品般若	270
三学	259	三藏法师（人名）	100	小品经	270
三转十二行相	183	三藏法师（称谓）	325	小昭寺	395
三转法轮	183	三藏法师传	292	小部	267
三转法轮经	268	山门	381	小乘	37

小烦恼地法	246	不和合性	253	公案	254
小野玄妙	149	不净观	190	化生	7
小雁塔	404	不拘小节	363	化仪四教	210
习气	233	不空	108	化主	331
义天	128	不空金刚	108	化身	17
义玄	121	不空羂索		化法四教	210
义存	122	观世音菩萨	22	化缘	310
义净	106	不空羂索观音	22	火宅	185
义湘	104	不看僧面看佛面	356	互跪	311
与人方便，		不相违因	200	见	249
自己方便	362	不相应行法	250	见分	235
		不相应法	250	见取见	250
四　画		不信	246	见性成佛	257
		不害	245	见惑	188
巴·萨囊	114	不真空论	284	开山祖师	366
巴·赛囊	114	不黑不白业	170	开元三大士	107
贝叶经	305	长老	328	开元寺（福建）	394
贝恰瓦	336	长阿含经	267	开元寺（台湾）	412
比丘	323	长明灯	346	开元录	297
比丘尼	323	长房录	297	开元释教录	297
比丘尼传	292	长物	343	开元释教录略出	297
比叡山寺	400	长部	267	开宝藏	299
不二	213	长跪	311	开皇三宝录	297
不二法门	372	丹巴桑结	130	孔目章	286
不可思议	371	丹珠尔	299	历代三宝记	297
不正知	249	方	253	历游天竺记	292
不动无为	254	方丈	329	六十二见	250
不还	24	方分	11	六大	5
不即不离	370	方会	126	六大寺	395
不定地法	247	方便	215	六凡四圣	8
不定法	247	父母恩重经	276	六无为	253
不放逸	244	公巴饶萨	124	六处	195

六四转山会………	319	内道场…………	348	水陆斋仪………	317
六尘……………	194	牛头马面………	360	水陆道场………	317
六成就…………	260	牛头禅…………	51	太白山…………	383
六观音…………	20	仁王会…………	318	太虚……………	150
六师外道………	4	仁王斋…………	318	天………………	7
六妄……………	194	仁钦乔…………	114	天人师…………	15
六因……………	199	仁钦桑波………	125	天龙八部………	28
六即……………	227	认贼为子………	372	天台九祖………	157
六即佛…………	227	日本净土宗……	130	天台大师………	93
六识……………	194	日本临济宗……	131	天台三大部……	285
六和塔…………	405	日本藏经书院		天台山…………	383
六波罗蜜………	202	大藏经……	302	天台宗…………	46
六波罗蜜多……	202	日本藏经书院		天花乱坠………	370
六度……………	202	续藏经……	302	天帝释…………	26
六度集经………	269	少林寺…………	387	天宫尊者………	106
六相圆融………	228	少康……………	116	天亲……………	78
六祖大师		什门八俊………	80	天童山…………	383
法宝坛经…	288	什门十哲………	80	天童正觉………	129
六祖坛经………	288	什门四圣………	80	天童和尚………	129
六根……………	194	世友……………	73	卍………………	259
六根清净………	367	世间……………	10	卍字续藏………	302
六家七宗………	42	世间解…………	15	卍字藏…………	302
六通……………	177	世界佛陀日……	319	王舍城…………	379
六斋日…………	315	世俗谛…………	214	韦驮……………	27
六欲天…………	7	世亲……………	78	文纲……………	106
六道……………	6	世尊……………	15	文身……………	252
六境……………	194	书记……………	330	文革毁佛………	165
六趣……………	6	水月斋指月录…	290	文素……………	118
木陈……………	139	水月观音………	22	文殊……………	22
木鱼……………	345	水头……………	331	文殊师利………	22
内典……………	298	水忏……………	317	文益……………	123
内典录…………	299	水陆法会………	317	文偃……………	123

乌金大师………… 114	无相（教义）…… 183	五时八教………… 210
无上士…………… 15	无惭……………… 246	五体投地
无上正等正觉…… 203	无情有性………… 227	（礼仪）……… 311
无分别智………… 216	无著……………… 78	五体投地
无为……………… 253	无愧……………… 246	（成语）……… 355
无为法…………… 253	无量义经………… 274	五位七十五法…… 241
无记……………… 183	无量寿经………… 271	五位百法………… 241
无生……………… 218	无量寿经优波提舍	五位君臣………… 257
无生忍…………… 218	愿生偈………… 281	五位法…………… 241
无生法忍………… 218	无瞋……………… 245	五明……………… 259
无尽灯…………… 346	无痴……………… 245	五法印…………… 261
无尽藏…………… 47	无想定…………… 251	五果……………… 200
无色界…………… 5	无想果…………… 251	五苦……………… 169
无色界诸天……… 8	无漏……………… 185	五事……………… 162
无因无缘论……… 5	无漏智…………… 216	五味……………… 211
无间地狱………… 9	无遮大会………… 313	五重唯识观……… 237
无我……………… 202	无覆无记………… 183	五逆罪…………… 224
无言通…………… 54	五力……………… 172	五种姓…………… 240
无言通禅派……… 54	五大……………… 5	五浊……………… 185
无余涅槃………… 207	五大金刚………… 29	五浊恶世………… 185
无住……………… 218	五分律…………… 277	五部律…………… 276
无住涅槃………… 208	五见……………… 250	五乘……………… 181
无作……………… 192	五无间业………… 224	五恶……………… 224
无作色…………… 192	五台山…………… 382	五根……………… 172
无表……………… 192	五百罗汉………… 25	五家七宗………… 51
无表色…………… 192	五灯会元………… 293	五通……………… 177
无表业…………… 169	五衣……………… 341	五教……………… 211
无明……………… 195	五阴……………… 191	五停心观………… 190
无念……………… 256	五众……………… 323	五欲……………… 243
无事不登三宝殿… 356	五阿含…………… 267	五道……………… 6
无贪……………… 245	五戒……………… 223	五塔寺…………… 404
无相（僧）……… 112	五时……………… 210	五智……………… 178

五智三身……… 179	云门三句……… 259	中台禅寺……… 416
五智五身……… 179	云门文偃……… 123	中观论………… 281
五篇七聚……… 220	云门宗………… 53	中观学派……… 38
五趣…………… 6	云冈石窟……… 408	中华大藏经…… 301
五蕴…………… 191	云水僧………… 331	中华藏………… 301
五障…………… 184	云华尊者……… 101	中论…………… 281
心……………… 242	云板…………… 345	中阴救度法…… 263
心不相应法…… 250	云居寺………… 305	中阿含经……… 267
心王…………… 242	云衲…………… 331	中国佛教……… 40
心无宗………… 43	云栖…………… 136	中部…………… 267
心无挂碍……… 371	云栖袾宏……… 136	中道…………… 214
心心相印……… 366	云鼓…………… 345	
心花怒放……… 374	扎什伦布寺…… 396	**五　画**
心法…………… 243	扎仓…………… 334	
心经…………… 271	扎玛茹………… 350	白马寺………… 387
心所…………… 243	支那内学院…… 65	白云宗………… 63
心所有法……… 243	支郎…………… 324	白白业………… 170
心所法………… 243	支亮…………… 74	白圣…………… 153
心猿意马……… 374	支娄迦谶……… 74	白四羯磨……… 326
以心传心……… 256	支敏度………… 77	白观音………… 22
引发因………… 200	支道林………… 77	白衣大士……… 20
引业…………… 170	支遁…………… 77	白衣观音……… 20
引磬…………… 345	支谦…………… 74	白衣佛教……… 64
元史·释老传… 294	支愍度………… 77	白拉日珠……… 320
元亨寺………… 413	支谶…………… 74	白教…………… 58
元绍…………… 55	止……………… 173	半路出家……… 355
元绍禅派……… 55	止观…………… 173	北山石刻……… 411
元晓…………… 103	止观辅行传弘决… 285	北山摩崖造像… 411
元藏…………… 300	止贡巴·仁钦贝… 62	北本涅槃经…… 273
月官…………… 105	止贡噶举……… 62	北传佛教……… 40
月称…………… 93	中元节………… 318	北宋官版大藏经… 299
月霞…………… 143	中台山………… 416	北宗…………… 50

北俱卢洲	9	东方三圣	18	乐变化天	7
北藏	301	东寺	401	礼忏	314
本无	204	东序	329	礼拜	311
本无宗	43	东胜神州	9	立雪求道	366
本生经	269	东海大师	112	龙门石窟	408
本来无事	257	东塔宗	48	龙女成佛	180
本觉	206	发心	309	龙山寺	412
本寂	122	付法藏因缘传	291	龙华寺	391
边见	250	甘丹寺	395	龙神八部	28
边执见	250	甘丹法王	333	龙胜	75
布达拉宫	396	甘丹派	58	龙树	75
布施	312	甘丹墀巴	333	龙猛	75
布顿·仁钦朱	134	甘珠尔	299	龙藏	301
布顿·宝成	134	功德	311	卢舍那佛	19
布顿佛教史	295	古印度早期佛教艺术	406	卢梅慧戒	124
布顿派	63	古清凉传	295	灭	252
布袋和尚	123	古尊宿语录	289	灭尽定	251
出三藏记集	296	归依	309	灭尽定无为	254
出世间	10	汉文大藏经	298	灭尽受想定	251
出家	309	汉月	139	灭佛	163
出家众	323	汉传佛教	40	灭喜	92
出曜经	269	弘一	148	灭喜禅派	53
丛林	381	弘忍	101	末那识	235
丛林清规	340	弘法大师	119	末伽梨·拘舍罗子	5
丛规	340	弘明集	290	末法时	261
打七	315	弘教藏	301	目连救母	374
打坐	316	加持	179	目犍连	70
打草惊蛇	373	旧译	261	尼干子·若提子	4
打静	313	句身	252	尼师坛	343
忉利天	7	卡太格根	336	尼姑	323
东大寺	400	兰若	381	尼庵	381
东山法门	256			宁玛九乘	262

宁玛派	56	
平等	205	
生（十二因缘）	196	
生（心不相应法）	252	
生老病死	357	
生死轮回	6	
生起因	200	
圣义谛	214	
圣天	75	
圣观自在	21	
圣观音	21	
圣严	155	
圣者	325	
圣道门	212	
圣德太子	98	
失念	249	
石头希迁	115	
石头和尚	115	
石沉大海	370	
石经	305	
石钟山石窟	411	
石幢	347	
丝邦节	320	
司马达	88	
司马达等	88	
四十二章经	269	
四十八轻戒	224	
四大	5	
四大名山	382	
四大寺	395	
四大译经家	80	
四大金刚	26	
四大部洲	9	
四大菩萨	19	
四大道场（大陆）	382	
四个法要	313	
四门塔	405	
四不定	247	
四分	235	
四分律	277	
四分律行事钞	288	
四分律删繁补阙行事钞	288	
四见	250	
四天王	26	
四天王天	7	
四日	73	
四双八辈	24	
四无色天	8	
四无色定	175	
四无所畏	181	
四无畏	181	
四无量	175	
四无量心	175	
四生	7	
四圣谛	169	
四业	170	
四正胜	171	
四正断	171	
四正勤	171	
四论	281	
四如意足	171	
四如实智观	239	
四向四果	24	
四行期	3	
四寻思观	239	
四有	197	
四有为相	241	
四众	323	
四阿含	267	
四佛	17	
四劫	11	
四法印	261	
四法界	228	
四苦	169	
四空天	8	
四空定	175	
四空处	8	
四明大法师	125	
四明尊者	125	
四念住	171	
四念处	171	
四神足	171	
四威仪	316	
四洲	9	
四宾主	258	
四恩	185	
四料简	258	
四斋日	314	
四真谛	169	
四谛	169	
四禅	174	
四禅天	8	
四道	187	
四缘	198	
四善根	187	

四善根位	187	
四智	238	
四意断	171	
四照用	258	
四摄	185	
四摄法	185	
四静虑天	8	
四颠倒	208	
四臂观音	22	
他化自在天	7	
他空见	263	
台湾佛教四大道场（日治时期）	413	
台湾佛教四大道场（现代）	415	
头上安头	367	
头陀	327	
头首	329	
外八庙	399	
外典	298	
外道	375	
玄中寺	388	
玄应音义	303	
玄昉	104	
玄朗	112	
玄奘	100	
玄奘塔	404	
玄墓塔	404	
业	169	
业报	169	
叶巴噶举	61	
印光	145	
永平寺	402	
永明延寿禅师	123	
由旬	11	
玉佛寺	392	
玉林	140	
札巴	323	
札巴僧格	134	
正见	173	
正业	173	
正观音	21	
正定	173	
正定大佛寺	386	
正志	173	
正法时	261	
正法眼藏	255	
正命	173	
正念	173	
正觉	129	
正语	173	
正理论	280	
正遍知	15	
正精进	173	
只履西归	374	
主巴噶举	61	
主首	329	
左右街功德使	337	
左溪尊者	112	

六 画

安世高	74	
安玄	75	
安却	320	
安居	310	
安侯	74	
安般守意	190	
安清	74	
安慧	86	
百一物	343	
百一众具	343	
百丈怀海	116	
百丈清规	278	
百尺竿头，更进一步	358	
百句譬喻经	269	
百法论	282	
百法明门论	282	
百衲衣	343	
百部疏主	105	
百喻经	269	
闭关	316	
忏法	313	
忏悔	314	
成实宗	45	
成实论	280	
成实学派	45	
成唯识论	283	
成唯识论了义灯	283	
成唯识论述记	283	
成唯识论疏	283	
成唯识论掌中枢要	283	
成唯识论演秘	283	
成道会	319	
成道节	319	

充曲	313	地藏	23	后弘期	164
传大召	312	多罗那它	139	后得智	216
传小召	312	关羽	26	后得无分别智	216
传灯（人物）	138	观	173	华氏城	380
传灯（传法）	317	观世音	20	华严一乘教义	
传灯录	293	观无量寿佛经	272	分齐章	286
传衣	317	观无量寿经	272	华严一乘教分记	286
传戒	309	观无量寿经疏	288	华严大疏	286
传戒和尚	326	观自在	20	华严孔目章	286
传戒师	326	观经	272	华严五祖	157
传法	316	观经四帖	288	华严五教章	286
传教大师	118	观弥勒菩萨上生		华严寺	389
达波拉结	59	兜率天经	272	华严传	293
达波噶举	59	观弥勒菩萨下生经	272	华严经	272
达垄塘巴·札西贝	62	观待因	200	华严经传记	293
达垄噶举	62	观音	20	华严经探玄记	286
达赖一世	136	观普贤经	274	华严经疏	286
达赖二世	136	光孝寺	393	华严宗	50
达赖三世	137	光德寺	412	华严原人论	286
达赖五世	141	圭峰大师	119	华严探玄记	286
达赖喇嘛	332	圭峰宗密	119	吉水禅房	401
达玛旺秋	61	轨范法师	132	吉根	335
达摩	87	过去七佛	17	吉祥天女	30
达摩流支	102	过海大师	112	吉藏	95
达摩笈多	95	合十	311	讲下	325
达磨	87	合掌	311	论师	325
当头棒喝	255	欢喜佛	30	论藏	298
灯节	320	欢喜金刚	30	吕澂	153
灯节佛供	351	回向	262	名	197
地论宗	44	会昌法难	163	名色	195
地论学派	44	红观音	22	名身	252
地狱	9	红教	56	名数	260

牟子……………… 75	同类因……… 199	行童………… 331
牟子理惑论…… 290	托林寺……… 397	行慈………… 323
那先…………… 73	托钵………… 310	血口喷人…… 368
那先比丘经…… 268	伪经………… 276	寻…………… 247
那吒…………… 27	问讯………… 311	延历寺……… 400
那罗鸠婆……… 27	西方三圣…… 18	延寿………… 123
那烂陀寺……… 380	西牛货洲…… 9	仰山慧寂…… 121
乔答摩………… 69	西天二十八祖… 110	伊阙石窟…… 408
曲丁…………… 349	西行求法…… 79	衣钵………… 346
曲工…………… 349	西序………… 329	衣钵相传…… 346
任继愈………… 154	西河禅师…… 97	异…………… 252
如来…………… 15	西黄寺……… 399	异生性……… 251
如来藏………… 206	西域记……… 296	异部宗轮论… 280
如法衣………… 341	西域行传…… 296	异熟………… 201
如梦如幻……… 370	西域求法高僧传… 292	异熟无记…… 183
如意轮观音…… 21	西藏王统	异熟因……… 199
如影随形……… 360	世系明鉴… 295	异熟识……… 201
色……………… 191	西藏王统记… 295	异熟果……… 200
色法…………… 192	西藏佛教…… 41	因…………… 199
色拉寺………… 396	向蔡巴……… 61	因门六义…… 230
色界…………… 5	协敖………… 335	因果………… 200
色界诸天……… 8	邪见………… 250	因果报应…… 200
师子胄………… 76	邪命外道…… 5	因缘………… 198
师子座………… 343	邪魔外道…… 355	因缘观……… 190
师子铠………… 76	兴福寺……… 400	优波离……… 70
式叉摩那……… 323	行（五蕴）… 193	优婆夷……… 324
寺……………… 381	行（十二因缘）… 195	优婆塞……… 324
寺主…………… 329	行事钞……… 288	优婆离……… 70
寺塔记………… 296	行秀………… 131	有…………… 196
汤用彤………… 151	行者………… 331	有为………… 241
同分…………… 251	行思………… 111	有为法……… 241
同事因………… 200	行脚僧……… 331	有余涅槃…… 207

有宗……39	阿那律……70	阿耨多罗
有相……183	阿夷多赤	三藐三菩提……203
有情……12	舍钦婆罗……4	报身……16
有情世间……10	阿含经……267	报身佛……16
有漏……185	阿陀那识……233	别报业……170
有漏智……216	阿底峡……126	别境……243
有覆无记……183	阿罗诃……25	步步莲花……361
杂阿含经……267	阿罗汉……25	补特伽罗……198
在劫难逃……359	阿弥陀三尊……18	陈仁宗……54
在家众……323	阿弥陀佛……18	陈那……83
早期佛教……36	阿弥陀经……271	陈桓……148
至相大师……101	阿旺罗桑嘉措……141	陈寅恪……151
执迷不悟……362	阿育王……72	初刻南藏……301
众同分……251	阿育王传……291	初转法轮……183
仲敦巴……127	阿育王经……291	初期佛教……36
朱士行……76	阿毗达磨……259	伺……248
竹巴慈希……319	阿毗达磨	杜顺……96
竹林精舍……380	大毗婆沙论……279	吠舍佉节……319
竹林禅派……54	阿毗达磨显宗论……280	吠陀文化……3
竹庆寺……397	阿毗达磨俱舍论……279	佛（修行位）……15
庄主……330	阿毗达磨	佛（人物）……69
自性空……215	顺正理论……280	佛七……315
自作自受……361	阿毗昙……259	佛心宗……50
自证分……235	阿毗昙心论……279	佛牙……350
自恣……314	阿修罗……28	佛牙舍利塔……405
	阿难……71	佛本行经……270
七　画	阿阇世王……71	佛本行集经……270
	阿阇梨……326	佛立三昧……176
阿兰若……381	阿赖耶识……233	佛母……29
阿末罗识……233	阿僧祇……10	佛光大藏经……303
阿尼律陀……70	阿閦佛……18	佛光山……415
阿那含……24	阿鼻地狱……9	佛光寺……388

佛地经论	284
佛地论	284
佛曲	350
佛护	86
佛身	16
佛陀（修行位）	15
佛陀（人物）	69
佛陀扇多	88
佛陀跋陀罗	81
佛宝	328
佛苯斗争	164
佛垂般涅槃略说教诫经	275
佛法	261
佛国	12
佛国记	292
佛果圜悟禅师碧岩录	289
佛经	267
佛事	313
佛所行赞	270
佛所行赞经	270
佛图户	337
佛图澄	76
佛性	205
佛性论	284
佛学大辞典	304
佛诞节	318
佛宫寺释迦塔	405
佛临般涅槃经	275
佛说大乘无量寿清净平等觉经	271
佛说观普贤菩萨行法经	274
佛要金妆，人要衣妆	363
佛祖统纪	294
佛教	35
佛教大藏经	303
佛眼相待	361
佛眼相看	361
佛塔	403
佛智	216
佛像	348
扶尘根	194
更庆寺	398
贡却杰波	128
贡塘·丹白准美	142
贡噶宁波	130
诃梨跋摩	76
宏悟	148
花教	58
怀海	116
怀素	104
怀感	106
护世四天王	26
护身符	347
护法	87
极微	11
即色宗	43
即身成佛	180
劫	11
劫后余生	359
戒	218
戒刀	347
戒尺	344
戒日王	101
戒名	327
戒行	219
戒体	219
戒法	219
戒和尚	326
戒贤	93
戒律	220
戒相	219
戒牒	340
戒腊	328
戒禁取见	250
近代僧制改革	164
究竟觉	206
鸠摩罗什	80
鸠摩罗多	73
局阿曲巴	320
克主杰·格雷贝桑	135
克孜尔千佛洞	410
库木土喇千佛洞	410
库木土喇石窟	410
库头	329
李叔同	148
李炳南	152
利根	208
良价	121
良琇	118
两序	329
灵泉禅寺	413
灵祐	118

灵隐寺	392	声闻	24	园主	331
灵鹫山	380	时	253	证严	156
庐山记	296	时轮金刚	30	证自证分	235
卵生	7	识（五蕴）	193	住	252
玛·雷必喜饶	126	识（十二因缘）	195	住持	329
玛仓噶举	62	宋高僧传	291	作意	244
玛仓喜饶僧格	62	苏曼殊	150	坐元	330
玛尔巴	128	宋藏	299	坐化	375
麦积山石窟	409	宋藏遗珍	300	坐具	343
妙心寺	402	投身饲虎	374	坐禅	316
妙乐大师	115	沩山灵祐	118		
妙法莲华经	274	沩仰宗	51	八　画	
妙法莲华经文句	285	我	201		
妙法莲华经玄义	285	我见（我执）	202	拔戎噶举	61
沤和	215	我见（五见）	250	宝云	82
判教	209	我执	202	宝志	84
伽蓝	381	我所	201	宝顶山摩崖造像	411
伽蓝神	26	希迁	115	宝胜	114
求人不如求己	373	希运	120	宝积经	271
求那跋陀罗	83	希解派	63	宝唱	85
求那跋摩	82	希麟音义	303	苾刍	323
求法高僧传	292	严佛调	75	苾刍尼	323
驱鬼节	319	杨仁山	143	变	351
沙门	323	杨文会	143	变化身	17
沙门不敬王者论	78	杨岐派	52	变文	351
沙门思潮	4	杨歧方会	126	变相	351
沙门统	338	译仓	333	表业	169
沙弥	323	应身	17	波罗夷	221
沙弥尼	323	应身佛	17	波罗提木叉	223
身见（我执）	202	应县木塔	405	波罗蜜	202
身见（五见之一）	250	应法衣	341	波罗蜜多	202
声杖	347	应供	15	波斯匿王	71

波逸提	221	法华玄义	285	法难	163
拨云见日	363	法华宗	46	法泰	91
帛尸梨蜜多罗	76	法华经	274	法隆寺	400
怖畏金刚	29	法华尊者	102	法眼	255
刹	403	法会	312	法眼宗	53
刹那	11	法名	327	法腊	328
参	315	法师	325	法琳	98
参头	330	法岁	328	法然	130
参头和尚	330	法衣	341	法喜志	293
参禅	315	法执	202	法尊	153
典客	330	法身	16	法鼓	344
典宾	330	法身佛	16	法鼓山	415
典座	329	法我执	202	法数	260
顶礼	311	法宝	328	法源寺	386
顶礼膜拜	355	法和	77	法照	117
定	175	法轮	182	法融	99
定异	252	法事	313	法器	344
定异因	200	法性	205	法藏	109
法	241	法性宗	63	房山石经	305
法门	261	法苑珠林	303	房录	297
法上	90	法苑义林章	287	放下屠刀 立地成佛	365
法王	338	法界	204		
法王子	19	法界观	228	放焰口	318
法无我	202	法界缘起	228	放逸	245
法云	86	法钦	116	非身	202
法云寺	414	法顺	96	非我	202
法句经	269	法显	79	非择灭无为	254
法印	261	法相	232	非得	251
法主	338	法相宗	49	非情	12
法华三部	274	法称	105	忿	246
法华三部经	274	法朗	91	拂子	347
法华文句	285	法砺	97	拂尘看净	256

供宝会	320	建初寺	390	经藏堂主	330
供具	346	杰擦	60	径山宗杲	129
供物	346	金山寺	391	净人	337
供给	312	金刚	26	净土	12
供施	312	金刚亥母	31	净土十三祖	157
供养	312	金刚顶经	276	净土三经	271
贯休	123	金刚顶瑜伽真实大乘		净土门	212
柜头	329	教王经	276	净土五经	271
果报	201	金刚经	270	净土圣贤录	294
国师	339	金刚持	29	净土论	281
和上	323	金刚界	180	净土宗	49
和合性	253	金刚怒目	365	净土真宗	132
和尚	323	金刚般若		净月	87
呼图克图	336	波罗蜜多经	270	净头	331
虎丘山	385	金刚峰寺	401	净名	23
居士女	324	金刚智	107	净名经	274
居士传	294	金光明经	275	净师子	107
居士男	324	金版大藏经	300	净饭王	69
居麦	334	金胎两部	180	净刹	12
居堆	334	金陵刻经处	143	净影慧远	94
拘尸那迦	379	金瓶掣签	340	空	213
拘那含佛	17	金堂	381	空门子	326
拘楼孙佛	17	金解州天宁寺		空中楼阁	369
具足戒	223	大藏经	300	空行母	29
迦兰陀	72	金幢	347	空宗	38
迦兰陀竹园	380	金藏	300	空海	119
迦叶	69	经师	325	苦	169
迦叶佛	17	经变	351	苦中作乐	371
迦叶摩腾	74	经卷	267	苦海无边，	
迦毗罗卫	379	经筴	305	回头是岸	357
迦旃延	70	经幢	347	拉卜楞寺	398
迦腻色迦	73	经藏	298	拉巴堆钦	320

林卡节 ………… 319	拈花微笑 ………… 255	试经度僧 ………… 339
林热·白玛多吉 …… 61	念 ………… 244	事数 ………… 260
轮回 ………… 6	念佛 ………… 178	侍者 ………… 330
轮转 ………… 6	念佛三昧 ………… 178	受（五蕴）………… 192
罗什 ………… 80	念珠起源 ………… 97	受（十二因缘）… 196
罗布尔卡 ………… 399	欧阳竟无 ………… 147	受戒 ………… 309
罗汉 ………… 25	欧涅 ………… 335	松巴·益西班觉 … 141
罗桑却吉坚赞 …… 139	帕巴拉 ………… 333	所知障 ………… 237
罗桑益西 ………… 141	帕木竹巴 ………… 60	所缘缘 ………… 198
罗阅祇 ………… 379	帕竹噶举 ………… 60	贪 ………… 248
罗睺罗 ………… 71	帕克思巴 ………… 133	昙无谶 ………… 82
盲人摸象 ………… 371	披剃 ………… 309	昙迁 ………… 94
弥沙塞五分律 …… 277	贫子 ………… 113	昙旷 ………… 113
弥沙塞律 ………… 277	贫道 ………… 324	昙峦 ………… 88
弥拉惹巴 ………… 129	祈祷壁 ………… 349	昙鸾 ………… 88
弥勒 ………… 23	祇园 ………… 380	昙摩迦罗 ………… 75
弥勒上生经 ………… 272	祇树给孤独园 …… 380	昙摩谶 ………… 82
弥勒下生经 ………… 272	青龙寺 ………… 390	昙曜 ………… 84
弥勒成佛经 ………… 272	青原行思 ………… 111	往生论 ………… 281
弥兰陀王问经 …… 268	取 ………… 196	味同嚼蜡 ………… 372
明王 ………… 28	若即若离 ………… 370	卧佛寺 ………… 385
明妃 ………… 29	舍 ………… 245	物不迁论 ………… 284
明行足 ………… 15	舍卫国 ………… 379	贤首大师 ………… 109
明封三大法王 …… 134	舍利 ………… 350	贤首宗 ………… 50
明高僧传 ………… 291	舍利弗 ………… 70	现行 ………… 234
明藏 ………… 301	实叉难陀 ………… 110	现观 ………… 186
鸣杖 ………… 347	实用佛学辞典 …… 305	现身说法 ………… 362
命过幡 ………… 348	实相 ………… 204	现观庄严论 ………… 288
命根 ………… 251	实相涅槃 ………… 218	胁尊者 ………… 73
奈良法师 ………… 337	始觉 ………… 206	性戒 ………… 219
泥洹 ………… 207	势至 ………… 23	性具 ………… 226
泥洹僧 ………… 343	势速 ………… 253	性空 ………… 215

性宗	63	竺法兰	74	草堂	54
性起	215	竺法护	76	草堂寺	390
学戒女	323	竺法汰	77	草堂禅派	54
沿门托钵	356	竺叔兰	76	茶毗	310
耶舍	72	竺将炎	76	持息念	190
耶舍那	72	竺朔佛	75	持斋	314
耶舍陀	72	竺道生	80	重显	126
耶歇孜巴	61	竺摩腾	74	祠部牒	340
耶输陀罗	69	转世	340	帝心尊者	96
夜摩天	7	转识成智	238	帝师	339
依他起自性	236	转识得智	238	帝释	26
盂兰盆节	318	转法轮	183	帝释天	26
盂兰盆会	318	转经筒	350	洞山良价	121
雨安居	310	转轮王	27	独乐寺	387
择灭无为	254	转轮圣王	27	独觉	25
招提寺	400	转依	238	度母	31
枝末分裂	36	转读	351	度僧	309
织田佛教大辞典	144	卓弥·释迦益希	127	度牒	340
织田得能	144	卓浦巴	129	钝根	208
知礼	125	宗师	326	挂单	310
知库	329	宗杲	129	挂锡	310
知事	329	宗密	119	给孤独长者	72
知客	330	宗眼	255	皈依	309
知恩院	401	宗喀巴	135	鬼节	318
知浴	330	宗镜录	289	哈达	349
知殿	330			恨	247
知藏	330	**九 画**		皇泽寺摩崖造像	410
直岁	330			恍如隔世	359
周世宗灭佛	164	拜忏	314	活佛	324
周武帝灭佛	163	保志	84	济公	131
竺佛念	77	保国寺	392	济颠僧	131
竺佛朔	75	扁磬	345	荐亡幡	348

绛曲微……… 126	南本涅槃经…… 273	荣西……… 131
绛青曲结…… 135	南传上座部…… 64	神光……… 89
皆大欢喜…… 371	南传佛教…… 64	神会……… 111
结贡粗埵僧格… 62	南宗……… 50	神秀……… 102
结跏趺坐…… 316	南海寄归内法传… 278	神通……… 177
结缘……… 312	南禅寺…… 389	神通广大…… 361
界分别观…… 190	南普陀寺…… 393	神僧传…… 292
界方便观…… 190	南瞻部洲…… 9	胜义根…… 194
荆溪大师…… 115	南藏……… 301	胜友……… 90
觉（佛名）…… 15	恼……… 247	胜乐金刚…… 29
觉（五蕴）…… 192	毗卢遮那（藏僧）… 114	胜解……… 244
觉有情…… 19	毗卢遮那成佛经… 275	胜鬘经…… 273
觉域派…… 63	毗卢遮那佛…… 19	胜鬘狮子吼一乘
觉囊派…… 63	毗尼日用…… 278	大方便方广经 273
看破红尘…… 364	毗尼日用切要… 278	狮子吼经…… 273
诳……… 247	毗尼日用录…… 278	狮子座…… 343
临济义玄…… 121	毗尼多流支…… 92	施乞叉难陀…… 110
临济宗…… 52	毗舍婆佛…… 17	施主……… 324
洛阳伽蓝记…… 295	毗昙……… 259	拾得……… 113
律……… 219	毗昙宗…… 43	室罗伐…… 379
律师……… 325	毗昙学派…… 43	首座……… 328
律宗……… 47	毗婆尸佛…… 17	首楞严三昧…… 176
律部五论…… 277	毗婆沙论…… 279	首楞严三昧经… 275
律藏……… 298	毗婆舍那…… 173	首楞严经…… 275
面燃……… 318	契此……… 123	顺正理论…… 280
闽南佛学院…… 393	契嵩……… 127	思……… 243
衲衣……… 343	牵引因…… 200	思惑……… 189
南三北七…… 209	前弘期…… 164	俗谛……… 214
南山宗…… 47	亲光……… 93	胎生……… 7
南山律宗…… 47	亲鸾……… 132	胎藏界…… 180
南山律师…… 99	轻安……… 244	炭头……… 331
南无……… 309	绕佛……… 311	剃度……… 309

突吉罗	221	
突结尊追	63	
威音王佛	18	
显扬圣教论	282	
显宗论	280	
显得成佛	180	
显教	56	
相入	231	
相分	235	
相州北派	44	
相州南派	44	
相即	230	
相违因	200	
相应	253	
相应因	199	
相应部	267	
相部宗	48	
相部律宗	48	
香巴噶举	59	
香水钱	339	
香炉	346	
香姓	72	
香亭	346	
响堂山石窟	409	
响堂寺	409	
信	244	
信行	94	
星云	155	
修色噶举	62	
修行	315	
修罗	28	
修惑	189	

须陀洹	24	
须菩提	70	
须跋	72	
须跋多罗	72	
宣化	154	
宣政院	337	
彦琮	96	
养济院	381	
姚广孝	134	
药上	23	
药王	23	
药师三尊	18	
药师佛	18	
药师琉璃光如来	18	
祐录	296	
院主	329	
昭玄统	338	
赵城藏	300	
指月	254	
指月录	290	
指点迷津	357	
指雁为羹	368	
钟	344	
种子	233	
种瓜得瓜， 种豆得豆	360	
种姓制度	3	
追福	317	
追荐	317	
浊世	185	
总持寺	402	

十　画

爱	196	
班禅	332	
班禅一世	135	
班禅五世	141	
班禅四世	139	
班禅额尔德尼	332	
般舟三昧	176	
般若	215	
般若无知论	284	
般若波罗蜜多心经	271	
般若经	270	
般若经论 现观庄严颂	288	
般若学	42	
钵阐布	332	
钵掣逋	332	
部执异论	280	
部派佛教	36	
诣	247	
乘	181	
都讲	325	
都寺	329	
都统	338	
都总	329	
都康	334	
都维那	328	
都管	329	
顿悟	255	
峨眉山	383	

饿鬼	28	海印寺	403	涅槃四德	208
恶见	249	海涛	156	涅槃会	318
恶作	248	海涌山	385	涅槃经	273
烦恼	170	荷泽大师	111	涅槃僧	343
烦恼障	237	悔	248	破邪显正	215
浮图	69	疾得成佛	231	栖霞山	384
浮屠	69	贾曹杰·达玛仁钦	135	耆阇崛山	380
浮屠教	35	监寺	329	悭	247
高丽大藏经	300	监院	329	热振	333
高丽藏	300	俱尸那	379	热振寺	397
高建法幢论	283	俱有因	199	桑门	323
高峰禅师	133	俱舍宗	45	桑希	113
高楠顺次郎	145	俱舍论	279	桑耶寺	394
高僧	324	朗达玛	122	晒佛	351
高僧传	291	离系果	200	娑婆世界	9
高僧法显传	292	莲池	136	索尔波且	127
格丹益希僧格	62	莲花生	114	索尔波且·释迦生	127
格乌	350	莲花戒	117	索尔迥·喜饶札巴	127
格西	334	莲宗	49	唐大和尚	112
格贵	335	凌云禅寺	414	唐卡	351
格鲁派	58	铃	345	唐武宗灭佛	163
根	208	铃木大拙	146	唐招提寺	400
根本大师	118	流转	252	唐高僧传	291
根本分裂	36	秣菟罗佛教艺术	407	唐喀	351
根本无分别智	216	莫高窟	407	唐僧	100
根本烦恼	170	难陀	87	调达	71
根本智	216	能作因	199	调御丈夫	15
根敦朱巴	136	涅盘宗	44	铁围山大乘结集	161
根敦嘉措	136	涅盘学派	44	铁萨罗	82
衮丹	60	涅槃	207	铁棒喇嘛	335
郭扎派	63	涅槃无名论	284	通戒	220
害	247	涅槃节	318	通果无记	183

通琇	140	圆磬	345	曹洞五位	257
荼毗	310	圆融三谛	226	曹洞宗	53
顽石点头	364	悦众	328	曹溪原本	288
翁则	335	阅藏知津	297	阐提	208
息却	320	斋	314	常乐我净	208
息慈	323	斋七	317	常行三昧	176
夏安居	310	斋门	64	常盘大定	146
夏腊	328	斋日	314	绰浦噶举	60
夏鲁派	63	斋会	314	粗朴寺	397
笑面夜叉	360	斋板	345	粗赤拔	129
益希旺波	114	斋教	64	得	251
益希微	126	斋僧	314	得其三昧	366
浴主	330	斋僧法会	314	第一义谛	214
浴佛节	318	哲布尊丹巴	336	第一次结集	161
预流	24	哲蚌寺	396	第二次结集	161
原人论	286	真可	137	第七识	235
原妙	133	真如	204	第八识	233
原始佛教	36	真如无为	254	第三次结集	161
圆仁	120	真言两部	180	第四次结集	161
圆成实自性	236	真空妙有	227	谛闲	144
圆光佛学院	412	真谛（人物）	91	掉举	246
圆光禅寺	412	真谛（名词）	214	奋然	124
圆测	103	钲	345	兜率天	7
圆测文雅	103	准胝观音	21	阇那崛多	92
圆觉经	275	准提观音	21	阇毗	310
圆觉修多罗				阇维	310
了义经	275	**十一画**		断臂求法	366
圆珍	121			梵夹	305
圆悟	138	庵	381	梵网经	278
圆寂	208	庵摩罗识	233	梵呗	351
圆瑛	148	惭	245	梵志	375
圆满业	170	曹山本寂	122	梵刹	381

梵钟 …………… 344	康村 …………… 335	菩提达摩 …………… 87
辅行记 ………… 285	康藏国师 ……… 109	菩提达磨 …………… 87
副寺 …………… 329	勒那摩提 ……… 88	菩提伽耶 ………… 379
副参 …………… 330	累七 …………… 317	菩提树 …………… 375
盖 ……………… 348	理惑 …………… 188	菩提流支 …………… 87
黄龙三关 ……… 258	理惑论 ………… 290	菩提流志 ………… 102
黄龙派 ………… 52	梁代三大法师 … 85	菩提留支 …………… 87
黄龙慧南 ……… 127	梁代三大家 …… 85	菩提道次第略论 … 287
黄寺 …………… 399	梁启超 ………… 147	菩提道次第广论 … 287
黄教 …………… 58	梁皇忏法 ……… 279	菩提道灯论 ……… 287
黄檗希运 ……… 120	梁高僧传 ……… 291	菩提道场 ………… 379
惛沉 …………… 246	鹿野苑 ………… 379	菩提萨埵 ………… 19
混世魔王 ……… 355	曼陀罗（人名）… 86	乾隆版大藏经 …… 301
寂天 …………… 110	曼陀罗（坛场）… 348	清凉文益 ………… 123
寂护 …………… 114	曼殊师利 ……… 22	清凉疏 …………… 286
寂知指体 ……… 257	曼荼罗 ………… 348	清辨 ……………… 90
寄禅 …………… 143	梦幻泡影 ……… 370	清藏 ……………… 301
袈裟 …………… 342	密云 …………… 138	萨迦寺 …………… 397
袈裟十二名 …… 342	密村 …………… 335	萨迦派 …………… 58
袈裟五德 ……… 342	密宗 …………… 55	萨迦耶见 ………… 250
假名 …………… 215	密院 …………… 334	萨班·贡噶坚赞 … 132
假有 …………… 215	密教 …………… 55	萨婆若 …………… 217
教王护国寺 …… 401	密集金刚 ……… 29	萨噶达瓦 ………… 319
教判 …………… 209	敏珠林 ………… 397	奢摩他 …………… 173
教典派 ………… 128	铙钹 …………… 345	探玄记 …………… 286
教相判释 ……… 209	婆浮陀·伽旃延 … 4	堂头和尚 ………… 329
教授师 ………… 326	婆薮盘豆 ……… 78	铜钹 ……………… 345
教授派 ………… 129	菩萨 …………… 19	铜钹子 …………… 345
渐悟 …………… 255	菩萨十地 ……… 239	偷兰遮 …………… 222
救人一命，胜造七级	菩萨低眉 ……… 365	晚参 ……………… 315
浮屠 ………… 357	菩萨戒本 ……… 278	望月佛教大辞典 … 145
救度母 ………… 31	菩提 …………… 203	望月信亨 ………… 145

望参…………… 330	续藏经………… 302	禅七…………… 315
唯识二十论…… 282	悬驼就石……… 369	禅门日诵……… 278
唯识十大论师… 86	雪峰义存……… 122	禅那…………… 174
唯识三十论…… 283	雪窦明觉派…… 54	禅寺职位……… 329
唯识三十颂…… 283	雪窦重显……… 126	禅杖…………… 346
唯识三十论颂… 283	阎罗王………… 27	禅坐…………… 316
唯识三疏……… 283	阎魔王………… 27	禅板…………… 346
唯识无境……… 232	野狐禅………… 368	禅定…………… 174
唯识五位……… 238	欲……………… 243	禅和子………… 326
唯识论………… 283	欲界…………… 5	禅林僧宝传…… 293
唯识论义灯…… 283	欲界诸天……… 7	禅宗…………… 50
唯识枢要……… 283	域摩弥觉多吉… 63	禅宗六祖……… 157
唯识述记……… 283	章安大师……… 96	禅教合一……… 289
唯识学派……… 39	章安尊者……… 96	禅源诸诠集都序… 289
唯识宗………… 49	章嘉呼图克图… 336	超凡入圣……… 365
唯我独尊……… 361	缁门…………… 327	超度…………… 317
维那…………… 328	缁流…………… 327	超峰寺………… 415
维祇难………… 76	缁素…………… 327	朝山…………… 315
维摩诘………… 23	做一天和尚	朝参…………… 315
维摩诘经……… 274	敲一天钟…… 368	朝鲜曹溪宗…… 131
维摩诘所说经… 274		赐紫…………… 340
维摩经………… 274	**十二画**	赐紫衣………… 340
悉他毗罗婆多部… 37		道人统………… 338
悉达多………… 69	奥义书………… 3	道世…………… 99
悉昙…………… 305	棒喝…………… 255	道元…………… 132
悉谈…………… 305	悲田院………… 381	道生…………… 80
虚云…………… 149	遍大地法……… 243	道安（东晋僧人）… 77
虚空无为……… 253	遍计所执自性… 236	道安（现代僧人）… 154
续传灯录……… 293	遍行…………… 243	道场…………… 348
续明灯………… 346	遍行因………… 199	道帷格西·
续指月录……… 290	博德哇………… 128	喜饶嘉措…… 150
续高僧传……… 291	禅……………… 174	道岸…………… 111

道宠 …… 89	黑黑业 …… 170	普曜经 …… 274
道果论 …… 263	惠生 …… 88	强佐 …… 335
道悫 …… 139	惠果 …… 118	琼波南交 …… 59
道者 …… 331	惠能 …… 108	散乱 …… 249
道济 …… 131	惑 …… 170	散惹耶·毗罗梨子 … 5
道钦 …… 116	集密金刚 …… 29	森罗万象 …… 369
道信 …… 98	集经时代 …… 161	善 …… 244
道宣 …… 99	跏趺 …… 316	善化寺 …… 389
道衍 …… 134	犍陀罗佛教艺术 … 406	善无畏 …… 107
道昭 …… 104	犍度 …… 222	善无畏 …… 107
道种智 …… 217	蒋维乔 …… 149	善导 …… 103
道祖 …… 80	景德传灯录 …… 293	善有善报，
道高一尺，	敬安 …… 143	恶有恶报 …… 360
魔高一丈 …… 358	堪布 …… 334	善财 …… 24
道朗 …… 91	愧 …… 245	善财童子 …… 24
道流 …… 80	喇吉 …… 334	善男信女 …… 356
道绰 …… 97	喇钦 …… 124	善法 …… 244
道渊 …… 84	喇嘛 …… 323	善逝 …… 15
道需 …… 141	喇嘛教 …… 41	善逝教法史 …… 295
道融 …… 81	腊 …… 328	湿生 …… 7
等无间缘 …… 198	腊八粥 …… 319	释子 …… 327
等持 …… 175	隆兴寺 …… 386	释氏要览 …… 304
等流果 …… 200	鲁梅·楚臣喜饶 … 124	释老传 …… 294
敦煌石窟 …… 407	落发染衣 …… 309	释老志 …… 294
敦煌菩萨 …… 76	彭际清 …… 142	释迦 …… 69
粪扫衣 …… 343	彭绍升 …… 142	释迦文 …… 69
富兰那·迦叶 …… 5	普光 …… 101	释迦也失 …… 135
富楼那 …… 70	普陀山 …… 382	释迦方志 …… 295
寒山 …… 113	普法宗 …… 47	释迦氏谱 …… 291
寒山子 …… 113	普贤 …… 23	释迦牟尼 …… 69
寒山寺 …… 391	普请 …… 310	释迦益西 …… 135
黑白业 …… 170	普寂 …… 110	释迦谱 …… 290

释教	35	智升录	297	慈恩大师	105
释尊	69	智月	90	慈恩寺塔	404
释提桓因	26	智正	96	慈恩宗	49
斯陀含	24	智讷	131	慈航	153
酥油灯	351	智旭	140	慈悲	262
酥油花	351	智严	81	慈悲水忏	317
随法行	187	智者大师	93	慈悲水忏法	317
随说因	200	智周	111	慈悲观	190
随信行	187	智度论	281	慈悲道场忏法	279
随烦恼	170	智首	97	触	195
锁南嘉措	137	智威	102	触类是道	257
塔	403	智俨	101	殿主	330
塔尔寺	398	智猛	83	锭光佛	17
塔主	331	智慧	216	福严佛学院	413
童行	331	智藏	85	福严精舍	413
痛	192	智顗	93	鼓	344
提舍尼	221	粥饭僧	369	嫉	247
提婆	75	紫柏	137	鉴真	112
提婆达多	71	最胜子	90	畺良耶舍	83
喜金刚	30	最澄	118	解铃还须系铃人	367
喜饶嘉措	150	尊者	325	解深密经	273
雄赖巴	335	尊宿	325	解脱	206
雅桑噶举	62	尊提观音	21	禁语	315
焰口	318			窥基	105
焰魔罗王	27	**十三画**		楞伽阿跋多罗宝经	273
遗教经	275			楞伽经	273
游方僧	331	嗔	248	楞严经	275
缘生	198	痴	248	蓝毗尼	379
缘觉	25	痴心妄想	358	满业	170
缘起	198	慈氏	23	辟支佛	25
湛然	115	慈济功德会	416	辟支迦佛陀	25
掌上明珠	373	慈济基金会	416		

频伽精舍校刊		榆林窟	408	僧	324
大藏经	301	瑜伽行派	39	僧可	89
频伽藏	301	瑜伽师地论	281	僧史略	304
频婆娑罗王	71	源空	130	僧正	338
蒲团	346	雍布拉岗	397	僧主	338
碛砂版大藏经	300	雍和宫	398	僧多粥少	369
碛砂藏	300	塚本善隆	152	僧兵	337
勤策女	323			僧伽	324
群则	336			僧伽提婆	78
摄大乘论	282			僧伽跋摩	82
摄大乘现证经	276	碧云寺	386	僧伽婆罗	86
摄论宗	45	碧岩录	289	僧伽蓝	381
摄论学派	45	碧岩集	289	僧伽摩罗	381
摄众生戒	224	蔡巴噶举	61	僧宝	328
摄受因	200	摧破邪山论	282	僧宝传	293
摄律仪戒	224	磋钦	334	僧法	324
摄善法戒	224	管·法成	120	僧官	338
摄摩腾	74	赫色尔石窟	410	僧录	337
蜀版藏经	299	嘉木祥	333	僧旻	85
数息观	190	嘉兴藏	301	僧祇户	337
睡眠	248	嘉祥大师	95	僧祇律	277
嗣法	316	境野黄洋	146	僧祇部	37
嵩岳寺塔	403	静安寺	392	僧诠	85
跳神节	320	静命大师	114	僧制	340
锡杖	347	聚沙成塔	356	僧残	221
想	193	漏	184	僧契	79
想入非非	372	嘛呢堆	350	僧柔	84
像法时	261	嘛呢旗	349	僧统	338
新华严经疏	286	嘛呢轮	350	僧祐	84
新译	261	慢	248	僧朗	85
意	242	缪勒	142	僧禁	340
意识	235	暮鼓晨钟	365	僧稠	89

十四画

僧肇……………82	慧远（东晋僧人）…78	遗佛……………311
僧叡……………81	慧远（隋初僧人）…94	潭柘寺…………385
僧璨……………95	慧经……………138	墀巴……………333
僧籍……………339	慧苑音义………303	墀仁波且………333
缩刷藏经………301	慧沼……………109	瞎子摸象………371
缩藏……………301	慧持……………79	增一阿含经……267
熊十力…………150	慧南……………127	增上果…………200
熏习……………234	慧思……………92	增上缘…………198
熏努贝…………136	慧威……………106	增支部…………267
疑………………249	慧朗……………91	幢………………347
疑伪经…………276	慧能……………108	幢旛……………347
疑经……………276	慧寂……………121	
肇论……………284	慧皎……………91	
遮戒……………219	慧琳……………84	**十六画**
	慧琳音义………303	
	憍………………247	壁观……………256
十五画	羯磨……………225	辨正论…………290
	羯磨师…………326	镜花水月………364
澄上人…………118	寮元……………330	磨主……………331
澄观……………117	寮首座…………330	默朗钦波………312
德清……………137	摩诃止观………285	默朗道嘉………312
噶当七论………287	摩诃迦叶………69	器世间…………10
噶当派…………57	摩诃衍…………115	燃灯佛…………17
噶举派…………58	摩诃衍那	叡山大师………118
噶玛巴·都松钦巴…60	（唐代僧人）…115	醍醐灌顶………362
噶玛拔希………132	摩诃提婆………72	懈怠……………246
噶玛噶举………60	摩诃僧祇律……277	赞宁……………124
憨山……………137	摩诃僧祇部……37	赞林纪桑………319
慧………………244	摩耶夫人………69	
慧文……………92	摩腾……………74	**十七画**
慧可……………89	蕅益……………140	
慧生……………88	趣………………6	濮阳大师………111
慧光……………89		檀………………312

檀那 …………… 312	藏铃 …………… 345	瞿昙 …………… 69
檀越 …………… 324	藏密 …………… 56	鐼子 …………… 347
魏书·释老志 …… 294		灌顶（人物）……… 96
魏太武帝灭佛…… 163	**十八画以上**	灌顶（仪式）…… 309
藏文大藏经 ……… 299		魔 ……………… 27
藏司 …………… 330	旛 ……………… 347	魔事 …………… 375
藏主 …………… 330	翻译名义集 …… 304	鬻度 …………… 339
藏传佛教 ………… 41	覆 ……………… 246	

出版后记

佛教自西汉传入中国，在几千年的岁月中，因历史、政治、经济等原因几经荣衰。近年来，由于我国经济和文化的全面复苏和发展，佛教以其包容性、向善性、智慧性等特点，渐有大兴之势。然而，究竟什么是佛教？是寺庙里缭绕的香烟袅袅？是吃斋念佛的善男信女？是浩如烟海的三藏典籍？还是那灵动活泼的机锋禅语？……所有这些，都是佛教涵盖的内容。然而，正因为佛教这种内涵丰富、包罗万象的特点，往往令初学之人不知从何学起，以至放弃或者愈发迷惑。

要解决这个问题，便迫切需要佛教导论类书籍以及内容全面、方便查询的辞书。关于前者，我们半年前已出版周绍贤先生的经典著作《佛学概论》，得到了读者的广泛好评。现在，我们又在著名国学学者龚鹏程先生的推荐下，推出这本《中国佛教文化简明辞典》，主要是出于以下几个考虑。

首先，因佛教涉及哲学、历史、人物、艺术、礼仪等诸多方面，以往的佛学辞典往往部头过大，不便携带，这本辞典则精选了最重要和最常见的近3000个词条，集成一册，便于初学和有一定佛学基础的读者随时查阅。其次，本书的编著者九界（萧振士）为台湾著名佛教学者，长期从事佛教史编辑和佛经编译工作，出版过多部普及性佛学读本，因而既保有简明、通俗、活泼的语言风格，又不乏严谨性与专业性，非常适合大众阅读。第三，辞典大多依照笔画或者拼音顺序编排，若将这种方法用在佛教辞典上，则会因为其涵盖内容过于宽泛、细碎而难以了解佛教全貌，所以本书打破这种模式，按照内容分为起源背景、佛菩萨、教派组织、历史事件、人物等十一个主题，每个主题之前各加一篇导读，便于读者从整体上把握该章内容。另外，在每章的条目安排上，还特意将有关联的词条放在一起，以使人能够全面、比较的掌握相关知识，并极大提高了该书的阅读性。

最后，由于本书中涉及的历史、人物等背景知识较多，我们在编辑的过程中查阅了诸多相关文献，并悉心做出索引，希望可以令读者更方便地使用这本辞典，以对佛教有更加全面和深入的理解。

服务热线：133-6631-2326　188-1142-1266

读者信箱：reader@hinabook.com

后浪出版咨询（北京）有限责任公司

2014年1月

图书在版编目（CIP）数据

中国佛教文化简明辞典 / 九界编著 . ——北京：世界图书出版公司北京公司，2013.6
ISBN 978-7-5100-6312-1

Ⅰ.①中… Ⅱ.①九… Ⅲ.①佛教—宗教文化—中国—词典 Ⅳ.① B949.2-61

中国版本图书馆 CIP 数据核字（2013）第 113840 号

Simplified Chinese translation edition published by Post Wave Publishing Consulting（Beijing）Ltd.
本书简体中文版由后浪出版咨询（北京）有限责任公司出版

中国佛教文化简明辞典

编 著 者：九 界	筹划出版：银杏树下	出版统筹：吴兴元
责任编辑：关静潇	营销推广：ONEBOOK	装帧制造：墨白空间

出　　版：世界图书出版公司北京公司
出 版 人：张跃明
发　　行：世界图书出版公司北京公司（北京朝内大街 137 号 邮编 100010）
销　　售：各地新华书店
印　　刷：北京联兴华印刷厂（北京通州区张家湾皇木厂 邮编 101113）
（如存在文字不清、漏印、缺页、倒页、脱页等印装质量问题，请与承印厂联系调换。联系电话：010-61501799）

开　　本：690 毫米 ×960 毫米 1/16
印　　张：31.5　 插页 2
字　　数：500 千
版　　次：2014 年 3 月第 1 版
印　　次：2014 年 3 月第 1 次印刷

读者服务：reader@hinabook.com　188-11142-1266
投稿服务：onebook@hinabook.com　133-6631-2326
购书服务：buy@hinabook.com　133-6657-3072
网上订购：www.hinabook.com　（后浪官网）

ISBN 978-7-5100-6312-1　　　　　　　　　　　　定　价：60.00 元

后浪出版咨询（北京）有限公司常年法律顾问：北京大成律师事务所　周天晖　copyright@hinabook.com

版权所有　翻印必究